四方丛书　方文林 / 主编

教学实践研究中的理论反思：
广东华侨中学经验

黄　河 / 主编
陈旭东　黄育英　黄靖彬 / 副主编

上海教育出版社
SHANGHAI EDUCATIONAL
PUBLISHING HOUSE

四方丛书

主　编：方文林

副主编：胡东芳　单中惠　金忠明

《教学实践研究中的理论反思：广东华侨中学经验》

主　编：黄　河

副主编：陈旭东　黄育英　黄靖彬

“四方丛书”总序

教师在职提升、学校教研开发和校本课程创新是学校内涵建设的三大主题，如今已成为我国各级教育行政部门的共识，并引发了基层学校领导和教师的强烈关注。长久以来，华东师范大学开放教育学院（原继续教育学院）教师进修中心致力于我国各级各类学校学科带头人、骨干型教学名师、优秀班主任及卓越校长的锻造，仅近十年来已培训了数万名教育界精英人士。在服务杰出人才并引领我国教师教育培训发展的同时，彰显了其在教师在职教育领域的品牌效应。

面对日益增长的培训数量和不断提升的培训质量的双重压力，怎样才能更好地提供更具特色、更有针对性的培训项目，以适应日趋精细化的教师教育新的要求和高的标准，这是时代的新挑战，必须做出新回应。作为培训名教师、名校长的一条重要途径，我们探索以课题研究为关键点、以持续跟进为抓手、以类似在职教育硕士培养为载体的“导师·学员·课题三结合”培训模式，从而启动高端教育培训项目。经过若干年的教师教育培训实践，已涌现出一大批在当地乃至全国颇具影响力的教研型名师，其中不乏特级教师、教授级名师及国家和省部级课题主持者，更多的教师在重量级的学术刊物上发表了科研成果或出版了专著，其中一部分教师走上了各级学校教育领导岗位。

“导师·学员·课题三结合”培训模式以抓课题、出成果、育人才为目标，由受训学员带着来自教育基层实践的紧迫而重要的问题，经由特别的专项课程设计，以专家讲座和个别诊断相结合的方式，并辅之以小型研讨，最后确立学员的研究课题。通过两年左右的高端培训、专家引领指导和聚焦课堂实践及班级管理，在做课题的过程中，经由开题论证、专业阅读、自我反思、伙伴互助及导师跟踪，不断加强受训学员的教育理论素养和教育科研能力，并切实提升课堂教学实效和学校教育质量。在三结合培训的最后环节，由学员提交一份约 5 万字的研究报告和约 1 万字的核心成果，再经过专家组的答辩程序，方予培训结业。

为了让“导师·学员·课题三结合”培训模式的理念在更大范围内得到检验，也为了让带着实践芳香的教育科研智慧与更多的教育界同仁分享，我们筹划了这套“四方丛书”，以集中反映受训学员的核心成果。

“四方丛书”的命名体现着四维视野的“四方”内涵：

其一，作为三结合教师培训模式成果的丛书，是受训学员、委托单位、华东师范大学开放教育学院教师进修中心和上海教育出版社四方精诚合作的产物。

其二，培训的具体策划、设计及实施过程主要由专家指导组的四位核心成员承担，分别是金忠明（中国教育史学术背景）、单中惠（外国教育史学术背景）、胡东芳（教育研究方法和学校管理背景）、方文林（长期任教和校长培训实践及管理背景）。

其三，丛书的特色是努力凸显四个方面，即元典性（学校教育的本源问题）、实践性（学校日常的紧迫问题）、创新性（直面问题的解决方案）、开放性（培训成果呈现的多样形态）的结合。

其四，丛书秉持传承文脉、聚焦现实、放眼世界、魂系中华的宗旨，以古今中外汇合的精神气度，接纳“四方”学校和教师，进行脚踏实地的持久耕耘，以服务于“面向现代化，面向世界，面向未来”的我国学校教育。

是为序。

2014 年 5 月

目录 | CONTENTS

前　言

广东华侨中学是广东省唯一以“广东”冠名的华侨中学，也是广州市属唯一的以“华侨”冠名的完全中学。学校的前身是“四邑华侨中学”，于 1946 年由台山、新会、开平、恩平等地的爱国华侨集资创办。新中国成立后，政府于 1950 年接管并更名为“广东华侨中学”，由省教育厅直接管理，是广东省重点学校之一，也是最早的“广州市一级学校”之一。

改革开放以来，底蕴深厚的广东华侨中学在改革创新中获得了更加迅猛的发展。学校现有两个校区：起义路校区和金沙洲新校区，整个校园面积达 73 856 平方米。2006 年，广东华侨中学从市一级学校提升为省一级学校。2012 年，又通过广东省国家级示范性普通高中终期评估，成为“国家级示范性高中”。学校也是广州市唯一同时被授予“广州市基础教育国际交流”和“广州市华文教育基地”的国家级示范性高中。广东华侨中学现有初中部、高中部 36 个教学班，学生 1 758 人。学校在职教职工 183 人，其中高级教师 45 人，研究生学历教师 70 人，形成了一支学历比较高、以中青年教师为骨干的教师队伍。

教育实践证明，教师是学校力量的源泉，学校的理想目标能否实现在很大程度上取决于教师。诚如德国教育家第斯多惠所言：“哪个学校的工作一蹶不振，教师是责无旁贷的；工作搞得出色，也归功于教师……教师对于学校，有如太阳对于宇宙。他是推动整个学校机器的力量的源泉。”因此，从发展的观点来看，广东华侨中学若要获得更大、更快、更高的发展，那就需要培养既潜心钻研教学实践又善于进行理论思考的青年骨干教师。

从世界范围来看，自 20 世纪 80 年代以来，出现了从长期以来一直考虑教师“量”的需求转为对教师“质”的关注的趋势，开始强调提升教师职业的专业性，大力推进教师专业发展(professional development of teachers)。因此，教师专业发展成了当今世界各国教师教育改革和发展的主导思想，其特点是由群体的、外在的、被动的教师专业化转向更注重个体的、内在的、主动的、终身的教师专业发展。对于教师教育改革和发展来说，这无疑是一个极为重要的转变。具体来讲，教师个人应该成为教学专业的成员，并且在教学实践中具有越来越成熟的作用。当然，这个过程正是一位教师专业成长或内在专业结构不断更新和丰富的过程。

为了推进学校的发展和提升教师的素质，2012 年 8 月，广东华侨中学与华东师范大学继续教育学院（现为开放教育学院）教师进修中心合作，开办为期两年的“广东华侨中学青年骨干教师高级研修班”，计划把一批具有发展潜质的青年教师作为研究型教师的培养对象，采用系统化学习与个性化导师指导相结合、在职学习与集中培训相结合的方式开展培训。该合作计划具体包括三个方面：系统培训与理论学习、教师自身的实践探索、导师指导下的课题研究。

两年的学习和研修，既有在华东师范大学的听课和培训以及在上海一些中学的考察和见习，又有在广东华侨中学的开题研讨、实践研究、理论思考及论文答辩，还有不同形式的导师个性化的分组指导。因此，无论是实践研究，还是理论反思，参与青年骨干教师高级研修班的 21 位教师都得到了较大的提升。他们的研修论文现汇集成《教学实践研究中的理论反思：广东华侨中学经验》一书。应该说，本书既是这些青年骨干教师的课题研究的成果汇报，又是这些青年骨干教师的专业发展的真实记录。

《教学实践研究中的理论反思：广东华侨中学经验》全书分为五个部分。其中包括：“教学策略篇”、“课程探究篇”、“教学模式篇”、“教学方法篇”、“学生发展篇”。

在“教学策略篇”中，有语文科罗耕文的《主体成长·自我体验·多元开放——高中语文诵读教学策略研究》；数学科武四海的《积极心理学视野下的数学课堂：问题与对策》；英语科郑丹的《基于学生心理因素的初中英语阅读策略探究》；物理科刘石头的《唤醒学生科技创新意识的高中物理教学策略与案例研究》。

在“课程探究篇”中，有政治科罗燕芬的《华侨文化课程资源的价值及在“文化生活”教学中的应用》；政治科林浩鹏的《“新德育目标策略”：高中政治课程德育目标的重构与细化——以广东华侨中学为例》；信息技术科庄小云的《基于信息技术的微型校本课程设计与开发研究》；生物科杨豪的《“认识生命本质”模块的开发与实施：意义、目标、内容与方法——生命教育的研究性学习教材开发之一》。

在“教学模式篇”中，有英语科李丽红的《高中英语角色体验教学模式探究——以校本教材〈华侨文化〉为例》；地理科陈琛的《高中生地理话语能力提升方式研究——以广东华侨中学高中生为例》；历史科黄伟颖的《新课改下高中历史感悟教学样式研究——以广东华侨中学为例》;英语科林晓莹的《高中英语课堂 IDARE 教学模式研究》。

在“教学方法篇”中,有数学科张萍女的《化归思想方法在高三数学教学中的应用研究》;英语科齐婷的《以“前设活动”提升高三学生英语基础写作能力——基于广东华侨中学的研究》;化学科秦绍臻的《基于认知负荷理论的有机化学样例学习探究》;数学科张娜的《不同人性假设视野下初中数学课堂练习题改编方法探析——以七年级为例》;地理科陈传飞的《论高中地理学科师生评价共同体及其实施》。

在“学生发展篇”中,有语文科徐凌娟《高中生议论文写作的思维层次探究》;数学科利启明的《初中数学“菜单式”错题集设计——基于反思思维能力培养研究》;数学科云静的《失败学视野下学生代数类错题的管理策略探析》;体育科陈国荣的《广东华侨中学 20 名肥胖学生实施运动处方的实例分析》。

还要指出的是,本书开头所刊载的《基于学校特色文化的校本课程整合开发与应用研究——以“华侨文化”校本课程体系为例》一文,是由黄河校长主持的广州市教育科学十二五规划课题——“华侨文化校本课程开发与应用研究”课题组成果之一。该文明确指出,“华侨文化”校本课程开发是广东华侨中学特色文化创建的重要途径。通过深入挖掘学校华侨文化特色,形成了一个基于学校特色文化——“华侨文化”的校本课程体系,旨在培养学生爱国爱乡、努力拼搏、自强不息的精神,拓展学生的国际视野,提高学生的竞争能力,从而进一步锤炼“侨”字特色,打造“侨”校风格,提高“侨”校品牌。无疑,“华侨文化”校本课程的开发凸显了广东华侨中学的学校特色。

准备付梓的研修论文清楚地表明:根据合作计划的精神和安排,广东华侨中学青年骨干教师高级研修班的每个培养对象都带着问题意识,从教育教学实践的角度,积极展开规范性研究,注意在教学实践中积累和总结经验,并从理论的高度进行了认真反思和分析,力求写出具有特色的研修论文,从而使自己的素质和能力得到提升。这确实是研究型教师成长和发展的道路。正因为如此,研修论文集取了《教学实践研究中的理论反思:广东华侨中学经验》这一书名。

在本书即将付梓之际,要感谢方文林主任与他的教授团队对广东华侨中学青年骨干教师的全面而精心的指导。在这两年时间的学习和研修中,胡东芳负责指导张娜、李丽红、杨豪、云静、武四海、秦绍臻、陈传飞等老师的研究课题;单中惠负责指导徐凌娟、罗耕文、陈琛、郑丹、林浩鹏、利启明、黄伟颖等老师的研究课题;金忠明负责指导齐婷、林晓莹、庄小云、张萍女、罗燕芬、刘石头、陈国荣等老师的研究课题。

本书的出版得到了上海教育出版社领导的大力支持，编辑在其中也付出了辛勤劳动，在此谨表示最诚挚的谢意。

基于学校特色文化的校本课程整合开发与应用研究

——以"华侨文化"校本课程体系为例

黄　河　陈旭东

"华侨文化校本课程开发与应用研究"课题组①

[摘　要]学校特色文化能为校本课程提供丰富的资源和养分。为了改变前期实践中校本课程零散、无法成体系的问题,广东华侨中学深入挖掘学校特色文化,以"侨"字特色文化为核心,构建一个师生全员参与、系统化的"华侨文化"校本课程体系,从而使校本课程在实施中与学校特色文化形成巨大的教育合力,进一步彰显学校办学特色。

[关键词]学校特色文化　华侨文化　校本课程　整合开发　应用

创建与传承特色文化是一所学校办学的永恒追求。校本课程开发是学校特色文化创建的重要突破口和途径;学校特色文化是校本课程开发的重要内部资源。课程不只是传递知识的工具,也是重新创造学校特色文化的工具。因此,校本课程是学校特色文化建设的重要载体,而学校特色文化又为校本课程提供丰富的资源和养分,两者相辅相成、相互促进。有鉴于此,广东华侨中学根据《国家中长期教育改革和发展规划纲要(2010—2020年)》以及省市的要求,深入挖掘"侨"字特色文化内涵,有效整合各方面资源,积极探索和开发,形成了一个既传承岭南优秀文化又符合时代需求、具有学校特色的"华侨文化"校本课程体系。

一、"华侨文化"校本课程开发的背景

在前期的实践中,广东华侨中学各学科教研组陆续开发了校本课程,但其中的

① 本研究为广州市教育科学十二五规划课题第一批立项课题"华侨文化校本课程开发与应用研究"成果之一。"华侨文化校本课程开发与应用研究"课题主持人是广东华侨中学校长黄河,参与本论文撰写的有庄小云、陈春芳、梁彩匀、秦绍臻、陈传飞和李中彦。

大部分课程忽略了学校特色文化的元素，因而无法形成一个具有学校特色的校本课程体系，更无法发挥校本课程对学校特色文化的建设作用。

为了改变这种状况，学校自 2012 年开始积极探索和开发基于“侨”字特色文化的校本课程，并把众多的校本课程整合成一个完整的“华侨文化”校本课程体系，以“华侨文化”校本课程作为载体，构建以此为核心的学校精神与校园文化。

我校整合开发与应用基于学校特色文化的“华侨文化”校本课程，主要是从以下三个方面进行考虑。

（一）认识历史与社会赋予的责任

校本课程是学校文化育人功能的直接体现，因此，我们再次梳理学校的办学历史。学校前身为四邑华侨中学，为帮助旧中国战乱时期饱受颠沛流离之苦的华侨子弟获得受教育的机会，台山、新会、开平、恩平等地的爱国华侨于 1946 年集资创立。创办初期，我校 95％以上的生源为海外侨生。因其建校时间最早、辐射范围最广，独具国际交流与合作的历史传统和文化背景，当时的广东侨中是归侨侨眷回国就读之首选。目前，我校除培养本地生源外，仍然吸引着海外华人、华侨子女及优秀外籍学生的入读。

华侨文化“根在中华，全球开花”。侨校培养对象的广泛性与多样性决定了学校需要通过“华侨文化”这个切入点，促使学生培养中华文化素养，认同中华民族的复兴，让中华文化伴随着毕业生的步伐而传遍世界。

（二）考察学校地域文化

广东是中国著名侨乡，海外侨胞有 3 000 多万，遍布 160 多个国家和地区。广州是全国著名的侨乡大都市。广东华侨中学地处广州旧城区的中轴线起义路上，身处广府文化核心区域之中。与学校百米之遥的青云书院旧址，曾是中国教育家梁启超少年时代的读书成长之地。校园数百米之外的省民政厅是辛亥革命时期广州黄花岗起义打响第一枪的地方。华侨文化、广府文化、革命文化和书院文化等优秀文化层层积淀、相互交融，广东华侨中学的华侨文化正是以广府地域文化为根系，结合校园文化的自身特点不断拓展内涵，逐步发展起来的学校特色文化。“华侨文化”校本课程必须扎根在这片沃土里。

（三）梳理办学理念及文化标识

广东华侨中学的办学理念为：“培育本土情怀、开拓国际视野”。“培育本土情怀”，指学校要培育学生对祖国和家乡有深深的依恋，对中华文化传统有真诚的热爱，有强烈的民族自豪感，有强烈的国家复兴责任意识。“开拓国际视野”，指学校要引导学生关注世界的现状与发展变化，了解国际主要文化及思维的基本特征，具有宽容、理解、互利、双赢的心态，具备追求人类和谐共处、共同进步的思想。

广东华侨中学的校训、校徽、校歌、校报、校刊等，均独具个性且蕴含浓郁的校园文化。这些都是“华侨文化”校本课程开发的丰富的内在资源。

二、“华侨文化”校本课程的整合开发

（一）“华侨文化”校本课程“桥”型课程体系的构建

为了改变前期实践中校本课程零散、无法成体系的问题，学校以“侨”字特色文化为核心，构建一个师生全员参与、系统化的“华侨文化”校本课程体系（如图 1 所示）。

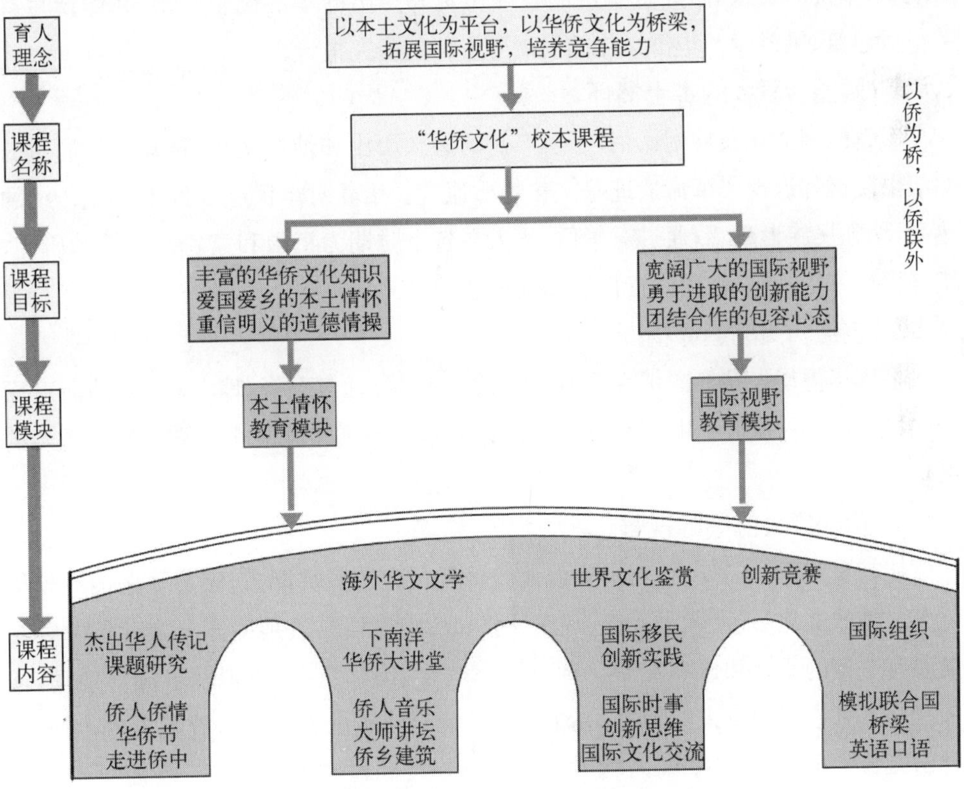

图 1 “华侨文化”校本课程“桥”型课程体系

（二）以学校特色文化为基础，确立课程育人理念

“华侨文化”校本课程育人理念是“以本土文化为平台，以华侨文化为桥梁，培养本土情怀，拓展国际视野”。以侨为桥，以侨联外，融合乡土情、天下心，简括为：

"以侨为桥，以侨联外，服务中侨外"。

作为一所侨校，广东华侨中学具有丰富、多元、得天独厚的历史文化背景和海内外侨界资源，更有利于"华侨文化"校本课程的开发与实施。让学生了解华侨文化，参与推动华侨文化，有利于开拓国际化视野。华人移民史也就是华人的血泪史、创业史、奋斗史、贡献史和文化史。华侨文化是实施素质教育的优秀载体。因此，"华侨文化"校本课程可以让学生了解和感受华侨事迹，从而培养华侨念祖爱乡、重信明义、敢为人先、团结包容的精神。

（三）以育人理念为依据，制定课程目标

1. 丰富的华侨文化知识

了解华侨文化的基本知识，例如，华侨的定义、华侨的历史、华侨的建筑、华侨的现状，华侨的贡献等；熟悉华侨的奋斗历史和杰出的华侨代表人物，并能撰写有关华侨建筑、风俗以及华侨文化的发展等方面的研究报告。

2. 爱国、爱乡的本土情怀

了解岭南文化及岭南民俗，了解广州的悠久历史和灿烂文化，熟知学校周边的明清书院群和近现代革命遗址等文化物质遗产。培养对本民族和本土文化传统的热爱，增强民族自豪感；通过对华侨、华人在各个时期为祖国和家乡作贡献的研究，增强振兴中华、统一祖国的责任感和使命感。

3. 重信明义的道德情操

了解华侨华人在异国他乡生存的历史与现状；通过与海外华侨华人的面对面交流，掌握在异国他乡生存立足的方法，养成守法诚信、举止文明，尊重他人的品质。

4. 宽阔广大的国际视野

能初步掌握一门外语，对世界经典名著有一定的鉴赏能力；熟悉著名的海外华侨聚居地的文化习俗、风土人情、建筑风格、思维特征等，并能对多元文化的共存与发展有一定的研究和成熟见解。通过国际时事、国际组织、模拟联合国等活动，增强社会事务参与的意识与能力，关注自我发展与国家发展的同时放眼世界，对国际动向有自觉的关注和敏锐的触觉，善于思考与探讨，能就时事问题提出理性的观点。

5. 勇于进取的创新能力

通过多种方式，例如参观华侨博物馆，了解"下南洋"、"闯金山"、"走五洲"等华侨、粤侨奋斗史。通过科技创新实践活动，培养开拓进取、敢闯敢拼、与时俱进的创

新意识和能力。

6. 团结合作的包容心态

通过对世界文化的鉴赏和国际文化交流，构建正确的民族观，消除狭隘的民族观，学会理解、包容世界不同文化，与不同族裔的人民友善相处、和谐共存。在对人对事的处理上，能展现出中华文化中的坚忍和包容的品质。

(四) 根据课程目标，设置课程模块

我们将六大课程目标融入两个课程模块中，即本土情怀教育模块和国际视野教育模块。这两个模块在课程体系中处于“桥身”左右两边，充分体现了“以侨为桥，以侨联外，服务中侨外”的理念。

1. 本土情怀教育模块

本土情怀教育模块，侧重对学生进行民族的、国家的、传统的、优秀的文化传统情怀教育，培养他们强烈的民族自豪感和国家复兴责任意识。其课程有华侨节、走进侨中、侨人侨情、广州历史寻踪、珠江风情管乐合奏和剪纸的欣赏与创作等。

2. 国际视野教育模块

国际视野教育模块，侧重从拓展视野、增进理解、培育共识、养成和平共处行为等角度，培养关注世界现状与发展变化，具有尊重理解、互利双赢的心态，具备追求人类和谐共处、共同进步思想的世界公民。其课程有世界文化鉴赏、国际时事、文化交流和英语口语等。

(五) 以人才成长规律为依据，形成递进式课程结构

“华侨文化”校本课程的安排按照高一基础性课程(处于“桥墩”位置)——高二拓展性课程(处于“桥身”位置)——高三综合性课程(处于“桥顶”位置)的序列，最终形成了以中华文化为基础、以华侨文化和国际视野为中心的三个阶梯的递进式课程结构。

三、“华侨文化”校本课程的实施策略

为了更好地实施基于学校特色文化的“华侨文化”校本课程，学校采取了一些相关的策略。

(一) 采用“中学—大学联合培养”方式

“华侨文化”校本课程实施的一大亮点是采用“中学—大学联合培养”方式。学校依托高校力量，与中山大学亚太研究学院、广东外语外贸大学和华侨大学深度合

作，共同实施“华侨文化”校本课程。通过开设专家讲座，对学生开放馆藏资源等途径，共同培养具有本土情怀和广阔国际视野兼备的创新型人才。例如2014年4月，中山大学朱崇科教授为学校高一级学生授课，课程为“马来西亚历史概说”。朱教授从马来西亚简介、近现代马来西亚历史、马来西亚和中国的交流、华文教育等方面，和学生分享他对马来西亚的认识及其他研究范畴。又如邀请中山大学的教授为高三学生授课，课程为“人生规划”。

（二）开设多样化的课程供学生选修

“华侨文化”的课程内容是丰富多样的。主要包括三类：一是学校自主开发的课程内容，例如“侨人侨情”、“走进侨中”、“广府华侨史”、“杰出华人传记”、“广州历史寻踪”、“民间美术——剪纸的欣赏与创作”、“高中英美文化鉴赏”、“时事综述”等。二是学校开发的微型网络校本课程，课程容量小、内容精，学生可以利用移动学习终端随时随地学习。三是大学的选修课程，例如“国际组织”等。学生可以结合个人兴趣选择课程，有利于发展个性特长。

（三）突出“教、学、做”一体，关注体验与探究

“华侨文化”校本课程通过选修课程、渗透课程和综合实践活动课程等形式进行。不同的课程类别采取不同的教学方法，突出“教、学、做”一体。

1. 以专题式教学为重点，培养本土情怀

教师围绕华侨文化提炼出具有研究或探讨价值的专题作为教学内容开展课题教学。例如课程“侨人侨情”分为“华侨历史篇”、“华侨名人篇”和“华侨故园篇”三个专题。其教学采取两种方式：第一种方式是不同学科教师组成该门课程的任课教师，每周两课时。教学以学生自主学习为主，教师适当指导，让学生在探究中构建华侨文化知识体系。第二种方式是各学科组从三个专题中挖掘内容作为教学素材，把华侨文化课程内容融入于课堂教学中。例如语文科开展“华侨怀乡诗文研究”和“华侨建筑文化”专题教学；化学科开展“华人化学家”专题教学；信息技术科开展“寻找华侨华人的故事海报制作”专题教学等。第二种方式有利于引导全体教师一起参与到校本课程的开发与实施中。

2. 以国际交流为平台，拓宽国际视野

“华侨文化”校本课程让学生通过国际交流，学会共同生活，从拓展视野、增进理解、培育共识、养成和平共处行为等方面，努力造就具有国际视野、致力于和谐世界建设的世界公民。例如，2013年7月，广东华侨中学组织高一级学生赴印尼泗水“新中三语学校”开展国际文化交流，学生参观了该校多个功能场室，与印尼学生一

起开展了“中印学生才艺秀”、“与侨商面对面”、“中印文化交谈会”、“中印学生互动游戏”等一系列活动。学生通过所见所闻，亲身感受到华侨、华人在海外的成就以及他们爱国、爱乡的情怀，并树立传播中华文化的责任，这必将使学生终身受益。

3. 以实践活动为载体，培养勇于创新进取的能力

创新是海外华侨华人在异乡生存发展，也是他们建功立业的一大法宝。“华侨文化”校本课程注重学生创新能力的培养，并形成高一“兴趣”—高二“研究”—高三“比赛”逐级递进的课程结构。例如高一开设科技基础入门课程“创新思维”和“桥梁”，面向全体学生，通过“纸桥搭建”、“纸飞机竞赛”、“数独游戏”、“DIY 火焰”、“中外古今科技成果拼图”等活动，激发学生学习科技知识的兴趣。高二开设选修课程“创新实践”，选拔兴趣、能力表现突出的学生，在科技教师指导下以小组的形式进行深度探究，如“新型家庭式自热暖手包”、“舌尖上的发酵”和“科技漫画”等科技项目探究。高三开设选修课程“创新大赛”，鼓励学生带着自己研究的成果参加科技创新大赛。

4. 以课题研究为方式，培养科学品质

学校组织各学科组围绕“华侨文化”开设不同课题供学生研究，例如《变迁中的起义路》、《骑楼文化》、《侨乡音乐》、《粤侨精神》、《华侨饮食文化》、《华侨华人社区史》和《华侨华人》等课题。学生像研究员一样走出课堂，走向社会。他们在科学探究的过程中，体验学习科学的乐趣，增长科学探究能力，形成尊重事实、善于质疑的科学态度。2013 年，高一学生在课题研究中完成的作品《赤字情怀》入围参加由香港万维网联合教育学会、清华大学计算机科学技术系、香港开放大学联合举办的“网页设计挑战杯”比赛，并获得“优胜奖”。

5. 以专题讲座为契机，接受文化的熏陶

课程“华侨大讲堂”邀请华侨研究专家、校友来校开设讲座，让学生接受华侨文化的感染和熏陶。例如 2012 年，学校邀请世界著名桥梁建筑工程师、校友刘正光开设题为《感恩、责任、励志、成才》的讲座。刘正光介绍了他平生最满意的作品——香港青马大桥，不仅因为它是目前世界上最长的行车铁路双用悬索吊桥，更因为其质量的可靠，从 1997 年竣工至今没有进行过大的维修；同时，刘正光还讲述了他在青马大桥施工期间，继续在清华大学念在职博士的经历，勉励学生要多学习、不断自我增值。又如 2013 年，学校邀请美国加州圣地亚哥州立大学副校长南希·玛琳开设题为《Academic Success at San Diego State University, Admission and Beyond》的讲座。学生不但被学者的个人风采折服，而且还从他们丰富的工作

经历和丰厚的人生阅历中学习优秀人才的特有品质。

（四）立足学生发展，实施发展性课程评价

"华侨文化"校本课程的评价立足于学生的全面发展。通过发展性课程评价，了解学生对本土文化和国际交流的需求，发现和发展学生多方面的潜能，帮助学生认识自我，建立自信。评价方案注重学生知识技能、过程与方法、情感态度的全面、协调发展，强调提出问题和解决问题的综合能力的评价，以及责任感和合作意识的评价。评价方法主要采取质性评价法和模糊评价法。质性评价法采用档案袋和评价表的方式，用等级方式给予评价；模糊评价法则是教师采用"三句话评价法"，分别从"肯定"、"不足"和"改进"三个方面给予评价，发挥评价的导向和激励功能。

（五）筹建华侨博物馆和科技馆

学生的华侨文化素养和科技创新能力的培养需要一定的设施、设备，广东华侨中学金沙洲校区目前正在筹建华侨博物馆和科技馆。华侨博物馆和科技馆将向全体师生开放，为学生开展华侨文化研究和科技创新实践活动提供了良好的硬件保障。

四、"华侨文化"校本课程的实施效果

基于学校特色文化的"华侨文化"校本课程的实施，在学校建设以及教师和学生发展上取得了明显的效果。

（一）关注了学生的个性化发展

通过"华侨文化"校本课程的开发与实施，学生加深了对华侨文化的理解，培养了对中华民族的认识和热爱，树立自己在国家和社会中的地位、权利和责任的意识。不少学生有志于从事侨务工作、国际关系研究和文化交流与传播，从而拓宽了学生的成才道路。

（二）推动了教师的专业化发展

教师通过参与"华侨文化"校本课程的开发与实施，不但拓展自己的知识面，而且还可以全面了解课程开发的一般原理与技巧，从整个课程结构出发，做出符合学生实际的安排，提高自身管理课程的能力，并提高自身专业发展，形成自己的特色风格。其中部分教师还成为华侨文化的传播者。例如，我校有六位教师受省侨办委派赴巴西和西班牙支教中华文化课程，有一位教师受省侨办委派前往印尼支教。

（三）促进了学校“侨”字特色的形成

通过校本课程的开发，学校深入挖掘学校华侨文化特色，形成一个基于学校特色文化的“华侨文化”校本课程体系，包括育人理念、课程目标、课程设置、课程内容和课程资源。同时，我们还协助广州市侨办的《广州华声》杂志，开辟“华文园地”专栏，为印尼学校开发地理、历史教材，享誉海外。基于学校特色文化的校本课程开发与应用有利于学校打造“侨”校风格，提升“广东华侨中学”这一品牌。

总之，“侨”是历史，“侨”是优势，“侨”是力量。广东华侨中学将以“华侨文化”校本课程开发为契机，围绕学校特色文化重整课程体系，从而使校本课程开发与学校文化建设有着共同的目标，形成巨大的教育合力，进一步实现新跨越，创造新业绩。

参考文献

[1] 小威廉姆·多尔.后现代课程观[M].王红宇，译.北京：教育科学出版社，2000.
[2] 王建荣.整合校本课程开发与学校特色文化共生融通的必然策略[J].新课程（教研），2011(11).
[3] 胡金平.从文化特色入手建构特色校本课程[J].江苏教育，2013(10).

教学策略篇

在新课改中，教学策略已成为教师行动研究的一个重要领域。它不仅有助于实现教学目标，而且体现了教师的教学观念。《中国教育大百科全书》指出：教学策略是在一定的教学观念下，为实现教学目标而进行的教与学活动的设计。西方教育学者也把教学策略看作有效课堂教学的一个重要要素，指出有效的教学活动依赖于有效的教学策略，甚至提出课堂教学的质量取决于教学前所做出的教学策略的质量。因此，睿智的教学策略是十分重要的。这里收入了四篇论文。其中，语文科罗耕文的《主体成长·自我体验·多元开放——高中语文诵读教学策略研究》一文指出，在高中语文诵读教学中，教师运用主体成长、自我体验、多元开放三大教学策略，不仅能使学生深刻领会文本的内部世界和建构独特的个体世界，而且能使整个语文诵读教学过程变得更有生命力。数学科武四海的《积极心理学视野下的数学课堂：问题与对策》一文基于积极心理学的视野，指出教师应该构建一个积极的数学课堂环境，让课堂中无时无刻不充满着积极的情绪，使学生的思维得到拓展，使他们的信心得到提高，并激励学生充满希望地看待挫折和失败，从而成为更加自信和坚韧的人。英语科郑丹的《基于学生心理因素的初中英语阅读策略探究》一文从学生心理因素这一视角出发，指出初中英语阅读的效率往往会受到语言和非语言因素的影响，在初中英语阅读过程中，教师应该根据学生的性别、性格进行分析，提出有效提高初中英语阅读教学的策略，使学生更好地提高英语阅读的能力。物理科刘石头的《唤醒学生科技创新意识的高中物理教学策略与案例研究》一文基于案例研究，强调在高中物理教学中唤醒和培育学生的科技创新意识，并探讨了在高中物理课堂上培育学生科技创新素养的教学策略，使学生不仅有较高的课堂内学习教材的能力，而且有科技创新的精神和独立获取新知识的能力。

主体成长·自我体验·多元开放

——高中语文诵读教学策略研究

语文科　罗耕文

[摘　要]高中语文诵读教学是一种传统的教学方式,其目的不只是让学生读准字词句,也不是对文章进行武断的分解,而是更强调师生在教学过程中通过诵读的方式既能深刻领会文本的内部世界,又能建构独特的个体世界。在这一过程中,师生用个性化的生命全方位地融入语文诵读,又在语文诵读教学过程中得到成长。但是,由于认识的局限和应试目的的影响,因此,造成了诵读教学过程中主体失衡、被动压抑、方式单一枯燥等背离教学生命意义的现象。主体成长、自我体验、多元开放三大策略在教学中的运用,可以使高中语文诵读教学过程变得更有生命力。

[关键词]主体成长　自我体验　多元开放　诵读教学策略　高中语文

北宋苏轼曾说过:"诵读之美七十分,诗句之美三十分。"高中语文诵读教学之"美"主要体现在:师生不仅能通过诵读深入理解和建构文本内部意义,让文本获得生命;而且能够根据自我的生命阅历与体验,主动建构个性化的自我世界,获得情感的享受、心灵的启迪与智慧的升华。然而,在实际教学中,语文诵读却被视为"读出声"即可的、简单机械的重复劳动。语文诵读对于熟悉文本不可或缺的作用得到了肯定,但其审美作用却被忽视了。因此,诵读教学应该在语文课堂中更有生命力,使师生共同将自己的生命融入诵读之中,又从诵读过程中得到更加丰富的生命体验,提高师生对生命价值的认识,以达到陶冶精神和化育心灵的目标。

一、 高中语文诵读教学的现状与原因

我国现代散文家朱自清先生曾说过:"诵读是教学,读者和听者在练习技能。"诵读教学是一个眼、口、耳、心并用的出声阅读,是将师生的求知、文学作品的内涵和课堂环境相融合的具体教学情境。在这一情境中,诵读与体验同行,想象与创造

交织，学生的精神得到陶冶，心灵得到化育，语文的生命教育意义也会尽显其中，然而诵读教学在教学实践中并未得到应有的重视。

（一）高中语文诵读教学的现状

根据调查，可以发现高中语文朗读教学现状是不令人满意的。大多数教师并没有将诵读教学当作是提升学生语文素养的重要手段，而认为这是一种传统的教学方式，只要让学生一遍又一遍地读，就可以加深学生的记忆，提高背诵记忆效率，有助于考试。而学生也因为一遍又一遍机械地重复而对诵读从有热情到厌恶。因此，在诵读教学中，诵读的审美意义被忽视了，教师充当了迷茫的指挥者，学生也只是无知的跟随者。

1. 教师诵读意识淡薄

在被调查的14位高中语文教师中，80%的教师有意无意地忽视对学生诵读的培养；在日常备课中，能经常设计诵读教学方案的教师仅占10%；在具体教学中，有90%的教师采用齐读的形式，其他形式的朗读则被冷落。虽然90%的教师认为范读课文是十分必要的，但在实际教学中，认为自己诵读水平有限的占50%，缺乏有效教学方法的教师占60%之多，能够示范诵读课文的教师少之又少。通过调查，我们发现教师对于诵读教学的认知有所欠缺，由于对自身诵读水平的不自信或有效诵读方法的欠缺，在语文教学中只是让学生一遍又一遍地齐声朗读，让诵读教学“看上去很美”；此外，学生连需要背诵的篇目都没有掌握，就更不去读那些不需要背诵的篇目了。

2. 学生诵读热情不高

通过对高中生的调查，可以发现，学生中认为自己诵读水平良好以上的仅占20%；能够积极参与课堂朗读活动的只占18%。因此，除非教师要求，学生很少自己主动诵读，诵读时也只是干巴巴地念出字词，很难带入自己的感情。大多数学生反映说，几乎每堂课上课前，全班都要齐读学过的文章，大多数学生在一遍一遍的重复劳动中读得越来越顺畅，但仍有部分学生只是读出了声音，读完文本后仍然不理解其意义；有一些热爱诵读的学生很渴望展示自己诵读的能力，但在课堂上却少有机会，有时只能在公开课上得到赏识；还有一些希望提高诵读能力的学生却苦于没有得到教师的及时指导，而最终不了了之。

3. 师生应试心理突出

通过调查，发现98%的教师将诵读教学设计大量运用于高考需要背诵的诗词、文言文的教学中，几乎一半以上的学生都认为诵读没有什么意义，只不过是为了应付高考试卷中6分的默写填空题。学生花了很多时间诵读高考要求背诵的篇目，如果每周每篇需要背诵的文章诵读两次，那么一个学期至少要诵读30次，三年下来学生每篇文章诵读了180次，但仍有不少学生会读不会写，仍不明白很多文章的内在意义，更别说文章之美了。

（二）高中语文诵读教学现状的原因

在诵读教学中，教师和学生应该是相互沟通、相互激励、相互启发、共同分享的，把生命成长看作是诵读教学的目的。但是，学生并没有从诵读教学过程中获得情感的交流与心灵的融汇，而是一次又一次被动接受的机械重复。究其原因，主要有以下三方面。

1. 忽略教学生长性

《普通高中语文课程标准（实验）》指出："教师应激发学生诵读的兴趣，培养学生诵读的习惯"，使学生"在诵读中感受和体验作品的意境和形象，得到精神陶冶和审美愉悦"。同时指出，教师"可通过多种途径帮助学生阅读和鉴赏，如加强诗文的诵读，在诵读中感受和体验作品的意境和形象，得到精神陶冶和审美愉悦"。可见，语文诵读的目的就是要获得审美体验，在教学过程中达到师生共同发展的目的。美国教育家杜威认为，"教育即生长"。这意味着在教育过程中，生长无法被替代也不能被给予。教师应该帮助学生自主成长，但不能揠苗助长地代替学生。因此，语文诵读教学是为了帮助学生获得审美愉悦的重要手段，应当是学生自己在教师的帮助下获得成长。但是，作为有生命的人，学生在诵读教学活动中并没有体现出自主成长，并没有让学生通过诵读去感受、品味和体验文学作品，并抒发自己的情感，因而忽略了教学的生长性。

2. 无视个体体验性

生命的过程就是体验的过程，人只有在不断的经历和体验中才能获得成长，逐渐了解生命的意义。教育也是一样，在以学生为主体的体验活动中才能达到教育的目的。教育的生命独特性在于每一个学生个体都值得尊重。但是，高中语文诵读教学大多采用翻来覆去齐读高考背诵篇目的方式。虽然学生每天20分钟一遍又一遍地齐读课文，但其兴趣不浓、热情不高，甚至读得毫无感情，诵读变成了食之无味、弃之可惜的"鸡肋"。而且，在诵读教学过程中，教师往往很少给予或不给予很好的引导，让诵读的有效性大打折扣。常见的现象是：教师在分析和理解之余不分文体，都是说"请同学们有感情地来读这部分"，或说"把怎么样的语气读出来"，类似这样的引导，使得学生一头雾水，根本没有自己的感受和体验。因此，教师忽略了学生在语文诵读的过程中，通过个体的生命阅历与经验，对文本的个性化体验与解读，将外在的经验转化为内在的自我经验。

3. 忽视过程多样性

生命具有多样性，不同的生命个体都呈现出色彩斑斓的景象，构成了人类生命的整体。教育的生命多样性在于不同个体之间的交互性渗透。但是，在语文诵读教学过程中，教师往往以自己的理解或者教参的要求来对学生的诵读进行强硬的指导，对于学生的个性化理解不能进行有针对性的交流，更不用说针对不同学生进行个性化的指导。似乎一篇文章只有一种理解，所有的学生只能和教师一起达到一个共同的、无争议的境界，才是教学的成功。其实，诵读的目的还是为了涵咏语言的精妙、文字的魅力和语文艺术的高雅，但大多数诵读教学却忽略了学生的个性，将教师或教参对文章的理解强加在学生身上，使得诵读教学失去了生命多样性的光彩。

二、 高中语文诵读教学主体成长策略

基于生命视野，对高中语文诵读教学策略进行探究与思考。教学过程是一个生命过程，教师和学生共同成长才能构成教育活动的生命整体。在高中语文诵读教学中，运用主体成长策略就要在尊重学生的主体性的同时，也要尊重教师的主体性，让师生交往成为教学基础，使师生在相互促进中共同获得生命的成长。

（一）共同探讨诵读准则

语文诵读教学是声情并茂的过程。我国美学家朱光潜在《诗论》中写道："写在纸上的诗只是一种符号，要懂得这种符号，只是识字还不够，要在字里，见出意象来，听出音乐来，领略出情味来。诵诗时就要把这种意象、音乐和情趣在声调中传出。"可见，声、情、美是诵读的三大要素，这三个要素不只关注诵读技巧，还注重诵读者与文本的情感交流，以及诵读者的底蕴与内涵。虽然诵读的文本类型不同，但都可以从技巧、情感和审美三方面入手，制定这三方面的诵读准则。诵读准则能够帮助师生找到诵读的方向和目标。

1. 诵读技巧准则

诵读技巧，包括字音准确、语速得当、重音突出、节奏鲜明、声调抑扬等几个方面，能够让学生在诵读文本时有一个基本印象，初步建立学生诵读的信心。例如，在诵读我国诗人徐志摩的《再别康桥》中的"寻梦？撑一支长篙，向青草更青处漫

溯，满载一船星辉，在星辉斑斓里放歌”时，语速可以加快，声调应由平缓、庄重逐步转为高扬，“长篙”、“漫溯”、“星辉”、“放歌”、“不能”、“悄悄”、“笙箫”、“夏虫”、“康桥”等意象与动词可以重读，“放歌”后应有停顿。对于语速、重音、节奏、抑扬等诵读技巧有了初步把握，学生的诵读就不会停留在机械复读状态，而是有了基本的抑扬顿挫。

2. 诵读情感准则

诵读情感，包括诵读者的表情神态和肢体语言。诵读的审美意蕴基础就是情感。如果仅仅停留在字句的推敲上，就无法引发诵读者的思想感情，这就需要比诵读技巧更高一层的情感准则。朱光潜先生说：“首先是说话人对所说的话不能不产生感情，其次是说话人对听众不能没有某种感情上的联系，这些感情色彩都必然要在声调上流露出，这样的话才有艺术，才能产生它所期待的效果。”当学生能够把自己情感融入诵读的文本中时，就会与文本产生情感沟通与交流，体会文本的审美价值，赋予文本“活”的生命价值。例如，在诵读我国现代诗人戴望舒的《雨巷》一诗时，学生对整首诗的意象与情感有深刻把握时，在诵读过程中就会将那种稍纵即逝的渴望、欢喜、失落、苦闷的情感变化表现在脸上，目光中对那个丁香一样的姑娘充满了期望与迷惘，将整首诗歌的情感表达得更加丰富。

3. 诵读审美准则

从文本的审美价值入手，审美包括了诵读者的想象力与感染力两方面。当诵读者在深情诵读的时候，聆听者能够跟随他的声音与情感，将自己也融入其中，引发共鸣，共同体悟文本的审美意蕴。例如，当学生听张家声先生对于徐志摩的《再别康桥》的诵读后，认为他的诵读能让人不知不觉地跟着他的诵读微笑、叹息、惆怅，充满了想象，画面感与感染力强，这样的诵读对于文本的审美价值有很强的表现。当诵读者自己眼前有物时，也要让聆听者眼前有物。诵读“康桥”，眼前有“康桥”横卧水面，诵读“雨巷”，眼前有细雨迷失双眼，于是诵读者与聆听者共同感知诵读的意境美。

（二）声情美并重的诵读示范

所谓诵读示范，就是教师通过个人的体悟，向学生展示个人的理解，传授诵读经验来引导、激发学生。此时，诵读示范能适当发挥抛砖引玉的作用。诵读示范的作用不只是让学生对诵读有欣赏的兴趣，更重要的是通过诵读示范能让学生潜移默化地感知文本、理解文本，最终养成自觉融入文本、敏锐感悟文本意蕴的习惯和能力。

1. 教师诵读示范

教师诵读示范是在课堂教学中最直接、有效的方式，在学生与文本之间建立一座沟通的桥梁。例如，明朝散文家归有光的《项脊轩志》与学生生活时代相距遥远，加之是文言文，学生难以融入情感的诵读。在诵读示范时，教师可以想到自己与祖母深刻的情感，回想读书时祖母常在车站接送，背影蹒跚的影像如在眼前，诵读时就自然地带入了真挚的情感。通过教师诵读示范，学生也会想到父母与自己相处时那些感人的细节，一篇看似枯燥的文言文也能读出些许意蕴，并体会其所表现的情感。

2. 其他诵读示范

并非所有的文本教师都能进行诵读示范，这时要善于利用教学资源，让学生欣赏不同的示范诵读，这对学生诵读能力的提高更有好处。诵读示范让诵读教学找到了更为直接的参照方式。例如，一些诵读名家对作品的解读，能让学生体悟审美的意蕴。CCTV 的《电视诗歌散文》节目，能够让学生在听读的同时，将画面具体化，有审美的体验。实际上，学生中也不乏诵读佼佼者，他们的诵读示范更能吸引同学的兴趣和增强同学的信心。

（三）积极和谐的相互点评

学生在诵读时很怕被教师批评，因此诵读时往往缩手缩脚，难以进入“无我”之境。而且，诵读后教师的“读得不错”或“可以再有感情一些”的点评，也往往让学生陷入更加茫然的地步。因此，在诵读教学中，可以进行师生相互点评和学生相互点评。

1. 师生相互点评

教师在诵读教学中不应该只是成为指挥者或旁观者。当教师肯放下身段，让学生为自己的诵读点评时，也能起到一定的鼓励和激发作用。例如，有学生将我国现代文学家曹禺的戏剧《雷雨》中四凤的台词诵读得毫无抑扬顿挫，笔者“一着急”，接了她的台词，引发了课堂的躁动。此时笔者“趁机”让学生进行点评，学生很快指出了笔者诵读时的问题，还大胆地“示范”起来，笔者也跟着进行了“模仿”。这样，教师和学生对四凤这个人物形象有了更多的体悟，诵读的兴趣大大提高，收获也更大。

2. 学生相互点评

在诵读教学时，学生之间的相互点评往往能促进和谐的竞争意识，提高学生诵读兴趣和能力。例如，在进行美国黑人民权运动领袖马丁·路德·金的《我有一个梦想》这篇文章的诵读教学时，学生先是对央视主持人罗京的一段诵读视频进行了三个层面的点评，再在小组内进行诵读点评与选拔，最后每个组推选一名同学在全班诵读，并由其他同学给他打分。学生通过相互点评，激发了诵读的兴趣，对于文末激昂澎湃的排比句从机械复读到读出了些许韵味。

(四) 主体成长策略效能

如果抱着功利之心去看诵读教学，它也许带不来立竿见影的高分，带不来多姿多彩的课堂气氛。但是当师生用极大的热情投入到诵读中，学生的诵读能力得以提升，教师也得到自我成长，师生共同经历生命的成长。正如法国文学家萨特所说的："阅读是一场自由的梦，那种思绪绵逸的过程是多么令人迷醉，以至于不愿醒来。"

通过在诵读教学中运用主体成长策略，可以发现，学生对于诵读标准的思考，让诵读准则变得具体化、个性化；示范诵读提高了部分学生对于自身潜力的认识，也让一些诵读水平不高的学生找到了可参照的方式，还让师生对诵读作品加深了理解，获得了更多体验；积极的相互点评让原本教师高高在上的课堂变得和谐平等，每个个体都有表达自己独特感悟的机会。这样的诵读教学使学生体会到生命的意义和价值，滋养学生的生命意识。

三、 高中语文诵读教学自我体验策略

教学过程是一个生命过程，师生共同的成长才能构成生命整体。而生命的过程在于体验，体验是主体的一种直接生命感性活动，它与主体的意志、目的、愿望、情感紧密结合在一起，是在对事物的真切感受的基础上产生的情感活动。体验是人生的一种反思方式，人通过反思人生，洞悉生命的困境和存在的有限，并由此获得人生意义的理解。《普通高中语文课程标准(实验)》指出："可通过多种途径帮助学生阅读和鉴赏，如加强诗文的诵读，在诵读中感受和体验作品的意境和形象，得到精神陶冶和审美愉悦。"因此，应该将体验带入到诵读教学中，用诵读来让学生获得情感的体会和审美的体验。

(一) 情感的体会

90后的学生虽然接受的事物很多，但往往不加筛选，全盘吸收，很难从自己的生活中找到与每一篇文本的情感共鸣，甚至一些学生熟悉的生活场景也没有引起他们的情感重视。这就需要教师在诵读教学过程中引导学生，让学生在自己熟悉的生活中获得情感的体验。

例如，我国现代文学家老舍的散文《我的母亲》用平淡的笔墨描写母亲和"我"

相依为命的往事，母亲为了儿女的生活甘愿受苦。文章没有波澜壮阔的叙事，也没有特殊的题材，有的只是真挚的情感和细腻的叙述。在教这篇散文时，恰近母亲节，笔者让学生先诵读了一次，但学生似乎对文中母亲甘心奉献的情感没有什么感觉。于是，笔者便问学生打算怎么给自己的母亲过节，学生们七嘴八舌："请妈妈吃顿饭""逛街""送礼物"……接着，我又问他们："请妈妈吃饭谁出钱？为什么要逛街？送什么样的礼物，为什么要送？"学生们兴奋地说出了许多答案："当然妈妈出！""用家人给的零花钱请妈妈吃！""买一束花。""买一个包。"……我再问学生："妈妈高兴吗？"学生们不约而同地回答："当然很高兴！"于是，笔者找了一位活泼的男生把加拿大幽默作家斯蒂芬·巴特勒·里柯克的一篇小短文《我们怎样过母亲节》诵读给全班同学听，诵读的男生开始时读得干巴巴，慢慢地被文中母亲的默默奉献而感染，热闹的班级也逐渐变得安静了。笔者这时问学生："为什么母亲觉得母亲节这一天是自己一生中最快乐的日子？为什么眼角又含有泪水？"经过一番沉思，学生讲出了自己的思考：母亲看到儿女为自己过节感到高兴，也为自己默默的奉献而得不到理解感到失落。在这种情况下，笔者开始让学生再次诵读《我的母亲》，这时他们才真地将自己对母亲的感恩融入到老舍的散文中，情感才慢慢体现出来。学生深深反思了自己的不懂事，也明白了母亲伟大的付出，这种情感的体会是学生从诵读中获得的最大收获。

（二）审美的体验

很多文学作品与现在学生的生活具有很大的距离，要学生自身具备审美情趣更是一件很难的事情。美国教育家杜威认为："教学过程中，学生要有一个真实的经验情境，在这个情境内部产生一个真实的问题，作为思维的刺激物。"因此，创设诵读教学情境，能把学生带入文本的情感世界中，尽力让他们去体验情景，并用自己的想象得到美的感受。

例如，在西安市第三中学高二年级实习时，笔者当时对学生完全不了解，心里一点把握也没有，于是让学生提前预习了北宋词人柳永的《雨霖铃》这首诗词，由于担心教学进行不顺畅，还叫学生把这首词改写成散文。到了上课时，学生一堂课上下来对这首词诵读了七八次，可是一点情感都没有。之后，笔者反思了自己的教学，到了下一个班上课时，尝试了另一种方法。课前，笔者仍然要求学生把这首词改写成散文，并及时修改补充。上课时，先用柳永的铁事吸引了学生的注意，当学生等着教师讲解诗词时，笔者却播放了一首林海的《琵琶语》，边播放边诵读了《雨霖铃》，也许是音乐选得恰到好处，那天的诵读明显引发了不少学生的触动，有的学生也在默默地跟读。紧接着，笔者就提议把讲台交给学生，自己来帮他们播放音乐，同时播放配合诗句的画面，让学生自己来诵读。第一个同学开始诵读时有些紧张，后来在音乐的感染下她越来越投入，同学们也越来越专注。当第三个同学上台时，他突然问我："老师，我可以读读自己的散文吗？"这是一个理科班的男生，但他居然把散文写得格外柔美凄凉，当他开始诵读时，同学们善意地笑了，笔者灵机一动，打开事先找到的诗句水墨画，配合着他的诵读，如诗的画面慢慢展现，婉转的音乐娓娓流出，男生用凄婉的声音诵读……同学们慢慢地沉醉其中，诵读结束时，一些女生眼角有泪光闪烁……一堂课上下来，诗词没有诵读几次，但是学生和教师都印象深刻，对恋人离别的场景久久难忘。在诵读教学中，教师可以用很多种手段去创设情景，但有时教师的"无声"却胜过"有声"，这节课的最大特点不在于使用了多么唯美的音乐和图画，而是学生用自己的散文和自己的情感体会创设了最好的情境，获得了意想不到的审美体验。

（三）自我体验策略效能

生命的不可替代性决定了每一个生命都是他自己的，无论是幸福还是痛苦，平安还是坎坷，快乐或是痛苦，崇高或是卑下，都是别人无法替代的。在诵读教学中，学生不只是获得了情感的体会和审美能力的提高，更重要的是，他们对自己的人生有所认识、思考和感悟。在诵读教学中，情感的获得需要学生的体验，审美情趣的获取也需要学生的体验，哲理的领悟更需要学生的体验。

例如，当学生诵读毕淑敏的《我很重要》时，他们体悟到一个人自卑懦弱时应该强调自己存活于世那独一无二的重要性，飞扬跋扈时应提醒自己在浩瀚宇宙中的渺小；当学生诵读北宋政治家和文学家王安石的《游褒禅山记》时，他们体悟到人生的成功需要"志、力、物"缺一不可，但"物"与"力"不可强求，也体悟到了一个人要想为社会有所贡献，但能做的只有"尽吾志"；当学生在诵读我国现代文学家钱钟书的议论散文《窗》时，他们体悟到对物质的追求令人不自由，而对精神的不懈追求才能让人得到享受与自由……体验让学生通过情景加深了对课文的理解和对人性美的认识，在体验中调动感官和思维，从而化为有情感的表达，这是一种感性的获得。这些自我体验让学生的人格发展终身受益。

四、高中语文诵读多元开放策略

体验在诵读教学中固然重要，但只有体验而不关注学生生命的多样发展，诵读教学也难以成功。这就需要关注学生在诵读教学中的多元发展。诵读本身是一个二度创作的过程，诵读风格因诵读者的个性不同也会表现出不同层次。俄国文学评论家别林斯基说："风格是在思想和形式密切融汇中按下自己的个性和精神独特性的印记。"诵读者用自己的表现手段传达出某种新颖独特的情感模式，这才是一种真正的创造。因此，在诵读教学中，不应过分追求统一、呆板的标准，而应该尊重学生个性化的解读、关注课内外文本的相互补充。当师生本着共同学习的原则，将个人融入到文本的情感表达与审美意蕴中，尊重每个诵读个体的解读，阐释不同文本的共性，就能更好地体现诵读教学的广度和深度。

（一）尊重个性化解读

诵读教学的目的是让学生深入地理解文本内涵，获得情感体会与审美体验。"一千个读者就有一千个哈姆雷特。"因为每一个个体的不同，所以，在诵读教学中，不同的学生对不同的文本会有个性化的解读。面对这种个性化的解读，教师只要善加利用，不仅不会妨碍课堂教学的进程，而且还能起到促进课堂教学的作用。学生对于文本的理解往往具有创造性，很少囿于课本，会大胆说出自己的见解。

例如，根据教参指导，古典诗歌《氓》的最后一章表明了女子决绝的态度，因此，在诵读时，应该读出女子的清醒与坚强。特别是最后两句"反是不思，亦已焉哉"，读时应该语速急促、重音突出。但在诵读教学中，有同学提出了异议，他认为这一章女子回想起两人青梅竹马的欢乐、海誓山盟的爱恋、突如其来的变卦，怨愤、留恋、痛苦等复杂情绪一时都涌上心头，百感交集。最后一句虽然是感慨，但更多的应该是一种无奈，前一句应该读得急促、愤慨，但后一句应该缓慢而幽怨。究其原因，该女子是一个十分善良的人，也是一个柔弱的人。因此，这位同学认为最后一章，女子是不得已发出了一句"亦已焉哉"的感慨，这句感慨虽然决绝，但她心里对丈夫还是有诸多的不舍和留恋，同时也饱含着哀莫大于心死的悲凉。这位同学有条有理的分析似乎让这个女子的形象变得更加立体、更加饱满。于是，我和同学们试着在他的指导下重新诵读这一章，竟品出了另一番滋味：这个女子的形象在坚强中透露着绝望，在留恋中体现着决绝。这表明，学生个性化的解读使他们用自己丰富的想象，更加深刻地理解了诗歌的主题。

（二）关注课内外文本的结合

高中生打好语文学习的基础很重要，可是只用课内来打基础是绝对不够的，因此，利用好课内外文本进行相互补充，对于诵读教学的视野扩展也很重要。这样做还能够培养学生的审美情趣，促进学生个体生命的发展。诵读教学的课堂应该是一个动态生成过程，是一个创造中的存在。

例如，在诵读毕淑敏的散文《我很重要》时，主要树立了个人在自卑的境遇中对自我的肯定；但诵读林清玄的《幸福的无关》与张小娴的《当时年少青衫薄》后，学生在文本中体会到不同的人在年少时都曾在内心产生过不安与躁动，但这是青春特有的标志，不必讶异与惊慌，从而对自己的人格产生正确的认知。又如，在诵读朱自清的《荷塘月色》时，对比诵读我国现代文学家季羡林的《清塘荷韵》，学生体会到两位大师的内心的宁静与不宁静。再如，通过对蒲松龄的《瑞云》与汪曾祺改写的《瑞云》的对比诵读，学生不仅体会了文言文与白话文各具特色的美，而且还对人物形象有了更加立体和全面的感受。在蒲松龄的《瑞云》中，学生感知了瑞云的善良和贺生的专情；而在汪曾祺改写的《瑞云》中，学生更体会到瑞云作为一个"人"对于美的渴望，以及贺生在瑞云容貌恢复之后对爱的不平等的忧虑与恐惧。课内外文本结合的诵读，让学生体会到更多文章的不同风格，其中优美、生动、幽默的语言也让学生得到更多的审美体验，更重要的是，学生加深了对审美的体悟、对自我的认识、对人生的认识。

（三）多元开放策略效能

在诵读教学中运用多元开放的策略，可以使学生更好地在文本内与不同的作者进行情感的交流，在文本外与不同的诵读者进行心灵的沟通。诵读是"达于耳，入于心"的艺术，先由技巧入手，再融入情感，在"有我"的前提下进入"无我"之境，内化审美意蕴。多元、开放的诵读能让学生通过个性的解读，将自己的思维与体验融入到文本中，对文本进行二次、三次，甚至多次创作，获得对生命意义的理性思考。

例如，当进行了一段时间的课外文本补充诵读后，有学生写下了这样的感悟："我是一个自卑的孩子，总是被别人嘲笑长得胖，我觉得我自己想要不在意这些看法，但却做不到。毕淑敏的《我很重要》让我在读的过程中似乎知道了就算是再渺小，我也有疼爱我的人。老师补充《你真的那么重要吗?》这篇文章时，我又看到了人世间那些自以为是的事。一次一次的诵读让我有些明白了，虽然我无法改变别人的看法，但对于爱我的人来说我是很重要的。对于不在乎我的人来说，我没有那么重要，所以也就不必在意别人的看法了。"还有学生在自己的诵读体会中写道："汪曾祺对《瑞云》的改写，让我觉得更加突出了爱建立在平等的基础上这一主题，贺生和瑞云之所以在一起是因为瑞云容貌被毁，贺生没有钱与权，两人都有缺憾。

但结尾瑞云容貌恢复，贺生却没有任何变化，这种爱不再平等，瑞云却浑然不知。在诵读中，我更加能体会瑞云的欣喜和贺生的惆怅，读起来喜中现愁。在读瑞云的话语时，我眼中仿佛出现她精心装扮自己，只为贺生一笑的情景；体会到她内心对于美貌不再的惆怅、绝望，对于贺生不再来找自己的悔恨；还有贺生在她容貌恢复后的内心焦灼。虽然文章没有再写下去，但我还是能感受到两人不再平等的境遇。”学生对于文本细致入微的诵读，又何尝不是他们个体生命的一次成长呢？

总之，诵读教学作为我国传统语文教育的结晶，散发着固有的魅力，在语文教学中的重要作用是不可忽视的。“诵读如同给黑白的摄影涂染了色彩，给静物注入生命而成为动物。”诵读是让学生情感丰富、性格细腻、认知敏锐的有效途径，学生在与文本的交流中不知不觉地积累生活的经验，凝聚丰富而真切的情感，从而对自己的情感产生共鸣，得到美好的审美体验。在诵读教学中，教师应该注意运用主体成长策略、自我体验策略、多元开放策略。当一种“良久有回味，始觉甘如饴”的感觉在学生心头荡漾，当一种“似曾相识燕归来”的体悟在学生的人生经历中再现时，语文诵读的深远意义也自然显现出来。

参考文献

[1] 燕良轼.教学的生命视野[M].长沙：湖南师范大学出版社，2010.
[2] 陈建翔，王松涛. 新教育：为学习服务[M].北京：教育科学出版社，2002.
[3] 周国平.安静[M].太原：北岳文艺出版社，2002.
[4] 雅斯贝尔斯.什么是教育[M].邹进，译.北京：三联书店，1991.
[5] 李泽厚.循康德、马克思前行[J].读书，2007(1).
[6] 王鉴.课堂重构：从“知识课堂”到“生命课堂”[J].教育理论与实践，2003(1).
[7] 鲁洁.南京师范大学：一本用生命打开的教育学[J].南京师大学报(社科版)，2002(2).
[8] 潘洪建.师生关系：发展性主体间交往关系[J].西北师大学报(社科版)，2000(3).

积极心理学视野下的数学课堂：问题与对策

数学科　武四海

［摘　要］每一个家长都希望自己的孩子能够学好数学，但现实情况是：不少学生进入高中后，数学成绩直线下降，无论怎么努力就是上不去，而且越学越没自信，甚至开始放弃学习数学，慢慢地就变成了所谓“数学学困生”。我们发现，很多时候这些学生并不是没有学好数学的能力，而是心理上产生了恐惧与不自信。构建一个积极的数学课堂环境，课堂中有喜悦、有激励、有逗趣、有宁静、有敬佩，还有爱等正能量，课堂中无时无刻不充满着积极的情绪，思维得到拓展、信心得到提升，让学生充满希望地看待挫折和失败，让他们从困难中恢复力量，变得更加坚韧和坚强，这是教师教书时的育人任务。

［关键词］积极心理学　数学课堂　正能量

在我国一直流传着这样一句实话：“学好数理化，走遍天下都不怕”。在人类几千年文明的发展历史中，无论是天文地理，还是自然科学技术的发展，特别是近年来的电子计算机的发明与其广泛使用，数学以其四两拨千斤的力量推动着人类文明不断前进。每一位学生家长都很清楚孩子需要学好数学。但现实情况是我们往往听到家长这样说——“初中时，小孩数学成绩还行，一到高中数学成绩就下滑得好厉害！而且无论她怎么努力都上不去，看着她越学越没自信，甚至是有点想放弃了，我很担心……”对于这样一个普遍的现象，其背后的原因既复杂又简单，说复杂是因为不同的学生原因各不相同，说简单是因为他们都受消极心理的暗示。

众多事实与研究表明：学生在接受新知识或接受新技能培训时，如果有一个正确的、积极的心理准备（求知欲），有一个积极的班级学习氛围，其接收的效率将会高出被动接收效率的一至两倍，更重要的是在一个积极氛围下学习，学生的思维更加活跃、更加宽广，人际关系更和谐，学生个人人格也更加健全。鉴于此，在积极心理学视野下，构建正能量数学课堂能够极大地帮助学生克服学习数学的心理障碍，增强学习数学的信心。这里的“正能量数学课堂”是基于积极心理学理念，引用物理学概念“正能量”的延伸的定义(一切予人向上和希望，促使人不断追求，让生活变得圆满、幸福的动力和感情)结合产生的概念，它是指数学教师在数学课堂中从积极心理学的角度出发，在常规数学课堂教学中充分发挥积极情绪的力量，以此让学生形成良好的学习动机，增强学生学习数学的信心与兴趣，让师生形成有效的学习交流互动，最终达到提升课堂教学效率，培养起良好的学习态度，并有坚强的学习意志。

一、高中数学课堂教学中消极心理表现的原因分析

通过观察和交流了解到高中数学学困生普遍对数学缺乏兴趣，畏惧数学，自我效能感偏低，数学自我监控能力较低，没有反思的习惯和时间。我们还发现这部分学生在数学学习过程中因“困惑”、“曲解”或“误会”而产生的一种消极心理现象，它极大地影响、制约、阻碍中学生积极主动和持久有效地学习数学知识、训练创造性思维、发展智力、培养数学自学能力和自学习惯。我们总结了具体表现有以下七种类型：(1) 依赖教师的讲解以及习惯思维惰性的心理；(2) 对待定理和公式的消极、厌倦心理；(3) 过分夸大自己的不足和学习困难的自卑心理；(4) 急功近利、急于求成、盲目下笔等急躁心理；(5) 考试心理波动；(6) 分析问题、思考问题的思维定势；(7) 习惯用马虎、粗心替自己的错误解释的自谅心理。此外，通过访谈和问卷调查我也发现学生群体间的不良情绪过多和不良的教学环境也会引发学生心理问题，学生群体的情绪感染则起温床和催化作用。上述消极心理产生的原因究竟何在？只有找准原因，才能正确寻找到对症下药的良方。

(一) 学生的原因

高一下学期开始，相当部分的学生在数学学习上感觉处处遇到挫折，慢慢对数学学习丧失了兴趣与信心，有些甚至厌恶与排斥；部分学生在家长的压力下硬着头皮在苦苦支撑着，有的开始为了应对老师的检查而想尽办法敷衍了事，有的学生干脆放弃而无所事事……是什么原因造成学生如此厌恶数学呢？

1. 进入高中学习状态慢人一步

这里有以下两类学生人群：

一类是初中学习勤勤恳恳的学生，但长假期的放松让学生一下子难以适应紧张的高中生活。这类学生由于初中三年的勤勤恳恳付出得到了回报，整个假期沉溺在过度的放松之中，进入高一没有及时调整状态，等反应过来，发现已经落下他

人许多，信心在历次考试挫折中渐渐丧失。

另一类学生是自诩“聪明”的学生，靠着初三最后一两个月的“冲刺”而进入理想高中；但进入高中后，认为还不到“发力的时候”，认为自己只要关键时期发力，便能迎头赶上那些勤勤恳恳的同学，中考就是他们最骄傲的资本；进入高中后，习惯性地放低了对自己的要求，在课堂上也未拿出最好的状态和精力去主动学习与思考，课后复习与练习没有得到有效的落实。等到真正复习备考时，面对需要解决的困难，决心与信心动摇了。

2. 学习方式与方法一成不变

初中数学考核更注重知识基础及熟练程度，高中数学侧重能力培养。高中数学课堂容量大、知识的抽象性强，相较于初中，它更注重于要求学生掌握数学思想方法；对于很多初升高的学生而言，他们习惯了初中的学习方式与方法，主动学习的习惯差，学习经常离不开教师的“强迫”。硬背公式而不理解、重视结果而忽略过程、忽略了公式及定理的推导过程；在课堂上习惯教师的讲解，认为课堂上听得懂、例题看得懂即可，却忽略主动思考，往往作业做不出或做不全。比如，函数 $f(x)=mx^2+3x+1$，这是一个初中、高中都要学习且常见的函数形式，但初中局限于与二次函数有关的一些简单运算并往往会规定该函数为二次函数，而到了高中，这样简单易见的形式需要考虑 $m=0$，$m>0$，$m<0$ 三种情形，这就需要学生有分类讨论意识，并且理解其需要进行分类讨论的缘由是什么以及如何进行讨论。往往这样“多走一步”的学习方式就容易让习惯简单的学生产生厌恶与挫败感。

3. 消极情绪互相传染

说消极情绪是一种可传染的“精神病毒”一点也不为过。心理学家发现，原本心情舒畅、性格开朗的人，如果整天与一个心情沮丧、愁眉苦脸、唉声叹气的人相处，不久也会变得抑郁起来。因为消极情绪的传染是在不知不觉中进行的，而且传染的速度相当快。一个人如果和亲近的人待在一起，而对方情绪低落或烦躁，那么不到半小时他的情绪就会受到对方的传染。

学生是在同一个班集体中学习和生活的，相互之间的感受与情绪是可以相通的，如若一个班级中有相当一部分学生学习数学比较吃力，那么对待数学学习的消极情绪将影响整个班级的大氛围，而这种情绪最终会影响整个班级。同学之间缺乏足够的相互探讨与交流，课堂上也不爱举手发言，主动提问，课后甚少主动找老师寻求解决之道，由于缺乏有效的沟通和压力释放，学生对于数学学习有了畏惧心理和逃避心理等。慢慢地这些学生演变为我们常说的“数学学困生”。心理学家还发现班集体凝聚力、进取心强，积极上进，对学生心理问题形成的抵抗作用就大，反之就能促使学生心理问题的形成。由于学生间情感接触时间长，交流速度快，而且易于接受和消化，因而在学生心理问题形成中，班集体的影响力不可低估，班级氛围一定要充满正能量。

（二）教师及教材的原因

教师是学生学习的领路人、引导者，但由于高考的重负，教师有时候也扮演着把高一新生推向数学“深渊”的角色。教材是教师实施教学的大纲，教师的教学主要围绕教材内容进行讲授与拓展，初高中教材应该是一个整体，无论是内容还是数学思维上，都应遵循学生思维发展原则。

1. 教师观念与实践相冲突

高一的数学教师一般由新教师和高三循环下来的教师构成。新教师往往教学热情高，教学理念比较潮流，但由于缺乏教学经验使其容易出现对教材的理解偏差，对基本概念、基本知识的讲解不一定能完全到位，在增大学生学习难度的同时，也易让学生产生消极心理。而高三循环到高一的教师，不一定能及时从高三的高考备考情结中“解脱”出来，习惯用高三的标准来要求学生，特别是高一数学的必修课本内容每年都是高考的重点、难点，经过高考的锤炼后，这部分内容已成为这类教师的拿手好戏，于是教学上自然追求一步到位，希望尽早与“与高考接轨”。这样就没有按照新课标中螺旋式上升的要求，忽略了学生的思维接受需要循序渐进这一特点，在无形中增大了教学难度，学生在难以接受的同时，学习数学的积极性也受到了打击，我们的教师好心却做了“坏”事。

2. 课堂教学效率低

新课改对我们教师提出了新的要求，老教师上学时学的是“老”教材，开始工作时教的是“老”教材，很难摆脱老教材的影响，教学中无意识地把新教材舍弃的内容补上，本着“宁滥勿缺”、“宁深勿浅”的原则，把新教材降低的要求又“不放心”地增加进来。为应对高考难题，为了几个数学尖子，教学内容偏、繁、怪、多，解题教学忽视通性通法，使一般程度的学生难以接受，如此种种使我们的学生苦不堪言，消极情绪不断传播。

另一方面，课堂上教师习惯讲得多，留给学生思考与练习的少；课堂氛围死气沉沉及大量重复、机械的训练正慢慢磨灭学生的学习兴趣，追求“大容量、快节奏”的课堂往往使学生“我上课明明认真听了，怎么还是不会做题”这种情况出现得多了，无形中增加了学生对数学的恐惧。

3. 教材也是一把“双刃剑”

教材是教师实施教学的大纲，教师的教学主要围绕教材内容进行讲授与拓展，初高中教材应该是一个整体，无论是内容还是形式，都应遵循学生思维发展规律。现行的教材却遇到以下两个问题。

一个是初高中内容衔接不自然，现行的初中与高中教材在衔接上出现很多问题，许多在高中需要具备的知识在初中数学中没有出现或者淡化，造成学生高中数学学习上的困难，如因式分解中的十字交叉相乘法、方和（差）公式、二次函数的性质、韦达定理、根式运算、无理方程、二元二次方程组等，初中教材都没有，而高中却经常用到。尽管很多高中老师在课堂教学中补充这些内容，可这些内容的补充不仅占用了高中本来就很紧张的教学时间，而且补充内容的系统性也大打折扣，学生学习起来感觉难度较大，加深了学生高中数学“难”的印象。

另一个问题就是思维要求跳跃大，教材本身的难度提高不少。教材开始就是集合与逻辑，紧接着又是高中阶段数学最难理解与掌握的映射与函数的概念，以及函数的单调性、奇偶性等性质讨论，函数单调性证明、单调区间的求解都是难点。教材概念多、数学符号多、定义多、代数论证多、抽象思维多使得课堂内容难度增大，学生一时难以接受，而整个高一的教学内容占据高考的半壁江山还要多，这种教材安排的不合理性，进一步加大了学习的难度。

二、 正能量数学课堂的构建： 积极心理学的启示

积极心理学展示了一种新的理念，即积极心理理念，这种理念将心理学研究的重心放在人的积极品质和挖掘人的潜力上，这无疑是心理学史上的一项重要突破。这项突破势必关注数学课堂教学中的积极心理因素，需要在进行数学教学的同时，对学生进行积极心理暗示。这就是积极心理学对正能量数学课堂构建的最大启示。

（一）积极心理学的兴起及发展

积极心理学这一概念是心理学家马丁·塞利格曼（Martin Seligman）和库西克曾米利（Csikzentmihlyi）首先提出的。1997 年塞利格曼就任美国心理学会（American Psychiatric Association）主席一职时提出“积极心理学”这一概念，随后越来越多的心理学家涉足这一研究领域，逐渐形成了一场积极心理学运动。

1. 积极心理学的基本主张

积极心理学认为，心理学不应仅对损失、缺陷和伤害进行研究，而且应对人类自身所拥有的潜能、力量和美德进行研究。

积极心理学的研究领域在主观水平上是关于主观体验的价值性：福利、满足和满意（对过去），希望和乐观主义（对将来），快乐和快乐流（对现在）。在个人水平上，是一些积极的个人品质：爱和职业的能力、勇气、人际交往技巧、对美的敏感性、毅力、宽恕、创造力、对未来的憧憬、灵性、高智力和智能。在团体水平上，是一些涉及团体的公民品质：责任、有教养、利他、有礼貌、节制、容忍和职业道德。

在预防方面，积极心理学提出了积极预防的思想。积极心理学认为，在预防工作中所取得的巨大进步是来自个体内部系统地塑造各项能力，在人类自身存在着可以抵御精神疾病的力量，它们是：勇气、关注未来、乐观主义、人际技巧、信仰、职业道德、希望、诚实、毅力和洞察力等。预防的大部分任务将是建造一门有关人类力量的科学，其使命是去弄清如何在青年人身上培养出这些品质。他们认为，要防止那些易于得到毒品的环境中的少年身上的药物滥用，有效地预防并不是对他们进行治疗，而是找出并发展出其自身已拥有的力量。一个关注未来、人际关系良好、并能从运动中得到快乐的少年是不会形成药物滥用的。积极心理学认为通过发掘并专注于处于困境中人的自身力量，就能做到有效的预防。

在心理治疗方面，积极心理学提出了积极治疗的思想。积极心理学认为，在有效的心理治疗中，治疗师都有意或无意地运用并不是属于某种特定疗法所专有的“技巧”和“深度策略”。技巧是指：关注、权威形象、和睦关系、言语技巧（如“让我们在这儿休息一会儿”，而不是“让我们在这里停住”）、信任等，并在此基础上形成了积极治疗的思想；深度策略主要有三种：灌注希望、塑造力量和叙述，其内涵均是增强被治疗者的力量，而不是修复他的缺陷。

2. 积极心理学今后的研究方向

在1998年“美国心理学会监测网”（APA Monitoronline）的一篇文章上，塞利格曼指出，心理学有三项使命：一是研究消极心理，治疗精神疾病，二是鉴别和培养天才，三是让所有人生活得更加充实、有意义。他认为，过去的消极心理学只担负了前一种使命，积极心理学要把心理学应该担负的三项使命全部担负起来。从这个标准来看，年轻的积极心理学确实还有许多工作要做。

第一，要拓展和深入积极心理学的研究领域。一是积极的人格特征是积极心理学的基础，但对积极的人格特征的研究可以说刚刚起步，有许多方面还没有涉及，在这方面需要多花时间与精力。二是应该注意到人的体验、人的积极品质与社会背景的联系性，必须把人的素质和行为纳入整个社会生态系统中考察。三是在积极心理学现有的四个基本领域中，研究最多的是积极情绪体验，而且积极情绪体验中又以主观幸福感的研究最多，同时幸福主题本身仍然存在众多值得研究的地方。就目前积极心理学所研究的领域来说，无论是广度还是深度，都远不及它所批判的"限制了心理学研究领域的"消极心理学研究的领域。这说明，还有众多的方面、众多的领域需要积极心理学工作者去开拓。

第二，要发展积极心理学研究技术。积极心理学不仅需要良好的愿望、信念、激情，它更应该也必须采用科学的方法与技术来理解人类复杂的行为。考虑到积极心理学的思想源头是人本主义心理学，虽然对壁垒森严的临床心理学和行为主义提出了挑战，为心理学提供了一个崭新的视角，但由于没有实证科学的积累而限制了其应用与发展。积极心理学家已经把那些原本在消极心理学模式下的研究，如实验、测量、应用，转到积极心理学的模式上来了。但积极心理学已有与传统的消极心理学分庭抗礼，甚至取而代之之势。这可能意味着，积极心理学仅仅满足于传统心理学的现有的客观方法可能是不够的，要完成自己的使命，就有必要提出不同于传统的方法论，要在方法上有所突破。处理文化变量的无能是对传统心理学最严厉的批评之一，而接纳了其研究方法的积极心理学到目前为止，并没有拿出什么新的有效的解决方法。作为一个新的心理学思潮，创立新的研究方法和范式的重要性是不言而喻的。

（二）学科教学中需要渗透积极心理教育

在学校教育中，学科教学是最主要的形式，在学科教学中渗透积极心理教育是对学生进行积极心理教育的一种有效的形式。学校教育中的任何一门学科的良好的学习心理品质都包含了兴趣、需要、动机、态度、意志等。

在现实的学校教育中，数学等各个学科不仅具有知识价值，还具有能力、品格和方法价值，在这四项基本价值中，培养和发展学生的能力是学科教学的主要价值。对学生进行积极的心理教育，培养学生良好的心理品质是实施素质教育的重要内容。在学科教学过程中，教师可以通过训练、辅导、暗示、感染等方式提高学生的心理素质。在学科教学中给学生更多的参与机会，把教学过程作为心理训练的过程，让学生在活动过程中动手、动脑，进行充分的心理体验，积累经验，全面提高学生分析问题和解决问题的能力、表达能力和创造能力等，培养学生的竞争意识、合作意识、科学精神、创新精神等，使学生在活动中挖掘出自身的潜力，进而增强能力，形成良好的心理品质。另一方面，青少年是天生的模仿家，在学生的心目中，教师是值得信赖的，是学生认同与模仿的主要对象，学生常会以自己崇拜和爱戴的教师作为模仿的对象，“身教胜于言教”，因而各科教师一定要抓住这个机会，用自己得体的举止、稳重的品格赢得学生的信赖，用自己合理的需要、正确的动机、积极稳定的情绪、高尚的情感、顽强的意志、良好的性格、健全的个性去影响学生，使学生在模仿中完善自己的人格。

俗话说，“处处留心皆学问”，只要所有的教师都能把积极心理教育作为一项自己的使命来抓，处处留心，那么积极心理教育就会无处不在，无时不有。同时，教师也会在与学生的交往中提高自己的心理品质，发展自己的能力，挖掘出自身内在的潜力，教师的心理素质提高了，反过来又会影响学生，这样就会进入一个良性循环之中。

（三）构建正能量数学课堂是素质教育的要求

实际上，正能量数学课堂是素质教育中极其重要的一部分，是实现素质教育发展内涵的要求。《关于加强中小学心理健康教育的若干意见》中指出：“中小学心理健康教育是根据中小学生生理、心理发展特点，运用有关心理教育方法和手段，培养学生良好的心理素质，促进学生身心全面和谐发展和素质全面提高的教育活动；是素质教育的重要组成部分。”《中小学心理健康教育指导纲要》中也指出：“良好的心理素质是人的全面素质中的重要组成部分，是未来人才素质中的一项十分重要的内容。”中学生时期是实施素质教育的关键时期，因为这一时期是一个人身心发展最为迅速的时期，也是人格和心理品质形成的非常重要的阶段。在这一阶段进行积极的心理教育，可以有力地促进中学生良好心理素质的形成与发展，为科学文化素质等方面的素质教育打下坚实的基础。例如，通过正能量数学在课堂中培养中学生积极的情感，可以提高中学生学习数学知识的积极性与有效性；在正能量课堂中培养中学生良好的意志品质，可以促进中学生学习的自觉性、主动性与坚持性；在正能量课堂中培养中学生自尊心、自信心与上进心等性格特征，可以提高中学生的成就动机，提高学习效果等。

美国心理学家罗杰斯认为，学生的认知活动总是伴随着一定的情感因素，当情感受到压抑甚至抹杀时，人的自我创造潜能得不到发展和实现；而只有用真实的、对个人的尊重和理解学生内心世界的态度，才能激发起学生的学习热情，增强他们的自信心。在教学中，教师必须关注学生的积极情感的培养，让学生在积极情感的推动下形成认真的学习态度，高昂的学习情绪，坚定的学习信念。

三、课堂中的积极情绪：心理价值的力量

众多事实与研究表明：学生在接受新知识或接受新技能培训时，如果有一个正确的、积极的心理准备（求知欲），有一个积极的班级学习氛围，其接收的效率将会高出被动接收效率的一至两倍。更重要的是在一个积极氛围下学习，学生的思维更加活跃、更加宽广，人际关系更和谐，学生个人人格也更加健全。

（一）积极情绪的心理价值

如果说我们是一朵玉簪花，那么积极情绪就是阳光，有了阳关的照耀，花儿就能尽情地"开放"，积极情绪能够让我们看到更多、想到更多、创造得更多。在积极心理学领军人物芭芭拉·弗雷德里克森的带领下，通过实验证明并揭示积极情绪的两个核心真相。

第一个核心真相是：积极情绪能够拓宽我们的思维、开拓我们的视野，让我们吸纳更多"正能量"；人类的积极情绪，类似于植物的向光性，而人类能够被积极情绪开启思维，能够考虑到在其他情况下看不见的可能性，能够增加人的创造力；它改变了人与世界互动的方式，让人与自然更和谐，增强了人与人之间的人际交往与相互信任度。

第二个核心真相是：积极情绪把我们变得更好，以构建美好的未来。首先，积极情绪构建心理优势，这是因为人在生活中体验到的积极情绪能够使人迅速成长，它能帮助你变得更加乐观、坚韧、开放，更容易接受以及更有实现目标的决心；其次，积极情绪还能构建良好的心智习惯、社会联系以及增进身体健康。鉴于此科学研究，我们中学教师更应该在平常的课堂教学中积极引入积极情绪，让它开启学生的思维，培养良好的心智习惯，引导学生构建自己美好的未来，真正实现素质教育。

（二）积极情绪与数学学习成绩提高之间的关系

由熊俊梅、龚少英、弗伦泽尔（Anne C. Frenzel）三人共同研究的《高中生数学学业情绪、学习策略与数学成绩的关系》实验得出这样的结论：数学成绩与数学自我概念、积极情绪、元认知学习策略呈显著正相关，与消极情绪呈显著负相关；高兴、自豪与认知、元认知策略呈显著正相关，生气、焦虑、无助、厌倦与认知、元认知策略呈显著负相关；情绪、学习策略、自我概念和环境因素可以显著地预测数学成绩；男生比女生运用更多的元认知策略，有更高的数学自我概念、更多的积极情绪

和更少的消极情绪；影响数学成绩的因素包括认知和非认知因素；女生在数学学习中的消极情绪可能与低数学自我概念有关。积极情绪与数学成绩呈正相关关系，也意味着学生在积极情绪下学习数学能够对数学有着更好的理解与接受。

四、积极情绪下数学课堂的打造：教师的做法

作为一位数学教师，当我们碰到学生精神不振时，我们怎么样使他们振作？当学生过度兴奋时，我们怎么样让他们静心思考？当学生毫无思绪时，我们怎样才能启迪学生？当学生没有信心时，我们怎样唤起他们心底的力量？

答案是：我们可以利用积极情绪引导学生去高效学习数学。积极的情绪在数学教学中主要有三方面的作用：形成良好的学习动机，提高学习效率，促进师生的良好交流。

（一）让学生形成良好的学习动机

学习动机是引发学生学习行为、维持学习行为并使学习行为趋向一定目标的内部动因。学习动机的实质是学习需要，这种需要是家庭、学校、社会的影响在学生头脑中的反映。教师平时的教学中要重视调动学生在学习过程中的主动性。法国启蒙教育家卢梭讲过："形成一种独立的学习方法，要比获取知识更重要。"这说明只有学习者以自己独有的方式，主动、高效地投入到学习中去，才能从根本上提高学习质量。

目前中学数学在高考中占据举足轻重的地位，决定了学生必须要学好它。部分高中生感到数学学习太困难，部分学生认为数学无用，在今后的生活工作中甚少用到数学知识，种种现象的背后都是这部分学生缺乏强大的学好数学的动机。例如，高一学生对于函数是怀有惧怕心理的，因为该部分内容要求比较高，但它又贯穿高中始终，与其他知识紧紧联系在一起，多次的挫败演变为恐惧。笔者在教学时研究教学要求和新课程标准，了解学生学习初中一次函数、二次函数、反比例函数的学习情况，从基础入手，实施分层教学，逐步提高，让学生逐步消除恐惧心理，以正常的学习心态来学习函数的有关知识。事实告诉我们：紧张、惶恐、烦躁、压抑等消极的情绪会阻碍问题解决的速度，而乐观、平和、积极的情绪将有助于问题的解决。

（二）让学生提高数学学习兴趣

教学心理表明，兴趣是学习的动力，是学好数学的内在驱动力，它能激发学生从心理上喜欢学习活动，从而直接影响学习效果。学习不能脱离学生的意愿，一味

鞭策学生会使学习成为一种迫不得已的活动，极易导致应付或抵触行为。

我们是否有这样的体会，精神饱满、情绪高涨时，学习就会感到很轻松愉快，学习效率高；身体不适或情绪不佳时，就会萎靡不振，无心学习，学习效率低。学生学习亦如此，如果教师积极地在课堂中创设愉快、舒畅的学习环境或学习气氛，把对知识的探求与激发学生积极的学习情绪结合起来，使学生感受到学习的乐趣，进一步提高学习兴趣，那么效率和效果必然提高。

例如，初中升入高中，数学学习开始由学生习惯的平面几何转变为立体几何，一般会有不少学生开始不适应，对于纸面或黑板面上的图形左看右看也不像是空间图形，对于平面几何中的结论在立体几何中是否成立拿不准，对于证明题的推理表达有时也说不到点子上，渐渐地这部分学生产生了“立体几何畏惧症”。要学好立体几何，首先，要建立空间观念，提高空间想象能力；其次，要培养逻辑思维能力，提高基本技能；最后，还要渗透“转化”思想的应用，强化学生思维。种种要求都需要学生在一种主动求学的意识引导下，主动思考、大胆假设、小心求证，这就要有足够的心理准备去面对这一类难题，教师要积极利用课室空间和生活实物，与学生共同探究和体验空间几何体的位置关系。在这样一个积极情绪的课堂氛围下，学生思维可以得到开拓，视野能够拓宽，学生的信心以及兴趣都能极大地提升。

(三) 让师生形成有效的学习交流互动

叶澜教授说得好：“在课堂里的教师和学生，他们不只是在教和学，他们还在感受课堂中生命的涌动和成长，只有这样的课堂，学生才能获得多方面的满足和发展，教师的劳动才会闪现出创造的光辉和人性的魅力。”教师要学会营造平等、民主、宽松、和谐的课堂氛围，学生才能学得轻松。教学过程中，教师要时刻关注学生，对他们多变的学习行为满怀爱心地及时处理，要努力唤起学生的学习需要和兴趣，使他们的身心处于最佳状态，促使他们学得更好。在课堂教学过程中，要善于发挥积极情绪的作用，让这些有利的积极情绪促进教学活动的顺利开展。如果学生上课时能及时得到鼓励和表扬，他会对老师产生敬佩和喜爱。同样是上一节课，如果学生不配合，无精打采，没有心思，作为教师一个人唱“独角戏”也是很无趣的。并且一堂课下来，会感到气愤不已、疲惫不堪，很难完成教学目标。反之，如果一堂课上，教师精神振奋，喜笑颜开，相信学生也能受到情绪的感染，在和谐的环境下对教材有新的理解，掌握的效果也更好。相信不论是教师还是学生，都能在师生交流下产生无穷的内在动力。在课堂的教学过程中，要善于发挥积极情绪的作用，让这些有利的积极情绪促进学生的学习。

诚如德国教育学家第斯多惠所说的："教育的艺术不在于传授的本领，而在于激励、唤醒和鼓舞。"每个学生都有学好数学的潜能，需要老师去唤醒、去挖掘。因此，培养学生对数学的积极情感态度，营造一个愉悦、富有正能量的数学课堂就显得尤为重要，同时教师要通过"导之以学"教会学生学习方法，抓住学习中的重难点；通过"晓之以理"启发学生准确理解数学概念和规律，培养学生学科能力；通过"助之以成"帮助学生建立学习情感，增强学习数学的信心。这是我们每一位数学教师不可推卸的责任。如若我们的中学教师在平常的课堂教学中都积极引入积极情绪，既能开启学生的思维，培养良好的心智习惯，又能够引导学生构建自己美好的未来，这才是真正实现素质教育的最终目标。

参考文献

[1] 芭芭拉·弗雷德里克森. 积极情绪的力量[M]. 北京：中国人民大学出版社，2010.

[2] 马丁·塞利格曼. 教出乐观的孩子[M]. 北京：万卷出版公司，2010.

[3] 马丁·塞利格曼. 真实的幸福[M]. 北京：万卷出版公司，2010.

[4] 马丁·塞利格曼. 活出最乐观的自己[M]. 北京：万卷出版公司，2010.

[5] 马丁·塞利格曼. 认识自己，接纳自己[M]. 北京：万卷出版公司，2010.

[6] 周嵚，石国兴. 积极心理学介绍[J]. 中国心理卫生杂志，2006(2).

[7] 王纯旭. 为什么高一数学这么难[J]. 中学数学研究，2009(12).

[8] 熊俊梅，龚少英，Anne C. Frenzel. 高中生数学学业情绪、学习策略与数学成绩的关系[J]. 教育研究与实验，2011(6).

[9] 胡广宏. 利用积极情绪引导学生高效学习数学[J]. 高中数学教与学，2012(5).

基于学生心理因素的初中英语阅读策略探究

英语科　郑　丹

[摘　要] 在全日制中学英语教学大纲规定中，中学英语教学的目的就是要培养学生初步运用英语的能力，特别是英语阅读的能力。在具体的初中英语阅读过程中，阅读的效率会受到语言和非语言因素的影响，因此，从学生的性别、性格的心理因素进行分析，可以提出有效提高初中英语阅读教学的策略和方法，使初中生更好地提高英语阅读的能力。

[关键词] 心理因素　学生　初中英语阅读　策略

随着经济全球化和知识经济新时代的到来，英语这门国际性语言已成为我国中学生应具备的一项基本技能。尽管从小学到大学都开设了英语课程，但英语这门学科对大多数学生来说都很困难，特别是初中生英语阅读水平差异十分大。究其原因是多方面的，包含语言的和非语言的因素，其中学生自身的心理因素是关键原因之一。我国的英语新课标的目标强调了要使教学符合学生的生理和心理特点，并且要关注满足不同水平和层次的学生的需求。这就要求初中英语教学应该把注意力转移到学生身上，不仅是创造条件让学生主动地学习，更是要研究和关注学生学习时的心理特点和心理变化，找出影响学生英语阅读的真正原因，并对其进行正面引导；同时在教材和教法等方面，也应该从有利于学生学习英语的心理角度来考量。只有这样，才能对症下药提出有效的初中英语阅读策略。

一、初中生英语阅读方面存在的问题

西方语言学家卡瑞尔（Carrel）认为，“在世界范围内，把英语作为外语学习而言，大多数英语学习者会发现，阅读是他们学习英语的主要原因”。从小学三年级就开设英语课开始，直到高中毕业后进入大学，基本都会有英语这门课，许多学生学到最后进入工作岗位后，都会发现在日常生活中英语学习者没有很多机会运用听说技能，但是，大量的英语文字材料提供了阅读机会，从而使他们获得了国外的各种信息、文化和丰富的知识。外语阅读是需要读者和文章互动的一种信息加工，因此，英语阅读的效果必定会受语言因素和非语言因素的影响。非语言因素的影响就是读者的主观性的影响，例如，英语语法知识的掌握、背景知识、心理因素等。

（一）缺乏足够的英语阅读兴趣

在中学英语教学中，阅读是帮助学生扩大视野、获取新知识、运用旧知识最直接的有效方式，但是，现在制约中学生阅读的最大因素之一就是对英语阅读缺乏兴趣。如果一个学生的学习目的是因为对学习这门科目有兴趣，加上良好的学习习惯，则不仅会持之以恒，而且在遇到困难的时候也不会轻易地放弃，可以相信这种兴趣也会融入到其他科目中。我国的大部分孩子入学后，从小学到初中，在面对各种学科压力的同时，很多人都会逐渐失去对英语学习的信心，特别是兴趣。虽然学校的英语教学中也有阅读课，教师也鼓励和指导学生的英语阅读，但学生从初中开始就有厌学或者是放弃学英语的心理。特别是到初中阶段的后期，有些学生在面对五六篇的英语阅读理解时，一看见就完全失去做题的信心，更没有耐心去阅读完，在选择题时完全是随便选几个答案。这种恶劣的英语阅读学习心理也逐渐影响到英语学习的其他方面，如听力、语法选择、写作等。

（二）基本的英语知识不牢固

学习任何一门外国语言，都离不开听、说、读、写这几项。在儿童掌握自己的母语后，接触另外一门外语时，也是从最简单的听说模仿开始，之后再进行系统的语言知识的学习，而这个时候进行的就是语法的系统学习。每种语言都有自己的语言结构和语法框架，这是构成一门语言成立的基本要素。但是，中学生这方面掌握不好，不熟练，也不牢固，因而不能够搞清楚整篇文章的意思，再加上阅读的时间有限，就更容易放弃英语考试中的阅读理解，同时也影响到英语学习的其他部分。由于没有系统的语言知识，构不成正确的语言组合，也就不可能有正确的语言意义在头脑中形成，因此，在英语的听力、写作等环节也相继出现了恶性循环的现象，以致英语这门科目被完全荒废、最后被完全放弃。

（三）对英语国家的文化背景不了解

学习一门外语，除了能否听说读写外，还要了解相关国家的文化背景。但是，中学生这方面的接触很少，在初中的英语教学特别是英语阅读教学中，如果涉及文化背景差异，教师也只是稍稍点评和讲解，因此，初中生所掌握的英语文化背景知识是极为贫乏的。这一点往往不被人们所重视，从而也影响了学生学习英语的兴趣和英语阅读的效果。在进行英语阅读时，学生的背景知识结构应包括要对此语言所在的国家、社会、风俗、生活习惯和宗教信仰等有一定的了解和认识，只有这样才能对文章的主题有所领会和认同，其阅读的效果和效率就会更接近文章的主旨，从而选择出正确的答案。

（四）汉语思维模式的影响

尽管我国在小学三年级就已经开设了英语课程，重视英语的听和说，但英语毕竟是学生的第二门语言，和他们平时说的母语还是有很大的不同，再加上英语一旦脱离了课堂，就很难在某种环境中进入学习状态，因此，就难免会受到汉语的影响，例如，写作、阅读等都会按照自己的汉语思维模式来进行思考。虽然在英语教学中，教师总是再三强调汉语和英语的不同，要转换思维模式进行学习，但有些学生仍旧做不到，表现最明显的就是英语写作，也就是我们经常说的汉语似的英文。这无疑是影响学生英语学习和阅读的重要因素之一。如果不加以纠正，一直受到汉语思维模式的影响，那就根本不是在学习英语，而是在汉语的基础上“发明创造”，结果什么都不是。所以，在学习英语时，牢记模仿是一把金钥匙。语言和语言之间都是相通的，学生要分清哪些是相通的，哪些是不通的，只有这样才能学得轻松，在英语阅读上才能读懂和读通。

二、 初中生心理因素对英语阅读能力培养的影响

初中生英语阅读方面的问题和困难，无疑是当前初中英语教师所面临的难题。但是，为了解决这些问题和困难，教师往往会从教材、教法上入手，而忽视对学生心理方面的思考。因此，教师应该关注学生心理因素对英语阅读能力的影响，其中包括男女生的性别因素、男女生性格因素等。

（一）性别因素

1. 男女生理因素影响的不同

在初中阶段，由于男女生在身体发育的不同时期和不同特点，学生正处于性成熟和身体急剧变化成长的青春期，他们在智力能力、语言天赋、认知风格、学习能力、学习动机、自我意识、自我控制力上都存在着明显的差异。

在正常和普通的生活成长环境下，女生的学习态度一般比较好，学习动机比较明确，对于教师的教育和教导比较可以接受而且可以持之以恒下去。而男生多半由于好动、好玩等心理，对于老师的交代和教育不重视，不能耐心听下去或是看下

去。1980年，美国心理学家本博（Benbow）和斯坦利（Stanley）发表了题为《数学能力方面的性别差异——事实还是假象》的文章，解释男生为什么取得高分时，认为这是内在原因而不是社会原因。我国许多研究学者也认为，学科成绩和性别有关，男生在数学上优于女生，女生在语文、英语上优于男生。在初中各个科目教学和学生的学习中，总会出现这样的现象，初一、初二年级中男生的理科成绩好于文科成绩，女生的文科成绩好于理科成绩。同时在性别上反映出的成绩差异是男生总是在理科方面（如数学、物理）优于女生，而女生的文科成绩（如语文、英语）也总是优于男生。

研究还发现，初中生在性别角色认同的程度上存在显著的性别差异。男生普遍认同自己的社会文化规定的男性标准，表现出很强的男性气质；而女生则对社会文化规定的男性与女性标准认同很低。随着年龄的成长，女生更迎合了传统的情感取向，男生更迎合了成就感取向。这样的差异反映在英语上，女生多会表现出细腻、认真、耐心的特点，男生多会表现出粗枝大叶的特点，因此，在英语阅读上女生就存在明显的优势。

2. 男女生对英语阅读题材兴趣的不同

学生的学习兴趣是推动学生学习的最实际、最有效的内部动力，它直接影响学习的效果和学习成绩。我国古代教育家孔子就说过："知之者不如好之者，好之者不如乐之者。"如果学生对一门科目感兴趣，那么他就可以愉快、主动、积极、有效地学习。在初中这个特殊的阶段，在学生生理和心理发生巨大变化时，男女在不同科目上也表现出了不同的学习兴趣。

在英语这门科目上，特别是占重要部分的英语阅读上，男生和女生也表现出不同。体现在英语阅读理解的题材上，因为学生的角色认同会受到社会、传统文化、家庭环境的影响，所以，男生多半更倾向于明显的、快速的、直截了当的、理论型的文章，而女生由于情感比较细腻、性格内向沉稳等因素，更喜欢叙事型和故事型文章。因此，在初中英语考试中的英语阅读理解部分，为了考查一个学生阅读的全面性，在五篇或者四篇的英语阅读理解中一定会涉及叙述文、议论文、科普文、说明文等。但由于男女生对英语阅读题材的兴趣不同，也直接影响了他们在这个环节的得分。

研究还表明，不同学生在课堂上的有意注意持续的时间有长有短，短的只有8—10分钟。如果在没有教师的情况下，一个学生的注意力就更没有办法控制和提醒。因此，能否将全部注意力投入到阅读理解中，也与男女生对阅读题材兴趣的不同有很大关系。由于男女生在英语阅读方面的兴趣不同，就很容易出现喜欢阅读的题材就认真做题，不喜欢阅读的题材就放弃的现象。

（二）性格因素

心理学研究表明，人的性格不是天生的，而是在后天环境，即家庭、学校和社会的影响下，在先天素质及儿童不成熟性格特征的基础上，在外界环境和儿童主动社会实践活动影响下逐渐形成的，基本有出生次序的影响、早期经验的影响、父母的影响、经历和生活转折的影响、文化沉淀的影响以及学校教育的影响。因此，在英语阅读教学时，性格不同的学生也就会出现不同的教学困难和不同层次的学习成绩。

在提高英语阅读理解力时，学生不仅要靠自己的努力、教师的精心教学，同时也会受到他自己的接受能力、吸收能力以及性格等方面的影响。例如，认真、自信、坚持等性格就有利于英语阅读理解的学习，具有这样性格的学生会表现出自信心较强、责任感较强，往往会坚持进行英语阅读；而胆怯、懒惰、腼腆的性格会表现出思维过于缓慢、遇见问题优柔寡断，从而影响英语阅读理解。性格虽然无好坏之分，但在英语学习、英语阅读理解上会有不同的表现。

1. 毅力因素

由于男性和女性在生理和心理这样的先天因素方面存在着不同，因此，表现出的外在性格也有很大的差异。在英语阅读教学过程中，不同性别、不同年龄、不同文化背景下的学生之间的词汇知识、理解能力、阅读速度、阅读兴趣和习惯都不同。在相同条件下，学生之间也存在相对的差异。男女生在先天素质的基础上受到后天影响而形成个人心理特点的不同，表现在身体、智力、动机、兴趣、情感、毅力等各方面，所以对待英语阅读的心态也不一样。

其中，个人的毅力发挥了关键和不可忽视的作用。毅力是人们为实现自己的目标有意识地支配自己的行为的心理过程，常表现出和学习中的困难相连。在一个人的性格因素中，毅力或意志力占有重要的地位和作用。它的形成有先天和后天因素，但是后天的影响更大一些。在英语阅读理解学习中，毅力这个因素可以说发挥了关键作用，因为它可以使学生在遇见任何学习困难时不退缩和不放弃。如果一个学生具备了这种品格，那就可以使他坚持到最后。毅力差的学生，一遇到英语阅读的困难不是知难而进，而是知难而退。有些学生只是奋力学习英语一刹那的功夫，而没有做好持之以恒的准备。多半没有耐心、缺乏毅力的男生就会选择放弃，而性格沉稳的女生大部分都会坚持到最后。例如，在初中考试的阅读理解中，每篇文章大概有300—400个单词，随后有五个选择，分值占到一题两分，阅读时间非常有限，大致须在4—5分钟内阅读完一篇。因此，在篇幅长、时间有限、分值又大的阅读环境下，难免很多学生坚持不到最后。总之，在男女生性格差异中，毅力因素起着很大的作用，它不仅影响英语学习，就连其他文科的学习也会受到影响。

2. 信心因素

在性格因素中，除了意志力外，发挥很大作用的还有自信心。自信心的形成也受到很多因素的影响，先天和后天的因素都会对形成良好的自信心有很大的影响。但是，更多的影响是来自所成长的家庭环境，从孩子牙牙学语到有了一定的自我意识，这种对自我的认同是受到父母、成长环境的不断的鼓励和肯定而形成的。信心的维持不能总是靠从别人那里得到的肯定和认同，它还要从一个人的自我意识中获得，因此，学生要学会从学习、生活中获得自信心。

在信心方面，男女生的差异多数表现出女生不自信的更多些，而男生由于受到社会角色模式影响，因此在做任何事情时会表现出比女生更多的自信心。在英语阅读教学中，教师往往发现，女生很胆怯和害怕接触英语阅读理解，特别是面对篇幅很长、生词量比较大的文章时。一般讲，男生在自信心上表现较好，他们对自己充满了信心，认为自己完全可以有效地完成英语阅读。如果没有信心阅读完一篇文章，学生往往会说看了也看不懂或是根本就看不懂，这样首先就在心理上自己打败了自己，连看都不敢看，又怎么会有毅力来阅读完文章，因而就没有信心来阅读，逐渐就形成了一种恐惧英语阅读理解的心理，从而影响到整个的英语学习，甚至会完全放弃英语这门科目。

3. 情绪因素

在情绪因素上，女生的焦虑情绪重于男生，这与她们的性格、社会角色、朋友圈等因素有关。从教育心理学的角度看，学习过程中影响学习效果和成绩的最大因素之一是接受学习的学生的心理和情绪变化，它是影响学习的内部因素。克拉申(Krashen)在第二语言习得研究中提出的“情绪过滤假释”理论认为，语言学习者并不吸收他们所接触的全部语言材料，他们的动机、需要、态度、情感状态把外界语言环境所输入的某些部分筛选出去，这样就会影响到语言学习的速度和效果。在实际的英语阅读教学中，同样也会出现这种情况，积极向上的情绪可以使学生以良好的心态来面对英语阅读理解，而消极焦虑的情绪往往会给学生带来厌烦感甚至使其放弃英语阅读理解。

当前，英语是我国各级各类学生考试中的必考科目，分值比例很高。与此同时，在学生今后的工作和晋升中，英语也是必须考虑的条件，因此，学生对英语这门科目的重视程度远远大于其他科目，而要学好英语特别是学好英语阅读理解的迫切心情也胜过其他科目。这无疑也会给学生带来很大的压力，使得他们在做英语阅读理解题时焦虑感和压力感倍增，因而严重阻碍了英语阅读的效果。尤其在考试这个特定环境下，做英语阅读理解题时，学生所承受的压力有可能是平时练习时的几倍。学生表现出消极、焦虑情绪甚至是反感、颓废的心理，在这一点上女生的反应要大于男生。这主要是女生天生性情大多比较温顺、内敛、不轻易释放情绪，一旦在学习上碰到了困难又没有适当的方法解决，其内心就会变得急躁，但又不知所措而压抑着；而男生恰恰相反，他们活泼、冲动、情绪外露，有了焦虑情绪后多半都会通过外部活动释放减压，甚至一部分男生不认为那是焦虑情绪，而只是学习上碰到困难不开心。

三、 基于心理分析的初中生英语阅读策略

在初中英语教学中，阅读能力的高低凸显英语学习水平和教学成果的好坏。英语阅读是帮助学生扩大视野、获取知识、接触世界最有效的方式，因此，在每年的中考和高考中，阅读理解的分值和阅读理解的篇幅都在逐渐加大和难度加深。实际上，英语阅读理解成了中学英语教学的重中之重。基于前面所述的心理分析，可以提出几个初中生英语阅读策略。

（一）坚持正面引导，提高英语阅读的动力

要使学生英语学习有好的效果，必须要有学习的动力，而学习的动力必须从正面引导入手，使学生认识到英语是国际交流的手段，在将来的工作中可以与国际接轨，所以，充分掌握英语这门交流工具是非常必要的。同时也可以进一步指出，在广州这样经济开放比较早的一线城市，具备一定的英语能力是绝对不可忽视的，否则必将被广州这样经济发展迅速的城市所淘汰。因此，在学生进入英语课堂的第一天，教师就开始灌输和强调学习英语的必要性和重要性，使学生在思想上就对英语的学习加倍重视。作为教师，不但要按照教学大纲进行有效的教学，而且要结合当前世界上发生的要闻趣事，如国际消息、时事热点、科技创新等，结合英文单词，使学生在学习枯燥的英语语法时，可以跟得上世界的发展趋势，让学生在学习英语的同时觉得自己所学习的英语是有用处的，是可以帮助自己了解和学习世界的一种有效工具，从而加强对英语的重视和兴趣。

（二）挖掘语言天赋，坚定英语阅读的信心

从人们学习语言的途径来看，每个人都有学习语言的天赋和能力。无论哪个国家的人，学习自己母语时都是从牙牙学语开始，从听开始，再到模仿，任何语言的学习都离不开这些，这也说明语言的学习和数理化学习不同，没有能力的高低，只有学习程度的快慢。因此，在学生接触英语时，教师就要告诉每个学生：在同等条件下，人人都可以掌握好英语。每个学生都应该挖掘语言天赋，使他们在学习英语上树立充分的信心，摒除畏惧感，并掌握正确的方法。

（三）培养对英语的耐心，积累英语阅读的能力

英语的学习犹如爬泰山一样，而英语阅读的学习也是爬泰山的最关键时期。许多学生在爬到一半的路程时，没有看到泰山的顶峰就开始放弃。因此，学生必须具有持之以恒的耐心。这是一个逐步积累的过程，需要一个由量变到质变的过程。英语阅读也一样，在坚持了很长时间后可能仍然没有明显的效果，但不能因为没有很快看到效果就选择了放弃，其实之前的长期努力就如登泰山一样打下了基础，如果再坚持的话，那就可以度过学习的瓶颈期，英语阅读理解的效果就会大幅度提高。

（四）运用正确方法，提高英语阅读的速度

在英语中，单词和词汇是表达阅读理解中最小的单位，读懂句子首先就要理解词义，读懂文章就要先理解句义。研究表明，当一篇英语文章的生词量超过5%时，学生就会对英语阅读产生排斥，因此，记住英语单词和词汇很重要。其实，记忆英语单词的最大问题实际上是一个心理问题。许多学生经常说的怕忘记英语单词和词汇，总是记不住，其实在学任何语言时忘记新的词语和单词是一件非常正常的现象。英语单词和词汇的学习和记忆可以采用多种多样的形式，忘记的时候就要拿起字典查阅。据统计，一个生词如果因忘记词义而返回去查阅字典三次，就不再容易被忘记了。所以，首要应该消除记忆英语单词和词汇单词的最大心理障碍，用字典反复查阅，并反复记忆。学生只要消除忘词的恐惧心理，遇到生词就耐心地查字典，搞清楚词的意思，那么提高英语阅读的速度就没有问题。

（五）扩大阅读范围，在英语阅读中广种薄收

英语是国际上一种通用的语言，应用于各种方面，学习英语最后就是要落实到阅读上，因此，英语阅读的内容绝对不能只限于课本上的文章或考试规定的题材，而应该是涉及到学习、生活的方方面面。只有这样，学生所学习的英语阅读才是鲜活的，是与时代同步的，也将对他们今后工作中的英语应用有好处，可以将英语作

为一门有效的交流工具。因此，在给予学生学习用的英语阅读文章时，应该扩大英语阅读的范围和领域。应该说，这样做也可以满足不同性格、不同兴趣的学生的需求。

（六）循序渐进阅读，运用英语阅读三步法

1. 快速扫描文章，抓住文章主题

在面对一篇英语文章的阅读理解时，首先要利用自己所掌握的英语单词量和语法基础，快速地阅读和扫描全文。特别是在考试时压力大、时间有限的情况下，一定要先快速阅读，马上抓住文章的主题。因为考试时间有限，阅读文章篇幅、题材多样，学生思考的时间也非常有限，看到一篇文章时就应该快速阅读，跳过生词抓大意，不仅可以节省时间，而且可以在头脑里形成对文章内容和题材的第一印象，为后面的细读开好了头，避免没有时间看内容，而随意地乱选择。

2. 正常速度的阅读，注意五个“W”的问题

第二遍阅读时，就要有重点地去细读，在阅读的时候特别要注意五个“W”，即一篇文章所写的时间（when）、地点（where）、人物（who）、事件（what）、原因（why），找到了这几个点并把关键的内容记下来，那么就基本接近问题的答案了。

3. 结合文章，巧妙答题

在这之后，就是要看英语阅读理解后面的问题。对于初中英语阅读特别是大型考试中的阅读理解来说，在五个选项中，其中大多数都是有三个选项可以在文章中一目了然地找到答案的，只要你看清楚问的是什么。同时，初中英语阅读还有一个特点就是，在让学生选择细节问题时，最后一个选项总是概括和总结性的，需要学生把握整篇文章的含义，而且细节问题的题干也和文章中答案所处的位置非常接近，也就是说把问题的题干搞清楚了，到文章中找出一样的话语，那么这个选项的答案在前后便可以找到。除外，有些选项也是可以根据英语和生活常识排除选择的。

四、基于心理分析的英语阅读方法的实效

通过对初中生进行正面心理的引导和实施积极的策略，学生在英语阅读中的变化主要表现在以下几个方面。

（一）拓宽初中生英语阅读的领域

在分析心理因素对英语阅读能力培养和阅读策略的影响之后，很多学生的英

语阅读兴趣和范围已不再局限于初中英语考试要求的书本或试卷，首先，有部分学生开始认识到学习英语的重要性，把英语视为一种非常重要的工具，学好英语特别是阅读，可以帮助他们了解更多最新、最前沿的国外信息等。由这部分学生带动英语阅读能力中等甚至比较薄弱的学生，激发团队的合作意识。例如，在英语学习中，分成学习组、文艺组、生活组、体育组等，学生可以按照兴趣加入，分工搜集各个组的专题，比如学习组搜索国外最新的科学研究文章，文艺组搜集一周外国大片的票房排行榜，体育组负责国际重大体育赛事的报道和评论，生活组负责世界上一周的轶闻趣事。任何专题都以原版英文的形式呈现在班会课上，有些是简单的英文标题，有些是短小的新闻报道，有些是影评笑话，大家一起分享英文乐趣，就这样逐渐培养一种英语广泛阅读的意识。

（二）提升初中生英语阅读理解的速度

学生对英语阅读有了一定的动力和兴趣，通过英语阅读有了了解新知识、新事物的好奇心，因此，也就不可避免地对自己的阅读速度提出了更高的要求，希望自己知道得更多。当学生在原有的英语基础上遇到了阅读的难题时，比如单词的遗忘或新词的陌生、对句式的迷惑、对整片文章的内涵把握不准等，就会想各种途径和办法解决，利用英文字典、互联网等，甚至是请身边的老师、父母帮助自己。这样，学生逐步形成了英语阅读的习惯，提高了英语阅读的速度。还有，除了在课堂上学习英语知识外，英语阅读程度不同的学生平时可以在课后随意地交流讨论，这也使一些英语阅读程度较差的学生受益。

（三）提高初中生英语阅读的正确率

在拓宽了学生的英语阅读范围和逐渐增加英语词汇量的基础上，学生对英语的学习和阅读也有了新的认识。但是，初中生最后还是要面对英语考试，还是要以成绩和分数说话。因此，学生仍然要面对英语考试中的四篇英语阅读理解，不仅仅要读懂，还要根据问题来选择正确的答案，而且更难的是考查学生对文章整体主题的理解和把握，要选择出最佳答案。由于学生通过英语阅读扩大了英语阅读范围和增加了英语词汇量，学会了把握文章的结构、抓住文章的中心句、找到文章的关键词、处理细节问题或概括问题等，并在心理上和做题能力上有了准备，从而使得英语阅读正确率有所提高。

总之，在初中英语阅读中，教师应该关注学生心理因素对英语阅读能力培养的影响，其中包括男女生的性别因素、性格因素等。针对不同性别、性格的学生，坚持对学生正面教育，提高英语学习动力，坚定学习英语的信心，培养英语阅读耐心，激发英语阅读兴趣，扩大英语阅读范围，培养英语阅读能力，提高英语阅读速度。只有这样，初中生在英语阅读的广度和速度上才能有所进步，英语阅读水平才能有所提高。

参考文献

[1] KRASHEN S D. Second Language Acquisition and Second Language Learning Oxford Pergamon[M]. Prentice Hall, 1988.

[2] CARRELL P L. Can Reading Strategies Be Successfully Taught[J]. TESO Quarterly, 1998.

[3] 叶奕乾，祝蓓里. 心理学[M]. 上海：华东师范大学出版社，1996.

[4] 何满红. 影响英语阅读理解的读者因素[J]. 外语教学与研究，2011(12).

[5] 张美燕. 如何培养学生英语学习兴趣[J]. 百家杂谈，2013(9).

[6] 李双妮. 影响中学生性格形成的因素[J]. 高科技与产业化，2008(8).

[7] 王庆玲. 中学生英语阅读兴趣培养探索[J]. 现代阅读，2013(7).

唤醒学生科技创新意识的高中物理教学策略与案例研究

物理科　刘石头

[摘　要]现代科技迅猛发展导致物理学知识高速扩充，它要求高中生不但要有较高的课堂内学习教材的能力，更要有独立获取新知识的能力。当代物理学已渗入人类生活各个领域，为了适应社会发展，教师在高中物理教学中唤醒和培育学生的科技创新意识尤为重要，而科技创新能力源于创新意识，只有培养学生科技创新的精神，使其亲身体验物理规律的发现过程，才能提升探究未知事物的能力。本文基于案例，探讨在高中物理课堂上培育学生科技创新意识的教学策略。

[关键词]科技创新意识　策略　案例　高中物理教学

人才的质量取决于科技素养的高低。科技创新意识是创新能力的前提，这种意识不是短时内能培养的，而是学生在日常生活中通过观察和思考逐步积累的。目前，我国正在开展的新课改，要求提高学生的身体素质、思想素质、科学素质和科技创新能力。科技创新意识应具有如下特征：一是敏捷性，即在处理具体问题的过程中，能够迅速作出判断和结论。二是灵活性，包括思维起点灵活、思维过程灵活、概括—迁移能力强、善于重组分析等。三是深刻性，善于深入事物内涵，把握事物的规律和本质，预见事物的发展过程。四是独创性，能独立思考，并创造出新颖的、有社会价值的智力成果。五是发散性，有良好的思维扩展性，能较多地产生新奇想法。在培养学生科技创新意识和能力中，高中物理教学是起着重要作用的。

一、唤醒学生科技创新意识的高中物理教学策略与案例研究意义

教育的出发点是以学生发展为本，而不是知识的灌输。我国基础教育注重的是培养学生学会学习、学会思维的能力，培养他们的创新意识、创新精神和创新能力，提升综合素质，让学生终身受益。学校应培养具有创新意识、创新能力的高素

质人才，这是时代赋予教育的崇高使命。创新的核心是创造性意识，就是在原有认知结构的基础上，经过独立的分析、综合，形成新的知识联系，从而使问题获得解决的意识和思维过程。

物理教学的认知方式以其准确的实验事实、严密的逻辑性和大胆的质疑精神而有别于其他的认知方式。物理学的科学解释的准确性依赖于观察和实验的证实，而准确的解释（概念、规律和理论）的形成是靠不断的探究和大胆的质疑完成的。因此，物理教学过程应该是让学生在探究物理知识的过程中不断活跃思想，不断培养创造性思维的过程。特别需要指出的是，高中物理教学的主要任务是培养学生学习物理的兴趣，掌握物理学的基础知识，学会学习，树立科学观点、科学精神，培育创新意识和创新能力，它对全面提高学生素质，特别是科学素质有重要作用。

科技素质反映人们对日常经历的事情充满好奇心，能够发现问题、提出问题和解决问题。面对市场经济和国际竞争的挑战，年轻一代不仅需要接受现成的真理，更需要树立不断探求真理的信念和勇气，学会探求真理的方法。时代要求发展学生的开拓精神、创新意识和创新能力。没有创新，就不能有所发现，有所突破；没有创造，只能亦步亦趋，人云亦云，社会不能进步，科学不能发展。对 21 世纪人才而言，必须具有创新意识和创造能力，高中物理教学要重视培养学生的创新意识和创新能力。

新课程标准要求高中物理教学在传授知识的同时，注重学生的能力培养，特别要重视探索能力、发现能力和创造能力的培养。物理学作为自然科学的基础学科，蕴含着许多个性思维方式，是培养学生创新思维的极好素材，因此物理教学对培养学生的创新思维能力具有独特的优势，应当担负起培养学生创新思维能力的重任。中学生正处在思维发展的最佳时期，因此，在物理教学中渗透科学研究方法，让学生掌握科学的创新方法，通过优化教学方法、重视实验教学，有利于激发学生的创新意识、创新精神和创新能力的综合发展。

然而，我国中学生科技创新实践能力还没有得到足够的重视，各中学仍然在以分数排位。唯分数为学校的生命线是当前我国应试教育的顽症，它限制了青少年科技创新意识和能力的培养和开发，剥夺了青少年科技创新能力的个性化发展。

因此，如何在物理教学中对学生的创造性思维及科技创新意识进行开发，成为本文的研究重点：把灌输知识的传统模式变为自主探究模式，把有趣的物理实验扩展成学生研究性学习的课题活动，把题海战术扩展为创意设计或发明平台，注重引导学生提出问题并积极主动地解决问题，从而培养中学生的科技创新意识和能力。

二、唤醒学生科技创新意识的高中物理教学策略

人们对科技创新意识的说法不一，有的强调创造的结果，有的强调创造的动机。通常认为“科技创新意识”是指：运用已有知识，对相关信息进行加工，产生有社会和个人价值的新思想、新意图、新设计、新方法、新产品的思维。

（一）启发学生科技创新意识的思维方法

1. 发散思维

发散思维是在思维过程中，通过对若干概念的重新组合，发散出（如同辐射）两个或更多个可能的答案、设想或解决方案。发散思维具有变通性、流畅性和独特性等特征，可以使学生从种种聚合思维的束缚下挣脱出来，破除认识上的各种思维定势和思想惰性，因而是科技创新意识的重要成分。发散思维要求充分发挥人的想象力，突破原有知识圈，打破各种习惯思维的束缚，以思考问题为中心，从一点向四面八方想开去。通过知识观念的重新组合，找出更多、更新的可能的答案。因此，发散思维是一种从不同的方向、不同的角度和不同的途径寻求多种答案的思维。它允许思考者“海阔天空”、“异想天开”、“标新立异”，以便从已知的领域去探求未知的境界。发散思维能力的高低，取决于一个人的知识面、想象力，尤其是“转移能力”。

2. 收敛思维

收敛思维，也称集中思维，就是从众多信息中引出一个正确的答案或大家认为是最好的答案的思维过程。说得通俗一点，收敛思维是指：以某个思考对象为中心，从不同方向和不同角度，将思维指向这个中心点，以达到解决问题的目的，即利用已有的信息，得出某一正确的结论。这种由问题引起的思考是有方向性、收敛性、封闭性的。这是一种寻求唯一正确答案的思维。收敛思维能力的高低，取决于一个人的分析、比较、综合、抽象、概括、判断和推理的能力。

3. 变通思维

变通思维是指以不同类别或不同方式进行思维，能从某个思想转换到另一个思想，或能以一种新方法去看一个问题的能力。它帮助我们在解决问题时能找到不同的应用范畴和许多新观念，意味着能以不同的方式去应用资料，不以僵化的方式去看问题。人们常以“穷则变，变则通”、“随机应变”、“举一反三”等来形容一个

人思维的变通力。通过变通的训练，能提高学生的变通思维能力，为其带来跨领域的新想法。

4. 越障思维

越障思维是指在思考解决问题的方案时，能摆脱以往思维方法和经验中形成的思维定势。一般而言，思维定势有两个特点：一是强大的惯性，二是形式化结构。只有当被思考的对象填充进来，只有当实际的思维过程发生以后，才会显示出思维定势的存在，显示出不同定势之间的差异。多数情况下，某种思维定势的建立要经过长期的过程，而一旦建立之后，它就能够不假思索地支配人们的思维过程、心理状态乃至实践行为，具有很强的稳固性甚至顽固性。因此，了解、发现、研究并规避思维定势，是实现思维超越的重要方法。越障思维就是要克服消极的思维习惯，开阔思路，越过“想当然”、“专家早有定论”等各种思维定势，而去充分地、自由地、多维地考虑问题的各种可能性。

（二）激发学生科技创新意识的实践措施

创新不是光靠兴趣、热情和思维就能完成，还需要强大的推动力、执行力，这就要求教师采取具体措施，在实践中培养学生的创新意识和创新能力。

1. 拓宽高中生的知识面

知识是人类在实践中积累起来的经验的概括和总结，是人类的认识成果。它与创新能力的关系，犹如土壤与种子的关系，只有肥沃的土壤，才能为种子提供丰富的营养，使种子成长为生机勃勃的植物，直至开花结果。所以，教师应该努力拓宽学生的知识面，使其积累丰富的知识经验，形成最佳知识结构。一般来说，知识是创新能力的源泉，创新能力是知识的表现。知识丰富可以使人站得高、看得远，博古通今，容易发现问题的症结所在。同时，健全合理的知识结构，则更有利于创新能力水平的发挥。

2. 强化搜集、整理、综合信息的技能

资料、信息是人类的科学文化知识、思想观念和各种实践活动赖以记录、保存、交流和传播的一切印刷品和视听材料的统称。直接的资料、信息是人们通过阅读书籍报刊、听看广播电视、浏览因特网等各种传播媒介所获得的信息资料。处理信息的能力包括对资料的鉴别、分析、整理。整理资料就是将所获取的信息分门别类地加以归纳，使原本分散、个别、局部、无系统的信息资料，变成能说明事物过程或整体，显示其变化轨迹或状态，论证其道理或阐述其规律的系统的信息资料。分析资料，即运用科学的分析方法对所占有的信息进行分析，研究特定现象、过程及内外各种联系，找出规律性的东西，构成理论框架。

3. 在合作中提升实验技术的水平

实验技能是一种综合性的专门技术能力，包括使用和操作实验仪器的能力、观察实验现象的能力、对实验原理的理解和设计实验的能力、记录实验结果的能力等。而合作是人类生活不可缺少的重要组成部分，尤其是在集体项目的研究过程中，观念的不统一、研究方向的争议、每个成员在实验中的角色定位等，都需要教师协调和引导，并在此过程中凝聚合作精神。因此，在参加创新大赛的准备过程中，笔者特别强调集体项目中学生合作精神的培养，借此提升成员的实验技术水平。任何一个集体项目都要注重每个成员的作用，当观念发生冲突，当矛盾引发争执，当研究遭遇瓶颈，就更凸显合作精神的重要。

（三）唤醒学生科技创新意识的教学策略

1. 转变观念，深化改革

在高中物理教学中唤醒学生的创新意识，首先要解决的问题是教师自身要转变教学观念。因为学校教育不是让学生做大量的习题，也不是教师给学生灌输现成的知识，它应该是学生发展认知的场所，教师应引导学生自主学习，鼓励学生养成质疑、批判的思维习惯；着力培养学生善于发现问题、自主探索问题、合作解决问题的创新精神和综合能力。一个具有创造性思维的教师应能帮助学生在自学的道路上迅速前进，教会学生怎样对付大量的信息，他更多的是发挥向导和顾问的作用，而不应成为机械传递知识的简单工具，否则，教师极易束缚学生创新能力的发展。

教师要认清创新能力与智力的关系。一般而言，教师长期受应试教学的影响，过分追求升学率，因此，比较喜欢考分高的学生而不喜欢创新能力强的学生。这是因为创新能力强的学生往往个性比较突出，不按传统方式办事，他们喜欢探究那些非常规的、书本上没有的知识领域，这类学生易被教师贴上“异类”标签。教师必须适应时代的发展，从根本上转变教学观念，积极进行教学改革，不再以分数高低、掌握书本知识的多少作为衡量学生水平的重要的甚至唯一的标准，要在物理教学中唤醒学生的科技创新意识和潜能，引导学生在学习物理过程中有所发现、有所领悟。

2. 营造氛围，创新环境

班集体作为创新能力的社会环境，直接影响个体的创新能力，教师要在班内营造有利于创新的教学环境，这包括教学心理环境和教学物理环境。教师在培养学生的创新意识时，应注意创设生动活泼、和谐民主的教学环境，使学生“心理安全”和“心理自由”，能够大胆地、自由地积极思维。因此，教师应保护学生理解的自由，容许学生对物理环境、物理结构有自己的认知和把握，而不应将自己的意识强加给学生，从而浇灭了那些刚刚燃起来的“创新的火花”。教师要正确对待学生在探索中不可避免地出现片面、甚至是错误的意见和想法，善加引导，不要因武断和不屑而扼杀了学生的创新意识。

3. 提升理念，优化课堂

课堂教学是科技创新教育的主渠道，也是培养创新意识和能力的主阵地。教师要注意课堂施教过程的“活”，尽力创造一种有趣、主动探索的课堂气氛，引导学生参与知识的形成过程，把课堂教学变成一个思考王国。在课堂教学中尽可能增加学生自己探索知识的活动量，给学生一定的自由，充分展示他们这一年龄阶段所特有的好动性、表现欲，从而有效地发现学生的个性并发展学生的创新能力。在课堂教学中，凡是学生通过努力自己能把握的，都应该让学生自己去探索；凡是学生通过努力自己能做到的，都应该让学生自己去做、自己去创新。在学习活动中，教师主要给予学生必要的启发、诱导、点拨，长此坚持，学生就会形成良好的学习习惯，创新能力就会得以发展。在课堂教学中，教师还要努力挖掘教材的创造性因素，如给学生介绍科学家的发明创造，探究规律、定律是如何被发现的，注重前人创造思维、思想方法和研究方法对学生的启迪。

物理教师尤其要在改革教法、优化学法、注重学生的自学能力等方面下功夫。因为物理学的知识既有高度抽象性，又有相当的实践指向性，再好的物理学教科书，也要通过学生钻研、消化才能掌握；再好的教学方法，没有学生的主动配合也发挥不出效益。实行“综合科目”考试，物理课时有所减少，要保证学习的质量，必须改革教学方法，坚持以学生为主体的原则，积极实行启发式、讨论式教学，激发学生独立钻研精神和创新意识，引导学生主动学习、自主学习，培养学生研究性学习的习惯。让学生感受、理解物理知识产生和发展的过程，而不仅仅是学会结论。要避免机械重复、主次不分、满堂灌输、以讲代练、以讲代学、重结论轻过程、重答案轻分析的现象。对学生自学能力和创新思维习惯培养的重视程度，恰恰是现代教育与传统教育的重要区别。在处理“导”与“学”的问题上，更应重视“学”，学生的自学时间要充分保证，学习面要尽量宽泛。教师不能对学生的学习时间统得太死，课程也不宜安排得太满，学生要有充分的自主学习时间，才能涉猎广泛的知识。让学生经常思考：“前人、科学家、发明家是怎么获得创新思维的？他们解决问题的方法是什么？如果是我，会怎么想，会怎么做？”教师应引导学生更多地了解创新者探究的过程，从中获得启悟。

4. 巧置作业，方法引领

作业是用来消化巩固课堂知识的，一般说来，作业是由教师设计或布置的，学生处于被动状态，不敢提出异议，这样极容易抹杀学生的创造动机。只有优化作业形式，让学生自己设计作业，创造性地完成作业，才能完全发挥作业的作用，充分激发学生的创造兴趣。为此，教师要先扶后放，教给方法。先让学生对教师设计的作业进行评析讨论：教师为什么要这么设计？是从哪方面来考虑的？还可以设计出什么不同的作业？然后让学生围绕课文重点，自己设计题目，自己讨论解决。学生设计的作业肯定是有差距的，对于一些立意新颖、具有独创性的作业设计，要予以展览、褒奖，以此调动学生的创造积极性。

进行科学方法教育不能脱离物理知识的教学，教师要寓科学方法教育于物理教学之中，挖掘教材中的科学方法论的素材，以物理知识为背景进行科学方法教育。科学方法教育的具体内容，往往是以隐性的方式出现在教材中的，所以，必须与物理知识教学相结合，以知识传授作为方法教育的载体，让学生在学习知识的过程中潜移默化地受到科学方法的熏陶。

5. 开展研究，注重活动

研究性学习是学生在教师的指导下，从周围生活和社会生活中选择和确定研究课题，以类似于科学研究的方法主动地获取知识、应用知识、解决问题的学习活动。设计性或探索性实验不仅要求学生掌握一定的物理知识和实验技能，还要求他们灵活地、创造性地综合运用这些知识和技能。创新活动的基础是科技活动，科技活动的开展状况深刻地左右着创新活动。为此教师必须想方设法开展科技活动。

例如，课外实验题材广泛，材料极其丰富，是一种激发学生学习兴趣、发挥学生创造能力的有益活动，课外实验不仅能巩固和深化课内知识，而且有利于培养学生的实验技能，增强学生思维的独创性。我校开放实验室，进行物理小制作比赛，使学生尝试到动手动脑的乐趣；我校教师指导学生进行小发明创造、撰写科技小论文，培养学生的科幻意识和创新精神，这些活动培养了学生搜集信息、处理信息的能力；还发展了学生的兴趣特长，提高了他们的想象力，使其对同一问题，善于全方位、广角度、多途径去分析思考，从而发展了求异思维和创新能力。

物理实践活动是培养学生创新能力的有效途径，集知识性、科学性、实践性和趣味性于一体，体现了个体养成功能、知识整合功能、能力迁移功能、世界观培养功能和社会综合功能等。所以，教师在教学中要丰富课外实践活动，开发学生的创新潜能。物理实践活动，应以问题为中心，培养学生自主学习的能力、探究学习和合作交流的能力，初步训练一些科学研究方法，例如，社会调查、参观访问、资料查询、科技制作等。教师在组织实践活动时，要指导学生学会观察，善于观察，通过观察发现新现象、新问题，触动灵感。物理实践活动的收获可多可少，应鼓励学生重在参与。教师还要指导学生建立兴趣小组，鼓励小发明、小创造。可以让学生利用所学的物理知识来解决实际问题，如制作光控窗帘、音乐卡片、航模等，还可以让学生自行设计实验，如制作简易实验装置等。实践证明，这都有效地培养了学生的知识应用能力和动手能力。同时，小发明、小创造的成果使学生体会到创造力并非神秘莫测，不再是“天才”、专家的“专利品”，从而有效地开发自己的创造潜能。

6. 增强素质，扩展视野

创新是一个民族的灵魂，是一个民族兴旺发达的不竭动力。在知识经济的社会中，人的最重要的素质就是创新能力。所以，在高中物理教学中，教师培养学生的创新能力是实施素质教育的重要内容。而物理学从本质上说是一门实验科学，物理规律的发现和物理理论的建立都必须以严格的物理实验为基础，并受到实验的检验。因此，在物理教学中，尤其是在实验教学中，教师必须注意不断激励学生通过观察、比较、实验、归纳等探索手段，提出种种假设和猜想，发展其创新意识。

随着时代的发展，培养学生的创新精神已成为素质教育的主旋律。联合国教科文组织认为，教育的使命是使每个人发展自己的才能和创造性潜能。培养创新的人才成为时代的要求。法国教育家埃德力·富尔在《学会生存——教育世界的今天和明天》一书中指出：“未来的文盲不再是不识字的人，而是没有学会学习的人。教育的目的不应该培养学生从事一种特定的终生不变的职业，而应以培养他们有能力在各种专业中尽可能地流动，并永远刺激他们自我学习和培训自己的欲望。”

三、唤醒学生科技创新意识的高中物理教学案例剖析

课堂教学是实施创新教育的主阵地，培养高中生的科技创造能力可从物理课堂教学开始。在物理教学中，教师应该不断激活学生的创新意识和求异思维，培育其探索精神并提升其创造能力。

（一）案例一：联系生活，突出实用

物理教学是一门以实验为基础的自然科学，通过实验设疑，可以激发学生浓厚的学习兴趣和探索精神。要唤醒学生的科技创新意识，需要培养学生的发散思维能力，即对一个问题，能从不同的角度和方向去思考，设法解决问题。因为创新的

过程就是运用灵活多变的创新思维设法解决问题的过程，也可以是一种教师在教学中对学生发散思维能力的强化训练过程。教师特别要注重开展丰富的实践活动，因为实践活动能给学生提供动手动脑的学习和研究的机会，有助于培养学生学以致用和理论联系实际的能力。

下面，以粤教版选修3－2第一章第七节《电容器》的教学为案例，记述笔者在教学中是如何挖掘、处理教材来唤醒学生的科技创新意识的。

生活中，我们随处可以见到各种容器，它们可以贮存各种东西，有装油的、有装水的、有装酒的、有装米的……请问同学们有没有见过装电的呢？同学们的回答是肯定的，比如说电瓶、电池、电容器等。同学们的回答很好，那么它们是如何把电储存起来的？下面我们就利用生活中的材料做一个实验，实验名字叫“电人盆”，它可以简单地把电储存起来，如图1所示。实验器材很简单，两个铁盆、一张油纸、一个橡胶棒、一块毛皮、一把剪刀。实验操作：把油纸放在两个铁盆中间，用毛皮摩擦橡胶棒产生静电。

图1　电人盆及静电试验

我们采用摩擦起电的方式产生静电，再把产生的静电传导给上方的铁盆，当电荷量积累够多的时候，拿一把剪子靠近铁盆，大家可以清晰地看到铁盆与剪子中间有明显的电火花产生。实验说明：这样的两个“铁盆”具有储存电荷的本领，它是能够“装”电荷的。在物理学中，我们把两个相互靠近又彼此绝缘的导体，叫做“电容器”，如图2所示，它具有储存电荷的本领。

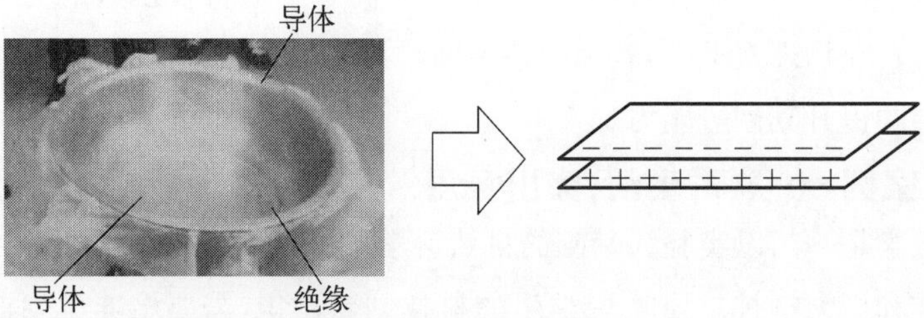

图2　电容器模型

在生活中，很多电子设备里都有电容器，比如说手机、相机等，这些电子设备的体积都比较小，重量还轻。而实验中的两个铁盆构成的电容器，它们有什么不足？学生通过观察不难发现，这样的电容器，体积大、占用面积大，在实际生活中没有什么用处。那么，请同学们思考，如何减小这样的电容器体积，让它变得更加实用呢？

图 3　商店里的布匹

请同学们认真观察丝绸店里销售的布匹，它们有什么特点？学生仔细观察后，轻易地发现，为了减小布匹占有的空间，生产的时候一般都把它们卷起来成一个柱体，一方面便于运输，另一方面减少空间。那么，请同学们发挥自己的想象能力，如何把布匹的处理方式迁移到电容中呢？

伟大的人类就是聪明，他们把铝箔和电介纸剪成长方本，再把它们紧密地卷起来，就构成了体积小、便运输的小个电容器。而对纸介电容器而言，由于纸张容易受潮，为避免这种情况的产生，常把电容器放在一个密闭的容器中，就构成图 4 所示的电容器。

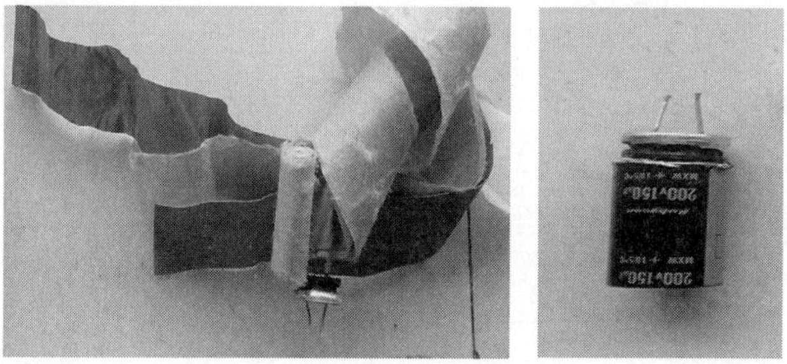

图 4　电容器的构成

怎么使电容器带电呢，是不是给电容器两极板加上一定的电压就可以了？我们知道：电容器两极板带上正负电荷后，在两极板间就会有电场的存在，因为 $U=Ed$，所以两极板间就有电势差（电压），看来在两极板间加上直流电压是可以给电容器充电的。电容器放电就更容易了，在两极间接上一个灯泡就可以了，可以看到小灯泡闪一下后就熄灭了。如图 5、图 6 所示的电容器充放电过程。

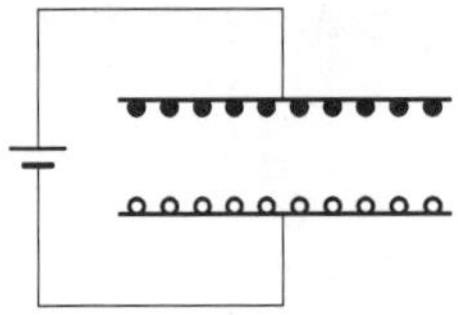

图 5　电容器充电

使电容器的两极板带上
等量异种电荷的过程

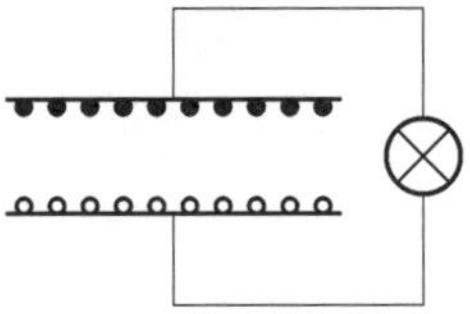

图 6　电容器放电

电容器两极板上的电荷
相互中和的过程

(二) 案例二：源于教材，高于教材

教师应该不断培养学生善于从多条思路的基础上进行比较，选出最佳思路或总结出更合理的思路，这才是高效的科技创新意识。因此，在教学的过程中，教师要善于引导学生去发现问题和综合分析问题，让学生通过比较、反思和不断改进，提高创造意识和能力。

作为教师，要给学生创造一个民主、轻松、和谐的创造氛围，使他们的身心处于一个放松的状态中。只有给学生提供一个宽松的学习环境，保护学生的好奇心和创造激情，学生才会自主学习，才会有创新意识和创新精神。美国科学家爱因斯坦在回忆他的学生生活时曾这样感慨地说："现代的教学方法，竟然还没有把研究问题的神圣好奇心完全扼杀掉，真可以说是一个奇迹；因为这株脆弱的幼苗除了需要鼓励以外，主要需要自由，要是没有自由，它不可避免地会夭折。"

以粤教版物理选修 3－2 第三章第六节《洛仑磁力与现代技术——回旋加速器》为例，教师对教材重新整合和加工，采用探究式方式和情境教学，引导学生思考，总结归纳相应的知识，从而唤醒学生的科技创新意识。

创设情境：

坚果是一种坚硬的闭果，人们需用特定的工具打开它，才能得到果仁。一只猴子不用现代工具，你知道它是怎么打开坚果的吗？

图 7　猴子取果实

猴子很聪明，如图 7 所示，它首先想到用坚硬的石头作为"炮弹"，去猛烈地轰击坚果，把它打烂，这样就可以得到果仁。

那么，同样道理，科学家要认识原子核的内部构造，也必须想办法把原子核"打开"，方可进行内部观察和分析。但是，原子核被强大的核力所束缚，就像

“坚果”一样。科学家只能用具有极高能量的粒子作为“炮弹”去轰击原子核，才能把它“打开”，进行后续研究。见图8。

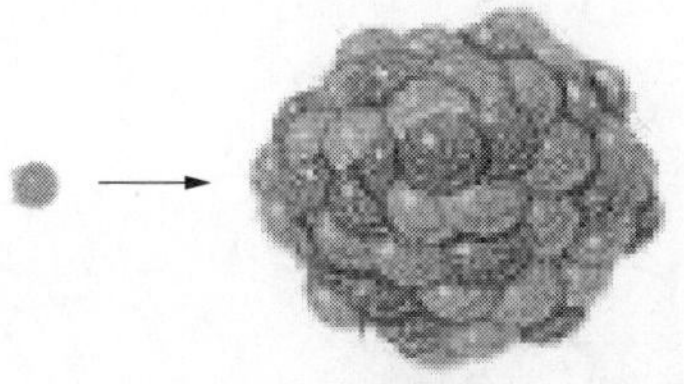

图 8　高能粒子轰击原子核

问题来了，什么样的“设备”能产生高能量的“炮弹”，而且科学家还可以较好地控制粒子的运动呢？这就是“粒子加速度器”。

在《电场》一章中，同学们学过，可以利用电场对粒子加速：$qU=\Delta E_k$，这样就可以使粒子获得较高能量。如果要获得一个能量为80 000 eV的质子，若采用一级加速，如图9所示，则加速电场两极板间的电压可达80 000 V。要产生这么高的电压，在技术上很难做到，且设备也承受不了。那该怎么办呢？

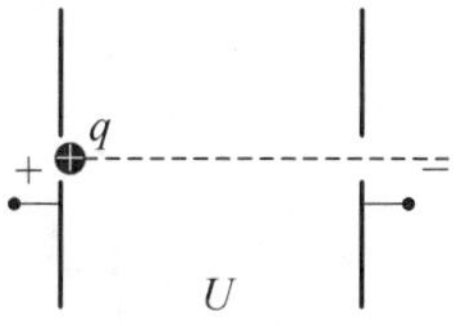

图 9　加速电场

图 10　螺旋阶梯

同学们立刻会想到采用多极加速的方法，这种办法的确很好。但新的问题又来了：如果每个加速电场的电压高是1 000 V，要达到80 000 eV的能量将需要80级，这样的加速器很长很长，需要的设备很多，占地面积较大，成本太高，在发达城市有限空间下很难实现。如何利用多次加速的思想，又能有效减少加速器的空间尺寸呢？

现实生活中，有很多减少空间尺寸的例子，如图10所示螺旋阶梯等，它们都是被一层层卷起来的，那么我们能不能让多级加速器也卷起来呢？答案是肯定的——加“磁场”。在《磁场》一章中，同学们知道，带电粒子在磁场中可以做圆周运动，于是我们就引入磁场，使带电粒子“卷起来”，转圈圈。

现在有两个问题摆在我们面前，一个是让粒子多次加速，一个是让粒子转圈圈，那该怎么办呢。同学们可以想到：利用磁场控制轨道，再利用电场进行加速，如图 11 所示：

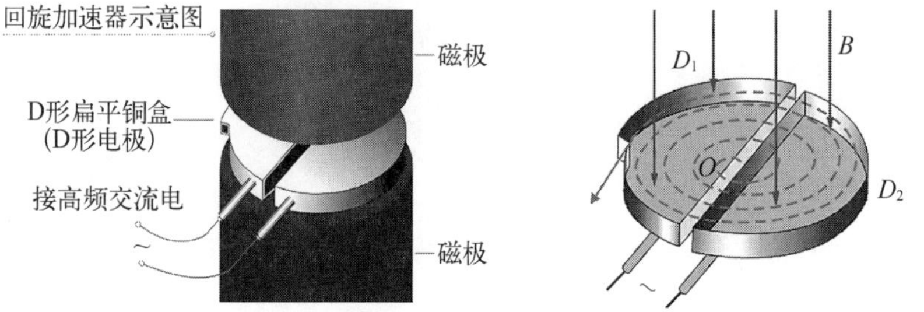

图 11　回旋加速器

在竖直方向加上匀强磁场，在水平方向加电场，采用手动方式来改变极板的极性，从而改变电场的方向，让粒子每隔一段时间后进行加速。由于粒子运动较快，手动方式来不及改变电场的方向。但是，我们知道生活中的交流电是周期性变化的，方向各隔 0.02 s 改变一次。因此，只要我们设计好参数如磁感应强度、电场的宽度等，让 $R=\frac{mv}{qB}$，$T=\frac{2\pi m}{qB}$，就可以做到同步交替运转，最终达到我们需要的能量粒子。

带电粒子在回旋加速器中运动时，各阶段的特点：D 形盒内部→洛仑磁力→匀速圆周运动；狭缝处→电场力→加速直线运动。加速条件：交变电压的周期和粒子做圆周运动的周期相等。提高加速粒子最后的能量的方法：增大磁感应强度；增大加速器的半径 R。

总之，改进物理教学，为科技创新而教，培养学生的科技创新意识，是现代教育的一个重要任务。教师应该努力探索、积极实践、坚持不懈，培养具有科技创新意识和实践能力的学生。物理学是研究其他自然科学的基础，是与科学技术紧密联系的；物理学基础理论的重大创新，往往能促进整个科学技术的发展。实验教学是物理教学实施创新教育的重要手段，实验不仅对激发学生学习兴趣、提高实践能力具有重要的作用，而且也是为学生创设创新氛围、培养创新意识和能力、提高科学素质的有效途径。因此，在高中物理教学中，教师应该重视培养学生的科技创新意识和能力。

参考文献

[1] 金忠明，周辉. 厌学的孩子：十二招妙计让孩子不厌学[M]. 上海：华东师范大学出版

社,2011.
[2] 张建卫.我国中小学创造力教育的透视与反思[J].人民教育,1997(1).
[3] 吴思娜,李莹丽.浅谈教学中学生创造力的培养[J].辽宁教育学院学报,2000(1).
[4] 陈晓兰.技校学生创新精神和实践能力培养探讨[J].中国电力教育,2007(5).
[5] 林莉.浅谈如何培养学生的创造力[J].教育长廊,2009(4).
[6] 刘成坤.中学教学培养学生创新能力的探究[J].山东教育科研,1999(12).
[7] 陈春芳.在科技活动中培养学生的合作精神[J].中国基础教育研究,2006(6).
[8] 尤延生.学生创造性思维能力的培养[J].绥化师专学报,2000(4).

课程探究篇

在新课改中，课程探究已成为教师行动研究的一个重要领域。《教育大辞典》指出：课程是为实现教育目标而选择的教育内容的总和。也就是说，教师要为一定的目标讲授一定的内容。因此，学校教学实践是以课程为轴心展开的，课程因而成为了教与学活动的一个重要载体。西方教育学者也很关注课程问题，并进行了课程理论和课程实践的研究。有西方教育学者将课程形象地比喻为一支乐队的乐谱。这里收入了四篇论文。其中，政治科罗燕芬的《华侨文化课程资源的价值及在“文化生活”教学中的应用》一文基于《高中思想政治新课程标准》，立足于学校文化特色和学生生活经验，明确华侨文化课程资源的内涵和外延，分析华侨文化课程资源在“文化生活”教学中的应用原则，并深入探讨了具体应用的途径，促进学科知识与生活现象的结合。政治科林浩鹏的《“新德育目标策略”：高中政治课程德育目标的重构与细化——以广东华侨中学为例》一文以广东华侨中学高中生为样本，从高中政治课程教学角度，尝试借鉴西方的“道德发展阶段理论”，结合学生道德发展和高中政治教学内容的实际，重构和分层了高中政治课程的德育目标，并设计了相应的教学活动。信息技术科庄小云的《基于信息技术的微型校本课程设计与开发研究》一文指出，通过信息技术的微型校本课程设计模式，可以实现校本课程内容的微型化、学习资源的数字化、动态化，学习过程的活动化和培养目标的个性化，并把运用该模式开发的“华侨文化”校本课程作为案例进行了具体的分析。生物科杨豪的《“认识生命本质”模块的开发与实施：意义、目标、内容与方法——生命教育的研究性学习教材开发之一》一文指出，在考察高中生物课程的生命教育内涵时，教师应该从多个层次入手，不仅要教育学生珍爱生命，而且要帮助他们认识生命的本质、理解生命的意义、创造生命的价值，这是开启生命教育的前提。

华侨文化课程资源的价值及在“文化生活”教学中的应用

政治科　罗燕芬

[摘　要]《高中思想政治新课程标准》要求“构建以生活为基础、学科知识为支撑的课程模块”，而在思想政治课“文化生活”教学中应用华侨文化课程资源，立足于学校特色、学生现实的生活经验，把理论观点的阐述寓于生活主题之中，能有效促进学科知识与生活现象的有机结合。本文通过相关概念的辨析，明确华侨文化课程资源的内涵和外延，分析华侨文化课程资源的价值及在“文化生活”教学中的应用原则，并深入探讨该课程资源的具体应用途径。

[关键词] 华侨文化　课程资源　文化生活　价值　应用

新课程改革呼唤基于批判生成和对话互动的新型课程文化，它如何把学生从抽象知识的桎梏中解脱出来，让师生的生活和经验走进课堂，走进学生的学习过程？笔者认为国家课程的地方化、特色化及校本化教学是一个有效的途径。我校作为广州市唯一一所“侨”字号中学，如果能够把历史悠久绵长、浩瀚广博的华侨文化融入“文化生活”模块教学，探究华侨文化资源在教学中的应用，那将会极大丰富和拓展思想政治课的课程资源，有利于深化和提升“文化生活”模块教学，帮助教师建构高效能、高质量的新型课堂。

一、华侨文化的内涵、类型特征及影响

华侨文化既包含中华文化成分，又吸收了侨居国文化的成分，是中西文化交流、融合的产物，是综合性的文化。

（一）华侨文化的内涵

一般认为，“华侨文化”指的是侨居海外的中国公民所拥有的文化。华侨文化源于中国传统的华夏文化，中华传统文化是它的母体。华侨文化是这一文化母体

在海外的延伸。在历史上（不包括当代），第一代中国移民一般未入籍，是华侨身份。中华文化在他们意识中有很深的烙印，是他们的精神支柱。他们的一切思想行为都表现出鲜明的中华民族文化特色，他们所拥有的文化是典型的华侨文化。海外华侨怀着对祖国的忠贞之情，支持祖国家乡的建设。他们奉献的精神和行动，诠释了华侨文化的精神内涵。

近几年，海外有文章还提出了“华人文化”的概念。其指的是已入籍为外国公民的华人及其后裔（即外籍华人）所保留的文化。“华侨文化”和“华人文化”都源于中国传统的华夏文化，属同源文化。二者在文化概念、文化价值、文化心理、文化形态、文化品种等方面，有很多共同特点。其深层文化意识中，都不同程度地含有寻根溯源的倾向。在居住地出生的华裔（包括部分长期在海外的第一代华侨、华人），逐渐融入当地的主流社会，其长辈们（或本身）所拥有的华侨文化，会与当地其他民族文化相互影响、相互浸透、相互融合，成为该国多元文化的一部分。为适应社会环境需要而经过交流与发展的中华文化，其内容和形式都会有所变化。华侨、华人文化传播、交流是通过遍布五大洲的无数华侨、华人及其组织与当地人民的友好合作，以和平的、民间的、循序渐进的方式，在不断进行的思想感情交流中，潜移默化地融入当地的社会生活和文化之中。

（二）华侨文化的类型特征及影响

“华侨文化”具有自己的独特形态，它形成于异国他乡，反哺于祖国家乡，集中体现为敢为人先、爱国爱乡、团结奉献、追求民主富强的文化特质。由于华侨主要生活在西方世界，因此成为最直接体验西方社会、学习西方文化的中国人群体，这使得华侨文化始终具有世界性、开放性、开拓性，并在思想、商业、饮食、建筑、语言文字、民俗、艺术、教育等方面对侨乡发展产生深远的影响。其本身具有鲜明的特性。

1. 开拓进取的商业文化

民国时期，华侨积极响应孙中山先生“实业救国”的号召，将海外产业转移到香港，并以之作为回粤投资的桥头堡，再转往内地，这构成了华侨商业革命的基本路线图。澳洲华侨创办的上海先施、永安、大新和新新等四大百货公司，均沿着澳大利亚→香港→广州→上海的路线图，掀起中国现代百货业革命的浪潮。

“四大百货”首创的这些新的商业实践都是全新的商业模式，对传统商业的经营方式形成强烈的冲击，打破了中国传统的商业经营理念和管理模式。它们一边展示文化，一边销售商品，将西式商业文化导入广州、上海等地，开商业文化之新风。更重要的是，它们彻底改变了中国人的消费观念、审美情趣乃至生活方式。“游商场”和“逛商场”成为人们的一种时尚生活，被称为“彻底欢乐的百货公司”，是“快乐生活的胜利”。华侨成了都市文化的塑造者。

2. 中西合璧的建筑文化

以碉楼和骑楼为代表的建筑文化堪称中国农村主动接轨世界的一大奇迹。花都碉楼和开平碉楼都是华侨在20世纪20年代到40年代之间建造的。开平碉楼将防卫作为最主要的功能，一座座碉楼构成多层防御网络，居住功能只是附带的。花都碉楼是集防卫、居住和中西建筑艺术于一体的乡土建筑群体。保存完好的华侨建筑以其古雅质朴的外观、丰富精美的细节雕琢，无声地诉说着灿烂的华侨文化历史，是曾经辉煌过的华侨建筑文化的最好见证。

20世纪上半叶，在广州长堤沿江一带陆续建造的新亚大酒店、新华大酒店、东亚大酒店和爱群大厦等用于商业用途的建筑具有典型的西方风格。在东山龟岗、新河浦、华侨新村、东湖新村、五羊村等海外侨胞聚居点，则修建了大量的中西合璧的华侨房屋。而在广东五邑和潮汕地区的广大乡村，各种仿文艺复兴式、巴洛克式、古典主义式、芝加哥学派式及南洋式等西方建筑文化景观比比皆是，甚至成为新兴市镇的主流建筑风格。可见广东是西方建筑文化的一个最重要的登陆区，堪称融合中西建筑文化的博物馆。

3. 中外交融的艺术文化

有人说，“凡有华侨华人的地方，就有粤剧”。通过广州方言，粤剧、粤曲传遍世界五大洲。分布在美国、加拿大、新加坡、马来西亚等地的“八和会馆”，广泛联系着众多粤剧、粤曲爱好者，与有着近120年历史的广州八和会馆保持着密切联系。近年来，欧洲成立了粤剧总会，英、法、德、意、荷等国均有分会，并定期举办各种活动。而粤剧在其乐队中加进中提琴、大提琴、拉管、圆号、银笛等西洋乐器，从而注入了新的艺术魅力。粤剧已成为联络海外华人、华侨的文化桥梁。

通过华侨传入大陆的音乐中，要数西洋音乐与西洋乐器为多，大约在20世纪二三十年代就传了进来。在城镇，不少家庭购买了西洋音乐的钢琴曲、小提琴曲唱片欣赏；也有人玩起西洋乐器；农村的剧社、乐社、文娱组也把这些西洋乐器融入乐队之中，形成了中西合拍的新格局。西洋乐器的传入，同时促使侨乡的学校出现了铜管乐队。特别是改革开放以后，不少学校都建立起铜管乐队，成为学校文化活动的一大特色。此外，油画和水彩画传入中国后，华侨的影响也起着重要的作用，催生了大批优秀美术人才，如著名画家黄增炎以及华侨画家“岭南三杰”高剑父、陈树人、高奇峰等。

4. “以文兴邦”的教育文化

在长期的海外旅居生活中，由于社会地位低下，广大华侨受人欺侮，故期盼祖国能强大起来，成为华侨的后盾。他们在发达资本主义国家的实际生活体验中感悟到，要使国家富强起来，首先要大力发展文化教育事业，提高文化科学水平，提高国民的整体素质，因而逐步形成“以文兴邦”、“以文化人”的思想，并在行动上积极支持家乡兴办文化教育设施。19世纪末20世纪初，华侨捐办西式学校教育在侨乡蔚然成风。他们或捐资教会学校，或创办独立学校，在侨乡的城市和农村广泛启蒙和传播新式教育，并逐渐形成了一个比较发达的教育体系。因此，广东成为近代中国教育最发达的地区之一，有力地推动了广东的早期现代化运动。

现今，“没有华文教育就没有中华文化的延续”、“不懂母语可悲”是华侨社会普遍的观点。中国的庞大市场和综合国力的增强，不但鼓舞华侨社会学习汉语华文的热情，而且还吸引大批外国人兴起学汉语热潮。中国在全球建立孔子学院，培养懂汉语的外国人，有力地推动着中华文化在世界范围的传播。华文和汉语文化的世界影响力与日俱增，“华侨文化”在其中也起着重要的作用。

5. 丰富多彩的民俗文化

华侨的非物质民俗文化遗产，如春节、清明节、端午节、中秋节、重阳节，像国内一样都按习俗隆重庆祝。每临华族春秋两季的祭祖，许多华侨还不远万里赶回家乡扫墓，体现了其孝道精神。华侨喜欢中国舞狮子的习俗活动，所以，世界各国华侨都组织狮子会，舞狮成为华侨社会庆祝活动的娱乐文化之一。粤剧、潮剧、京剧、琼剧也是华侨社会喜欢的文艺样式。华侨还传承了多种信仰，如华商敬关公、高州人信仰冼太夫人、福建人信仰妈祖等。为了不让各地华族许多世代相传的文化习俗失传，华侨通过讲汉语、吃中餐、过中国的传统节日等方式，保持民族认同。

此外，华侨和华裔外籍人在海外谋生，最为普遍的经营是餐饮业。早在19世纪下半叶至20世纪上半叶，粤菜在所有侨居国唐人街的餐馆都可以品尝到。20世纪70年代末，香港产生了“新派粤菜”，其技艺很快就传到海外。20世纪20年代，广州的西餐业兴起，这些西餐馆华侨投资占了很大比重。如华盛顿西餐馆、东亚酒店、亚洲酒店等，由此可见海外华侨饮食文化对广州饮食文化的影响与融合。同时，华侨还把西方的一些文化形式带回来，开展各种文化娱乐体育活动。

总之，华侨无论是老移民或者新移民，无论走到什么国家，都关心祖籍国的兴衰，民族情义深深植根于华侨、华人的思想之中，并以华侨文化方式传承、创新、传播着优秀的民族文化。

二、华侨文化课程资源在“文化生活”教学中的独特价值

俗话说:“一方水土一方文化”。广东作为全国著名的侨乡,华侨文化积淀深厚,广东人的思想、商业、饮食、建筑、语言、民俗、艺术、教育、工业等,无不带上华侨文化的深刻烙印。我校作为广州市唯一一所“侨”字特色的中学,华侨文化特色鲜明,在教学中充分运用华侨文化课程资源具有重要而独特的价值。

(一)适应文化建设的主流

中共十七大报告指出:“中华文化是中华民族生生不息、团结奋进的不竭动力。要全面认识祖国传统文化,取其精华、去其糟粕,使之与现代文明相协调,保持民族性,体现现代性,加强中华优秀文化传统教育。”十八大报告强调:“文化是民族的血脉,是人民的精神家园。必须推动社会主义文化大发展大繁荣,发挥文化引领风尚、教育人民、服务社会、推动发展的作用。”在弘扬和培育民族精神文化的过程中,高中基础教育承担着重要任务,“文化生活”模块作为高中思想政治课的必修内容,正是适应时代发展潮流的必然选择。在该模块教学中,应用华侨文化课程资源,不仅对弘扬民族文化和华侨精神有重要的意义,而且更凸显了文化建设的时代意义。

(二)满足新课改的需要

课程结构的调整是新一轮基础教育课程改革的一项重要任务,要求国家课程、地方课程和校本课程相结合,要求教学贴近学生、贴近生活、贴近实际,发挥学生的主体作用。因此,把我校学生看得见、摸得着的华侨文化校本课程资源与国家必修课程有机结合,通过校本化、生活化的素材,可以丰富“文化生活”教学的课程资源,让课堂教学生活化的同时,更有“文化味”,达到“育文化人”的目的。

(三)提升学生发展的质量

现今的“文化生活”课程教材中的不少内容缺少文化气息,如因叙事过于宏大而呈口号化特征,使其远离学生。在教学中不难发现,侨校的学生对华侨文化认识肤浅。教师传授课本知识时,多从学科知识讲解和应试角度出发,缺乏“文化味”,没能体现文化生活教学应有的“魂”和“神”。因此,教师在课堂教学中引领学生去发掘、探讨并传承、创新“华侨文化”,以此丰富“文化生活”知识体系,既可以拓展学生学习的内容和渠道,让教学内容源于教材、高于教材;又可以丰富学生的知识面,增强教学趣味性、直观性,还可以避免教材本身具有的抽象性,弥补学生生活的不

足，从而有利于教师更好地进行“文化生活”教学，让学生在优秀文化的熏陶、浸润下感悟并成长。

（四）促进学校特色的发展

一部华侨史，特别是鸦片战争后的华侨史，见证了中国苦难史、移民史、革命史，是一本爱国主义和国际主义的教科书。我校作为广州市唯一一所“侨”字特色中学，历史悠久，华侨文化积淀深厚，已成为学校的核心精神文化。我校在特色文化建设中要求各学科渗透华侨文化，从而推动学校特色发展，开拓广大师生的国际化视野。作为思想政治课程必修模块的“文化生活”教学更要追求校本化和生活化，把华侨文化资源运用于教学，有力推动学校“侨”字特色发展。在“文化生活”教学中，挖掘和弘扬华侨在海外发展及在创业过程中表现出的吃苦耐劳、自强不息、努力拼搏的创业精神和爱国、爱乡、爱校的优秀品质，有助于增强学生爱国、爱校情感以及对侨文化的认同感、责任感，增强侨文化育人的价值底蕴。

三、华侨文化课程资源在“文化生活”教学中应用的原则及途径

（一）华侨文化课程资源在“文化生活”教学中应用的原则

1. 注重生活性

建构主义学习观认为，学习是一个积极、主动构建的过程，学习者不是被动地接受外在的信息，而是根据先前认知结构主动地、有选择地认知外在信息，建构当前的意义。这种理念下的学习是一个同化、顺应的认知建构过程。而生活是最好的教材，只有回归生活，才能帮助学生更好地掌握技能，才能教会学生学会生活，促进学生的可持续发展。所以，在“文化生活”教学中应用华侨文化资源，应该选取贴近学生、贴近生活、贴近实际的素材，把理论观点的阐述寓于生活主题之中，使之符合学生身心发展的特点，满足学生兴趣爱好和发展的需要。教师要致力于双向构建学科知识与生活现象，实现理论逻辑与生活逻辑的有机结合，让学生体会政治学科知识在生活中的实用性价值。例如，指导学生学习“传统建筑文化”时，特地选取了开平的碉楼、广州的骑楼等学生身边熟悉的、带有华侨文化特色的建筑，作为学生学习研究的素材，激发他们的学习兴趣，从而提高学习的有效性。

2. 注重时代性

思想政治课教学的一大特点就是注重理论联系实际，体现时政性，做到与时俱

进。生活处处有文化，因此，在“文化生活”教学中应用华侨文化资源，也应该选取与近期的国内外大事有密切关联的时政素材，把当地重要的反映文化现象的时政与教材密切结合起来。在时间上，尤其要注重新近发生的事情，以弥补教材内容的相对滞后，扩大学生的知识面，给政治课堂注入新鲜的内容，缩小应用的材料与学生在时间、空间的距离和学生心理、情感方面的差距，充分体现政治课的鲜明特点——时政性强。例如，指导学生学习“中国特色先进文化”时，使用广州市市长所作的政府工作报告与十八大温家宝总理所作的政府工作报告中关于文化方面的论述资料，引导学生探索华侨文化不断创新发展的建议、措施。通过采用最新的时事材料，让课堂充满新鲜的活力。

3. 注重典型性

在“文化生活”教学中应用华侨文化资源，一是为了论证相关观点的需要，二是便于学生举一反三、融会贯通。所以，要考虑是否与课本内容相吻合、是否符合学生的接受能力、是否满足学生兴趣需要。华侨文化博大精深，是一个取之不尽的文化宝库，因此，选用的资源必须要有典型性。相对于主题来说，最吻合、最恰当、最具代表性且对学生终身发展具有影响甚至决定意义的资源应该优先得到运用。这样，才能最大限度地印证教学内容，起到“以一当十”的效果，凸显华侨文化资源无与伦比的表现力和影响力，从而更好地为教学服务。例如，在指导学生学习“文化在交流中传播、创新”时，可选取颇具广东特色的、由华侨传播而形成的英语、普通话、粤语整合而成的“港式中文”作为探究素材，让学生在探究中理解知识，切实起到“以一当十”的教学效果。

4. 注重探究性

探究性原则是指在教师的指导下学生自己探索问题，重点关注的是学生的自主探究过程，让学生在丰富多彩的华侨文化知识探究中主动参与教学活动，主动获取知识，求新求变，从而培养和发展学生的思维能力、创新能力和应用能力，极大地提高他们的创新意识和科学素养。例如，在对“文化生活”四个单元综合探究的学习中，通过综合实践探究活动，使教材中的知识点得到了落实，也使学生的综合能力得以提升。

（二）华侨文化课程资源在“文化生活”教学中应用的途径

博大精深的华侨文化作为“文化生活”教学的宝贵课程资源，可以渗透到学科教学的各个环节和各个方面。在教学实践中，笔者尝试探索华侨文化课程资源在“文化生活”学科教学中的应用途径。

1. 还原生活情境，精心导入

学生学习的动力直接来源于其已有的认知结构或生活经验与新的学习任务之间的矛盾。特别是在学科教学的导入环节，依据学生熟悉的资源，结合学生的实际生活经验，引用学生亲身经历或目睹的事开展教学，对调动学生的生活积累、充分激发学生学习的兴趣和探索的欲望均具有重要的作用。

例如，“文化与生活”开篇导入，就用广州的饮食文化去引出华侨文化在其中的贡献，从而说明文化在生活中处处可见。首先，教师以图片的形式展现广州市民餐桌上的饮食文化，如蒜蓉炒番薯叶、芝士焗番薯、黄金玉米烙、南瓜饼、菜椒炒牛柳等。继而，教师提出问题：“追根溯源，番薯、玉米、南瓜、辣椒等这些食材是谁、从哪里传入广东，从而丰富广东甚至全国的饮食文化的？”学生兴奋地讨论、发言后，教师释疑解惑：万历十年（1582 年）在安南（越南）经商的东莞人陈益，将番薯成功带回家乡，“种播天南，佑粮食，人无阻饥”；同时，还有高州人林怀兰亦“自外洋挟其种回国”种植。原产中南美洲的玉米，明嘉靖、万历年间（1552—1620）也由海商带回广州、惠州始种，清初传遍全国。这两种作物终于成为全国重要的粮食作物，形成“地瓜一种，济通省人之半”和“红（番）薯半年粮”景观，对开垦荒地、救灾、保护大量人口和劳力，贡献匪浅。除这两种粮食作物外，木瓜、辣椒、番茄、马铃薯、荷兰豆及稀有热带乔木等物种都是由华侨引入，这促使大片土地得到开发，明显地改变了传统农业分布面貌，也使人们的食物结构产生变化，丰富了饮食文化和社会的文化生活。这一导入既符合新课程“贴近生活”的原则，找到了生活中学生耳熟能详的食物，又吻合“典型性”的特征，与“食在广州”紧密贴合在一起。这样，不仅引起学生的兴趣和共鸣，更拓展了学生的知识视野，使其真切体会华侨文化在生活中的影响。这个环节在操作时，可以采取课前探究的形式，分小组对某几样食品进行资料的收集整理，从食物引入的各种细节和造成的影响等方面进行归纳；课堂上由学生再现资料，提高他们对华侨文化的了解和认同感。

又如，在学习“文化在交流中传播、创新”这一知识点时，教师在导入环节首先用 PPT 打出体现以下词汇的图片：摩登大楼、摩托车、球、找零钱、巧克力、轮胎和领带、出租车、扳手等。然后，让学生用广州话表达图片上的物品或情境。这时学生的学习兴趣开始充分调动起来，兴奋地争着表达：摩登大楼（摩登大楼）、摩托车（摩托车）、球（波）、找零钱（畅钱）、巧克力（朱古力）、轮胎和领带（呔）、出租车（的士）、扳手（士巴拿）。接着再让学生用英语表达一次，学生更来劲了，并开始了小组合作：摩登大楼（modern building）、摩托车（motorcycle）、球（ball）、零钱（change）、巧克力(chocolate)、轮胎和领带(tyre, tie)、出租车(taxi)、扳手(spanner)。在学生兴奋地交流后,教师进一步追问:“用广州话和英语说完这些词汇,你发现了什么?为什么?”学生马上领悟到,这些词汇的广州话表达都是由英语演变而来。其原因是,广东华侨众多,他们在回乡或商务文化往来中,带入英语与当地方言结合,形成了独特的语言景观。教师可在学生分析的基础上归纳:以粤方言为主流语言的珠江三角洲,在华侨的传播和带动下使英语借词大量存在,并创造性地形成了由英语、普通话、粤语整合而成的“港式中文”。教师再一步追问:“这体现了何种课本知识?”学生答:“文化在交流中传播、在传播中创新。”

可见,导入环节应用来自生活的华侨文化资源。鲜活的生活实际、典型的地域特征呈现在学生面前,这使得学生的亲切感倍增,更激发了畅述的欲望,激活了课堂气氛,愉快地领会了知识,提高了课堂实效。同时,华侨促进中外文化交流及丰富和发展中华文化的实例,也无形中增强了学生的自豪感和责任感。

2. 合作探究素材,拓展理解

教学实践证明,探讨的问题和材料是学生感同身受的、熟悉的、感兴趣的,学生就乐于讨论、积极探究。我校作为“侨”字特色学校,学生对华侨文化相对比较熟悉,所以,在课堂教学过程中,教师注意以华侨文化作为背景材料开展小组合作讨论活动,以感性的经验夯实学生认识的基础,以实际生活中的具体现象深化学生对理性结论的理解。不仅能提高学生自主、合作、探究的兴趣和能力,而且能使他们更易掌握新知识,还能激发他们爱校、爱乡的情感。

例如,学习“文化与经济相交融”时,教师展现材料:华侨文化存在于各个文化层面,依靠各种关系和联系网络保持自己的发展、传播和进步,而文化和经济又是紧密不可分割的。以广东经济发展为例,改革开放初始阶段“三来一补”和合资、合作经济项目中,华侨占96.8%。在番禺地区,仅1983年,众多华侨除了捐资助学,其签订来料加工合同就为国家创汇2 200多万美元。同时,华侨文化遗迹也是一种宝贵文化旅游资源(如华侨名人故居、华侨名镇、名村等),对当地的旅游开发、地方经济发展贡献匪浅。充分利用华侨文化遗产,扩大对外开放、招商引资,发展外向型经济,推动了广东经济的发展。教师激励学生探究:“材料说明什么观点?如何体现?”

又如,分析“以爱国主义为核心的中华民族精神”时,教师先向学生阐述《易经》、《论语》等古代经典中关于中华民族祖先勤劳勇敢、爱好和平、自强不息等内容,说明中华民族精神的历史渊源。继而展示材料:辛亥革命时期,孙中山先生十分重视发动华侨、依靠华侨进行民主革命运动。海外华侨发扬爱国主义精神，从人力、物力、财力和舆论等各方面支持祖国的反帝反封建斗争。1905 年 8 月，孙中山先生在华侨的支持下，在日本成立了近代中国第一个全国性的资产阶级革命政党——同盟会。广东的华侨是同盟会的重要支柱，众多华侨倾家荡产支持民主革命，直接或间接地参与了历次的武装起义，组建了中国第一支空军，有的甚至为国捐躯。在著名的广州黄花岗七十二烈士中，就有三十一位华侨志士。孙中山先生称“华侨是革命之母”。接着播放《走向共和》片段，要求学生结合影片和民族精神的内容进行分析。

如此这样，让教学内容既源于教材又高于教材，引导学生体验历史情景，现实生动的素材，使学生感悟爱国就是把个人前途命运与国家发展、民族振兴结合起来，从而水到渠成地实现情感态度与价值观目标的整合，增强学生爱校、爱国的责任感。通过史实的引用，学生直观地感受到华侨文化的精神内涵——奉献，以此来拉近学生与华侨文化的心理距离。

实践证明，把华侨文化课程资源转化为案例素材引入课堂，有利于引导学生主动学习，带着兴趣和思考学习，增强创造性和情感体验性；同时也有利于活跃课堂气氛，提高教学实效，培养学生探究问题、解决问题的能力，在潜移默化中让学生感悟人生，熟悉历史，理解社会，进而树立正确的“三观”。

3. 实践活动应用，内化提升

一个人知识的掌握、能力的提高、情感的陶冶、意志的磨砺，都来自实践。如果没有对现实的观察和分析以及对现实生活的体验，必将导致文本内容的知行脱节，变成空洞的说教。在“文化生活”教学中，教师应该引导学生关注生活、热爱生活、享受生活的过程，而不是“故纸堆里寻旧货”的过程，也不是简单的政策宣传与普及过程，更不是一味地强制学生为考试而死读书、读死书的过程。依托华侨文化资源，在“文化生活”教学中开展综合探究活动，挖掘华侨文化蕴含的开拓创新、勤劳朴实等丰富的精神内涵，可以帮助学生在活动中历练才干，在运用中深化理解知识，拓展学生的知识视野，更能培养学生的创新能力、实践能力和社会责任感，提高学生参与社会建设的能力，对培养学生的综合素养有着独特的、无可比拟的优势。

例如，在学习“传统文化的继承”时，教师课前让学生分小组查找华侨在继承传统文化中的习俗、建筑、文艺、思想等方面的活动或事例，请学生结合其中某一方面内容，分别举例说明。课堂上，学生们就查找的内容用 PPT 的形式上台演示，有的学生列举了各地华人过中秋的原因和华侨过端午、春节等节日的习俗；有的学生展示广州“五大侨园”——春园、明园、简园、葵园、隅园(春园曾在中共“三大”会议期间成为毛泽东的临时居所);有的学生展示何香凝故居、爱群大厦、东亚大酒店;有的学生展示具有中外文化特色的各式各样的广州骑楼(如仿文艺复兴式、仿巴洛克式、仿南洋式);有的学生展示被列为世界文化遗产的开平碉楼等华侨特色建筑;有的学生展示世界各地华侨弟子通过“八和会馆”在海外开展粤剧艺术及华侨画家“岭南三杰”(高剑父、陈树人、高奇峰)在海外弘扬岭南画等艺术活动;有的学生分析孙中山、陈家庚等华侨名人的政治、教育思想等。如此把知识的传授和学生的探究活动结合起来,提高了学生理解、运用知识的能力。对于“传统文化的继承”这一知识点,教师还可以结合粤剧在西方各国的变化,让学生在充分调查的基础上各抒己见,结合“继承和发展的关系”等知识,去理解和感悟华侨文化对中华文化的贡献。

又如,契合“文化与生活”第一单元“综合探究”——聚焦文化竞争力内容的教学时,教师让学生开展华侨景点旅游线路设计实践活动,并在此基础上引导学生探求增强广东文化竞争力的措施和方案,形成设计报告。契合“文化与生活”第二单元“综合探究”——建立“学习型社会”内容的教学时,教师让学生运用访谈法、文献法、调查法(包括上网搜寻)等多种手段,搜集广府文化、华侨推动中外文化交流的资料,举行一期“越是华侨的,越是中国的,越是世界的”手抄报展览。契合“文化与生活”第三单元“综合探究”——肩负“强基固本”文化使命内容的教学时,教师指导学生开展华侨名人成就展,开展“最美华侨魂”演讲。契合“文化与生活”第四单元“综合探究”——感悟当代中国先进文化内容的教学时,教师提出作为华侨中学的学生,理应为弘扬华侨文化贡献自己的一份力量。请学生完成:(1) 如果请你担任华侨文化传播大使,你将如何推广、传播华侨文化?(2) 在弘扬华侨文化的基础上,如何使华侨文化与时俱进,成为中国先进文化的重要组成部分,为推动广东经济、政治、文化等方面的和谐发展服务?让学生通过思考、探究,在课堂演讲等一系列综合实践活动中,把能力提升和正确价值观的养成结合起来。

4. 走出校园,亲身体验

陶行知先生说过:“生活即教育,社会即学校。”社会是一部内容丰富、生动活泼的教科书,在社会实践的舞台上,学生可以学到课本中、课堂上学不到的知识。作为侨乡,学校周围有着丰富多样的华侨文化资源,运用这些丰富的资源,引导学生到社会中去,自己发现问题、思考问题,并寻找解决问题的办法,使学生的知识和能力在社会实践中得到真正的锻炼和提高。

同时，通过探究活动深入社会，让学生在生活中理解文化生活知识。例如，通过布置社会实践作业，让学生在周末或假期里参观华侨博物馆、纪念馆、华侨特色建筑等，让他们感受不一样的侨乡文化，为自己是侨乡人而自豪。或者，指导华侨文化课题研究小组，进行对华侨名人、华侨建筑等的实地调查和采访。

总之，华侨文化课程资源作为重要的课外课程资源，在“文化生活”教学中具有明显的优势：一是可以增加现有的教育内容。师生的生活和经验进入教学过程，让高中必修课程学习内容“活”起来，从而提高学生学习的兴趣和教学的实效性。二是有利于转变学生的学习方式。通过综合实践活动，到图书馆查阅资料，或网上浏览、实地考察，形成实践报告等，学生不仅掌握了获取信息的一般方法，养成求真务实的科学态度，更重要的是接触和了解社会，从被动的知识接受者转变为知识的主动建构者，从而激发学习的积极性和主动性。三是增强学生爱学校、爱家乡的情感。华侨文化作为学校所在区域（广东）的特色文化，体现了华侨的创业精神和优秀品质，学生在潜移默化中陶冶情操，增强社会责任感。

参考文献

[1] 苏霍姆林斯基.给教师的建议[M].北京：教育科学出版社，1999.
[2] 钟启泉.基础教育课程改革纲要（试行）解读[M].上海：华东师范大学出版社，2001.
[3] 叶圣陶.叶圣陶教育名篇[M].北京：教育科学出版社，2007.
[4] 陈国壮.广州侨史论坛[M].香港：日月星制作公司，2003.
[5] 莱斯利·P.斯特弗，杰里·盖尔.教育中的建构主义[M].上海：华东师范大学出版社，2002.
[6] 郑金州.走向“校本”教育[J].理论与实践，2000(6).
[7] 刘桂兰.对有效利用课程资源的思考[J].宁夏教育科研，2010(4).
[8] 蒋卫星.高中政治“文化与生活”模块地方特色化教学的价值与实践[J].中小学教学研究，2009(9).

“新德育目标策略”：高中政治课程德育目标的重构与细化

——以广东华侨中学为例

政治科　林浩鹏

［摘　要］我国的高中生道德素质总体上呈现积极向上的发展趋势，但因各种影响仍存在一定的偏差。针对这一现状，笔者以广东华侨中学高中生为样本，从高中政治课程教学角度，反思高中政治课程德育目标及其实施的不足，尝试借鉴西方的道德发展阶段理论，结合学生道德发展和高中政治教学内容的实际，重构并将高中政治课程的德育目标分层，细化、具体化和可操作化地设计了相应的教学活动。这一做法取得了较好的实效，在一定程度上促进了高中生的道德发展。

［关键词］德育目标　重构与细化　高中政治教学　道德发展

北宋著名史学家司马光曾说：“德者，才之帅也。”对于学生发展来说，德育具有重要的地位。但在日常观察中发现，广东华侨中学高中生虽然在事关大局的问题上普遍具有较高的道德素养，例如，爱国主义情感较强、明辨善恶能力不弱等。但从小的方面看，确实有一部分高中生出现道德选择迷茫、道德践行不够自觉等问题。造成这种现象的原因是多方面的，有时代变迁、中国国情、高考压力等原因，但从学科教学角度去反思，作为高中德育“主阵地”的高中政治教学，无疑也有一些不足之处，特别是高中政治课程的德育目标设置和落实，与现代高中生的道德发展现状和需要之间存在一定的偏差。由此，笔者试图重构并将高中政治课程的德育目标分层，在实际教学中进行细化，从而能更科学、有效地促进高中生的道德发展。

一、我国高中生道德发展的现状及主要成因

在对本校高中生进行调查分析的基础上，又通过查阅期刊、网络等途径获取相

关的数据后，从正确价值观立场、科学认识方法论和历史视野出发来分析当前我国的道德状况，并去除地区差别、生源优劣等相关性较小因素后，可以概括出我国高中生道德发展的普遍现状：总体是向善的，主流是积极的，但也存在不容我们忽视的一些问题。

（一）我国高中生道德发展的总体状况

我国高中生道德发展呈现以下态势：第一，集体主义意识较浓，权利和义务意识较重，社会公德和家庭伦理意识较浓，自主自立的个性意识渐强；第二，法制观念较强但法律知识贫乏，权利意识强于义务意识；第三，公民基本道德意识较强，但公民参与意识比较淡薄，仍保持尊敬师长、乐于助人等中华民族优良传统，勤劳勇敢、艰苦奋斗的精神有所缺失；第四，世界观、人生观、价值观已经初步形成，但还是不够科学、完善，容易受拜金主义、享乐主义的影响，形成不健康的人生目标和理想；第五，有较好的是非观念，但在对他人和对己上存在不同的标准偏差，不太能转换角色思考和判断；第六，保护环境、珍惜资源的意识较强，但落实可持续发展战略的行为一定程度上缺失；第七，崇尚民主、平等、自由，但由于过于强调个人的得失，而容易陷入过多关心个人价值实现的误区；第八，个人品德素质发展比社会公德、家庭美德稍微滞后，相当一部分学生有心理承受能力差、意志品质薄弱的不足；第九，道德素养存在性别、年龄的差异，例如，女生的道德素养高于男生，高年级学生的道德素养高于低年级学生，等等。

（二）高中生道德发展问题的主要成因

教育现实表明，高中生道德发展问题的成因是错综复杂的。其主要成因有以下几个方面。

1. 社会发展带来的困扰

在“经济全球化”、“政治多极化”、“文化多样化”、“知识信息化”的大背景下，历史遗留、时代潮流给改革开放的中国大量并快速地带来各种思想文化，有传统的和现代的、外来的和本土的、先进的和落后的、健康的和腐朽的、积极的和颓废的，等等。作为各种思想文化核心的种种道德观，也相互冲击、互相交织，使人们的道德判断和价值选择呈现多元的特征，这给我国高中生的道德发展带来了较大的困扰，给我国青少年的道德教育带来严峻的考验。

2. 学校德育目标定位和实施存在一定的问题

当前我国中小学德育目标大而划一，过于理想化，没有形成明显的目标系列，缺乏针对性，容易造成学生会说不会做，知行脱离。学校德育目标和要求过于"高、大、空"的不足，加之一些陈旧的教育观、教学观、教师观和学生观的影响，使我国学校的道德教育工作陷入了困境，也必然影响学校实际的教育活动和教学活动。

3. 忽视我国高中生的身心特点

高中生正处于青春期的中后期，其心理处于性成熟提前与性道德滞后、"成人感"与不成熟性、自尊与自卑、求知欲与识别能力、封闭性和开放性、成就感与挫折感等的矛盾运动之中，呈现个性化和社会化相互矛盾、交织共进的特点。但是，中学的德育工作包括高中思想政治课程的教学，往往忽视学生的特点和真正需要，过于强调道德认知的教导而忽视道德的体验和实践，过于强调树立崇高道德目标而忽视道德的阶段性发展规律。

4. 我国高中政治课程在德育上的不足

根据笔者的教学经验，高中政治学科的德育功能主要从以下两个方面来体现：一是通过课堂教学和课外探究活动，落实高中政治课程标准的德育目标；二是在日常教学中有意识地进行德育渗透。但是，高中政治课程在道德教育和渗透上，仍存在"教—学"、"认知—行动"、"理论—现实"、"知识—兴趣"、"教条—生活"、"目标—落实"等矛盾。之所以造成以上的矛盾，一定程度上与教师照本宣科而忽视高中生道德的阶段性发展规律有关。

二、"新德育目标策略"的理论依据、基本思路及实施原则

针对我国高中学生道德发展上的主要问题及成因，作为中学德育"主阵地"的高中政治课程应该进行反思和寻找对策。政治课程首先应从其德育目标及实施入手，对高中政治德育教学目标进行重构与细化，以更好地促进高中生的道德发展。对于这一构想，笔者简称为"新德育目标策略"。

（一）"新德育目标策略"的理论依据

美国教育家柯尔伯格的道德发展阶段理论认为，青少年的道德发展是由前习俗水平到习俗水平，再到后习俗水平，按照顺序前进的。我国的有关研究和实践表明，近几年我国高中生年龄基本在 15 至 19 岁之间，他们的道德发展水平大部分处于习俗水平，并向后习俗水平发展。准确地讲，我国高中生的道德发展基本上处在柯尔伯格所说的第四阶段，并向第五、第六阶段推进。

以上的理论和判断，为我国高中政治课程实施“新德育目标策略”提供了基本的理论支持。高中政治课程面临理想化、虚无化、抽象化的德育困境，批判地引入和学习西方的道德发展阶段理论，未尝不是一种新的有益尝试。

（二）“新德育目标策略”的基本思路

西方方兴未艾的道德发展阶段理论，指出了道德发展有其内在规律性。因此，教育者要在了解教育对象所处的道德发展阶段的基础上，针对教育对象道德认知上的冲突，打破原有的道德认知平衡，在更高的道德水平上重新整合，从整体上提高教育对象的道德判断能力和道德实践能力。

高中三个年级的学生之间，生理、心理发育均存在一定的差异。因此，所谓的“新德育目标策略”，就是借鉴国外较先进的道德发展阶段理论，针对我国高中生道德实际的发展水平和阶段，重新构建高中政治课程中的德育目标，使他们呈现并构成符合高中生道德发展规律的层级。在此基础上，结合教学内容和学生实际，对重构的德育目标进行细化、具体化、可操作化，以学生为主体，设计合理的教学活动，在教学互动和道德实践中，逐步落实和分层达成高中政治课程德育目标。

（三）“新德育目标策略”的实施原则

1. 阶段发展原则

柯尔伯格的三水平六阶段论，勾画出青少年个体道德发展的基本线索，建立了一个青少年个体道德认知发展的阶段模型，这给我们针对不同阶段的青少年开展针对性道德教育带来启发。儿童道德教育必须根据儿童发展的实际水平进行，儿童道德教育既不能低于也不能高于儿童个体的现有道德发展水平。此外，儿童道德发展的各个阶段之间是不可以随便逾越，但通过学校教育和创设良好的社会环境，是可以促进青少年个体道德的发展的。也就是说，道德教育应关注青少年道德发展的阶段与该水平该阶段相适应的教育策略，即坚持阶段发展原则。

2. 主体与实践原则

柯尔伯格提倡师生间的民主参与，建立公正的集体氛围，为儿童提供各种角色扮演机会，努力创造条件来实践儿童的道德责任。因此，我们首先要把话语实践作为青少年道德教育的重要形式，注意培养道德个体的沟通、表达能力，激励他们踊跃表达自己的意见，提高倾听、判断甚至反驳别人言辞的能力，培养个体间相互尊重、平等对话的态度。其次要把设置教学情境与角色扮演作为道德教学的主要方法。在教学时，要考虑教育对象在不同道德发展阶段的不同身心特点，把青少年所面临的道德问题放进他们能够积极参与和自主判断的教学情境之中，多为青少年提供现实和虚拟世界中的各种角色，实现道德个体的角色同一和自我同一，在自主探究中不断提高自己的道德水平。此外，德国教育家哈贝马斯认为，应该重视青少年的行动能力，多设计和组织一些符合他们道德水平和需要的道德实践活动，引导和帮助他们去承担责任，在课外充当好自己的各种必要的社会角色，跟其他的道德行为者发生相互作用，从而理解普遍化的道德行为愿望，从实践中区分想要做的事情与应该做的事情。柯尔伯格和哈贝马斯一起告诉我们：道德教育，不能只停留在道德认知上，而应该重视道德主体之间的互动和相互影响，重视培养青少年的道德判断和道德选择能力，更应该重视培养青少年的道德实践能力，即坚持主体与实践的原则。

三、"新德育目标策略"的重构与细化

根据高中政治课程"新德育目标策略"的基本思路和实施原则，我们可以分成两步来实践这一理论：第一步是将高中政治课程中的德育目标按年级进行分层和重构；第二步是按照高中政治课程各年级的具体教学内容去整合和具体化。

（一）高中政治"新德育目标"的构建

1. 对高中政治课程的总目标及德育目标的总体认识

研读教育部编制的《全日制普通高中思想政治新课程标准》中的课程总目标，对比《国务院关于基础教育改革与发展的决定》中的学校德育目标，可以发现，两者在内容和要求方面基本一致。因此，高中政治课程的德育总目标仍侧重于高中学生正确世界观、人生观、价值观的培养，而且这个目标的达成必须实现学科知识、社会需求和学生发展三者的协调统一。

2. 高中思想政治课程中的德育目标的整合与分析

依据高中政治新课标的德育目标和要求，依据西方的道德发展阶段理论，可以对高中政治课程的德育目标进行整理（见表 1）。

表1　高中思想政治课程中德育目标的整合与分析

<table>
<tr><th rowspan="2">年级</th><th colspan="3">学生道德发展水平及阶段性特点</th><th rowspan="2">教学内容（模块）</th><th rowspan="2">高中政治新课标的德育总要求简述</th></tr>
<tr><th>水平</th><th>阶段</th><th>特　点</th></tr>
<tr><td rowspan="2">高一级</td><td rowspan="3">习俗水平</td><td rowspan="2">法律和秩序导向阶段</td><td rowspan="2">以法制观念来判断是非，已经意识到个人的责任，开始尊重权威，并且扩大对他人的关心。</td><td>经济生活</td><td>理解公平、诚信的价值，增强规则意识，树立社会主义的义利观。</td></tr>
<tr><td>政治生活</td><td>增强公民意识和社会主义国家观念。</td></tr>
<tr><td rowspan="2">高二级</td><td rowspan="2">社会契约合法性导向阶段</td><td rowspan="2">道德判断标准日益灵活，开始从不同的角度去比较辩证地批判各种行为的是非善恶。认识到个人有应尽的义务，同时也享受法定权利。</td><td>文化与生活</td><td>珍惜中华文化的价值，弘扬和培育民族精神。把握先进文化的前进方向，追求更高的思想道德目标。</td></tr>
<tr><td rowspan="2">后习俗水平</td><td>生活与哲学</td><td>理性地规划生活道路，与时俱进地作出正确的价值判断，为自身的终身发展奠定世界观、人生观、价值观的基础。</td></tr>
<tr><td>高三级</td><td>普遍性伦理原则导向阶段</td><td>开始考虑人权平等、法律公正、人的尊严等人类普遍伦理原则，并会更多地考虑到道德的本质。</td><td>部分选修、复习备考</td><td></td></tr>
</table>

从上表可以看出一些问题：首先，高中学生的道德发展水平并不是完全按年级来区分的，而是交汇递进的，这就要求在日常教学中要注意循序渐进和螺旋上升；其次，道德发展阶段理论表明，并非所有学生都按照大部分人的发展阶段来提高道德素养，这就提醒我们要注意处理好德育的普遍性和特殊性关系；再次，左边的学生道德发展的实际水平与右边的高中政治课程的德育总目标基本匹配，但并不是完全一致，这就要求在实际教学中必须对相关的教学内容和活动进行一定的整合；最后，按照教学的进度，高三整个一学年是缺乏德育目标和实施要求的，这就要求在总复习中有意识地去设计一些有效的教学活动，去强化、落实一些德育目标。此外，还要注意一个现实，即到高三毕业前夕，并非所有的学生都能进入第六个阶段——“普遍性伦理原则导向阶段”，因而就不能主观认为进入这一阶段的高中学生的道德发展都已成熟；相反，笔者认为，大部分学生只是进入了这一阶段的初始阶段。

3. 高中思想政治课程中的德育目标的重构和分层

高中政治课程德育目标的重构和分层，可以借鉴西方的道德发展阶段理论，结合我国高中生的身心特点和发展需要，制定有层次的、递进的、可操作的德育目标，并设置一些教学活动和实践活动，使学生在思考中学会选择，在情境中学会反思，在体验中学会总结。结合以上对高中德育课程内容的把握，根据对表1的分析，可以对高中政治课程的德育目标进行重构和分层。

(1) 高中思想政治课程中的德育目标的重构和分层(见表2)。

表2 高中思想政治课程中德育目标的重构与分层

年级	学期	教学模块	德育目标(分层)
高一级	上学期	经济生活	针对高一新生的道德水平和发展特点，要以巩固和增强学生的国民意识和公民意识为主线，弘扬爱国主义精神，强调对个人、社会、国家的责任感。注意发挥学生的主体作用，紧密联系生活，培养适合社会主义市场经济发展要求、经济全球化要求的道德观念和素养，即经济伦理道德，并引导学生落实为日常行为。
	下学期	政治生活	以坚持四项基本原则为基点，以"坚持人民民主专政、党的领导和依法治国相统一"为教学主线，培养学生正确的政治思想素质，坚定建设社会主义民主政治的信心和决心。注意以学生自主搜集、分析、探究活动为主要设计，紧密联系并分析实例，引导学生形成"以集体主义为原则，以为人民服务为核心，以守法为底线"的社会主义基本道德标准，进一步增强学生的国家观念、公民意识和民族责任感，培养适合中国特色社会主义民主政治发展、世界多极化要求的道德观念和素养，即政治思想素质。
高二级	上学期	文化生活	既要尊重文化的多样性和道德标准的多元，更要以"中华"二字为核心，以弘扬以爱国主义为核心的民族精神和坚持中国特色社会主义方向为主线，提高学生辨别不同文化的觉悟和能力，树立文化自觉和文化自信，自觉接受先进、健康文化的熏陶，积极参加先进文化建设活动，不断提高思想道德修养，自觉成为中华优秀文化的传播者、弘扬者和建设者，自觉承担起中华文化复兴(包括中华道德复兴)的重任。要特别注意教学的生活化、活动化，重视学生的主体感悟和自觉升华，要奏响主旋律，正面引导学生从文化迷惑和道德两难中走出来，走上正确的道德发展方向和道路。
	下学期	哲学和生活	教学必须有更强的针对性和归纳性。这个时期的高中生，对社会基本道德规范已经产生较深的认同感，但仍没有上升到理论程度的认识，由于个性增强、生活经验级反思增加，对多变的道德问题和道德两难问题仍会感到一定的困惑。哲学是对经济、政治、文化三个基本生活领域的归纳和总结，学习哲学能促使学生向接触、思考、归纳道德的本质和原则的方向更好地发展。要特别注意教学的生活化和学生的主体性，以进一步引导学生确立正确的世界观、人生观、价值观为主线，利用社会热点和学生的兴趣和实际，引导学生在材料中、活动中、情境中，学会运用马克思主义哲学原理，分析、反思自己所遇到的现实道德问题，归纳和总结社会主义道德的本质和原则，并以此来指导自己正确评析各种具体道德标准，在知行合一的追求中，不断提高自己的道德修养。

续 表

年级	学期	教学模块	德育目标(分层)
高三级	全学年	复习、备考、选修	高三学生的道德发展水平大部分进入了“后习俗水平”，正从“社会契约合法性导向阶段”向“普遍性伦理原则导向阶段”跨越，他们总体上认可了社会主义道德的基本规范和要求，但由于升学和成年的压力，受不稳定的心理影响，道德发展有反复、不够全面，仍会对因身心发展和社会发展所带来的新问题产生道德困惑，例如不能正确面对早恋问题，对填报志愿产生恐惧等。 面对这样的实际，高三政治教学中，要结合复习活动、班级主题活动、学生需要等来开展针对性的德育工作。一是确认和巩固学生基本成型的道德标准，二是矫正学生道德发展中的不足，三是对特殊情况和个别学生进行辅导和帮助。通过对复习活动的设计、选修课的教学和灵活的德育活动，在高中最后的阶段，尽全力去引导和帮助高三学生确认正确的道德认识、提升对道德本质的理解，树立科学的道德目标，为大学或社会培养“有道德”的新公民。

只有针对高中生的总体道德发展水平，正确把握各年级高中生普遍所处的道德发展阶段和发展特点，重新整合和构建高中思想政治课程的德育目标，才能真正结合各年级所学知识，通过安排合适的教学方式和活动，对高中各年级学生进行针对性的教学和教育，从而实现高中生道德品行的良性发展。

(2) 高中思想政治课程中的德育目标的细化、具体化、可操作化。高中生的思想道德教育强调要服从社会政治需要，要始终坚持社会主义性质和方向，坚持马克思主义指导，坚持爱国主义、集体主义、社会主义教育的主旋律。同时，道德教育要适应时代进步和社会发展，研究和解决当代经济社会发展带来的新问题。道德教育要注意生活化和主体性问题，实现道德教育由“虚”到“实”、由“高”到“低”、由“大”到“小”、由“灌输”到“体悟”、由“他律”到“自律”的转变。例如，新课程标准对于“金钱观”这一德育目标，仅有“正确对待金钱”一句话的简单要求，如果教学只是“简而言之”，就容易只停留在道德认知的水平而忽视了道德的内化与升华，更不可能使学生减少“拜金主义”的负面影响。

根据这样的指导思想，可以把高中政治课程中各年级的德育目标进行细化、具体化和可操作化。例如，利用丰富的文化遗产和复杂的国际形势，进行爱国主义教育；利用改革开放的显著成就，进行社会主义教育；利用学生的团体活动，进行集体主义教育；利用模范人物的先进事迹，进行人生观、价值观教育；利用学生的个体、自由意识和行为，进行公民意识教育，等等。下面以高三年级政治课程的德育目标为例(见表3)。

表 3　高三年级政治课程的德育目标

复习内容或德育活动		整合的德育目标和德育建议
总复习	必修 1－4： 经济生活、政治生活、文化生活、哲学与生活	1. 利用复兴的教学内容，对高中阶段政治学科的德育目标的达成进行总结和巩固。 2. 关注、了解学生的道德发展实际情况，针对效果比较薄弱的德育目标，设计针对性的教学活动，进行查缺补漏。 3. 关注道德后进生、道德困惑生的情况，课余采取针对性的辅导和帮助，甚至可以寻求班主任、家长等的帮助。
针对性德育教学活动	1. 理想、成才教育 2. 心理健康教育 3. 早恋问题处理 4. 其他道德问题	可根据复习进度、高三级组各阶段工作侧重点、距离高考升学的时间等客观实际，穿插相应的德育教学活动，特别在学生的心理和道德发展上，要坚持巩固之前的成果，并作出更科学、灵活的有效指导，提升学生心理抗压素质，保持道德良好发展趋势(具体措施：略)。
建议高三的选修课程为："现代社会与伦理冲突"	1. 公民伦理	1. 交流大家在社会交往和公共生活中的事例(见义勇为、乐于助人等)，也可分析近期出现的社会道德热点现象(限娱令、网络谎言等)，感悟公民基本道德规范的作用，提高遵守公德的自觉性和责任感。 2. 辨析现实生活中维护正义和公平的行为，感悟有道德的基本要求就是守法，更明确正确行使权利、忠实履行义务是现代公民的基本原则。 3. 引导学生分析、判断、归纳现代社会的发展趋势，树立自觉培养适合社会发展需要的道德修养的意识。
	2. 经济伦理	1. 评述当前经济活动中的竞争活动，解析自愿、公平、互利原则是维持人们之间经济纽带的重要道德原则。 2. 引导学生学会运用社会主义道德原则去批判当前市场经济中的不正当竞争行为，如有毒食品、危险产品等大家极其关心的现象，强化学生对诚信重要性的认识，提高学生诚实守信的自觉性。
	3. 职业伦理	1. 调查家人亲朋的职业，了解他们的职业特点，理解提供真实的产品和服务是职业道德的基本要求。 2. 搜集不同职业的道德要求，评判职业道德中的矛盾冲突(政德、师德、医德问题)，归纳出职业道德的一般要求。 3. 提供实例，让学生感悟职业忠诚的价值，同时辨析职业忠诚不能超出守法责任。 4. 运用反腐倡廉的实例，引导学生理解公职是现代社会的一种特殊职业，确认公权私用是严重违法行为。

续 表

复习内容或德育活动		整合的德育目标和德育建议
建议高三的选修课程为："现代社会与伦理冲突"	4. 科技伦理	1. 运用科技进步和道德发展的实例(中国宇航员及航天精神等)，确信科技进步对促进思想道德建设的积极意义。 2. 引导学生搜集正反两面的科技活动事例，明确科技是把双刃剑的道理，学会用道德的标准去辨析和选择发展科技。 3. 了解以信息技术、生命技术和航天技术为特征的新工业革命的发展趋向，探讨并正确评析试管婴儿、基因工程、克隆技术等新科技所带来的新的道德问题和伦理冲突。 4. 关注网络道德建设，结合自己接触网络的实际，对网络基本道德规范提出见解和建议。
	5. 环境伦理	1. 搜集人类活动与自然环境相互影响的事例，考察学校、社区乃至当地的环境资源问题，明确处理好人与自然的关系是极其重要的道德伦理要求。 2. 搜集自然资源短缺的突出事件，尝试从道德伦理意义上解释可持续发展的观点，并在日常生活中落实节约资源、保护环境的道德行动。 3. 可以就"绿色校园"建设为主题，进行调查，向校方提交建议书。也可向社区、当地政府提交类似的建议书。

至于高中其他年级各教学模块中德育目标的细化、具体化和可操作化，由于文章篇幅，笔者就不在这里一一阐述了。如有兴趣的教师，可参照上述高三年级的例子来进行。

四、"新德育目标策略"的实践和实效

对高中政治课程德育目标重构和分层以及细化、具体化和可操作化后，笔者在高中不同年级组织了实验。由于"道德"是人们共同生活及其行为的准则和规范，是社会意识形态之一，因此，很难量化的、直观的去评价德育的效果，只能从学生的班风、学风、作风的点滴进步去考察学生道德发展的状况。笔者发现，在实践"新德育目标策略"的过程中，高中政治课程德育目标确实比以前更加突出，德育效果比以前更加明显了。以下用几个案例说明一下。

例如，前面所述的高一级政治课程德育目标"树立正确的金钱观"，由于分析了学情，采取高一新生所喜欢的课堂辩论活动，通过分组辩论"金钱万能还是万恶"，随后动员学生了解家庭收支情况，尝试编制家庭支出计划，使学生对金钱有了正确的认识，增强了抵御"拜金主义"侵蚀的觉悟和能力。不久后，高一年级组召开家长会，一位家长还特意找到老师表示感谢，说他的孩子在编制家庭支出计划活动后，

对待金钱的态度端正多了。

又如，高一政治课程德育目标“树立正确的消费观”，由于组织学生开展了社会调查，指导学生撰写相关调查报告并参加广州市中小学生小论文比赛，结果被推荐的学生小论文荣获了一等奖。事实上，笔者指导学生撰写的小论文连续获奖，几乎都跟道德教育有关。前年学生撰写的《信则立，无信则废》、今年学生撰写的《请给“正能量”让座——公共道德失范事件引深思》，都是由于针对时政热点，坚持从生活出发，从学生的困惑出发，分别获得了一等奖和三等奖。

还如，在高二政治课程“文化生活”模块教学中，由于针对“正确对待传统文化和外来文化，尊重世界各民族的优秀文化，坚持正确的方向，批判继承、博采众长，勇于创新”这一德育目标，组织了流行音乐鉴赏和表演会，根据学生的兴趣爱好，在展示特长的同时，使学生懂得分辨和选择、懂得什么才是好音乐。结果表明，在教师有意识的引导下，大部分学生课余纷纷哼着既流行又健康的歌曲，特别是一些励志的歌曲很受欢迎。对此学生的回答是：学习紧张之余，哼哼歌曲能调节情绪，而且也能鼓励自己努力拼搏。这样的回答使教师感到欣慰，因为高二学生的道德发展正处高中阶段中最具怀疑、最易影响、最迷茫、最需引导的时期。引导学生在纷乱的流行音乐中作出正确的判断和选择，就是教育的一种成功。

再如，在高三阶段，通过对选修课中“职业伦理”部分的教学活动，学生初步了解了各种职业的道德要求和发展趋势。这为学生确定大学和专业目标提供了极大的帮助，也受到了级组、班主任及家长的一致好评。学生结合之前的模拟招聘活动，也明白了用人单位对人才“德才兼备”的要求，再加上随后开展的以“我的大学梦”为主题的“理想树”贴纸和签名活动，对高三学生树立正确人生理想、勇敢面对高考挑战确实起到了较好的激励作用。

高中政治课程“新德育目标策略”的实践表明，这个策略总体上对高中生的道德发展起到了更加有目的、更具科学性的作用，也更好地促进了我校高中学生在道德品行上的稳步发展，对班风和学风也起到了良好的影响，值得在高中政治课程中继续坚持和进一步完善。

五、对“新德育目标策略”的反思和展望

（一）对“新德育目标策略”的反思

高中政治课程“新德育目标策略”在实施中总体效果趋好，但仍有一些值得反

思的地方。

1. 对“道德发展阶段理论”这一理论依据的反思

高中政治课程“阶梯式”道德发展策略的理论依据是西方方兴未艾的道德发展阶段理论。这一理论虽然有其优点，但也有不足之处。例如，哈贝马斯在柯尔伯格的六个阶段之后又建立了第七个阶段——“交往性伦理阶段”，但马克思主义实践观点告诉我们，所谓“第七个阶段”是不能凌驾于前六个阶段之上的，而应该融入到柯尔伯格“三水平六阶段论”中的每一个水平、每一种阶段之中。因此，借鉴西方道德发展阶段理论而提出“新德育目标策略”，必须符合我国的国情和学生的实际需要。

2. 对高中政治课程“新德育目标策略”的反思

首先，由于时代和社会发展，高中生的实际情况和思想动向是不断变化的，而且每个高中生的成长经历、道德素质也是不尽相同的，因此，“新德育目标策略”并不能解决所有高中生的道德发展问题，并不能解决高中生遇到的所有道德发展困惑。应该看到，高中生的道德发展是一个系统工程，并不是一门学科、一种教学策略所能单独承担的。

其次，教学实践表明，由于学生的身心成长程度、环境及需要的不同，并不是所有的学生都理所当然地处于这个阶段而不是那个阶段，因此，“新德育目标策略”只能解决大部分高中生的道德发展问题。这就需要教师注意特殊情况和个别学生的道德发展问题，采取对症下药的策略和方法。

再次，各学校、各地区的高中生道德发展普遍水平和阶段以及特点，虽有相似但又不尽相同，实施“新德育目标策略”时要注意具体问题具体分析，必须在掌握学情的前提下，更有针对性地去实施。

最后，在实施高中政治课程“新德育目标策略”的过程中，与高考考纲的重难点、课时安排有一些冲突，虽然不是很明显，但依然带来一定的困扰。这就需要在下一阶段继续进行研究和改进。

（二）对“新德育目标策略”进一步研究的展望

为了推广高中政治课程“新德育目标策略”，必须进一步了解和调查学生的道德现状和道德发展需要，以便设计更加科学、合理的道德发展目标，以及更加可操作且有效的道德教学策略。不妨设想一下，既然在广东华侨中学高中政治课程中实施“新德育目标策略”能取得一定的实效，那么，在初中阶段乃至小学阶段、大学阶段是否也可以尝试呢？笔者认为是必要的，也是可行的。如果各地、各校、各学段、各年级依据青少年道德发展的特点和规律，一起重视青少年的道德发展问题，这对促进青少年健康成长具有重要的意义。

总之，虽然我国青少年的道德发展总体上呈现积极向上的趋势，但也必须承认，我国的青少年包括高中学生的道德发展确实遇到了一些困惑和难题。面对这一问题，笔者以西方的道德发展阶段理论为指导，并以广东华侨中学高中学生为样本，进行了近两年的研究实践，结合我国德育的一些经典观点和成功经验，立足于我国高中生的道德现状，提出了高中政治课程"新德育目标策略"。应该看到，这一策略在一定程度上有利于更好地达成高中政治课程的德育目标。

参考文献

[1] 教育部. 全日制普通高中思想政治新课程标准[S]. 北京：人民教育出版社，2005.

[2] 威廉姆·奥斯维特. 哈贝马斯[M]. 沈亚生，译. 哈尔滨：黑龙江人民出版社，1999.

[3] 霍尔，戴维斯. 道德教育的理论与实践[M]. 魏贤超，译. 杭州：浙江教育出版社，2003.

[4] 张志建. 思想政治学科教学研究[M]. 合肥：安徽教育出版社，2004.

[5] 柯尔伯格. 道德发展心理学——道德阶段的本质与确认[M]. 郭本禹，译. 上海：华东师范大学出版社，2004.

[6] 单中惠. 西方教育思想史[M]. 北京：教育科学出版社，2007.

[7] 张云平等. 高中思想政治学业质量评价标准[M]. 广州：广东高等教育出版社，2012.

[8] 冯文全. 学校德育目标的分层研究[J]. 北京：教师教育研究，2004(6).

[9] 刘志华. 思想政治课德育目标达成的思考与探索[J]. 贵州教育，2006(15).

[10] 袁学佳. 描绘学生道德发展的多彩蓝图——上海第五十四中学德育目标分层的实践[J]. 思想理论教育，2007(5).

[11] 李红花. 立足高中政治课堂，充分发挥德育功能[J]. 中学教学参考，2011(18).

[12] 张福英. 黑龙江省青少年道德认知发展及德育对策研究[D]. 哈尔滨：哈尔滨工程大学，2010.

基于信息技术的微型校本课程设计与开发研究

信息技术科　庄小云

[摘　要]微型课程是当前基础教育界的新形态。基于信息技术的微型校本课程设计与开发以信息技术高度融合为特征,依托网络技术、数据库技术、多媒体技术和移动技术构建"微型"课程,具有持续发展和动态完善的特征,实现了校本课程内容"微型化",学习资源的"数字化"、"动态化",学习过程的"活动化"和培养目标的"个性化"。微型课程容量"小"、内容"精",教师容易驾驭和把握,有助于教师成为"真正"的课程开发者,也有利于学校特色文化的创建。信息技术为短时间、高效率的学习提供丰富的校本课程资源及数字化的支持条件,保证了校本课程的有效实施。运用该模式开发的"华侨文化"校本课程能满足学生个性化和多样化的学习需求,体现了校本课程促进学生个性发展的价值。

[关键词]信息技术　微型校本课程　课程设计　课程开发

近年来,学校注重"侨"特色文化内涵发展,以开发"华侨文化"校本课程作为学校"侨"特色文化创建的关键突破口,使特色文化创建渗入学校日常教学活动。同时,学校充分发掘本土课程资源,把校本课程开发作为特色文化的重要载体,创建学校特色文化。但是,在研究中也遇到一些实际困难。从教师的角度看,其日常工作已经非常繁重,他们开发校本教材的精力及时间很有限,开发一门充分体现学校特色文化内涵、内容充实、适合学生学习的"华侨文化"校本课程有很大难度;从学生的角度看,学校必须保证国家课程的实施,加上地方课程的"搭配",一周的课程安排已经非常紧凑,面对高考压力,即使有了校本课程,学生的学习时间也难以保证。

微型校本课程作为一种特殊的校本课程,具有重要作用。钟启泉指出,今后课程改革的主要趋势之一是课程的微型化,在课程结构中加入微型课程,使整个课程体系更丰富、更灵活。在课程微型化的基础上,更易对各类课程进行沟通整合。微型课程有着"短"、"小"、"精"和"活"的特点,能满足学生的具体学习需要,深层次促进学生成长，也可以让教师成为真正的课程开发者。科学技术的快速发展，促使教育改革不断深化，信息技术在课堂教学中广泛应用，数字化学习使传统教学方式发生重大变革。以网络技术、数据库技术、多媒体技术和移动技术为代表的信息技术给微型课程增添了新的内容、支持手段及实现途径，为学习者实现短时间、高效率的学习提供支持，也为微型校本课程的开发提供了广阔的空间。因此，要真正实现"华侨文化"校本课程的目标，需要依托信息技术提供的支持手段和途径，构建微型校本课程。

一、基于信息技术的微型校本课程设计理念

（一）基于信息技术的微型校本课程的内涵和特征

基于信息技术的微型校本课程以信息技术高度融合为特征，学校或者教师在对本校学生的需求进行系统评估的基础上，充分利用当地社区和学校的资源，依托网络技术、数据库技术、多媒体技术和移动技术开发出来的一系列半独立、小容量的学习主题课程。与一般的校本课程比较，基于信息技术的微型校本课程具有以下特征（见表1）。

表1　两种课程特征比较

项　目	一般的校本课程	基于信息技术的微型校本课程
学习周期	一学期及以上	少于一学期
学习内容	知识较完整呈现，文字为主，视频、图片、声音和动画为辅。	知识精华的浓缩，图片、微动画和微视频为主，文字为辅。
学习时间	学习容量大，一般为40分钟。	学习容量小，一般为5—30分钟。
学习方式	课堂学习为主，网络学习为辅。	课堂学习和网络学习为主，移动学习为辅。
内容结构	全面系统	非线性，半独立
灵活性	课程内容固定，学生按固定课程表学习。	课程内容更新快，能与时俱进；学生可以自定步调、自主学习。

（二）基于信息技术的微型校本课程设计原则

基于信息技术的微型校本课程的特征，课程设计应遵守以下原则。

1. 学习内容主题化

微型课程短小精炼，时间一般控制在5—30分钟。因此，必须把学习内容按专

题逐步分割为单个学习主题，一个学习主题尽量只承载一个完整而独立的知识点。小主题成为微型课程的基本结构。

2. 学习资源数字化

微型课程的学习时间短，内容呈现方式应以图片、微动画和微视频为主，以较少的文字（小文本）为辅。因此，可以利用适当的多媒体开发工具（包括基于移动技术开发工具）来开发容量小、形式多样的课程资源，为学习者的网络学习和移动学习提供支持。

3. 学习过程活动化

基于信息技术的微型校本课程突出学习者主体地位，寓知识教学与能力、品质培养于活动之中。学习者在形式多样、丰富多彩的活动中能内化知识，培养创新精神和实践能力，激发学习的兴趣。

4. 培养目标个性化

作为国家统一课程不可缺少的补充形式，微型校本课程本身具有独特的个性化色彩和价值。教学目标和学习活动的设计应尊重学习者个体差异。因此，微型校本课程的设计应利用网络技术和移动技术即时反馈的特点，及时收集学习者的真实需求和学习结果数据，并利用这些数据制定教学目标和设计学习活动，从而有针对性地开展个性化教育，培养学习者的个性和特长。

5. 课程资源生成化

由于网络和移动设备的及时反馈特性，学习者在参与学习活动的过程中会不断生成学习资源。教师应把这些资源重新整合到课程中来，丰富课程内容。

二、基于信息技术的微型校本课程设计框架

课程设计模式指的是设计学习过程、确定学习内容的行动框架或行动计划。西方课程设计理论中最具代表性的两种课程设计模式是目标模式和过程模式。这两种课程设计模式有各自的特点，但是他们都注意设定合理的课程目标，都有关于课程内容的选择来源、原则等的说明，注重过程性评价及修订。这为构建基于信息技术的微型校本课程设计模型提供了借鉴。

（一）基于信息技术的微型校本课程设计模式

在参考西方研究者的课程设计模式基础上，结合国内学者对微型课程的相关研究，笔者构建了基于信息技术的微型校本课程设计模式。如图 1 所示。

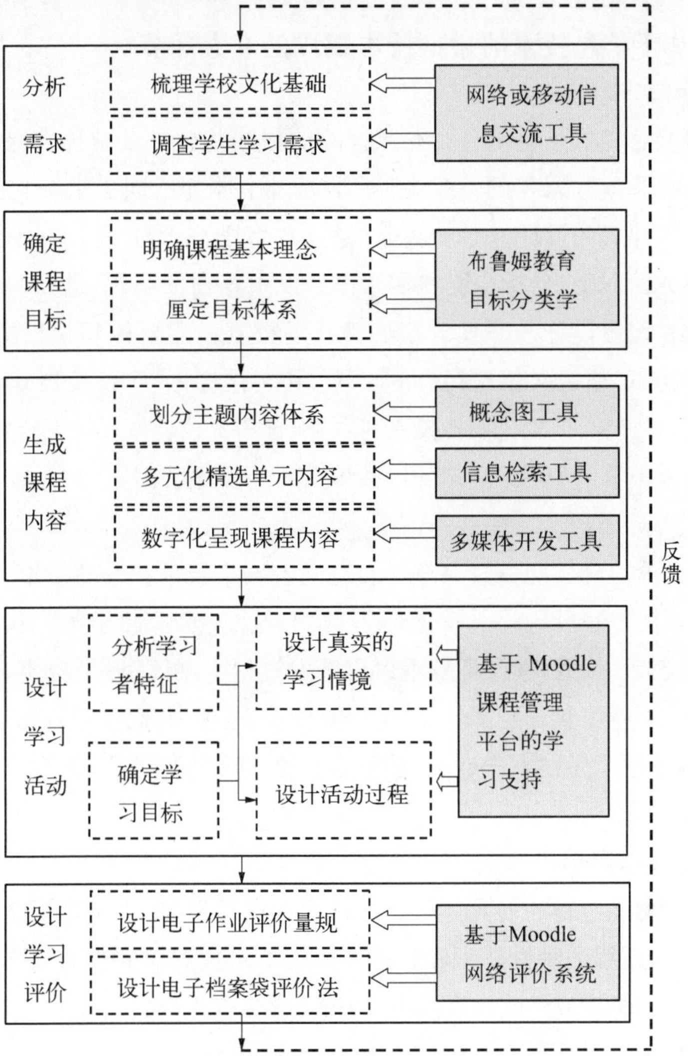

图 1　基于信息技术的微型校本课程设计模式

上述课程设计模式设计由分析需求、确定课程目标、生成课程内容、设计微型教学模式和设计学习评价五个基本环节组成，是一个循环结构的流程。这五个环节相辅相成，第一个环节分析需求后，确定课程目标，在此基础上生成课程内容，设计微型学习活动，最后设计学习评价。对学习结果的评价反馈给第一环节，根据评价修订学习需求和课程目标，以此进一步完善微型课程。其中，分析课程需求和确定课程目标是基础，为课程开发指明了方向。生成课程内容是体现课程微型化特征的重要环节。学习活动是学习者身心发展的源泉，因此，设计学习活动是设计微型校本课程的核心内容。

（二）基于信息技术的微型校本课程的五大环节

1. 分析需求

分析需求是成功开发微型校本课程的前提和基础。微型校本课程开发可以弥补国家课程和地方课程的不足，满足学习者个体的不同需求和促进其个性发展。微型校本课程的设计应尽量避免“为技术而技术，为开发而开发”，分别从学校和学生两方面入手，分析传统校本课程开发中存在的问题，进而明确基于信息技术微型校本课程设计与开发的必要性。学校方面需要梳理学校文化基础，如学校的办学初衷、地域文化选择、办学理念和文化标识、学校发展规划与办学定位、校史和图书资源、信息化设备投入、师资配置和家校合作及社区资源等方面；学生方面需要分析学生学习的需求：包括学生的经验背景、学习主题、学习方式及学习时间等。

网络是一个全球性的信息共享平台。随着网络技术和移动技术的发展，各种信息交流工具为学校营造了平等交流的环境和氛围，教师能与学习者、家长进行平等而充分的交流。因此，在微型校本课程开发过程中，可以利用Q群、论坛、微信、微博和电子邮箱等工具开展调查，广泛听取校友、退休教师、现职教师、学生、教师、家长的意见，了解学生愿意学什么，能够学什么，增强校本课程的开放性、民主性、参与性。

2. 确定课程目标

课程目标是教育目的的具体化。在确定课程目标前，首先要明确课程的基本理念，即人们对课程的理性认识和在此基础上所形成的对课程的认同及追求。微型课程设置的目标应以学生发展为本，为每个学生提供自我实现机会和途径。

布鲁姆将教育目标划分为认知领域、情感领域和操作领域，三个领域共同构成教育目标体系。本文主要定位于认知领域和情感领域，其中认知领域的目标从低到高可以分为六个层次：知道—领会—应用—分析—综合—评价，这需要通过认知过程与知识的有机结合来厘定。

3. 生成课程内容

信息技术使校本课程内容的生成呈现主题化、多元化、精炼化和数字化特点。

（1）划分主题内容体系。划分内容体系是体现微型化学习主题化特点的重要步骤。教师可以利用概念图的方法（如Inspiration 概念图工具），把不同专题课程内容按“最小粒度原则”进行逐步分割，直到一个微型课程的学习内容只承载一个单一而且具有实际意义的主题，以使学习者可以在短时间内完成学习任务，并保证学习效果。

(2) 多元化精选单元内容。信息技术为校本课程内容的选取提供了多种信息检索工具，使课程内容的挖掘方式呈现多元化特点。微型校本课程的设计除了参考课程教材外，还可以通过网络查找相应的电子书籍，甚至通过Q群、微信、论坛或者微博等方式发动校友、学生和家长补充课程内容。面对大量的信息，应进一步精炼所获取的内容，以满足学习者短时间、高效率学习的需求。

(3) 数字化呈现课程内容。微型课程以学生自主学习为主，学习内容应以数字化的多媒体形式表现，为学习者提供足够的探索空间。信息技术为微型校本课程内容的数字化呈现提供了多种媒体开发工具(如图2)，利用这些工具可以开发出微动画、微视频、图片、小案例、电子书等形式的课程内容等，从而增强校本课程学习的趣味性和层次性。值得一提的是，手机在我国的普及程度已非常高，可以运用手机等便携式移动设备开发微型课程，例如 Flash Lite。该软件开发的微动画占用存储空间小，非常适合在手机上安装使用。

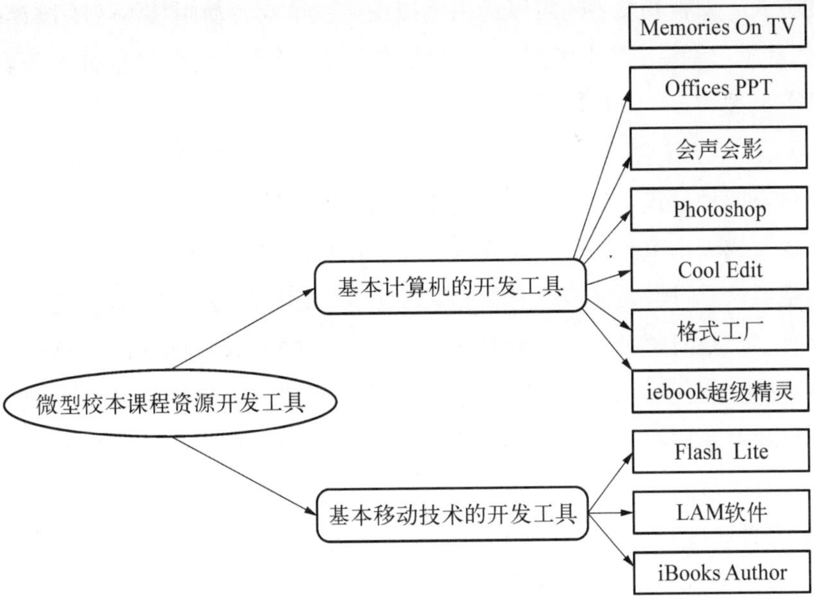

图2　微型校本课程资源开发工具

4. 设计学习活动

基于信息技术的微型校本课程设计的核心是学习活动。学习活动既可以通过课堂教学的方式展开，也可以通过专题讲座、网络授课、研讨会、实践操作(如调研考察)、课题研究、文化考察、班队活动等灵活多样的形式与途径展开。学生还可以利用移动学习终端(智能手机、平板电脑)随时随地学习。学习活动的设计包括以下方面。

(1) 分析学习者特征。对学习者的分析一般包括两个方面：一是分析学习者年龄、认知成熟度、学习动机、个人对学习的期望、生活经验和信息技术基础等因素。这些因素会对校本课程的学习产生多方面影响；二是分析对于所要学习的内容学习者已有的相关知识和技能基础，即在教学前确定学习者的初始能力和教学起点。

(2) 确定学习目标。学习目标是对学习者通过教学后应该表现出来的可见行为的具体的、明确的表述。微型课程容量小、时间短，因此其具体学习目标一般是两至三个，落实到教师及学生的具体操作难度不大，让学生清楚学习之后自己到底要获得哪些知识、掌握哪些技能。

(3) 设计真实的学习情境。情境是校本课程知识建构的生长点。为了促进知识建构，情境的真实性很重要，情境任务中的知识和技能学习应蕴含着现实生活中应用的方式。课程开发者还可以运用虚拟现实技术或者动画技术等手段模拟真实的场景，让学习者在真实情境中激发学习的思维，自然地运用信息技术获取知识，提升素养。

(4) 设计活动过程。微型课程活动过程设计非常灵活，根据主题的不同，活动过程有以下四种模式：一是任务探究式。教师从现实生活中创设探究任务，学习者以自主探究或者小组合作的方式开展实验操作和调查，收集和处理相关信息，最后表达与交流。学习者在完成任务的过程中获取知识、掌握技能、形成能力、发展情感与态度。二是问题引导式。教师创设结构不良的、能够自由探索的真实性任务和问题，学生在自主探究中解决问题，并在这过程中获得知识。三是案例探究式。教师创设相关领域的问题或者某种案例，学生开展探究学习，通过特殊了解一般，从而促进其学习的迁移。四是游戏体验式。教师选择科学性、趣味性较强的学习内容，学习者通过游戏进行寓教于乐的学习，从而获得知识，形成能力。

(5) 设计基于 Moodle 课程管理平台的学习支持。在微型校本课程中，课程设计者必须提供相应的学习支持帮助学习者应对可能发生的困难。Moodle 课程管理平台能满足此要求。它是一个基于 Web 的模块化和动态化的课程管理系统，非常适合微型课程的学习活动需要。教师可以根据学习支持的需要利用 Moodle 平台对学习活动进行灵活设置：课前整合上一个环节开发的数字化内容资源，添加本节课的学习活动；教学中，推进师生有效协作、讨论、合理评价，落实科学的教学管理与监控，为学习者完成学习任务或者解决某一问题提供多样化的方法和途径；课后，可以为学有余力的学习者提供拓展性学习资源，为学习进度比较慢的学习者提供辅导。学生可以在课堂上通过 Moodle 平台开展自主探究学习或者合作学习，还可以通过平板电脑或者手机登录平台随时随地学习。

5. 设计学习评价

(1) 设计电子作业和评价量规。对微型课程的评价主要针对学习者的学习效果。基于信息技术的微型校本课程的学习成果是多元化和电子化的。学习成果可以是网页、微博、图像海报、电子板报、Flash 动画、小论文等形式。评价量规主要针对学习者提交的作业来进行评定。

(2) 设计电子档案袋评价法。评价能产生激励效应，使学生真正认识到自己的能力和价值，从而更积极地参与校本课程学习活动。为了发挥评价的激励功能，选取合理、科学的评价方式是学习评价设计的关键。基于信息技术的微型校本课程主要采取评价学习过程的电子档案袋评价法，教师可以运用 Moodle 提供的网络评价系统设立学习者的电子档案袋，记录他们学习过程中的点滴进步。教师、学习者和学习伙伴分别参照评价表，利用网络评价系统对学习者提交的作业及其在学习过程中的表现进行等级评价。

三、案例："华侨文化"微型校本课程的设计与开发

(一)"侨"校特色文化和个性化育人的需要

作为"侨"校，我校一直秉承"以侨立校"、"以侨融外"的宗旨，学校形成了浓烈"中侨交融"、"侨外联通"的校园文化氛围。现今，"传承与创新'华侨文化'特色，创建全国一流的华侨中学"已成为我校新的发展目标。开发具有侨校特色的"华侨文化"校本课程，构建以此为核心的学校精神与校园文化，是我校"侨"校特色文化和个性化育人的需要。

华侨文化"根在中华，全球开花"，让我们的年轻一代(特别是中学生这个群体)了解华侨文化，参与发展华侨文化，有利于开拓广大师生的国际化视野。我校力图通过富有个性特色的区域文化，让学生受到感染和熏陶，从而促使学生走出课堂、参与社会，帮助学生构建科学的华侨文化知识结构，弘扬华侨文化，增强人文素养，深化他们爱家乡的情感，让学生素质得到全面提升。

（二）“华侨文化”微型校本课程目标的确定

在梳理“侨”校特色文化基础和个性化育人需要的基础上，确定“华侨文化”微型校本课程的目标是培养本土情怀和国际视野兼备的广东侨中学生。这一目标是我校办学理念的集中体现，既是我校对侨中人才培养目标的理解与追求，也是我校60多年来办学历程的必然选择。

本土情怀就是对家乡和祖国有深深的依恋，对本民族的文化传统有真诚的热爱，有强烈的民族自豪感，有强烈的国家复兴责任意识。国际视野就是关注世界的现状与发展变化，了解世界主要文化类型及思维的基本特征，具有宽容理解、互利双赢的心态，具备追求人类和谐共处、共同进步的思想。“华侨文化”微型校本课程的目标体系如图3所示。

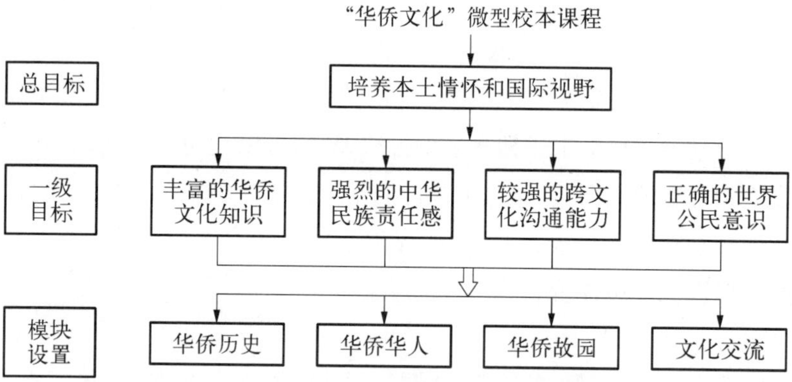

图3 “华侨文化”微型校本课程目标体系

1. 一级目标的描述

（1）丰富的华侨文化知识。了解华侨文化的基本知识，如华侨的定义、华侨历史、华侨风俗与建筑、华侨贡献等；熟悉杰出华侨、华人的奋斗历史。

（2）强烈的民族责任感。通过对华侨、华人的研究和世界文化交流，构建正确的民族观，消除狭隘民族观，加深对中华民族的认识和热爱，保持中华民族的文化和习俗，感受作为中华民族一员的自豪感和骄傲感。

（3）较强的跨文化沟通能力。熟悉海外华侨聚居地的文化习俗、风土人情、语言服饰、建筑风格、思维特征，掌握与不同文化背景的人之间的信息、知识和情感交流的方法。

（4）正确的公民意识。通过华侨文化研究和世界文化交流，树立自己在国家和社会中的地位、权利和责任的三位一体的自觉意识，培养社会公德和文明行为习惯,养成参与国际社会生活的能力。

2. 内容标准的阐明

结合一级目标和模块设置,进一步阐明各模块中学生的行为和预期的学习结果。以下是“华侨华人”模块的内容标准:

(1) 了解政界杰出华侨、华人的事迹和贡献;

(2) 了解商界杰出华侨、华人的事迹和贡献;

(3) 了解科教界杰出华侨、华人的事迹和贡献;

(4) 通过评价罗芳伯和容闳等人的事迹,培养敢为人先的品质;

(5) 通过评价叶亚来和刘正光等人的事迹,培养顽强拼搏的精神;

(6) 通过评价陈嘉庚、陈宜禧等人的事迹,培养百折不挠的品质,激发热爱祖国、立志为祖国作贡献的思想感情;

(7) 通过对“华侨、华人的事迹和贡献”的探究,消除狭隘民族观,保持中华民族的文化和习俗,感受作为中华民族一员的自豪感和骄傲感。

(三)“寻找华侨华人的故事”专题课程内容的生成

在把握课程目标的前提下,教师需要进一步细化学习主题,从而生成课程内容。这里以“华侨华人”模块“寻找华侨华人的故事”专题为例,呈现内容体系划分的过程。“寻找华侨华人的故事”专题以“华侨华人”为中心,参考“华侨华人”研究文献、校友以及学生家长提供的资源,笔者利用概念图工具对专题逐级分析、细化,最终使一个学习对象只承载一个知识点主题,如图 4 所示。

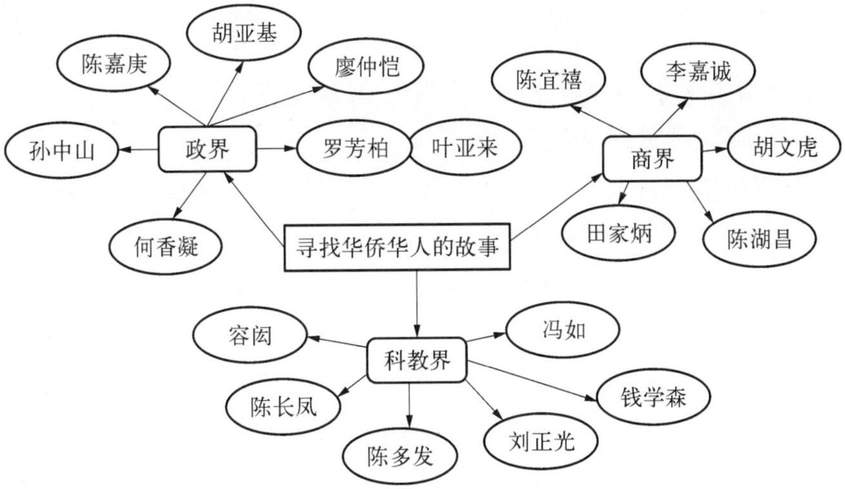

图 4 “寻找华侨华人的故事”内容体系划分

在逐级分析细化时，应该看到有些人物是跨领域的，这时应注意该华侨的主要影响或贡献在哪个领域。例如，容闳为留美第一人，他的主要贡献是推动清政府向海外派遣留学生，可以说他是中国近代留学生教育的拓荒者，所以放在科技教育文化界比较合适。再如，陈嘉庚是在新加坡经营实业，有一定的影响，但他对中国的抗日战争、新中国成立、民族教育等作出了巨大贡献，毛泽东称他为“华侨旗帜、民族光辉”，主要是指他政治方面的影响力，因此放在政治界。

下面以“寻找华侨华人的故事”专题下“香港‘桥王’刘正光博士”学习主题为例，呈现学习主题精选化和课程内容数字化的过程，如表 2 所示。

表 2 “香港‘桥王’刘正光博士”学习主题内容

信息来源	学　习　内　容	媒体呈现形式	开发工具
优酷网	香港青马大桥全长 2.6 公里，系世界上最长的公路、铁路两用吊桥，其钢缆千丝万缕，工程之浩大堪称前无古人，它体现了香港回归后的盛世辉煌	微视频	会声会影
学校档案室	青马大桥设计师刘正光介绍	电子相册	Photoshop Memories On TV
学校档案室	2012 年 10 月 17 日下午，刘正光博士伉俪一行回母校。刘正光博士分享人生经历的微视频“感恩 责任 励志 成才”	微视频	Photoshop 会声会影
CNKI 中国知网	刘正光撰写的论文《香港青马大桥的设计》	电子书	iebook 超级精灵
北方网	《“桥王”刘正光与香港迪斯尼》	电子书	

(四) “寻找华侨华人的故事”专题学习活动设计

1. Moodle 课程管理平台的设计

为支持微型校本课程学习活动的开展，“寻找华侨华人的故事”Moodle 课程管理平台分为“教学准备”、“课程实施”、“电子档案袋”和“管理员”四大功能模块，“课程实施”和“电子档案袋”是平台的核心，平台结构如图 5 所示。

(1) “课程实施”模块的组成。

“课程学习”模块：以主题为线索来设计和组织学习资源，一共设置了三个主题：政界、商界和科教界，并按学习活动的设计整合多媒体资源。教学中，教师利用课程管理平台的学习活动引导学习者开展探究，使学生内化华侨、华人知识，促进学习的高效迁移。学习者还可以根据自己的学习需要，选择合适的时间进行学习。

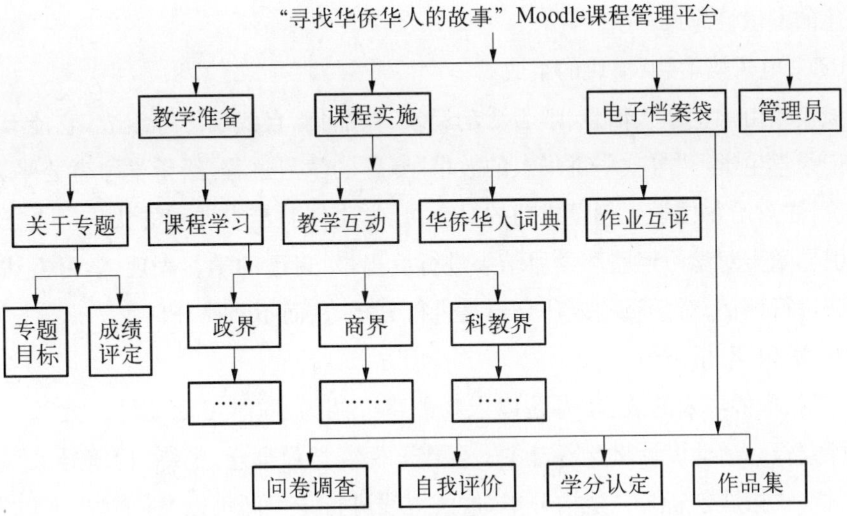

图5 平台结构图

“教学互动”模块：为学习者自主探究和合作学习提供交流平台。模块根据不同学习专题设立不同讨论区，实现了教师和学生、学生与学生的互相交流，为教师与学生之间的沟通搭建桥梁。例如，教师在本专题发布了以下话题：

标题：我身边华侨、华人的故事

内容：“洋装虽然穿在身，我心依然是中国心”。海外华人、华侨怀着对祖国的忠贞之情，支持祖国的建设，传承中华文化。他们用无私奉献的精神和行动，诠释了华侨文化的精神内涵，在今天仍然具有重要的借鉴与启示价值，是具有世界意义的历史文化资源。同学们可从以下方面叙述你身边的华侨、华人的故事：生活经历，如何融入海外生活，对中国的感情和联系，在海外取得的主要贡献和影响，有何研究成果或获何奖励、荣誉，参加国内外学术团体名称及职务等。务求真实与感人。

学生在讨论过程中发表的案例或信息可以成为课程内容的重要组成部分，实现课程资源的动态生成和自我生长。

“华侨华人词典”模块：从华埠概况、重大活动、历史事件等方面提供世界华侨、华人历史与现状等拓展性学习资源，让学生了解更多的华侨在海外创业艰难的情况以及中国与华侨所在国家文化交流的生动事例，最大限度地满足学生学习需求，深化学生的学习结构，拓展学生学习的知识面。

“作业互评”模块：中学生特别重视学习同伴对自己学习的评价。“作业互评”模块通过作品投票、师生交流，鼓励学生发现作品特色与存在问题，培养学生对华侨文化的发散性思维。

（2）“电子档案袋”模块的组成。

该模块由学生个人信息、学习活动记录、作品集、自我反思等组成，它能有效追踪和记录学生学习“寻找华侨华人的故事”专题的学习过程，给予学习者公平、公正的评价，注意给每位学生创设成功的机会，让学生体验校本课程的快乐。电子档案袋还引导学生对学习经验和学习结果进行反思，对自己的学习表现、学习方法及学习收获进行评估，对学习的成功与不足进行分析，从而不断提升自我。

2. 学习活动设计

“寻找华侨华人的故事”专题以人物故事介绍为主，学习活动设计大部分采取案例探究式。活动设计贯穿着自主—合作—探究学习理念，围绕“情境导入”—“案例研讨”—“拓展创新”—“建构升华”这条主线进行。下面仍以“香港‘桥王’刘正光博士”主题为例展示活动设计，如表3所示。

表3 “香港‘桥王’刘正光博士”主题学习活动设计

学习主题	“香港‘桥王’刘正光博士”	
学习者特征分析	学生亲身参与了“华侨华人”的调查、“华侨魂”演讲比赛和征文等系列活动，他们对华侨文化有了一定的了解。 高一学生比较关注人物的故事经历，容易被故事情节打动，他们在学期初参观了校史室，对校友有浓厚的兴趣。	
学习目标	（1）通过观看“感恩 责任 励志 成才”微视频，树立在国家和社会中的责任自觉意识，激发其珍惜学习机会、不断自我增值、勇敢面对生活、感恩回报社会并实现人生价值； （2）通过小组合作，搜索刘正光博士的相关信息，掌握依据信息进行评价的方法。	
活动形式	案例探究	
课堂网络学习	学生活动	学习支持
	情景导入 观看香港青马大桥微视频。	教师向学生介绍要学习的主题和要求。
	案例研讨 1. 观看电子相册“青马大桥设计师刘正光介绍”。 2. 观看“感恩 责任 励志 成才”微视频。 **讨论问题一：**你从刘正光身上受到什么启发，谈谈你的看法。 **讨论问题二：**你身边的亲朋或者同学有在外国学习、工作和生活的经历吗？谈谈他们的故事。 讨论回复：在案例研讨活动内容中，对你有兴趣的讨论回复。	教师引导学生从感恩、责任、励志和成才四个角度发表看法； Moodle课题管理平台整合学习内容资源； Moodle课程管理平台提供讨论区，引导学生开展研讨。

续 表

课后网络学习或移动学习	**拓展阅读：**刘正光撰写的论文《香港青马大桥的设计》及《"桥王"刘正光与香港迪斯尼》。 **提交作业：**以小组为单位搜索刘正光博士相关信息，并整理成一份报告。	Moodle课程管理平台提供课外拓展资源、作业提交和作业互评功能。

（五）"寻找华侨华人的故事"专题学习评价的设计

1. 主题作品式考查方法

"寻找华侨华人的故事"采用主题作品式考查方法，评价学生对华侨、华人的理解和认同。考查内容如下所示：

海外华侨、华人通过努力，逐步融入海外主流社会，在许多领域涌现出偶像级的人物。第一位美国华人州长骆家辉，最年轻的法国网球公开赛冠军张德培，驰骋在NBA赛场的哈佛高才生林书豪……你对他们的成就有所了解吗？你如何看待他们取得的成功？请选取一位你崇拜的华侨华人，进行图像合成与加工。作品要求如下：（1）围绕主题，获取2—3张你崇拜的一位华侨或华人的图像和文字信息，并进行图像合成与加工；（2）为作品添加一定的标题及文字，并设置新颖的样式，其中标题应体现你对华侨文化内涵的理解。

2. 电子档案袋评价法

利用Moodle平台的电子档案袋，记录学习者有关本专题的学习表现和效果。教师、学习者和学习伙伴分别参照评价表，利用评价系统对学习者在学习过程中的表现和图像合成作品进行评价。

（六）"华侨文化"微型校本课程的应用效果

1. 学生容易接受，有助于提升其文化素养和信息素养

在学生完成"寻找华侨华人的故事"专题学习后，教师进行了问卷调查。该问卷主要调查学习者对基于信息技术的微型校本课程设计的态度。下面对100份问卷进行统计分析。

（1）有关"对基于信息技术的微型校本课程和一般校本课程，你喜欢哪一种"的回答，86%的学生表示喜欢基于信息技术的微型校本课程。如图6所示。

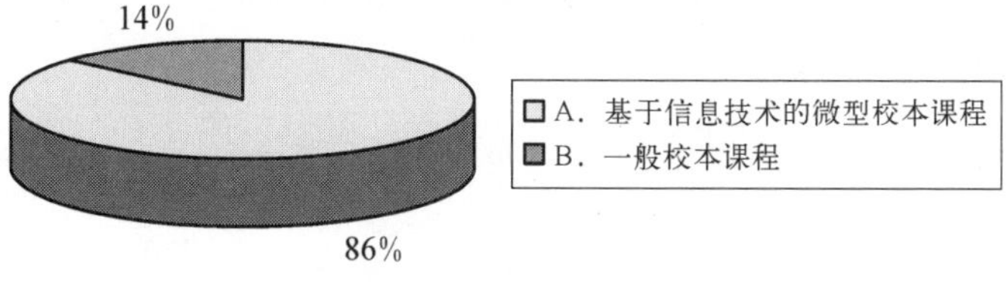

图6　学生对两种校本课程的态度调查数据统计

(2) 有关“对微型校本课程的学习活动方式，你的接受程度是”，58%的学生乐于接受这种学习方式，26%的学生可以接受这种方式。如图 7 所示。

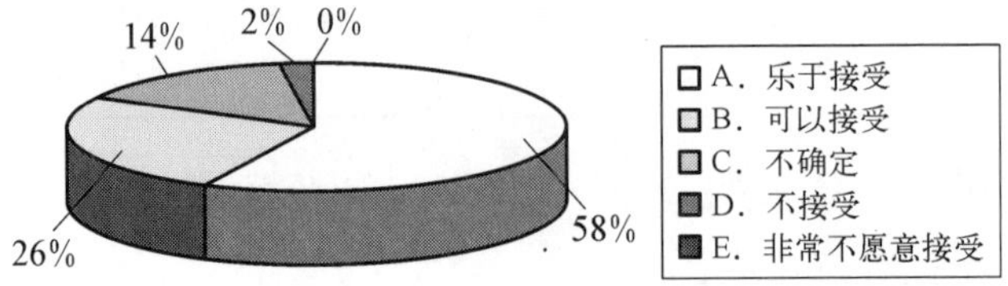

图 7　学生对微型校本课程的学习活动方式的态度调查数据统计

不少学生反映“华侨文化”微型校本课程在操作习惯、易用程度、呈现方式上非常适合自己。数据表明，学生普遍接受这种微型课程的学习活动方式。

(3) 通过对学生的电子档案袋的作品及评级进行追踪，笔者发现学生学习效率非常高。他们能在短时间内利用合适的信息技术工具和手段获取华侨文化知识并进行内化，提升文化素养和信息素养。作品的制作反映出学生对“侨”文化的深入理解，表达了他们的思想和创意，并突破了信息技术课程单纯获取信息的局限，促使个性化、合作型的数字文化产生。

2. 教师认同度高，有助于其专业发展

笔者围绕微型校本课程的设计与模式对教师展开调查，发现他们对“华侨文化”微型校本课程的认同度很高。他们认为，微型校本课程短小而精悍，符合中学生注意力时间短的特点；而且在 Moodle 上创设课程，不需要复杂的先进技术和工具，非常容易操作。这种设计模式突破了既往的开发瓶颈，使校本课程开发变得灵活。教师成为校本课程设计与开发的主体，在校本课程开发中提高了课程开发力，促进了自身的专业发展。

3. 促进学校特色文化的创建

基于信息技术的微型校本课程设计模式使校本课程资源的挖掘变得容易。教师立足本校，联合校友、家长和学生利用多种信息技术途径，挖掘学校特色文化的资源，Moodle 还能让学生参与课程建设，使校本课程内容、实施及评价等都打上了学校文化的烙印。该模式创新了课堂学习方式，在线学习和移动学习相结合的学习活动有利于实现“有意义的特色文化建构”，促进了学校特色文化在教师、家长和学生中的传播。

参考文献

[1] 钟启泉. 现代课程论[M]. 上海：上海教育出版社，2003.

[2] 曾文婕. 微型课程：校本课程开发的新方向[J]. 教育科学研究，2009(2).
[3] 田秋华. 微型课程及其开发策略[J]. 课程·教材·教法，2009(5).
[4] 白凤翔，杨长秀，龚蕊. 移动微型课程开发工具比较[J]. 软件导刊，2013(1).
[5] 刘运华. 新加坡微型课程研究项目的实践与启示[J]. 中国电化教育，2005(11).
[6] 孔维宏，高瑞利. 基于 Moodle 的混合式学习设计与实践研究[J]. 中国电化教育，2008(2).
[7] 罗丹. 微型课程的设计研究[D]. 上海：上海师范大学，2009.
[8] 陈苏芳. 以培养师范生教学设计能力为主线的微型课程设计研究[D]. 武汉：华中师范大学，2013.

“认识生命本质”模块的开发与实施：意义、目标、内容与方法

——生命教育的研究性学习教材开发之一

生物科　杨　豪

[摘　要] 在高中生物课堂中，课本强调生命的本质是物质的，即是由各种有生物活性的大分子构成的，然而人类生命的全部不仅仅是生物的躯体，自然的生命仅仅是人类生命存在的前提和物质载体，真正让人类和其他动物区别开的标志是人类有丰富的精神生活。因此在考察生命教育的内涵时就要从多个层次入手，不仅要教育未成年人珍爱生命，还要帮助他们认识生命的本质、理解生命的意义、创造生命的价值。这是人类的生命形态和特征的本质要求，认识生命本质是开启生命教育的前提。

[关键词] 生命本质模块　生命教育　研究性学习　教材开发

我国中学开发的生命教育教材不多，开设的生命教育课程也不多，系统的教育更无从谈起。课堂学习由于考核方式单一、呆板，使得生命教育经常流于形式。因此，我们要摒弃急功近利的思想，以为侥幸地进行一两次不系统的训练和教育就能完成重大的生命教育课题。而是要分学年、分学期、分阶段、分层次地设计系统的生命教育教材、课程与体系，将教育计划有步骤地细化到每一个学期、每一个月和每一周，将文化课教育和生命教育结合起来。在课程学习形式上，我们不应只局限于课堂的单向灌输，应通过视频、实地体验、实验和主题探究活动等多种多样的方式，丰富体验的渠道。在课堂教学的过程中，可以引入管理学的思维，以情境体验教学和小组合作学习为主，鼓励学生对课程内容、背景资料作详细的调查研究，搭建学生自我学习和互相教育的平台，促进学生学习自主性和创造性的发挥。有鉴于此，设计生命教育和生物教学相结合的研究性学习教材很有必要，而且迫在眉睫。

一、明晰“认识生命本质”模块开发的意义

生命教育研究性学习教材分为四大模块：认识生命的本质、理解生命的发展规

律、体验生命的和谐特质、实现生命的完整价值。学生只有了解了生命的本质，才能从根本上去认同生命、理解生命和敬畏生命。所以，教材的第一部分就从生命的本质写起，让学生对生命有更科学的认识。

（一）对生命本质内涵的思考

生命本质属于哲学生命观的基本范畴。生命是物质运动的高级形式，是从非生命物质发展来的，是自然界物质长期演化的产物。恩格斯以辩证唯物主义的观点，概括了从最简单的生命到人类生命的根本特征，给生命下了一个科学的定义："生命是蛋白体的存在方式。"这种存在方式本质上是蛋白质、核酸和酶三类生命分子的复合体。根据初、高中生物学课程标准的界定，对生命活动本质概念的理解就是对其所归纳概括的生命现象、活动、过程的本质属性、规律或关系及其与相关生物学原理、概念和事实联系的把握。目前教科书上最完整的生命定义要符合六个条件：(1) 有共同的物质组成(核酸、蛋白质等)和结构(一般指细胞结构)；(2) 有新陈代谢的现象；(3) 有应激性的现象；(4) 有生长、发育、生殖现象；(5) 有遗传、进化现象；(6) 能适应环境和改造环境。

（二）高中生对生命本质的理解

随着我国国际化的发展，中外交流的平台越来越多，且经济发展处于一个飞速发展的时代，文化多元发展的同时带来了一些负面因素(如享乐主义、拜金主义)，社会对生命的忽视发人深省。"虐猫事件"、"某某连环杀人案"、"复旦学子投毒案"、大学生自杀，等等，从中不难发现一些人在心理、价值观念上出现了一定的偏差。这些社会因素使得部分学生道德观念模糊、道德自律能力下降。校园伤害、意外事故等威胁人身安全的各种因素，在一定程度上影响了青少年的身心健康。通过研究发现：一些高中生由于缺乏自信、厌学从而出现旷课、早退的现象；一些学生的生理成熟期明显提前，产生了生理、心理和道德发展不平衡现象，异性交往的数量增多，而对于交往的技巧和尺度却把握不足；一些学生心理很脆弱，思想困惑，甚至视生死为儿戏，缺乏责任感；而部分家庭对孩子的指导又缺乏科学的理念和方法，不能为孩子所接受。高中生弑父、高中生自杀等现实的例子都显现出高中生对自己或者他人或者其他生命体的漠视现象，对生命失去敬畏感。基于以上现实，生命教育问题日益成为广大学者关注的话题，因此，生命教育是未来学校教育的必要组成部分。

（三）人教版高中课本中对生命本质的阐述

人民教育出版社等单位遵循高中生物课程标准的基本思想和内容要求，编写了普通高中生物课程标准实验教材(新教材)。新教材的必修课内容包括以下三个模块：分子与细胞、遗传与进化、稳态与环境。必修部分是现代生物学的核心内容，揭示了生命系统的本质和特征，对于学生认识生命本质具有不可或缺的作用。第一，在“分子与细胞”教材模块中，突出细胞是基本的生命系统这条主线，围绕系统的层次、组成和结构、功能及发展变化来逐步呈现知识，最终形成“细胞是基本的生命系统”这一体系。第二，在“遗传与进化”教材模块中，基于人类对基因的本质、功能及其现代应用的研究历程这一主线，来构建生命的延续和发展这一知识体系，主要是从细胞水平和分子水平阐述生命的延续性(自复制)和自组织性。选取现代生物进化理论和物种形成等知识，主要是阐明生物进化的过程和原因。第三，在“稳态与环境”教材模块中，侧重于让学生在个体和群体水平认识生命系统内部的调节机制以及与环境的关系。生命系统是开放系统，它们与外界环境之间不断进行着物质交流、能量转换和信息传递，这就决定了生命系统时刻处于动态变化过程中。生物体内的各种代谢过程，都将维持自身的稳态作为目标，稳态的维持靠的是生命系统内部的自我调节机制。关于这种调节机制，本模块在个体水平上重点阐述人和动物体生命活动的调节，在群体水平上主要阐述生态系统的自我调节能力。

二、设定“认识生命本质”模块开发的目标

教育目标应该包括学校和学生两个层面，不同的角度实现不同的目标。学校开设研究性学习是为了丰富国家课程，满足学生个性发展的要求，“认识生命本质”模块的研究性学习教材的开发是后续生命教育的基础。

(一)学校层面的教育目标

首先，研究性学习教材尽管是以校本教研为基础的，但从根本上说，它也是而且必须是在国家宏观课程政策和国家课程标准的框架内进行的，必须要与国家的教育方针、教育目标特别是人才培养目标相一致，是国家课程的改造与创新。其次，照顾学生的个别差异，满足学生多样化的需要。国家课程注重的是普适性，很难考虑学生的个别差异，难以照顾到不同学生的个性需求，地方课程也难以做到这一点。而研究性学习教材是以校为开发单位和实施单位的，可以更好地了解学生的不同需要，考虑学生的个别差异。第三，促进教师专业能力的持续提升。研究性学习教材的开发要求教师要成为课程与教学的领导者，要在一定的教育理论和课程与教学理论的指导下，在掌握国家课程政策和课程标准的前提下，在充分了解学

生的发展特点和现实需要的基础上参与研究性学习教材的编写。这对促进教师的专业化发展具有十分重要的意义，是实现教师持续性专业发展的有效途径。

（二）学生层面的教育目标

台湾的学者对生命教育的含义进行了深入的研究，如吴清山、林天佑认为生命教育是为了让受教育者同时产生对自己和他人的爱与尊重，是一种充满社会意义的"价值活动"。就教育的意义来说，它是"直面人的生命，通过人的生命、为了人的生命质量的提高而进行的社会活动，是以人为本的社会中最体现生命关怀的一种事业"。教育是贯穿于人的一生的，教育的强大力量在于，它能在一定程度上区别对待地发展每一个学生的精神力量和形成其个性特点，以普遍的友爱和与人为善的精神感染他们中的每一个人。教育是生命发展的需要，促进人的生命发展也因此成为教育的根本使命。在真实的教学过程中，生命教育需要成为也应该成为每个教师教学必备的内容，我们期待以这种方式带给学生更多的生命感悟。

三、分解"认识生命本质"模块开发的内容

只有真正帮助学生认识生命的现象和本质，才能让学生领悟到生命的完美与可贵，体会到生命的价值与神圣。教师在向学生传授有关生命的孕育、发展及其规律的同时，要让学生充分认识生命、理解生命。首先，要使学生认识到生命在大自然中孕育与生存的艰难，并让他们明白生命对于生物个体而言只有一次，从而体会到生命的珍贵。其次，让学生正确看待生命现象，既认识到生命的伟大与崇高，又认识到生命的渺小与脆弱。最后，让学生正确认识和把握生命的内涵，也让学生认识到自然界中每个生命的存在价值，进而帮助学生认识自己，引导学生欣赏自己的优点，发现自己的潜质，将生命能量发挥出来。

（一）理论内容

根据现行教科书上关于生命最全面的定义，生物体具有六个明显的生命特征，本研究性学习教材就从这六个角度去进行全面的阐述，从中渗透生命教育，让学生从整体上对生命本质有一个全面的认识。

1. 生命的物质组成基础

结合高中生物课本的内容，拓宽并侧重介绍构成生命的各种物质，通过该教材的学习使学生较深入地认识生命的物质基础和结构基础，科学地理解生命的本质。在生物学和化学知识体系中，生命物质的本质主要指组成生物的各种具有化学式

的化合物，如水、无机盐、糖类、脂类、蛋白质和核酸等。综合各种生命物质的作用又不外乎这三个方面：一是组成生物体的结构，二是完成生物体的各项生命活动，三是为各项生命活动提供能量。在介绍细胞的分子组成这部分内容时，可以先让学生用所学知识分析自己的日常食谱，认识营养物质的分类和组成，做到学以致用。接着可以让学生讨论社会热点问题，诸如糖尿病病人的饮食受到严格的限制，但受限制的并不仅仅是甜味食品，为什么米饭和馒头等主食都需定量摄取？使学生在细胞的分子组成与人体健康的学习中，建立起关爱生命、关注健康的生活态度。也可用发达国家的超级胖子减肥与贫穷国家的儿童营养严重缺乏的强烈对比来拓展视野，使学生学会关心全球问题，关注健康、珍惜生命，由此来渗透生命教育。

2. 生命新陈代谢的特征

生物体与外界环境之间的物质和能量交换以及生物体内物质和能量的转变过程叫做新陈代谢。物质代谢是指生物体与外界环境之间物质的交换和生物体内物质的转变过程，可细分为：从外界摄取营养物质并转变为自身物质（同化作用），自身的部分物质被氧化分解并排出代谢废物（异化作用）。能量代谢是指生物体与外界环境之间能量的交换和生物体内能量的转变过程。可细分为：储存能量（同化作用）和释放能量（异化作用）。这部分内容可以根据必修课本内容，侧重讲解人类的新陈代谢现象，同时可以补充其他与人类生活息息相关的生物体的新陈代谢特点。让学生通过学习，自己查找资料，总结归类常见生物的代谢类型，意识到在新陈代谢的基础上，将人和其他生物体建立统一性，不仅能关注人类生命的本质，而且能够重视其他生物体的生命本质。

3. 生命应激性的特点

应激性是指一切生物对外界各种刺激（如光、温度、声音、食物、化学物质、机械运动、地心引力等）所产生的反应。应激性是一种动态反应，在比较短的时间内完成。应激性的结果是使生物适应环境，可见它是生物适应性的一种表现形式。生物因为有了应激性，便能对周围的刺激发生反应，从而使生物体与外界环境协调一致，形成了适应性。应激性是适应性的生理基础，生物只有在应激性的基础上，调节自身的生命活动及生理行为，才能适应环境的变化。植物的向性、动物的趋性、高等动物和人的反射等都属于应激性的范畴，作为生物体应激性就是一种自我保护的方式，生命只有一次，每一种生物都有自己独特的方式保护自己从而适应环境。让学生分析在遇到危险的时候，我们的身体有哪些应激性反应，这样，在真正遇到危险时，学生能够悦纳自己的应激性表现，从而来保护这来之不易的生命。

4. 生物的生长、发育和生殖的现象

纵观整个生物界可以看到，从分子到细胞，从个体到物种，始终存在着合成和分解、分裂和凋亡、出生和死亡的循环，生命则在这种更新过程中得到延续，生物则在更新过程中得以蓬勃发展。生长和发育是生物体正常的生命现象，它们的基础是细胞代谢、细胞生长以及细胞分化。生殖是繁殖后代、延续物种遗传物质的方式，正如理查德·道金斯的《自私的基因》中写到每一种生物都通过自己的方式把基因传递下去。让学生观看受精时有几亿个精子移向子宫上部，但只有数个精子能与卵子会合，最后仅极少精子能和卵子结合而成为受精卵，形成了生命的开始。从一个受精卵到一个可爱的婴儿的娩出共经过 280 天左右的时间，在这近 10 个月的胚胎发育中，母亲既担负着母子俩的营养供应，又负担着母子俩代谢废物的排出。从婴儿的娩出到成人，父母又付出多少辛苦和汗水，包含了社会、学校、老师、父母多少教育和期待。我们不仅要回报，更要珍惜自己的生命，使自己有限的生命更有价值。任何理由的轻生都是对生命的不尊重，对自己、对家长、对社会的不负责任。教师又适时布置课后作业，让学生访问母亲，了解母亲在孕育自己过程中的心理和生理变化，体验母爱的伟大，从而使孩子对父母心存获得生命的感激之心，对自己的生命更加珍惜。

5. 生物的遗传、进化现象

可以通过遗传与进化相关知识的学习使学生认识生命的延续和发展，了解遗传、变异规律在生产、生活中的应用，理解遗传和变异在物种繁衍过程中的对立统一，理解生物的遗传、变异与环境变化在进化过程中的对立统一，形成生物进化的观点。在此教材的编写中，让学生了解通过细胞分裂繁衍后代，将遗传信息一代代传递下去，保持物种的延续性。同时在减数分裂及细胞分化和细胞全能性的相关内容中介绍生命的产生与成长过程。自然选择能使有利于生存与繁殖的遗传性状变得更为普遍，并使有害的性状变得更稀有。这是因为带有较有利性状的个体，能将相同的性状转移到更多的后代。经过了许多世代之后，性状产生了连续、微小且随机的变化，自然选择则挑出了最适合所处环境的变异，使适应得以发生。这就是自然选择的力量，推动生物向着更适应环境的方向发展。通过学习相关内容，让学生检索人类起源与进化的资料，通过小组讨论，提出人类进化的"私家学说"，从而，让学生欣赏生命诞生中以及进化过程中的美丽，体味到生命的神奇，从心灵深处滋生关怀生命的情感。

6. 生物适应环境和改造环境的能力

可以通过稳态与环境相关知识的学习使学生认识发生在生物体内部和生物与环境之间的相互作用，理解生命系统的稳态，认识生命系统结构和功能的整体性，形成生态学观点和可持续发展的观念。介绍捕食食物链和腐生食物链的内容，使学生明白地球上所有的物种不是孤立的而是相互协调、不断平衡的，才形成今天这样丰富多彩的自然界。介绍生物多样性面临的威胁和保护生物多样性的途径等相关内容，使学生明白物种的不断灭绝将会导致生态的不平衡，这种危害是人类所无法估计的。因此，应像敬畏人类生命一样敬畏其他生命，关爱生灵。在人类活动对生物多样性的影响这部分内容的教材编写中，可设计活动先让学生在课前调查不同环境中物种的丰富度，将调查结果在课堂上展示、对比以及交流，再通过小组间合作，提出影响物种丰富度的原因，认同人类活动已经不同程度地对生物多样性造成了影响。在此基础上，利用生物入侵这一现实问题，创设问题情境，组织学生上网查阅资料，使他们了解生物入侵的含义、现状、危害及防治措施，进而使学生认识到保护生物多样性的意义和价值。自然界一切生命与人类生活休戚相关，因此应敬畏生命，以平等的眼光看待万物，善待一切生灵，领悟生命的神圣性。

（二）活动设计

生命是知、情、意、行和谐统一的，生命教育的达成必须经由个体的亲身体验而实现，没有获得生命体验就难以形成强烈的意识。生命教育强调生命体验，主张围绕日常生活中学生遇见的种种生命现象，主要运用活动和情景体验的方法，真正使教育感动生命、融入生命。鼓励学生走出教室，到大自然中去，解放学生的感官，释放学生的能量，让学生在实际生活中去获得生命体验，获得情感升华。需要强调的是生命教育课程在实施过程中，不仅要强调学生的生命体验，还要强调教师的生命体验和家长的生命体验，只有教师自己首先获得了生命的体验才能够与学生进行心与心的互动交流，只有家长也有了生命体验，才能跟孩子在情感和思想上形成共鸣。

1. 头脑风暴、师生情景体验活动

在头脑风暴、师生体验活动中，为了让学生知道母亲分娩的痛苦，认识到为他们的到来父母所付出的艰辛，让学生观看了第六代导演张杨的电影《向日葵》。该片是以主人公张向阳的出生为开头，用他儿子的出生作为结尾的，特别是结尾那些血淋淋的、真实的分娩镜头真的让每一个人感到震撼。这样的情景体验让师生产生情感的共鸣，共同体验生命来之不易。教材中讲解有关生命的起源问题及生命的诞生、生病、衰老与死亡等现象时，呈现大量视频素材，让学生明白生老病死的过程是自然界的规律，生命是不可逆的，所以更要爱护、珍惜每种形式的生命及生命所在的环境。在细胞衰老的讲解中，设计去敬老院献爱心的活动，在这个情景体验活动中，使学生认识到衰老是正常的生命过程中必然的部分，而且感受到老人脆弱的身体状况以及老人脆弱的心理状态，让学生认识生与死的意义，了解生命的意义与价值。通过视频了解吸毒者的健康状况、心理状态以及带给家人的影响，并让学生模拟吸毒者自编自演一段小品，让学生进入情景，进行情感体验，启发学生思考远离毒品、爱惜生命的重要意义。提供激素与青春期发育的相关知识，并引导学生思考怎样才能使自己的身体更健康。通过学习，学生获得了有关青春期保健的相关知识，更加关注自身的健康，关爱自己的生命。

2. 实验及实验探究的活动

这一模式就是先通过探究性实验、实验演示与观察、案例研讨、社会调查等引导学生积累感性认识和直接经验，形成相关的生物学事实，然后再通过启发性谈话、讲解、讨论等，引导学生对相关的生物学事实进行逻辑分析、比较和组织，从而抽象、归纳、概括出生命本质的概念。21 世纪人类面临的首要问题就是人类如何生存和发展，人类生存的唯一家园是地球，因此，人要生存下去并得到发展，必须爱护地球，关爱其他生物，保持人与自然和谐发展。在讲解生物适应性的内容时，教材设置模拟酸雨对植物种子萌发的影响、水质污染对生物健康(小白鼠、蚯蚓等)的影响，及进一步探究不同污染水体中生物群落的生存状况等一系列探究实验，使学生在探究实验开展的过程中，明白保护生存环境、保护地球和生物圈是事关全人类的大事。又如，教材理论部分通过正文介绍了生态修复的知识，提出了水域生态系统修复与重建的案例，介绍了黄土高原生态平衡的破坏和重建及生态工程的相关内容。同时，让学生分小组调查"珠江水域近十年污染情况及其治理措施"，并探究"如何改善珠江的水质"、"如何恢复广州东濠涌的生物群落"、"现代工业发展对广州生态环境的影响"等问题。使学生明白改善人类的生存条件，谋求与大自然的和谐，逐步创造出一个适于人类和各种生物生存的美好环境的意义和价值。学生间充分的反馈、交流、评价活动，促使学生深入思考，以使学生对生命本质的理解不断调整、深化与发展。

3. 社会实践活动

通过社会实践活动，一方面，学生可以锻炼能力，在实践中成长；另一方面，学生可以为社会作出自己的贡献，并获得成就感。在生命本质教育活动设计上，尽可能地让学生走出课堂，走向社会，走上与实践相结合的道路。比如，在设置生命生长、发育的内容时，可以设计社会活动，让学生去孤儿院、敬老院去做义工、献爱心等，让学生感受到自己可以去承担一定的社会责任，从而能更爱护比自己弱小的生物体或者更加尊敬老年人。又如，可以和红十字会一起联合开展“急救知识进社区”的活动，为社区的居民尤其是老年人讲解急救知识和急救原则，并进行相应的心肺复苏术、伤员搬运技术、止血技术等培训。在这个过程中，让学生意识到生命的来之不易与脆弱，能更加珍惜自己与他人的生命，同时为社会进步作出自己的贡献。又如，可以联系社区进行“珍爱生命、拒绝毒品”的宣传教育，举办“禁毒”图片展览，这样，不仅让高中生意识到毒品对人类生命的伤害，而且给社会带来了正面价值。除上述社会实践活动外，还可以鼓励学生参加植树造林、清洗非法广告、整治公共场所卫生等社会公益活动，通过劳动，让学生增强服务意识和奉献精神，进一步巩固劳动光荣的想法。到社会的大课堂上去见识世面、施展才华、增长才干、磨炼意志，在实践中检验自己，锻炼自己的能力，为今后更好地服务于社会打下坚实的基础，从而，升华自己的人生价值。

4. 亲子互动活动

在每一个生命本质的内容阐述之后留有一些有社会价值、生命教育价值或者哲学价值的问题，让学生和家长一起思考，共同合作完成。其中，要提供与生命教育相关的知识拓展，注重培养学生对社会及他人的关怀，使他们在人格上全面发展。比如，探究活动中提供癌细胞是如何转移的，癌症病人的生存几率与生存现状调查；在日常生活中有哪些因素会导致癌症，它们分别属于物理致癌因子、化学致癌因子和病毒致癌因子中的哪一类；无论哪一种致癌因子，它们共同的内因是什么；我们应如何保持身体的健康，如果我们身患癌症，应如何正确面对疾病；怎样看待部分中学生轻生的现象等一系列问题。学习了生态系统和生态平衡的本质概念后，可让学生与家长一起制订一个维护本地区生态平衡或治理本地区环境污染的方案，设计和开展相关的社会宣传活动并加以落实，或评价生态旅游对本地生态环境和经济与社会发展的正、负面影响并提出合理化建议。学习了平衡膳食的概念后，可让学生和家长一起为家里设计一周的营养晚餐等。学生和家长课后共同调查、共同讨论，不仅增进亲子间的亲密感情，家长在这个过程中还获得了情感体验，与孩子形成情感共鸣，更容易进行交流，从而获得更有效的生命教育。

四、探索"认识生命本质"模块实施的方法

在课程实施的过程中，要结合多种科学的方法，不仅要引起学生的兴趣，而且能引发学生对生命本质的深入思考，从而帮助学生提高尊重生命的意识，形成正确的价值观。

（一）关键问题探讨法

关键问题是教学内容的主体，在每一节课开始时提出该节课所要解决的核心问题，让学生根据已有知识或者新的材料进行探究，这种方式是对学生进行生命教育的重要方式。例如，减肥是否意味着拒绝一切脂肪类食品、地球能养活多少人、一个受精卵是怎样形成一个多细胞生物体的等关键问题，起到提纲挈领的作用，唤起学生对生命教育相关问题的注意，并且点明了每一章节生命教育的主题。

（二）实验法

实验探究是进行生命教育的主要方式之一。了解生命以及生命活动的规律是建立在大量观察和实验的基础之上的。教材安排了有关生命本质教育的不同层次、不同形式的拓展实验和探究活动。例如，"探究抗生素、防腐剂对细菌的抑制效果"、"水质污染对生物的影响"、"酸雨对植物种子萌发的影响"等探究实验，使学生在动手操作、实地考察过程中了解和体会到关爱生灵和保护生存环境是一种有价值的活动。

（三）生活广角镜法

广角镜作为拓展内容，为学生提供有关生命本质的大量丰富的拓展材料。例如，因纽特人为何不易患心血管病、维生素的过去和现在、氟与健康、线粒体与疾病、溶酶体与疾病、为什么神经系统受损的患者很难康复、固氮菌能否大规模运用到农业生产、发酵工程给人类带来哪些福音等。这些材料极大地拓宽了学生的视野，有助于学生认识到关爱生命、关注健康和提高生存质量的重要性。

（四）小组合作课题探究法

在教学中，提出关于生命本质的思考要求和研究课题。例如，"如何改善珠江的水质"、"如何恢复广州东濠涌的生物群落"、"现代工业发展对广州生态环境的影响"等。又如，请学生搜集有关抗生素的资料，包括名称、适用范围、剂量及其副作用，同时搜集有关细菌性疾病的致病类型。然后，根据学到的知识，对某种常见的细菌性疾病设计一个初步的治疗方案。学生通过给定的课题，针对性地设计探究

的步骤，分小组进行资料搜集、研究调查以及综合分析等实践活动，分享各种探究结果，在这个过程中学生通过小组合作探究，不仅获得了有关生命本质的科学知识，同时积极探索生命的价值。

（五）亲子互动法

在对生命本质相关内容用讲授、探究、体验等方式学习后，给出一些课后拓展材料，让学生和家长一起思考，共同合作完成。提供与生命教育相关的知识拓展，注重培养学生对社会及他人的关怀，使他们在人格上全面发展。例如，“给爷爷、奶奶制作营养早餐或者设计家庭营养晚餐食谱”、“设计家庭小药箱”、“爸爸、妈妈述说我的成长”等活动，有助于家长与孩子一起积极参与活动，家长可以在这个过程中潜移默化地进行家庭教育，从而建立家长与孩子亲密的亲子关系。

（六）科学发现模拟法

在“重走科学发现之路”中提供与科学发现相关的中、英文文章供学生课外阅读。如通过学习人工合成胰岛素的过程、内分泌激素的发现、抗生素的发现、试管婴儿技术的诞生等，学生能感受到科学发展的艰辛，学生被科学家的科学精神所折服，体会到科学家们拥有丰富而深刻的生存感受，能够直面生活中的苦难，体验生命的存在意义，从而也为自己设定更高的人生目标，努力去创造自己的人生价值。

参考文献

[1] 冯建军. 生命与教育[M]. 北京：教育科学出版社，2004.
[2] 杰·唐纳·华特士. 生命教育——与孩子一同迎向人生挑战[M]. 林莺，译. 成都：四川大学出版社，2006.
[3] 吴清山，林天佑. 教育名词生命教育[J]. 教育资料与研究，2000(37).
[4] 胡东芳. 论课程政策的价值基础[J]. 教育发展研究，2002(10).
[5] 李湘，袁志芬. 体验式学习的理论与实践策略[J]. 教学论坛，2005(2).
[6] 王学风. 国外中小学的生命教育及启示[J]. 外国中小学教育，2007(1).
[7] 石英. 生命教育校本课程开发的探索与实践[J]. 教育革新，2009(11).
[8] 徐国良. 在高中生物教学中渗透生命教育[J]. 生物学教学，2009(4).
[9] 肖川. 教育：让生命更美好[J]. 基础教育论坛，2012(17).
[10] 闫守轩. 生命教育课程设计与开发：基于已有课程文本的分析[J]. 教育科学，2012(28).
[11] 徐琳. 在中学开展生命教育的实践研究[D]. 上海：华东师范大学，2012.
[12] 胡蕾. 关于我国中学开展生命教育的思考[D]. 新乡：河南师范大学，2012.

教学模式篇

在新课改中，很多教师在教学实践中对现有的教学模式进行了反思。《教育大辞典》指出：教学模式是在一定的教学思想指导下，为保持教学任务而设定的教学活动结构。在教学活动中，好的教学模式显然有助于教学任务的完成和教学目标的实现。因此，优良的教学模式是十分必要的。西方教育学者在教学模式上也进行了很多实践研究，并提出了多样的教学模式。这里收入四篇论文。其中，英语科李丽红的《高中英语角色体验教学模式探究——以校本教材〈华侨文化〉为例》一文运用校本教材《华侨文化》中的许多案例，强调学生的参与和体验，在高中英语角色体验教学中充分利用语言真实、自然的教材资源，创建一种开放的、和谐的、积极互动的语言氛围，促使学生在尽量真实的环境中进行交际。地理科陈琛的《高中生地理话语能力提升方式研究——以广东华侨中学高中生为例》一文以广东华侨中学高中生为例，在分析学生“地理话语”缺失原因的基础上，从地理信息描述、地理现象阐释、地理问题分析及探讨、地理概念转换等角度，探究高中生提升地理话语能力的方式。历史科黄伟颖的《新课改下高中历史感悟教学样式研究——以广东华侨中学为例》一文以广东华侨中学为例，通过历史教学及评价的实例，探究历史感悟教学样式的建构，增强历史课堂教学的有效性，不仅使学生更好地把握历史知识，而且也更好地体现了新课改中的人文关怀。英语科林晓莹的《高中英语课堂 IDARE 教学模式研究》一文在积极心理学的视野下，探讨在高中词汇课堂和写作课堂构建的 IDARE 教学模式——激励(inspiring)、研讨(discussing)、赏析(appreciating)、反馈(reflecting)和体验(experiencing)，以及积极体验、准许为人、多层反复、联系记忆、合作互动和积极反馈等教学原则。

高中英语角色体验教学模式探究

——以校本教材《华侨文化》为例

英语科　李丽红

[摘　要] 英语校本教材的角色体验教学模式既是将“英语教学”与“华侨文化”相融合并推动我校学生弘扬华侨文化、提升人文素养和开拓国际化视野的应然回应，又是突出我校“侨”字特色品牌的当然追求。它强调学生的参与和体验，通过创建一种开放的、和谐的、积极互动的语言氛围，利用语言真实、自然的教材资源，使学生在尽量真实的环境中进行交际。同时，教材中有意识地渗透学习策略的训练和华侨文化的情感教育，学生在实践的过程中体会学习策略的运用和华侨文化的熏陶。

[关键词] 角色体验　教学模式　英语校本教材

“体验”一词是指通过亲身经历来认识和了解周围事物，这是人类认识世界和改造世界的基本方式。角色体验式教学法正是在这一基本方式的基础上提出的，它是指设定某一模拟环境，学生扮演特定的角色，通过表演使所有学生融入模拟环境当中，学生通过观察、参与、体验、反思等过程，在实践中得以体验，在体验中得以成长，在成长中得以感悟，在感悟中得以提高。校本教材的角色体验开发模式是在教材编写过程中，教师根据教学目标与教学内容的要求，有目的地创设教学情景，激发学生情感，并利用活动设计对学生进行必要的引导，让学生亲自去感知、领悟知识，并在实践中得到印证，从而成为真正自由独立、知情合一、实践创新的“完整的人”的教学模式。其突出的特点有四个：一是通过模拟真实情景，强化主体与客体之间的互动，促进知识的建构。在角色体验模式下，教师认真分析教学目标与教学内容，精心设计和模拟出真实的情景，使学生主动地、自主地体验和感受真实的语言，并在其中进行语言实践。通过主体（学生）和客体（语言环境和真实情景）之间进行反复、深入的互动（体验和实践），形成新的认识，新的认识又再次进入新的情景和环境，开始新一轮的更深层次的循环。如此反复，循环不已，进步不断，完成知识的不断建构。在循环往复中，模拟真实的情景、进行具体的体验无疑是知识构建的重要环节，也是角色体验模式成功与否的关键因素。二是教师是体验活动的设计者、促进者、引导者、总结评价者。在角色体验英语学习模式下，教师的角色有了根本的改变。虽然角色体验强调学生的自主性，需要学生亲自体验和感悟，但是教师是情景的设计者和学生活动的引导者。课堂教学之前，教师需要对教学内容、教学目标、知识点进行深入的分析，对情景进行设计，并为情景作必要的准备，如准备图片、音频材料、视频材料、道具等大量的教学材料。在教学中，要注意调动学生的兴趣，对学生的体验和实践进行引导，调控教学节奏，控制学生的学习情绪。活动结束后，对学生形成的认识和抽象概念进行提炼、归纳、总结，为进入新的情景和实践作好准备。三是强调学生的自主学习。自主学习是指不是由教师，而是由外语学习者自己根据各自不同的需求、学习动机和学习目标，积极主动、具有创建性的独立决定自己的学习内容、学习方法、学习过程和学习形式。在角色体验式学习下，学习的主体是学生，学生在教师设计的语言情境中根据自己的实际需要自主地体验、感悟，进行知识的建构。教师只是学生知识建构的促进者和帮助者、情景的设计和提供者。学生自主地、独立地决定自己的学习内容、学习方法、学习过程和学习形式，这和传统的教学有根本的区别。四是开放的、多维度、全方位的评价方式。传统的英语教材较多地采用客观测试，过于强调形式的识别，较少考查语言的应用。这样的评价往往给学生一种挫折感，无法有效地发挥测试的引导、促进、诊断、反拨等作用。角色体验强调过程体验和实践，所以评价强调形成性评价和诊断性评价，不仅评价知识本身，还要评价学生的参与性、成长性、团队协作、贡献、情感态度以及语言的准确性、得体性、流畅性等。评价的主体可以是老师，也可以是学生互评、小组评价、小组互评等。角色体验模式利用立体化的教学资源和多维度的评估体系，可大大提高学生学习英语的主动性、积极性，提高学习效率，发挥测试的诊断、引导和反拨作用。

一、 创设情境，进入体验——情境中的角色

情境是开展角色体验式教学的平台。情境创设必须结合教学内容，联系学生实际和现实生活，提供一种生动活泼的场景和氛围，使学生有身临其境的感觉。英语不同于其他基础学科，它是一门语言课，学习者需要通过个人的实践才能获得和提高语言技能。因此，它的教学效果应以学生的学习效果为依据，而学习效果在很大程度上取决于学生的主观能动性和参与性。角色体验式教学中，教师可以根据

特定的教学内容和学生实际，恰当地运用角色扮演、直观的影像或者相关的故事案例等形式和手段来创设情境。学生借助这些情境，感官受到强烈的刺激，从而进入所创设的情境氛围中，激起相应的直觉体验，提升相应的感性认识，并能够从情境中找出存在的问题，对情境提出自己独特的看法，谈出自己的感觉。这并不代表教师主导地位的消失，而是把教师变为平等的参与者和协作者，引导学生感受情境，并从情境中发现问题，从合作与交流中解决问题。

1. 创设生活情境

英语，就是交流的一种工具。语言源自生活，我们应该学以致用，将它更好地运用到生活中去。既然没有自然的英语学习氛围，那么，教师就应想方设法带学生进入语言环境，这样，学生才能更好地记忆、运用。在这样轻松愉悦的生活情境中，英语学习才能变成快乐的事情。

案例 1：(Unit 4) Diet of the Overseas Chinese — speaking

在这一课中，要学习华侨食物的特点、类型和表示邀请与请求的交际用语。食物是和生活息息相关的，教师就此延伸，把学生引入到去新加坡超市买东西的情境中，有一个售货员，两个顾客，其中一个是华侨，让学生思考，售货员会说哪些话呢？那个华侨又会买什么食品呢？同学们立刻兴趣盎然，教师引导学生归纳表示邀请与请求的交际用语：Can I help you? What would you like? Would you like something to drink? What about…？紧接着教师就带学生进入课文，让学生看看课文中是怎么表达的。同桌间练习 1 分钟后上台模拟实际情况，1 分钟后教师带来一些道具，让学生表演。就这样，课文在一层层的铺垫中一步步完成，每组学生表演后教师也会纠正一些错误，如单复数问题等，学生在无形之中就学会了语法，并能学以致用。

2. 用音乐渲染情境

教师可以根据所学课文的需要，把音乐引入课堂。比如，在课间时就可播放音乐，让轻松的韵律将学生带入想象的世界。这样音乐的熏陶不仅可以减少学生的紧张情绪，活跃课堂氛围，还能调动学生的积极性，让学生轻松地掌握所学的内容。

案例 2：(Unit 3) Religions and Festivals of the Overseas Chinese

上课之前，给学生放了一段轻松的音乐 I'm yours，并播放主题为食物和节日的精美图片集，让学生身临其境地感受到精彩的节日气氛和美食，学生很快地进入本节课的主题。

3. 用多媒体设置情境

一个好的导入可以激发学生的好奇心、求知欲，让他们对这堂课感兴趣。如果教师一上台就能给学生一种新颖别致的感觉，那么学生必会迫不及待地去学习。在科技发达的今天，教学离不开媒体。制作 PPT、放视频、学英文歌曲，等等，多媒体都扮演着重要的角色。多媒体教学给学生直观、简单、深刻的印象。

案例 3：(Unit 3) Religions and Festivals of the Overseas Chinese

让学生看一段关于旧金山华侨过春节舞狮子的视频，创设生动的视听语言环境，让学生体验到听说内容的语境。从而引出本单元的话题：Religions and Festivals of the Overseas Chinese。以看的形式培养学生获取信息的能力，以及运用已有信息和词汇组织语言的能力。

二、设计活动，激活体验——活动中的角色

活动或互动是一个需要学生智力、情感态度、合作性共同参与的有意义的学习过程。学会交往互动，实现学习方式的变革，可以促进学生情感态度的投入、学习方法的运用和合作精神的养成。因此让学生体验就是要提倡自主、探索、合作、实践的学习方式，让学生成为学习的主人，使学生的主体意识、能动性和创新意识得到发展。英语是一种语言，只有说出来才能进行交流，才可以提高学生学习的自主性，才可以增强学生学习的兴趣。由于有内心的体验，学生就自然产生了表达的愿望，通过分组讨论、自愿交流和集体交流，学生把自己的看法表达出来，相互分享，拓展知识的广度和深度。

1. 在表演中体验

生动逼真的表演能让学生有身临其境的体验，使英语学习更加形象化、趣味化。一方面，学生用肢体语言与言语来表演书中的人物，去感受他人的情感、性格、行为，同时丰富自己的阅历，活跃课堂氛围。想法单一的学生也可融入到这个丰富的大集体中。另一方面，书本上的知识对中学生来说是抽象的、平面的，理解能力尚未成熟的中学生很难读懂课文，因此，教师可以将静态的事物变为生活中动态的人物。

案例 4：(Unit 1) The History of the Overseas Chinese

Unit 1 专门介绍华侨历史，要是光靠教师讲的话，学生可能会觉得枯燥无味，也不容易掌握其中的重要词组、句型。教师可以让学生来表演这节课。首先在黑板上按时间顺序写下在华侨历史中发生的重大事件以及一些要掌握的词组和句型，然后让

学生上来表演，模仿课本上的内容进行对话表演，允许他们用任何形式来表现学到的、理解的知识。如有的组用好朋友对话的形式，有的组用记者采访的形式一问一答，等等。这样，不仅可以把知识变得简单、容易懂，而且使语言材料变得更加生动真实，留给学生深刻的印象。同时，很多学生都有强烈的表演欲，他们非常乐于上台表演，展现自我，表演恰恰能锻炼学生的胆量，满足他们的表演愿望。

2. 在游戏中体验

课堂游戏教学是指教师在英语课堂上，针对具体教学目标，结合特定教学内容，遵循一定的游戏规则，采用有趣好玩的形式，组织全体学生进行语言操练和语言交际活动。在课堂中教师根据教学任务将学生所要学习的内容设计成有意义的游戏。游戏是学生最喜爱的活动，恰当的游戏能调节课堂气氛，吸引学生主动参与课堂语言的实践活动。

为达到趣味性效果，首先，游戏的组织形式应灵活多样，不断地激发学生猎奇的欲望；然后，尽量创设真实的语言情景，让学生在玩的过程中进行具有信息差距的信息交流，从而体验语言的交际功能，增进成功感；最后，引入一定的竞争机制，以比赛、小组抗衡等形式去评价游戏的结果，进一步激发学生参与的积极性。

案例5：(Unit 3) Religions and Festivals of the Overseas Chinese

在编写“Unit 3：Food and Drinks of the Overseas Chinese”时，设计了“快乐传真”、“击鼓传花”的游戏。游戏进行中，每个同学必须高度集中注意力，要听别的同学说，又要思考自己说什么，因为不能重复前面的同学所说的内容。这种方法激发了学生学习的激情和进取心，特别是能帮助那些胆小的学生消除恐惧心理，使其成为积极参与者，让每一个学生都能体验成功的快乐。

3. 在竞赛中体验

学习竞赛是强刺激的一种手段，是在课堂教学活动中创造条件激励学生情绪的一种方法。有时，与其教师苦口婆心地劝学，还不如在课堂上引进竞争机制更能奏效。在教学实践中，竞赛可以小组为单位，也可以男女生为单位。教学中的听、说、读、写都可采用比赛的形式来进行。如听的训练可以采取三种形式：(1) 学生带着一两个问题听课文，然后回答问题；(2) 每单元的听力练习比赛；(3) 简单对话。教师可以不让学生打开书本而逐句模仿，碰到难句，可采取轮回抢答赛形式。说的训练可分为口头机械模仿操练比赛、汉译英操练比赛、对话表演操练比赛、问答比赛。读则采取单词、句子、课文等的朗读比赛。写的比赛最能体现课堂比赛的效果，有听写比赛、课堂作业比赛等。

案例 6：（Unit 3）Customs and Festivals of the Overseas Chinese

学习了“Unit 3：Customs and Festivals of the Overseas Chinese”，让学生用自己的话把课文提及的节日内容复述出来。采取关键词提示或问题串联的形式，以降低活动难度。

Festivals of the Overseas Chinese
Types：
Participants：
Purpose：
Activities：
Importance：

先让学生进行小组练习，再选择个别小组在班上展示，评选出最佳小组。这种方法极大地调动了学生的积极性，扩大了学生的参与面，增强了生生之间的合作。大量的单词也得以复现甚至拓展，提高了单位时间的课堂效率。学生在活动中体验到参与、合作、成功的快乐。

三、换位互动，丰富体验——换位中的角色

在教学活动中，师生或生生互换角色，学生相互从对方身上获取信息。也可让学生走上讲台，采用学生讲、师生评的合作探究方式。课堂教学如果只是教师“讲”，学生“听”，学生始终处于被动地位，那么学生得不到提高。所以对于一些适宜学生理解的教材，应该让学生自己去琢磨，去探索原因，再上讲台当小教师把它讲出来。讲前，从选题到组织材料，再到讲法，教师精心指点，讲后再认真评价，拾遗补缺，概括总结。

1. 在平等对话中进行师生换位体验

教学应在师生平等对话的过程中进行，实现师生互动方式的变革。这就要求教师树立新的师生观。传统的教学中，教师是知识的载体，是教学活动的主宰，学生是被动的接受者，甚至被当成记录教师讲授内容的录音机，教学沉闷死板，学生感到压抑无趣。我们必须打破这种定式，让学生参与到教的活动中来，让教学活动动起来。师生互动交往，互为补充，形成一个真正的学习共同体。对教学而言，互动交往意味着对话，意味着参与，意味着相互建构，它不仅是一种教学活动方式，更

是充盈于师生之间的一种教育情境和精神氛围。对学生而言，意味着心态的开放、主体的突现、个性的张扬。对教师而言，意味着上课不只是传授知识，而是一起分享理解；不是无谓牺牲和时光消耗，而是生命活动、专业成长和自我实现的过程；不再是权威，而是学习者的伙伴。在这样的课堂里，师生得以在富有真挚情感的互动交往中做到教学相长，激活课堂气氛。

案例7：(Unit 5) Music of the Overseas Chinese

这个单元介绍华侨音乐的概况，其中最后环节是学生活动：要求介绍一种自己最喜爱的音乐类型，并谈谈它对华侨的影响。在听完学生的讨论后，教师可以先谈谈自己的实际情况，以参与者的身份参加小组讨论，与学生分享自己的感受，这不仅缩短了师生距离，为学生创造了平等和谐的学习氛围，而且活跃了课堂气氛，促使小组讨论有效地进行。

2. 在巧设学生活动中促进生生换位体验

师生互动和生生互动是课堂教学互动的两种主要形式，但无论是互动的广度还是互动的密度，生生互动远远优于师生互动。尤其在英语教学当中，生生互动的意义显得更为重要。在课堂上，与任何其他因素相比，学生之间的关系对学生学习成绩、社会化和发展更具影响力。学生同辈群体在消除青少年思想、情感、行为方面的不确定性、无决断、内疚感和焦虑上作用更大。现代合作教学理论也非常重视课堂学习中的生生互动，主张课堂上把大量的时间留给学生，使他们有机会相互切磋，相互沟通，从而起到一种共振作用，这就是美国著名物理学家温伯特所谓学习中的共振效应。这种效应能使学生之间相互交流、仿效和矫正，共同发展。生与生之间语言和非语言的反应，可以对学生彼此的学习表现提供反馈，更利于学生认知活动的形成，进而敦促学生，特别是为缺乏学习动机的学生提供学习机会，从而取得大面积提高教学质量的效果。在生生互动中，小组活动是重要形式之一。根据学生的英语水平、个性特点，以强弱搭配、外向型个性与内向型个性搭配为原则，将学生分为若干小组，每组四至六人，指定活动任务，责任到人。

案例8：(Unit 3) Religions and Festivals of the Overseas Chinese — speaking

让学生再次看旧金山华侨在过春节时舞狮的视频，并根据课本给出的中文提示，用英语对该视频提出两个问题：哪些国家能使你想起舞狮？除了舞狮，还有哪些庆祝方式提供给那些期待节日的华侨们？

写好的学生可以先说出自己的问题，并选择班里的一位同学来回答自己的问题。重点训练学生的语言组织能力，尤其是如何利用已给短语构建句子结构的能力。教学形式上采用生生对答的形式，使“问”与“答”的角色在活动中不断转换，激发学生的积极性和主动性。

四、交流情感，升华体验——情感中的角色

教学过程是师生围绕教材开展一系列体验、探究与思考的双边活动过程，既有认知信息的传递，又有情感信息的交融。缺少师生的感情交流，那么“教”不可能会以学生的需要为切入点，“学”也不会因为需要而学，结果必然是学生被动而学。陶行知先生还认为：创造力的取得，知识是基础，智能是中间环节，情感和意志则起到了发动和维持作用。

《华侨文化》校本教材中的许多内容并不是中学生所熟知的，有些与学生生活有较远的距离，要把学生带入到教材所指的情景中，需要教师认真钻研教材、理解教材、充分把握教材，为完成预期的教学目标而精心设计，达到以情育信、以疑引趣、以境激情、以情动情的效果，这样才能使教师的情感和学生的情感交织在一起，共同完成对信息的认知。

1. 从角色扮演中体验情感

教材中有许多饱含情感色彩的故事和对话材料等，学生在组内绘声绘色的角色表演有助于他们更好地获取文中人物的角色情感体验，加深对课文中角色的理解；有利于营造轻松愉快的课堂环境，激发学生学习的积极性和创新意识，达到增强学习效果、提高语言运用能力的目的。教学组织的情感性处理还包括心理组织的情感性处理，教师可采用表情调控及张弛调节策略，创造和谐的课堂心理气氛，优化学生参与课堂教学的心向，达到激励学生积极参与教学活动，促进学生知情并进的效果。

案例 9：(Unit 1) Famous People of the Overseas Chinese

本单元介绍华侨中的名人，可以通过角色扮演加深学生对华侨名人的理解，使学生受到感染和熏陶，从而促使学生弘扬华侨文化，提升人文素养，培养爱国的情感，让学生素质得到全面提升。

2. 体验的情感内化

这个阶段是角色体验的关键阶段。所谓内化，就是把外部的客观的东西转化为内部的主体的东西。在这里是指通过个体反思、同化或顺应等方式，将亲历中对事物、知识的感知或对情境、人物的情感体验内化成为自身行为或观念。在这个阶段，教师可以组织讨论、辩论、演讲、写作、动手做等活动。如对故事结尾的异构，对

未来的畅想、辩论或演讲活动，情景对话、情景作文等。在这些活动中促使体验主体再一次梳理自己的感受，使内化进一步深入。在交流中，教师要善于发现和捕捉学生创新思维的亮点，引发学生更高层次的感悟和体验。

案例 10：(Unit 4) Clothing of the Overseas Chinese

本单元讲述华侨的服饰。可以组织学生做海报，在动手的过程中培养学生的合作精神，在资料搜集中进一步了解华侨服饰文化，促使体验主体再一次梳理自己的感受，使其进一步深入。

五、评价反思，践行体验——反思中的角色

反馈评价是学生体验活动的重要部分，更是师生共享的情感体验阶段，它决定着学生体验的方向和价值，起着调节和强化的作用。评价应贯穿于整个体验阶段，教师根据学生的学习情况，选择适当时机，组织学生交流评价，引导学生归纳、验证并提升自己的感悟和体验。

1. 对知识的评价反思

学生是学习的主体，无论是教学还是评价都应以学生的综合语言运用能力发展为出发点。评价应有益于学生认识自我、树立自信，应有助于学生反思和调控自己的学习过程，从而促进语言能力的不断发展。因此，英语教学有必要积极有效地指导学生对英语知识的掌握程度和学习方式与习惯进行自我评价。

案例 11：(Unit 3) Diet of the Overseas Chinese — speaking

为充分验证角色体验模式的可行性，在每个单元最后都专门增加了一项"课后学习反思"，让学生自己填写，以"Unit 3: Diet of the Overseas Chinese — speaking"为例：

Self-reflection(学习反思)

1. 请归纳本单元所学的所有与"华侨饮食"有关的词汇或句型：
____
2. 请总结你在本单元学习到的听说训练方法：
____
3. 请写出你学习本单元时遇到的最大问题：
____
4. 请回忆本单元学习活动中你最能体会到成就感的一个活动：
____

2. 对情感的反思领悟

在这个过程中，教师要用欣赏的心态对待学生在体验过程中采用的不同的思维方式和出现的不同的反思体验感受，要从注重学生的统一性变为尊重学生的多样性和差异性，努力营造出一种民主、和谐的氛围，为学生的更深层次的体验提供必要的条件。

案例 12：(Unit 1) Famous People of the Overseas Chinese

例如，为了鼓励学生保持学习的积极性和主动性，同时渗透华侨文化，培养爱国情操，教学的所有内容和活动最终都会升华为师生情感的启发与共鸣。因此，每节课后采用“学习日记”的方式让学生反思和抒发上完本节课后的体验交流中的感受和对课文的情感感悟。如学完“Unit 1：Famous People of the Overseas Chinese”，学生在“学习日记”中从以下几个方面进行了情感反思：

(1) 课堂上我能和同学合作学习，互相用英语交流，非常愉快。

(2) 老师叫我汇报调查结果的时候，我的声音洪亮，自信表现。

(3) 老师和我们一起分角色表演，很有趣，希望老师能经常加入我们的行列。

(4) 读了爱国华侨陈嘉庚的故事后，我对自己的人生规划更加清晰。

学生通过谈收获、谈体会、谈建议，及时调节了自己的学习行为，从中感受到了成功的喜悦，其学习的积极性和主动性得以淋漓尽致地发挥。

需要说明的是，英语校本教材角色体验式开发模式务必坚持以学生为中心，以体验为形式，以学成为目标。这种先于学识的体验式教学模式，要求学生全身心积极参与，并对正在学习的语言项目进行关注和反思。同时，教师进行体验式教学模式是为了让学生在体验的过程中学会学习的方式，学生可在另外的语法学习项目中自主创设语言情景，利用多媒体，搜索相关的视频和音频，有效地和教师进行对话，勇敢地和教师换位，走上讲台，让教师充当学生的角色，从而更主动地参与学习过程，最终达到学成的目的。此外，还应体现出一定的启发性与多样化。角色体验模式形式可多种多样，关键是教师要在教学内容中融入学生的年龄特点和需求，选择适当的方法和切入点，创设恰当的体验学习情境，让学生在和谐的学习活动中体验、感悟和认知，既保障体验学习的时效性，又保障体验学习的多样性，使每一次体验教学都成为学生对客观世界的领悟、对生命意义和生命价值的体验。学生不同、教师不同、教学条件不同，体验教学的方式和方法也应该是多样性的。体验式教学以其适应素质教育的学习方式受到越来越多的关注，但是，它还有许多方面有待在实践中进一步探讨和完善。

总之,角色体验模式在英语校本教材《*The Culture of the Overseas Chinese*》中的运用,使学生的英语学习真正摆脱了围绕语言本身进行的仅能练习语言知识的枯燥乏味的过程,使他们在丰富多彩的活动中潜移默化地获得、积累、内化语言,最终形成语言能力。只有适合教材本质的,适合有生命、有感知的正在发展的人的本质的教材开发模式,才能使一堂课获得成功。学生才能在活动中获得交际能力,在情景中激发想象,在游戏中发展智力,在创造中培养能力,在表现中愉悦身心、体验成功。

参考文献

[1] 王斌华.校本课程论[M].上海:上海教育出版社,2000.

[2] 胡东芳.论“课程共有”——对中国特色课程政策模式的探索[J].教育研究,2002(8).

[3] 孙宝权.论校本课程资源开发的核心点[J].现代教育科学,2006(2).

[4] 吴刚平.课程资源的开发与利用[J].全球教育展望,2001(8).

[5] 黄晓玲.课程资源:界定　特点　状态　类型[J].中国教育刊,2004(4).

[6] 杨敏,宋云霞.体验式英语教学的探索与反思[J].成人教育,2010(8).

[7] 胡东芳.论课程政策的价值基础[J].教育发展研究,2002(10).

[8] 张昱琨.体验式教学法——实施新课程改革一项有益尝试[J].中国教育报,2006(9).

[9] 宗端华.体验式英语视听说教学理论与实践研究[J].教育与教学研究,2009(8).

[10] 刘然.体验式英语教学研究——自主性的语言实践[J].沈阳工程学院学报(社科版),2008(1).

高中生地理话语能力提升方式研究

——以广东华侨中学高中生为例

地理科　陈　琛

[摘　要]根据高中生在描述、阐释、分析及探讨地理问题时经常出现的口头语言及书面表达中“地理味”，即“地理话语”缺失问题，从学生课堂及解题过程中的表现分析其原因，并以广东华侨中学高中生为例，从地理信息描述、地理现象阐释、地理问题分析及探讨、地理概念转换等角度探究高中生提升地理话语能力的方式和成效。

[关键词]地理话语能力　能力提升　策略　高中生

在学习地理的过程中，要求学生能准确表达地理学科专业观点，而专业的交流需要专业的语言系统。综合目前对“地理语言”、“地理素养”等所做的各项研究，笔者提出了“地理话语能力”这一概念。“地理话语”是指在地理学科背景下，运用地理概念及地理原理进行口头或书面准确表达的专业语言系统。而“地理话语能力”是在掌握地理基本概念、原理的基础上，整合地理空间思维、形象思维、逻辑思维、辩证思维等，通过对地理学科知识的建构，运用“地理话语”自如描述、阐释、分析及探讨地理事物、现象及问题，并重构地理概念的能力。在此，可以将“地理话语能力”分为四层，即“地理信息描述能力”、“地理现象阐释能力”、“地理问题分析及探讨能力”、“地理概念转换能力”。其中，“地理概念转换能力”需要学生在具备前三种能力的基础上进行，这是“地理话语能力”中要求最高的一种能力，但也反向影响着其他三种能力。

一、高中生地理话语能力低下的表现

要提升高中生的“地理话语能力”，首先要了解高中生这一能力低下的表现，并针对这些表现进行原因分析。

(一)“地理信息描述能力”低下的表现

“地理信息描述能力”,是指能够准确提取文字、图像、表格内的地理信息,并用生活化的语言或地理专业术语对所提取的信息分别进行口头或书面描述的能力。这种能力的低下常常表现在地理信息提取不当而导致的描述偏失。

1. 地理区域判断错误

地理区域判断是把握地理特征的基础,一旦判断错误,必定会造成相应的地理特征表述失准。例如,在描述“巴基斯坦的气候特征”时,误判为临近的印度的“热带季风气候”的特征,而非“热带沙漠气候”的特征;或在分析“35°N,115°E(黄淮平原)”的农业发展问题时,当作“黄土高原”地区进行分析,会从分析该区域的一开始就走错了方向。

2. 地理信息提取错误

地理信息提取错误将直接导致对地理问题的认识错误。例如:“图 1 中,放牧实验前 2 年,各放牧强度下草场的植被类型呈现________趋势;该期间内,放牧强度为________时对植被密度影响最大;第三年开始,________区的草场植被密度开始急剧下降。”本是一个简单的读图训练,但出现的回答却有“减少(正确答案:上升),轻牧、重牧(正确答案:中牧),中牧(正确答案:重牧)”。

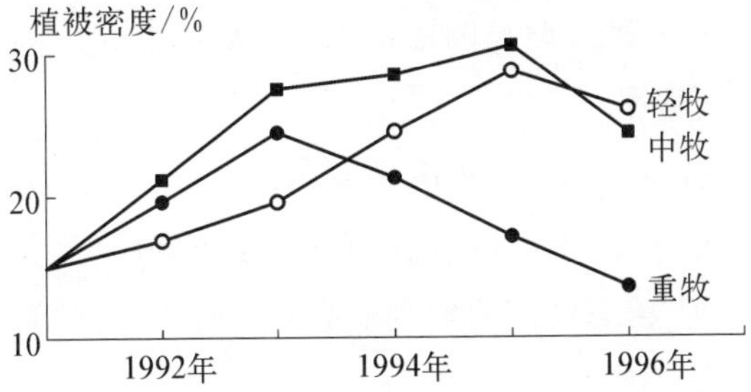

图 1　不同放牧强度下植被密度的变化

3. 地理信息提取不全

地理信息提取不全,往往会影响学生在描述时的准确性及地理问题分析方向的正确性。

(1) 描述失准。例如,在“描述 2001—2011 年甲河段年输沙量(图 2)的总体变化特征”中,绝大多数的学生会描述成“输沙量‘逐年’下降”,但忽略了该图中 2007—2008 年有略微上升,“逐年”二字便是不准。

(2) 分析错向。文字信息提取不全,更易影响地理问题的分析方向。例如,在

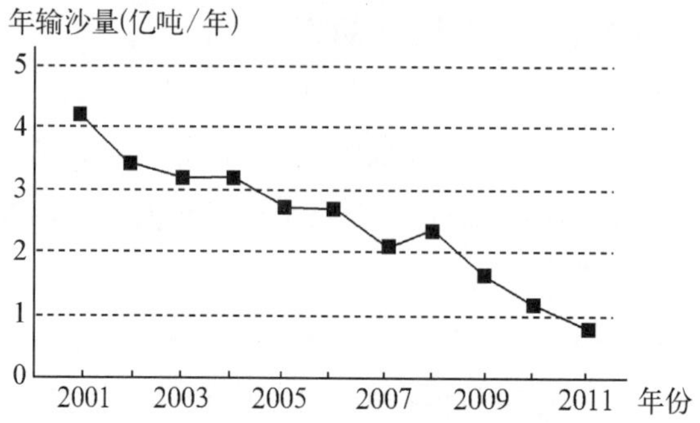

图 2　2001—2011 年甲河段年输沙量

研究澳大利亚“水”问题的解决措施时，有报告显示“居民迁移、灌溉和持续已久的干旱给墨累达令河流域造成了毁灭性影响”。如果忽视了其中“居民迁移”这一信息，就极有可能将我国的治水措施中“实行计划生育，控制人口数量”照搬上来，而非具有针对性的“控制人口迁移”这一措施，导致答题方向有失偏颇。这也是众多学生最容易犯的错误之一。

（二）“地理现象阐释能力”低下的表现

“地理现象阐释能力”，是指如运用“自然界水循环”、“气旋的产生及影响”等地理原理对“台风登陆后带来狂风暴雨”这一现象进行口头或书面解释的能力。这种能力的低下往往反映在对地理原理的错误记忆或运用上。

1. 地理原理记忆错乱

例如，在“图 3 中沙尘暴路径呈西北至东南走向，其原因为________________”中，如果对“我国北方地区处于亚洲高压的东部，冬季、春季盛行西北季风”的“季风形成原理”记忆错乱，则会出现如“西伯利亚高压影响吹东南信风”、“蒙古西伯利亚低压”、“东北季风”等错误表述。

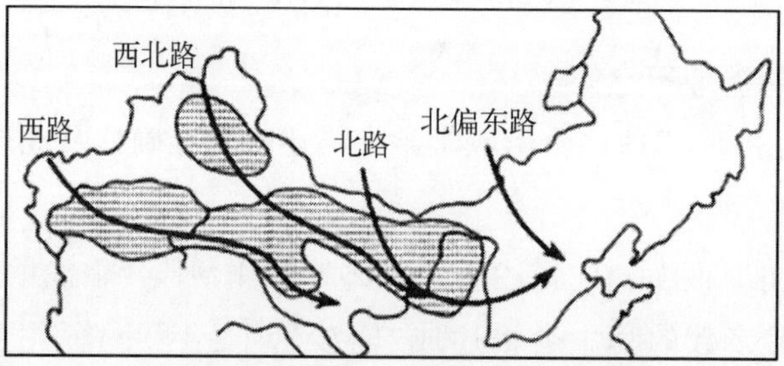

图 3　我国沙尘暴主要活动路径和强沙尘暴多发区

2. 地理原理运用错误

例如，对“石家庄与太原两个城市纬度相仿、距离相邻，但石家庄气温高于太原”的现象进行解释，同是影响气温的因素，学生会从“大气环流”及“大气受热过程”的角度考虑，即表达为“石家庄位于迎风坡，降水多，云层厚，所以气温高”，而非从“海拔影响气温”的角度着手解释。

（三）“地理问题分析及探讨能力”低下的表现

“地理问题分析及探讨能力”，指的是对如“环境污染的治理”、“农业可持续发展措施”等地理问题进行口头或书面分析和探讨的能力。“地理问题分析及探讨能力”低下则是在前两种表现的基础上，出现地理空间思维、形象思维、逻辑思维、辩证思维等的低下。

1. 地理空间思维低下，即方位混乱

例如，描述图中信息时，一般会秉持“东南西北中”等一些惯有的地理方位顺序进行，但部分学生会想到哪儿说到哪儿，毫无章法，往往造成部分要点遗漏，或者干脆指东说西，乱了方寸。

2. 地理形象思维低下

例如，“图 4 漫画中主要说明了西北地区的何种现象”，如果无法将图中的“枯树”、“深根”、“深井”等形象与“西北干旱区”联系在一起，很容易将此图表达为“井越深，水质越好”、“水有多深，植被根系就能扎多深”、“应以植被根系的深度作为掘井深度的依据”等错误结论，而非“过度抽取地下水，会导致植被枯死，生态恶化”的环境问题。

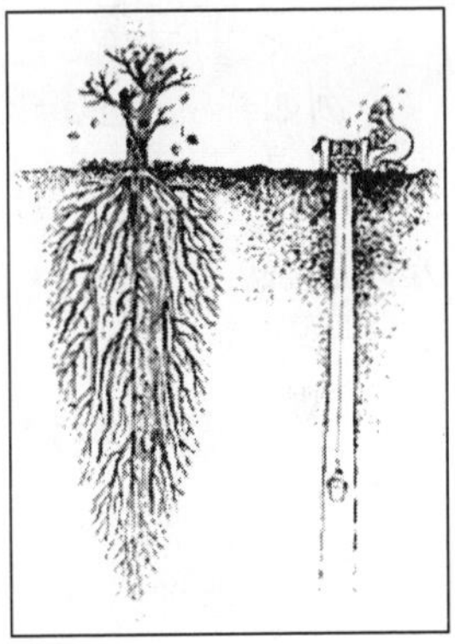

图 4　如此掘井

3. 地理逻辑思维低下

例如，图 2 中，要求“分析河流输沙量减少的原因”时，学生的回答会出现“重工业及上游毁林开荒导致水土流失”等原因致使“泥沙增多”。

4. 地理辩证思维低下

事物都有两面性，但很少有学生会辩证地去看待。例如，“分析图 3 中的沙尘暴对我国华北地区的影响”时，几乎所有学生都会从沙尘暴带来的不利影响方面进行分析，而忽视了“沙尘暴有利于华北地区丰厚肥沃的土壤形成”这一有利影响。

（四）“地理概念转换能力”低下的表现

“地理概念转换能力”，是指将专业的地理概念、地理术语用生活化的语言或其他地理专业术语进行深入浅出的口头或书面解释的能力，或者从其他地理概念中类比定义新概念的能力。这种能力的低下集中表现在地理概念的混淆、地理话语缺失、地理表达片段化、文不对题等现象上。

1. 地理概念混淆

例如，要求指出某地区适宜发展的“农业地域类型”，有学生会回答“种植业”、“林业”、“牧业”、“渔业”等“农业类型”，或“小麦”、“水稻”等“作物类型”。

2. 地理话语缺失，即书面表达口语化

例如，在表述“因人口扩张，人类‘侵占动物的生存空间’，引发人和动物之间的‘生存矛盾’”时，有学生会使用“人吃动物，动物吃人”这种明显口语化且表意不全的语言来替代专业地理语言。

3. 地理表达片段化

此现象主要在口头表达中比较多见。例如，在描述“西北地区的地形特征”时，部分学生会只回答“高原、盆地”、“地势高”、“起伏大”等片段化的词组，而较少有以“地形类型、地势起伏、特殊地貌”为顺序，完整表述出“西北地区以高原、盆地为主，地势平坦，沙漠广布”的情况。

4. 文不对题

例如，“从产业链的角度分析荷兰造船厂、冶金厂、钢铁厂集聚的原因”时，未从“产业链”角度思考三厂之间的协作关系，而是从“产业集聚在空间利用上的联系”方面进行分析表达。

二、高中生地理话语能力低下的原因

学生“地理话语能力”的高低受到各方面因素的影响，其中包括学科教学的理念、教师的教学方法、学生的学习方法等。首先，学科教学理念决定教师的教学行为，进而影响学生的学习行为。由于在高考及各种阶段性考试中受限于“学科知识点与学科知识的矛盾”以及“学校管理的短效与学科培养的长效的矛盾”，导致“地理话语能力”的长效培养很难施行。其次，教师自身的教学方法存在着不足。还有，学生学习行为存在问题，除受各科学习时间安排不当、知识广度与思维深度限制及心理因素等影响外，很大程度上都是由于教师教学方法与学生能力发展需求不匹配所致。因此，在探寻学生“地理话语能力”低下的原因时，教师应该着重从自身出发，寻找可控、可调的因由。

（一）“地理信息描述能力”低下的原因

“地理信息描述能力”的高低是由地理信息提取的准确度决定的。提取地理信息的第一步，则是需要判断地理区域。教师在教学中对地理区域判断标准设定不明确、各类材料信息提取方法或步骤训练不到位，都有可能造成学生“地理信息描述能力”低下。

1. 地理区域判断标准设定不明

地理区域判断标准可分为“绝对位置”（经纬度）、“相对位置”（海陆位置、周边特殊地名）和“地理轮廓”。地理区域大至“大洲大洋”，小至“县域乡村”，纷繁众多，教师在教学过程中若对地理区域判断标准设定不明，学生势必不会在识记区域过程中有标准意识，最终导致地理区域混淆不清、判断失准，给把握区域地理特征造成困难。

2. 信息提取方法或步骤训练不到位

（1）忽视“文字材料信息”提取。“文字材料信息”的提取对于了解区域特征、把握各材料间因果关系至关重要。教师在教学过程中忽视对文字材料信息提取的训练，容易导致学生抓不住关键字词和限定语，造成答非所问、文不对题等现象。（2）“图像、表格材料信息”提取时东挑西拣。地图信息的提取应按照图名、经纬网、图例等顺序或根据问题要求的方向分角度、分层次逐一进行信息提取训练；表格信息的提取在于关注横纵要素，注意量和质的变化、总量和均值、绝对数与相对数等。如果在训练过程中任由学生东挑一个、西拣一个无序提取，就有可能造成学生在提取信息时提取不当或不完全，进而影响对该区域地理特征的把握、地理规律的归纳及地理问题的综合分析。

（二）“地理现象阐释能力”低下的原因

“地理现象阐释能力”低下的根本原因，在于学生地理原理的记忆错误与运用错乱。地理原理的教授占了高中地理教学的半壁江山，那为何如此多的时间与精力投入却得不到应有的效果呢？主要在于教师对现代教学手段的过度依赖与教学设计中学生动手环节的缺乏。

1. 教师对现代教学手段的过度依赖

现代教学手段（ppt、flash、视频）等资源的应用，无疑为地理教学提供了丰富的素材，相应地将教师从板书、板图中解放出来，也使课堂更有趣了。然而，事物皆有两面性，教师准备了丰富多彩的视觉盛宴吸引学生，学生也易被形形色色的地理现象所吸引，使得每一个画面在学生脑中停留的时间及效果会因课堂时间有限而大打折扣，其中的原理和模式更容易被淡化。

2. 教学设计中学生动手环节的缺乏

现代教学手段的应用压缩了教学设计中学生的动手时间，而教师一味追求完成教学进度的思想，更会直接删掉学生动手演绎地理原理的环节。学生动手演绎地理原理势必伴随着过程中的思考、错误的矫正以及演绎后更深层次的回味与激发。例如，笔者曾就“亚洲季风形成原理”做过两种教学方式的尝试，第一种是 flash 演示，用时 5 分钟；第二种是由学生利用“风形成的原理”在黑板和纸上绘制“东亚和南亚季风的形成”，用时 40 分钟，也就是一节课。两个月后再次复习该内容，第一个班 90%的人无法准确说出东亚冬夏两季季风风向，而第二个班经过自己简单回忆后正确率高达 80%以上。虽然教学效果如此悬殊，但“学生动手演绎地理原理”的教学环节设计在当今快节奏的教学进度、追求考试分数的要求下很难实现，因为教师经不起时间的消耗。

（三）“地理问题分析及探讨能力”低下的原因

“地理问题分析及探讨能力”需要在前两种能力的基础上，融合地理思维，把握地理事物的本质，揭示其内部联系，达到对地理事物规律性的认识。因此，学生“地理问题分析及探讨能力”低下在很大程度上是源于教师对学生地理思维引导的缺位以及地理思维训练手段的匮乏。

1. 对学生地理思维引导的缺位

在地理教学过程中，教师极易将多年教学形成的惯性思维强加到地理问题的分析及探讨之中，而忽视了从学生的思维角度进行引导。例如，对于“必修一”中的“区时计算”，教师可能觉得这是很简单的“东加西减”；但在缺乏地球空间思维及日地运动形象思维的学生看来，这些还是很难理解及应用的。因此，教师思维的强势与学生思维的弱势是导致学生“地理问题分析及探讨能力”无法提升的关键因素。

2. 地理思维训练手段匮乏

高中地理是一门文理兼备的学科，涉及自然、人文和社会多方面的知识，具有综合性、全面性、时代性等特点，对于很多高中生尤其是文科生来说，地理是很难学的学科，有很多抽象的、空间的知识，离学生的生活较远，学生很难理解。而现阶段地理思维的训练手段仅限于课堂上或试卷中，“师问生答”、“小组讨论”、“教师绘制思维导图”等手段大多是以教师主导、学生跟随的形式进行，学生的自主思考、交流探讨、主动表达的培养手段较少。简单的问答、题目训练很难激发学生的学习兴趣，更别提有效帮助学生理解和记忆了。

（四）“地理概念转换能力”低下的原因

在前三种能力低下的前提下，很难要求学生能够把握地理事物的本质属性，从而熟练理解、记忆并应用地理概念，更别提概念间的转换及新概念的类比定义。除此之外，教师在教学过程中对地理概念教学的忽视以及授课过程中地理概念运用不严谨，也会直接造成学生对这一最高层级能力的轻视。

1. 地理概念教学的忽视

例如，《荒漠化的防治》一课指出，“荒漠化”的概念是“指包括气候变异和人类活动在内的种种因素造成的发生在干旱、半干旱地区及一些半湿润地区的土地退化现象”。教师往往会单纯地让学生勾一下课本文段，然后开始讲下面的知识，虽然大纲要求的知识包含了划线部分的内容，可是如果在讲授中忽视了“回扣”概念中的相应字词，学生在“荒漠化”这一概念的后续应用中仍然会出现混淆、错乱现象。再如，前面提到的“农业地域类型”与“农业类型”这些相似的概念，教师若在这些地理概念出现的时候不及时进行类比区分，学生自然会忽视这其中的差别，应用时自然会有误差。

2. 地理概念运用不严谨

由于教师对地理概念教学的轻视，以及希望能更多地运用一些“接地气”的生活用语活跃课堂，在课堂教学用语中经常会有地理概念运用不严谨的情况出现。例如，冬季来临，大幅度降温时人们常说“‘寒流’来了”这样的话语。但在地理学中，“寒流”是水文概念，专指高纬度流向低纬度的洋流。人们说的“寒流”属于气象概念，准确地说应是“寒潮”，一字之差，水天之隔。教师在教学过程中地理概念运用不严谨，会直接导致学生地理概念理解混乱，进而影响其“地理概念转换能力”的提升。

三、高中生地理话语能力提升的方式

就提升学生的“地理话语能力”而言，除了从“学科整体培养”出发进行学科教学改革外，还必须提高教师的“地理话语能力”教学意识，改进“地理话语能力”教学方法。教师应该加强培养学生对知识的呈现能力，即“地理话语能力”，同时也注意自身的“地理话语能力”。在地理教学中，笔者进行了以下的试验。

（一）“地理信息描述能力”提升的方式

1. “抽丝剥茧寻线索”

通过问题的层层设置，引领学生按照一定的顺序读图，例如，地理区域图应从图名、图例、图中特定信息（等高线的变化、交通及河流的延伸）等出发，逐层搜寻解答问题的线索。又如，曲线图应从图名、图例、横纵坐标、曲线变化趋势、特征点的描述等方面，依次抽丝剥茧。

2. “大家来找茬”

在各种“地理话语”的纠错与矫正中，可以在一个学生口头表达之后，请其他同学对其表达过程中出现的错误进行查找并纠正，或者将一个学生的书面表达投影出来，由其他同学找出其中的问题并纠正。这样能够在一定程度上提高学生的课堂注意力，同时可以提高学生对地理信息的提取能力和地理知识的掌握程度。

3. “快人快语”

“快人快语”是指在短时间内迅速找出图像或文字中的关键信息点，并指明该信息表明什么要素或特征。这种方法适合多人一起来玩，形成竞技模式，比赛谁能找得最多、最准，旨在使学生迅速、准确提取信息，并能推断该信息所代表的地理要素或地理特征，多人竞技也有助于学生互相帮助与提高。

（二）“地理现象阐释能力”提升的方式

1. “地理百家讲堂”

“地理百家讲堂”主要是利用课堂中的前5分钟，训练学生的“地理现象阐释能力”，同时有利于增加学生知识的广度。由学生搜索感兴趣的地理话题及相关素材，围绕某个主题进行3—5分钟的地理知识讲座。这个主题可以是某个国家的概况（如挪威的位置、自然条件、旅游景点等），可以是某种气象灾害（如雾霾等）的成因及对策，可以是某个工程的利弊，也可以是某种地理奇观（如蓝洞、流星雨）的探索等。这在很大程度上激发了学生学习地理的兴趣，同时锻炼了学生提出问题、搜索与筛选资料、整理逻辑线索的能力及演讲的胆量与口才，也开阔了学生的视野。

2. “印象笔记”

利用手机或电脑中的“印象笔记”或“微博”、“微信”等社交软件，对生活中听到和看到的地名、地理事物、地理现象进行拍照、录音、文字记录，随时随地搜集地理信息。例如，在看到“杭州雾霾重度污染·雷峰塔开启‘隐身模式’”这则新闻时，首先可以在“印象笔记”中记录下地理位置（杭州雷峰塔）、地理现象（雾霾）；然后在地图上查找杭州在中国的经纬度、地形，利用网络及“必修一”中“天气系统”及“必修三”中“工业化与城市化”中的地理原理阐释杭州“雾霾”产生的原因，进而参考欧美等国治理雾霾的方法，提出可能的解决措施；最后形成一个简短的PPT或文字报告。这一方法可以从多重角度提升学生的“地理话语能力”，搜索网上、网下的地理知识，迅速、准确检索并提取信息，高效记忆区域地图，锻炼对地理原理的阐释能力。

（三）“地理问题分析及探讨能力”提升的方式

1. “你提问，我们答”

课堂教学及考试中解决地理问题的一般形式是“教师问，学生答”，或“学生问，教师答”。前者对学生的“地理话语”能力有所锻炼，后者对教师此方面的能力有所要求。但是，这样的课堂教学会失去学生提升“地理话语能力”的主动性。在课堂教学中，应该融入这样一种形式：教师提供资料，由学生先观察、讨论，提出疑问，或是基础薄弱的同学提出学习中不懂之处，教师将该问题抛给其他学生，再以小组讨论或全体进行讨论甚至辩论的形式，提出自己的想法，间或由教师提供线索，最终由师生一起得出结论。这对培养学生的问题意识起到了较大作用。学生的问题由学生回答，既便于教师从学生思考角度帮助其纠正“地理话语”问题，又拓宽了学生的思路，提升了其“分析和探讨地理问题”的自信。

2. “我们来凑‘对’”

在习题的讲评中，可以让学生分成四人小组，来分享自己的答案，并对有分歧的地方进行辩论或讨论，得出小组成员皆认可的正确答案。此后，由各小组代表将答案呈现给大家，再对其中有分歧的题目阐述各自的思路，最终讨论出正确的答案。以往的习题讲评往往是教师了解学生错了哪几道题，然后将教师的思路强加给学生。而此法是由学生自己讨论出答案，寻找问题的关键，同时营造讨论和思辨的学习氛围，可以在提高学生的学习合作意识及思想交流意识的同时，提高自己的“地理话语”意识和能力。

3. 地理小助教

在讲评课上，可以将一套试题分由一组学生进行批改，教师在一旁协助把关，课堂讲评时由批改相应题目的学生对普遍存在的错误类型、错题原因进行辨析，然后从审题开始展开正确思路的讲解。此法改变了以往由教师全批、全改、全讲或半讲半导的讲评课模式，由学生参与改卷，让学生从评卷者的角度，通过对评分细则的研究及对各种答案合理性的评断，深刻审视自己在解题思路、解题方法、答题要点及答题规范等方面存在的遗漏，进而意识到“地理话语能力”的重要性及自身在哪方面能力不足，从而进行自主提升。

4. 思维导图

思维导图是一种应用于记忆、学习、思考等的有效思维模式，有利于人脑的扩散思维的展开。它运用于地理教学中，有助于学生理清地理现象、区位要素、地理问题等之间的逻辑关系和发展规律，同时有助于提高学生思考、记忆地理基础知识，有理、有序地进行地理表达的能力，即“地理问题分析及探讨能力”。例如，学生在解决“环渤海经济圈水资源短缺”问题时，可以从区域地图中了解该地地理位置、气候、水文等自然条件，了解水资源的供给，再从区域图中众多城市分布、“三大产业构成表”及该区域工业发展的文字材料中获取水资源消费情况，进而得出水资源短缺的原因，再根据因地制宜的原则，对症下药，获得水资源短缺的解决措施。如果将获取的信息列成图 5 所示的思维导图，那么无论在口头或书面表述最后一列的措施时，都能做到有理有序、全面准确。

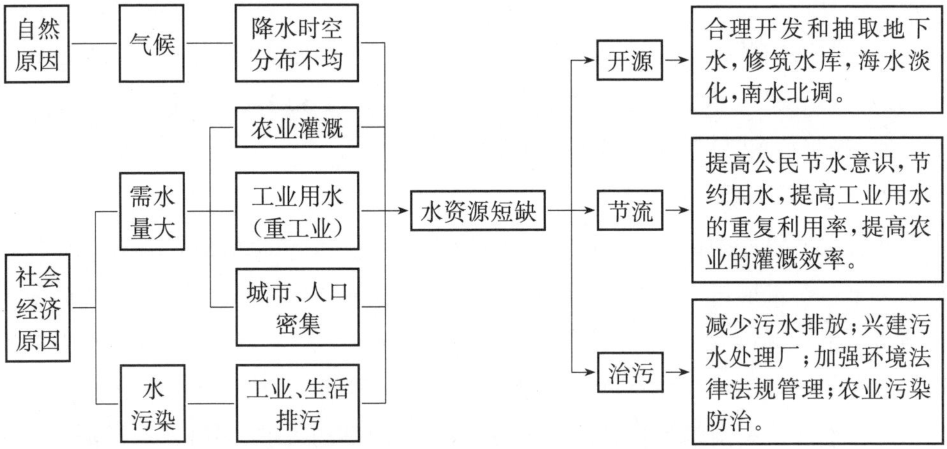

图 5　环渤海经济圈水资源短缺问题的思维导图

（四）“地理概念转换能力”提升的方式

1. “你说我猜”

这是一种训练“地理概念转换能力”的游戏，适用于各年级课前的复习引入环节。游戏规则是准备一些写有概念的纸条，随机请一位同学抽取一张纸条，用不含有纸条上概念的语言进行描述，然后请另一位同学来猜其描述的是哪一概念。它可以很好地增强描述者对相关概念及知识的搜索、重组及转换能力，同时增强猜词者对概念的理解及记忆，而其他旁观的同学也能积极地参与到思维训练和知识复习中。但需注意的是，在应用过程中，教师应该及时纠正描述者在概念转换过程中出现的专业性、理解性、逻辑性等方面的错误，否则容易误导其他同学。

2. 连线知分别

地理概念错乱是造成“地理话语”能力低下的根本原因，所以，将相近的地理概念，如前面提到的“农业类型”、“农业地域类型”、“特色农业”等置于一起，同时将其对应的内容混杂起来，先请一个学生进行连线，再请另一个学生进行判断、订正。这样既可以及时发现学生概念理解上的误区，又有效地帮助学生区分了地理概念，为学生更高层次的“地理话语能力”提升奠定了基础。

3. 概念表格

这是最简单、实用的区分概念的方法。设计一个表格，将相近的或自己特别容易混淆的几个概念做成一组表格，按照地理名词、概念、主要特征、举例等分列几项用于区分其异同。例如，将前面提到的“农业类型”、“农业地域类型”、“特色农业类型”等概念进行制表辨析（见表1），可以很清楚地区分三者所指代的对象不同，这样既避免了地理概念的混淆，又帮助理清了概念间的逻辑联系，增进学生对地理概念的理解及运用，有助于进一步提升“地理话语能力”。

表1　农业相关概念辨析表

地理名词	地理概念	主 要 特 征	举　例
农业类型			
农业地域类型			
特色农业类型			

四、 高中生地理话语能力提升的成效及反思

在经过一段时间的“地理话语能力”训练之后，我校实验班学生对地理图表的描述思路也逐渐形成，更加注意图像细节信息的提取，对地理现象及地理原理的理解及阐释不再出现过多的逻辑错误，地理问题的分析也更有切入口，尤其是“地理小助教”在地理话语表达过程中更加自信，地理概念的理解与转换更为清晰，书面表达时条理也更加清晰。但是，任何方法都是因人而异的，因此，在针对不同层次学生的教学方法及学法指导方面，仍需要思考得更细。

（一）地理图表描述准确度大幅提高

这是学生提高最快的一种“地理话语能力”。地理图像描述多集中于区域地

图、统计图表、影像图、联系原理图等，由于学生自小学习“看图说话”，因此只要按照一定的看图顺序，正确提取图中关键信息，对之进行描述是顺理成章的事情。按照前面所述方法，笔者授课班级的学生在两个月的教学时间内，通过在教学过程和自主学习中有意识地进行穿插引导，对地理图像描述的准确度甚至可以达到八成。

但正如前面所述，地理图表描述能力的高低是由学生图表信息提取能力高低决定的，所以，地理图表信息提取训练是后一阶段提升此能力的关键。

（二）地理现象的阐释更为清晰

这在很大程度上归功于“地理讲堂”和“印象笔记”这一对互补的教学及学习方法。“印象笔记”的合理运用，不仅调动了学生发现地理现象的热情，而且激发学生搜寻地理原理，进而理清地理思维、阐释地理原理的学习过程，在开阔学习视野的同时，经过“地理讲堂”的结果呈现，内向的同学从小声照着底稿念 ppt 到敢于面对全班同学大声朗读，而开朗的同学更是侃侃而谈，其发言有主题、有线索、有提纲。一个学年下来，学生在表达地理观点、阐释地理现象时普遍呈现主题日渐缩小、逻辑日渐完善、内容日渐深刻、表达日渐自信等特点，与此同时，此方面的测试结果也逐渐趋好。

由于学习地理现象及其中的地理原理需要平时积累，课下的功夫自然不容小觑，层次较低的学生有可能不愿过多花费精力，所讲述的内容也开始呈现千篇一律的态势。因此，如何拓宽学生的思路，进一步提高多数学生发现和思索的积极性，还需要对学情进行更深入的调查，制定不同的指导策略。

（三）地理问题的分析及探讨渐入佳境

“地理问题分析及探讨能力”要求学生具有扎实的概念、原理基础，能准确提取各种信息，具有综合的地理思维，方能把握准分析问题的方向，进而探讨出解决的措施。这一能力是高中阶段尤其是高三学生地理综合能力的体现。笔者曾跟踪了解过部分高年级学生在一个学期对于这方面能力提升的感受。最初学生普遍表示对于诸如“贵州猫跳河流域开发建议”、“黄河水土流失治理措施”等问题的分析及探讨无从下手，但经过上述方法的训练后，大部分学生对地理问题的分析已经开始形成一定的思维模式，对参考答案中的某些分析及措施甚至能够提出自己不同的看法及建议。

但正如前面所说的，“地理问题分析及探讨能力”的提高不是一蹴而就的，也不可能是一通百通的，学生只能在生活和学习中不断地训练，才能更好地提升该能力。

（四）地理概念的自如转换与区分

通过“你说我猜”、“连线知分别”等教学方法以及自主制作的“概念表格”，大部分学生在课堂问答环节都能用地理专业术语解释地理概念，并能用生活语言简洁明了地进行转换。同时，在平时测试中可以观察到，除信息提取错误或地理思维错误等其他因素外，学生对于提问词（即地理名词、概念等），如“地质构造”、“区位因素”、“气候类型”、“水文特征”等，都能正确判断答题方向，“文不对题”的现象大大减少。

随着年级的升高、地理概念的增多以及受遗忘率等的影响，学生地理概念区分及转换能力虽经训练有所提升，但记忆的效果却时有反复，进而导致课堂及测试的结果出现反复。因此，“概念表格”还应根据新学的内容找到临近的概念进行添加，并继续比对；课堂教学中的概念转换训练也应有意识、有计划地增减循环。

参考文献

[1]《走进新课程》丛书编委会地理课程标准研制组. 普通高中地理课程标准（实验）解读[M]. 南京：江苏教育出版社，2004.

[2] 王天蓉，徐谊. 有效学习设计——问题化、图式化、信息化[M]. 北京：教育科学出版社，2010.

[3] 周彬. 课堂密码（第二版）[M]. 上海：华东师范大学出版社，2013.

[4] 刘定华. 地理教学中学生地理语言的培养[J]. 教育教学，2012(6).

[5] 贾琰. 高中地理语言交流类活动教学建议[J]. 吉林教育，2012(2).

[6] 廖书庆. 如何培养学生的地理语言表达能力[J]. 地理教学，2008(8).

[7] 王迪江. 学会描述地理事物特征，提高地理表达能力[J]. 地理教学，2010(4).

[8] 翟有龙，鲁廷辉. 地理认知中的思维媒介[J]. 西华师范大学学报（哲社版），2008(1).

[9] 刘焦侠. 归还学生主体地位，培养地理语言能力[N]. 学知报，2010-01-12(2).

[10] 孙翠英. 让地理语言充满诗情画意[N]. 学知报，2011-11-21(3).

新课改下高中历史感悟教学样式研究

——以广东华侨中学为例

历史科　黄伟颖

［摘　要］随着新课改的开展，笔者反思自身教学，尝试探讨在历史课堂教学中如何增强课堂的趣味性，提高学生的思维水平，让学生在思考中寻找历史的本质，得到历史感悟。通过历史教学及评价的实例，探究历史感悟教学样式，旨在增强历史课堂教学的有效性，使学生更好地把握历史知识，感受学有所值、学有所用的历史学习乐趣，更好地体现新课改的人文关怀。

［关键词］感悟教学　样式　高中历史

历史作为一门人文学科，是每一个公民都应该接受的普及性教育。它始终以人为中心，以追问历史对人的意义、价值和存在本体为己任。人们常常能在启人心智、促人感悟的历史中寻找到先人留下的经验和启迪性知识，如人的本质和价值是什么？生命的意义何在？什么是健康美好的人性？应该说，一个中学生去阅读一本历史书（包括教材），只有他真切感到他所读的是一本对他当前的生存和幸福有益的著作，他才有阅读下去的兴趣，由“论他”变为“论我”。同时，只有从历史的认知中领悟到真实深刻的人生，只有从对历史的探寻中引出自己的感悟，只有通过历史的学习拨动自己的心弦，中学生才能体验和领略到历史的风采。当历史成为人对自己生命的领会和意义阐释时，历史的知识就会与现实的人生相结合，就会激发极高的学习热情。

一、 高中历史教学样式研究的必要性与可行性

现今的高中历史教学非常注重学生课前预习，教师一上课，便用投影展示本节课的相关课程标准，说明本节课的学习目标和内容，甚至要求学生看着投影念一遍课程标准照，然后就一点一点分析解剖，落实考点。这使得学生处在一种被动的学

习状态中：教师讲多少他们就记忆多少，即使把教师所讲的内容全部记牢，但考试时一遇到新情景、新观点，他们就一片茫然。

新课改以来，教师的课堂教学实践研究在很大程度上聚焦于教学模式，其中不乏具有广泛影响的模式，推动了教学研究的深入。但也出现了一些问题：一是有些新的教学模式只是原有模式的一种非本质性变式，并不能真正解决教师所面临的教学问题；二是对普遍认可的教学模式的盲目借鉴和僵化使用，使教师失去了教学的个性和创造性，教学效果不佳；三是有些教学模式并没有使教师从研究自己的教学实践出发，只是一味追求模式化。

针对上述情况，我国教育界对感悟教学进行了研究，各种新的理念接踵而来。但是，感悟教学理论与各学科教学实际相结合的进程相对缓慢，特别是高中历史教学层面的研究还不太多见，因此，将感悟教学引入高中历史教学的研究尚有很大的空间。

（一）高中历史教学样式研究的必要性

1. 中学历史教学观念转变的影响

21 世纪历史教学的基本理念就是回归历史教学的本质，还原其人文素质教育的基本功能。在教学内容上，应该重视生活实践和学生的现实生活，激发学生对学习的兴趣；在知识传授上，应该重视学习过程，以及学生在学习过程中的思考、感悟和探究，促使学生对知识真正理解和巩固；在教学方法上，应该重视学生的主动参与，强调学生的主体地位，提高学生的学习积极性；在学习评价上，应该重视学生的情感、态度等非智力因素，培养学生的创新精神和实践能力。这必然会要求变革当今的课堂教学模式，建构历史感悟教学样式。

随着新课改的深入，2011 年颁布的《义务教育历史课程标准》与 2001 年的旧版本相比，学生学习历史学科的定位不单单是获得基本的历史知识和能力、培养良好的品德和健全的人格，还新增加了感悟学习的教学理念。例如，感悟中华文明的历史价值和现实意义，感悟近现代中国人民为救亡图存和实现中华民族伟大复兴而进行的英勇奋斗和艰苦探索；感悟人类文化的多元性、共容性和发展的不平衡性。通过具体讲述历史人物典型的言行事例，学生有了真切的感悟，加深了理解和认识；学生通过历史学习对正确的思想、道德、观念等有所感悟、理解和认同。具体的历史细节激发了学生学习历史的兴趣，学生感知历史情景，感悟历史问题，了解历史环境中人们的思想观念、生活方式和社会行为，理解重要历史人物的思想和贡献，认识重要历史事件发生和发展的因果关系。

2. 广东高考命题方向变化及广东华侨中学历史教学改革的推动

从2007年开始的新课程历史高考试题来看，它在考查学生运用知识和能力的要求方面同过去相比有了明显提高，注重调动和运用知识（辨别历史）、描述和阐释事物（阐释历史）、论证和探讨问题（论证问题），这给高中历史教学提出了更高的要求。而且，由于2010年新课程高考改革，历史、政治、地理三科整合在一起，以文科综合科目进行考试，学生在两个半小时之内要进行三个学科转换答题，试题的难度与以前高考X科难度相差不远，因而增加了学生应试的难度。近三年来，历史学科在命题方面都倾向于以新情境、新角度来切入，使高三复习教学面临着这样一个问题：如何让学生在复习的过程中把握、理解课本的知识点。

在历史教学方面，笔者对本校高三年级文科班230多名学生做了问卷调查，调查显示，大多数学生对历史课是感兴趣的，但对历史课讲解的评价并不高，如表1所示：

表1 高三年级文科班历史课调查统计表

<table>
<tr><td></td><td>很喜欢</td><td>喜欢</td><td>一般</td><td>不喜欢</td></tr>
<tr><td>是否喜欢历史课？</td><td>128人</td><td>34人</td><td>40人</td><td>2人</td></tr>
<tr><td>是否喜欢历史教材？</td><td>20人</td><td>72人</td><td>83人</td><td>28人</td></tr>
<tr><td>是否喜欢历史课讲解？</td><td>59人</td><td>65人</td><td>96人</td><td>12人</td></tr>
<tr><td>你印象最深刻的是哪一节历史课？为什么？</td><td colspan="4">学生写的最多的是影像资料展示以及社会生活变迁课件的展示，觉得新鲜有趣，贴近他们的生活。</td></tr>
<tr><td>你想对历史老师提什么建议？</td><td colspan="4">希望记忆的东西能少一点，教师能深入浅出地讲解。</td></tr>
</table>

究其原因，主要是因为教师教学形式呆板，教材的内容与学生生活相隔太远，学生容易产生枯燥之感，难以理解教学内容。

（二）高中历史感悟教学样式的可行性

1. 感悟是学生的具有普遍意义的心理意识活动

“感悟”是领会的意思，明白了某种东西存在的意义，也就是会意。人的感悟是高于感性认识的认识，但与感性认识又有着千丝万缕的联系，是表象性认识的升华。感悟既是感性的，又不排除理性的成分；感悟既是感性认识的终结点，又是理性认识的发端。它既与感性认识交叉，也与理性认识互渗。它与感性认识有着相似的特点，与理性认识也有着天然的联系。它与感性认识、理性认识互相渗透，是感性认识与理性认识的交汇点。

“感悟”作为人的一种心理活动，就其实质来看，它是一种直觉思维。从历史教学的角度来看，所谓感悟就是历史学习的一种具有普遍意义的心理意识活动，是学生对史料的积极反应，是联想和想象及理解得以展开、情感感悟得以加深、个性得以发展、人格得以升华的一种思维活动。

2. 感悟是学生素养形成和发展的前提条件

只有以感悟为核心的教学才能实现学生素养的真正发展。进行感悟式教学，可以让学生通过切身实践来认识、掌握所要传授的知识或技能，或者唤起学生以往的记忆表象；可以寓情于知，丰富学生的情感感悟。它有利于促进情感的生成，有利于提高交流合作能力，有利于培养学生的创新意识和创造思维。构建感悟式教学模式，在历史教学中实施感悟式学习，既是真正实施素质教育的要求，也是促进学生全面发展的需要；既是对历史教学方法和教学过程的一种新探索，也是对传统的历史教学的重要变革。

二、 高中历史感悟教学样式的建构

美国教育学者霍尔特和凯斯尔卡提出，要从样式的角度来考察教学过程。他们认为，有效的教学通常包括许多复杂的样式，样式存在于课堂的日常活动中，它是一种求知的方法、一种组织和信息分类的方法，也是一种思考和决策的方法。在课堂中，教学内容经常通过课本和教师建议的样式来组织，教师会根据自己的组织内容和呈现内容的样式来组织课堂，学生也逐渐形成自己思考、组织和学习的样式。由此，笔者对高中历史感悟教学样式的建构进行了尝试。

（一）历史感悟教学样式下的小切口、深挖掘

在历史感悟教学样式下，教学并不是单纯的知识点记忆，而是教师做好定向，以小切口、深挖掘引导学生对整个历史背景的再认知。教师改验证式学习为探究性学习，以探究性问题引导学生思考，回归教材。在教师的启发引导下，学生真正意识到：“应当学些什么？”“我想问什么问题？”“应当怎样来学这节课？”应该说，这是学生从被动学习走向主动学习的起点。

例如，讲授“必修三”第二单元第一课《古代中国的发明和发现》时，按照新课程标准要求：概述古代中国灿烂辉煌的科技成就，认识中国科技发明对世界文明发展的贡献，中国古代文化更是成就卓著影响世界。在科技方面，主要介绍了领先世界的天文学、算学、医药学、四大发明以及郭守敬、李时珍等著名科学家。在教学中，

教师用两个题目来定位本节课的内容，分别是：(1) 世界天文学会用中国古代科学家石申、郭守敬的姓名命名月亮背面环形山，但为什么中国古代封建统治者却从来没有提及与表彰他们？(2) 宋代的中国活字印刷、指南针、天文历法、火药火箭、石油开采、法医侦破、二级火箭、算盘计算、高次方程组、发现地磁偏角、远洋级大海船等一系列科技发明远远早于几百年后的哥伦布及其他西方科学家，但为何在中国古代其影响还远远不如当时的高转筒车、稻麦轮作制？当时，有的学生看到第一个题目时就马上回答："这些科学家得罪了封建统治者。"虽然这个答案是随口作答，没有史实依据，但也反映了学生思考的方向。当教师投影出第二道题目时，学生感到非常新奇，问题冲击了他们过去的认知，学生开始自发地讨论了。但高三的课堂毕竟还是要回归教材。看到学生动起来后，教师引导他们阅读教材并归纳出中国古代科技有哪些特点，学生得出中国古代科技的发展有很强的实用性。此时，教师适当补充了两个小问题：农用工具的革新是否属于科技的发展，我们的史书有没有重视？对火药的应用，政府与民间是否一致？随着对这两个小问题的思考，学生开始意识到教材的整合问题，把古代自然经济的自给自足和封闭与政治上实行君主专制制度相联系，甚至有的学生还联系到刚刚复习完的中国传统文化主流思想的影响。最后教师再引导学生回到本节课开头的两个题目，这时他们已经不需要教师的点拨，一切都变得迎刃而解。

(二) 历史感悟教学样式下的启发式导学

在历史感悟教学样式下，改变过去教师讲授、学生听记、教师出题、学生练习的情况，进行启发式导学。也就是说，教师创设教学情境，引导学生在某种情境中自主阅读思考，小组讨论沟通交流，引导学生广泛联系生活和进行反思，从而形成良好的学习策略。教师也允许学生参与设计作业、设计测试命题，甚至评改作业和试卷等。"学会"的确切解释就是：学生在教师的启发式引导下逐步了解、认识和掌握知识并成功地自主学习。

例如，在复习"必修一"第七单元《现代中国的对外关系》时，按照新课程标准要求：应注意树立历史发展的脉络，着重把握中国政府在不同历史时期根据当时国内外形势的发展变化所作出的几次外交政策的重大调整以及所取得的外交成就；同时，注意相关知识的链接，难点放在国家制定外交政策的出发点上。作为高三复习，回归教材十分重要，启发式导学的运用应该以激发学生自主学习为前提，故让学生用 10 分钟时间阅读教材，然后以竞赛活动的形式激发学生的复习热情，强化学生的竞争意识，提高学生小组的合作水平，实现整个单元基础知识点的落实，达到在活动中提高复习效率的目的。在学生动起来后，教师适时引出该单元的难点：为什么中国的外交在短短的几十年里会发生这么多的变化，而且还有特定的时期限制？学生马上回答说："这是由具体国情和国家利益所决定的。"教师当时就说：请各位同学注意"论从史出"。到第二课时，教师发现学生自己做了表格，把新中国的外交史实结合不同时期国内和国外形势进行重点分析，学生的自主学习、自主思考得到了展现。因此，启发式导学既有利于把知识落实到位，又注意不同层次学生的发展。让学生思维动起来，要学生形成自主学习能力，这种能力就需要教师的历史感悟教学引导来形成。所以，对于教师来说，要通过实践和思考以形成感悟教学，这需要教师更新教学理念，掌握新的教学策略。

教师还利用设疑导学的方式让学生进行历史感悟。针对中学生热衷探索和怀疑的心理，教师在教学中打破常规设计问题，让学生大胆地去探求历史事件或人物的内在联系，激发学习感悟历史的兴趣。

例如，在讲授"必修一"《鸦片战争》时，就"道光帝将林则徐等人革职"这一史实，教师给学生提出了这样一串问题："道光帝如果不革林则徐等人的职，鸦片战争的结局会不同吗？""道光帝先支持林则徐后又将其革职的出发点是什么？"在学生讨论的过程中，教师又适当补充了一些关于林则徐被革职后的命运。这样，学生的思维一下子活跃起来，在讨论中积极思考，因而既加深了对这一史实的记忆和理解，又促进了对林则徐之所以被称为"民族英雄"的理性感受。

又如，在讲授"必修一"《新中国的民主政治建设》时，有些学生反映在记忆如人民代表大会制度、共产党领导的多党合作和政治协商制度、民族区域自治制度等知识时，感觉非常枯燥，失去历史的趣味，而且今天背下来，两三天后又忘记了。为了让学生更好地把握这段历史，教师给学生提出了问题："为什么我国不采用西方的民主政治制度？"当时学生就活跃了起来，甚至有些学生在座位上小声说出"三权分立"、"两党制"、"联邦制"等概念，因为西方的政治制度在第三单元已经学习过。于是，教师首先让学生把中国和西方国家的政治制度进行对比，然后和学生一起探讨为何有这么多的不同。有的学生回答说："这是由具体国情不同所决定的。"接着，教师马上让学生回顾中国的近代历史。这时，教师想达到的结果就呼之欲出了。

（三）历史感悟教学样式下的激励策略

在历史感悟教学样式下，学习的动力是学生能否顺利进行学习的前提，所以，教师要在激励学生方面下大功夫。过去的激励多数是由教师直接进行的，如："说得对！""应该表扬！"这样的"激励"当然不能少，但一味地"激励"会使学生产生为了获得教师的鼓励而学习的倾向——“因为老师说好所以我学”，这种依赖性不是我们所追求的。教师应当引导学生产生学习的兴趣，增强学习的自信心，享受成功的快乐，提高抗挫折的意志力，要增强自我激励的能力。

例如，在讲授“必修一”《鸦片战争》时，按照新课程标准要求：对鸦片战争的爆发原因的理解，往往与“必修二”经济史部分的工业革命的内容密切联系。但是，当时史学界关于鸦片战争的爆发有多种说法，学生在遇到这些史实评价题时，往往显得信心不足，畏首畏尾。为了让学生能对这一类题目的解题树立自信心，达成自我激励，教师创设一系列关于鸦片战争爆发原因的新情境材料，尤其是把马克思的原话——“这场战争是英国资产阶级旨在维护鸦片贸易而发动和进行的对华战争”提取出来，让学生结合课本所学知识进行解读使之感悟历史，同时再进行解题技巧的点拨。在这个过程中，学生加深了对自身历史观的认识和理解，激发独立思考及运用所学知识质疑、理解材料的能力。班级所有同学的积极性都被调动起来了，部分能力稍弱的同学更是郑重其事地告诉教师：“原来我也能更深入地看问题”。在之后的史实评价题演练中，学生有了较大的转变，从动动嘴或只听教师分析转变为拿到该类题目能主动用笔记积极回答。因此，激励策略不但达到了既定的教学目标，而且也增强了学生的自我激励能力。

（四）历史感悟教学样式下的个人体验

在历史感悟教学样式下，教师可以让学生以个人体验进行历史感悟。这个过程符合学生的认知规律，能够让他们体会历史的广博与深刻的内涵。

例如，讲授“必修三”《音乐与影视的发展》时，按照新课程标准要求，主要介绍了19世纪和20世纪音乐的发展与变化。而当今中学生非常喜爱音乐，尤其是我校具有音乐才华的学生非常多，所以本节课内容与学生的日常生活联系紧密，容易激发他们主动参与教学的积极性。在课堂教学中，教师让学生欣赏五段各具流派特色的近现代音乐，分辨近现代音乐流派的不同风格，并用心灵与音乐对话。由于是个人的直接感受，因此学生各抒己见。但教师并不只是让学生停留在感受音乐的层面，而是让他们分析出近代和现代音乐流派差异的历史原因。有的学生的回答只是个人的直观感受，如“年轻人因为充满活力，故更喜爱摇滚乐”。有的学生回答出背景原因，如“摇滚音乐出现是由于二战后生产力进一步发展，当时的青少年在社会物质生活不断提升下反叛精神也不断增长，故喜爱节奏强烈的摇滚乐”。接着，教师又给予学生鼓励，并引导他们从更多的角度进行思考。于是有学生罗列出近现代音乐流派背景的多方面原因。对此教师给予肯定，并提示学生回归课本知识。继而，学生结合以前所学的课本知识，将近现代音乐流派背景原因与各历史时代的特色相联系，进行有序的、全面的阐述。这时，教师在给予赞赏的同时要求学生联系现实进行深入分析。最后，学生基于社会现象和所学知识用史实深刻理解，在理论层面上概括分析近现代音乐流派背景原因，如“一定的文化现象是反映出当时的政治、经济状况”之类的理性答案。在整个教学过程中，学生通过欣赏音乐激发学习兴趣，并促进了思维的发展。

教师还可以让学生用社会生活经历进行情感价值观的历史感悟。因为现今高中生获取知识的能力越来越强，对外部世界的了解越来越多，尤其是对身边的国事新闻关注度很高。

例如，讲授“必修二”《殖民扩张与世界市场的拓展》时，按照新课程标准要求：主要以荷兰和英国为例，既讲述了西欧殖民国家进行殖民霸权争夺的史实，又分析了争霸斗争的矛盾、斗争的结果及其影响。在教学中，教师以近期的索马里海盗事件为依托进行历史情景的构建，这时学生马上活跃起来，纷纷谴责海盗的掠夺性和残酷性。于是教师利用这个时机，让学生分析西欧国家的殖民扩张。学生主动地将现实与历史相联系，进行历史的感悟分析。之后，教师逐渐深入分析，注意引导学生结合以前课本所学的关于资本主义发展的相关历史知识，如西欧殖民国家在亚非拉美地区大肆进行殖民扩张和经济掠夺是进行资本原始积累，但同时它也将深重的灾难带给殖民地。最后，学生得出了“发展经济应生财有道，掠夺他人的不义之举应谴责”之类的注重情感价值观的回答，对此教师给予了高度的肯定。这也表明了学生拥有依据史实得出结论和运用理论分析结论的能力。

（五）历史感悟教学样式下的引导评价

在历史感悟教学样式下，教师应该多角度引导学生学习评价同学和自己的发言，评价同学和自己的作业，评价同学和自己的学习态度及方法，甚至评价教师的教学。

例如，在讲授“必修一”第五单元《从科学社会主义理论到社会主义制度的建立》时，按照新课程标准要求，要简述《共产党宣言》的主要内容，认识马克思主义产生的重大意义。由于学生平时对于理论性内容感到枯燥，凡是关于理论性的主观题，往往马马虎虎作答，甚至成为他们的弃题。为了让学生不放弃理论性题目，又同时兼顾本课的知识点，教师引导他们分析历史体验的材料，了解《共产党宣言》的主要内容，加深对知识的记忆。

以下这四段材料看起来比较难理解，但实际上是课本关于马克思主义内容和意义的原文。

［材料一］：无产阶级将利用自己的统治，一步一步地夺取资产阶级的全部资本，把一切生产工具集中在国家即组织成为统治阶级的无产阶级手里，并且尽可能快地增加生产力的总量。

［材料二］：资产阶级在它的不到一百年的阶级统治中所创造的生产力比过去一切世代创造的全部生产力还要多，还要大。……资产阶级的关系已经太狭窄了，再容纳不下它本身所造成的财富了。

［材料三］：无产阶级不仅是一个受苦受难的阶级，而且是资产阶级的掘墓人，是新社会的创造者。

［材料四］："代替那存在着阶级和阶级对立的资产阶级旧社会的，将是这样一个联合体，在那里，每个人的自由发展是一切人自由发展的条件。"

引入以上材料后，教师马上说："现在我们正与古人进行对话，但对话的前提首先是说得明白，听得懂。"当时全班哄堂大笑，学生有反应，教师的引导工作就正式开始，要求学生在课本上找出与材料意思最接近的语句。学生重新阅读教材后再对比材料，不久从他们看题时专注的眼神，教师感觉他们快要找出答案。于是进行了提问，但令教师感到惊讶的是，他们的答案并不是一味照读课本，而是用自己的语言重新概括材料：

［材料一］ 肯定了阶级斗争在阶级社会中推动历史发展的作用。

［材料二］ 肯定了资本主义是人类社会的一大进步，同时指出它的局限性。

［材料三］ 无产阶级的历史使命。

［材料四］ 无产阶级政权保障个人的自由权利。

课堂的气氛也活泼起来，有的学生在小组中侃侃而谈，而组员也相应地进行点评，指出其不足。这样，对理论性题目的探究不再成为学生的负担，在教师的引导评价下学生提高了学习理论的兴趣，对自己所学的知识进行了自主调节，从而对课本的知识点有了更好的理解。在之后的测验中，理论性主观题的考核通过率达到了95％。

三、实施高中历史感悟教学样式的实效

在高中历史教学中，历史感悟教学样式能从整体上综合探讨教学过程中各要素之间的相互作用和其多样化的表现形态，以动态的观点把握教学过程的本质和

规律，提高进行有效的教学设计、教学实践、教学反思的能力，使教学过程更符合学生的实际，更能促进学生的学习，更有利于学生的发展。确实，历史感悟教学样式在学生发展和提高学业成绩方面产生了一些实效。

（一）学生发展的实效

感悟历史教学样式的实施，在很大程度上促进了学生的发展。

1. 形成良好的认知结构，提高了学习能力

感悟历史教学样式的情境创设，遵循历史发展的进程和教材的逻辑顺序，注意并准确揭示历史事件的发展线索及前后事件间的因果关系。通过创设历史情境，有计划地引导学生对所学的知识进行点—线—面的归类、纵向和横向的归类，进而进行知识系统的整体综合，形成知识纲目和知识网络，从而形成结构化知识，推进历史学科的学习。

2. 加深对知识的印象，增强了思维能力

历史学科具有过去性、具体性的特点，以多媒体影像创设历史意境的感悟教学样式比较新颖，能使学生留下较深刻的印象，从而加深学生对知识的理解，提高记忆效果。此外，通过以感悟创设情境，学生会发现和分析其中隐含的历史信息，能激发学生独立思考和解决问题的内在冲动。

3. 形成新的审美角度，培养了情感素质

感悟历史教学样式通过情境创设表述了丰富的历史信息，学生在感悟学习过程中提高了感受美、欣赏美的素质，同时也感受着历史，情寓于史，情随史迁。学生在感悟历史教学中，形成新的审美角度，拥有新的情感体验，激发真善美情感。

（二）学业成绩的实效

通过高中重要考试的检验，证明感悟历史教学样式的实施提高了学生的历史学科成绩。在高中水平测试方面：2009年广东省水平测试通过率达98%；2012年广东省水平测试更是全员通过。

就高考而言，2007年，笔者任教的高三×班，历史学科平均分达到重点班110分、普通班91分的优良成绩，全年级历史平均分超过市平均分。其中有三位学生历史单科成绩超过120分。2010年，由于高考改革，历史、地理、政治三科合为文科综合，笔者所任教的学生文科最高分258分，年级平均分超过省平均分。2013年，由于广东省报考文科的学生比理科多一万多人，故分数线较高，但仍取得较好的成绩，笔者所任教的学生本科上线率达83.5%。

参考文献

[1]《走进新课程》丛书编委会历史课程标准研制组. 普通高中历史课程标准(实验)解读[M]. 南京：江苏教育出版社,2004.

[2] 霍尔特,凯斯尔卡. 教学样式：优化学生学习的策略[M]. 沈书生,等,译. 上海：华东师范大学出版社,2008.

[3] 赵亚夫. 历史课堂的有效教学[M]. 北京：北京师范大学出版社,2007.

[4] 王攀峰. 走向生活世界的课堂教学[M]. 北京：教育科学出版社,2007.

[5] 陈辉. 高中历史新课程的理论与实践[M]. 北京：高等教育出版社,2008.

[6] Jackie Acree Walsh,Beth Dankert Sattes. 优质提问教学法：让每个学生都参与其中[M]. 北京：中国轻工业出版社,2009.

[7] 中国教育学会历史教学专业委员会,人民教育出版社历史编辑室. 历史课程改革的理论与实践[M]. 北京：人民教育出版社,2008.

[8] 聂幼犁. 中学历史研究性学习研究——案例分析与点评[M]. 天津：天津古籍出版社,2009.

高中英语课堂 IDARE 教学模式研究

英语科　林晓莹

［摘　要］本文在积极心理学的视野下，在高中词汇课堂和写作课堂构建了IDARE 教学模式，IDARE 即 inspiring（激励），discussing（研讨），appreciating（赏析），reflecting（反馈）和 experiencing（体验）五个要素。积极体验、准许为人、多层反复、联系记忆、合作互动和积极反馈是 IDARE 模式的教学原则。此模式强调教师创设"成功的机会"；提倡学生大胆展示自己的才华；主张学生通过合作的方式自主研讨，达成积极的情感体验。

［关键词］IDARE 教学模式　词汇课　写作课　高中英语课堂

进入高中学习的学生已具有一定的学习能力，但英语学习能力的基础参差不齐。经过中考，很多学生都有松了一口气的感觉，面对长篇的文章和复杂的语法结构，却又变得手足无措、兴趣消失。高中学生学习英语的主观意识较弱，大部分学生对英语学习没有兴趣，学习目的就是为了通过高二的水平考试和为高考打好基础。在这样的学习动机下，英语学习变得枯燥无味。高中英语新课程标准指出："情感态度是影响学生学习和发展的重要因素。""在高中阶段，教师应引导学生将兴趣转化为稳定的学习动机，以使他们树立较强的自信心，形成克服困难的意志，乐于与他人合作，养成和谐与健康向上的品格。通过英语课程使学生增强爱国主义意识，拓展国际视野。"但是，目前的高中课堂教学模式僵硬化、教学操作固定化的弊端日趋明显，使新课程标准无法在课堂上顺利实施。因此，为了提高课堂教学效率，让学生更好地体验英语学习的乐趣，笔者试图构建高中英语课堂 IDARE 教学模式，并在词汇课和写作课上进行了实践。

一、高中英语课堂 IDARE 教学模式的构建

积极心理学（positive psychology）是 20 世纪末西方心理学界兴起的一股新的

研究思潮，这股思潮的创始人是当代美国著名的心理学家马丁·塞利格曼(Martin Seligman)、谢尔顿(Kennon M. Sheldon)和劳拉·金(Laura King)。他们的定义道出了积极心理学的本质特点："积极心理学是致力于研究普通人的活力与美德的科学。"积极心理学主张研究人类积极的品质，充分挖掘人固有的、潜在的、具有建设性的力量，促进个人和社会的发展，使人类走向幸福，其矛头直指过去传统的"消极心理学"。它是利用心理学目前已比较完善和有效的实验方法与测量手段，研究人类的力量和美德等积极方面的一个心理学思潮。积极心理学强调研究人性积极的一面，其研究内容主要有三个方面：一是积极情感体验，主要研究各种积极情感体验的作用及其产生机制；二是积极人格，主要以人产生积极行为的能力和潜力等为重点，研究各种积极人格特质的作用及形成过程；三是积极的社会组织系统，当代积极心理学之父塞利格曼指出，快乐由三项要素构成：享乐(兴高采烈的笑脸)、参与(对家庭、工作、爱情与嗜好的投入程度)、意义(发挥个人长处，达到更大的目标)。三项要素之中，享乐带来的快乐最为短暂，意义则最为持久。

所建构的英语课堂IDARE教学模式如下：

inspiring→discussing→appreciating→reflecting
(experiencing)

IDARE是inspiring、discussing、appreciating、reflecting、experiencing五个词的首字母缩略词，分别对应"激励"、"研讨"、"赏析"、"反馈"和"体验"五个要素。同时，IDARE分别由I和DARE构成，意思是"我敢"。其含义有两层：一是通过增强学生的积极情感体验，挖掘学生自身的积极潜能，培养学生敢于展示自我和与人分享的乐观人格；二是通过激发学生的学习兴趣，让学生感受到成功的乐趣，激发学生敢于创新的思维和能力。

(一) IDARE教学模式的内涵

I—inspiring，是指"激趣导入"。在高中英语课堂，这是很常见的暖场活动部分，但大多由教师来完成，学生只是被动地参与。这里所讲的"激趣"是尽可能多地让学生来参与，借此发挥学生的各类特长，让每个学生都得到展示自己的机会。如词汇课上的才艺展示，写作课上的书法欣赏和美文、美句赏析等，都能让他们产生更多积极情感的体验，从而在后续的学习中取得更好的认知效果。

D—discussing，包括多种模式的研讨。这里讲的"研讨"不能单纯地理解为小组讨论，现存课堂上的讨论大都是伪讨论，是学生按照教师的思路进行讨论，得到设定的答案。研讨必须是学生在学习过程中遇到了疑问，需要通过和同学讨论得出一个解决问题的方式、方法，答案也不一定是唯一的，教师只是从中引导和帮助。这样的研讨才有利于学生通过群体的合作学习，培养批判性思维，激发他们自主学习的潜能。

A—appreciating，是指课堂上的赏析。如何让学生真正地参与课堂学习，一直是教师们争论不休的话题。参与是需要动力的，这种动力来源于情感上的肯定或者成功感。写作课上展示学生的美文、美句，不仅能指导学生怎样运用写作技巧，更能让被展示者产生成功的喜悦，给其他同学以榜样示范的作用，鼓励更多的人写出更好的美文。

R—reflecting，是指对所学的反馈。在经过了"激趣"、研讨和赏析之后，学生要在教师的引导下反思自己在课堂上的所学，也是让教师检验一节课是否达成教学目标的重要手段之一。例如，词汇课上，可以要求运用本节课所学词汇进行小组活动，如讲述自己的乐队故事；写作课上，可以鼓励学生通过仿写佳作来检验其写作技巧的掌握等。此外，让学生写反思小结也是对教和学颇有帮助的一种做法。

E—experiencing，是指体验。"体验"不是一个独立的步骤，它渗透于激励、讨论、赏析、反馈的各环节中，是不可或缺的。而体验积极情感，培养乐观个性，激发学生创新思维和潜能是本教学模式的中心思想。

（二）IDARE 教学模式的教学原则

1. 积极体验，准许为人原则

美国教育学家卡林斯(Marva Callins)认为，每个孩子都有学习的潜能，成人们应该对孩子抱有积极的态度。在英语学习的课堂上，教师要深入发掘每个学生的闪光点，尽可能多地为每个学生创造展示自我的机会，帮助他们树立学习英语的信心，从而用积极的态度去体验英语学习的乐趣。积极心理学家塔尔·本(Tal Ben)指出，"准许为人"(permission to be human)是积极心理的出发点。教师一方面要鼓励学生用积极的态度去体验学习，另一方面也要帮助学生认清自己的学习现状，肯定他们的进步，用耐心和鼓励代替焦虑和责备。

2. 多层反复，联系记忆原则

在英语学习中，学生最头疼的问题莫过于面对纷繁复杂的知识，大脑无法将之全记住。积极心理学家认为，对某一知识的不断重复和记忆，容易在大脑皮层留下印痕，从而不会忘记。词汇课就是一个很好的例子，笔者通过查字典、词形变换、短文填空和仿写故事等方法，让课堂上所学词汇多次以各种形式不断重现，达到由认知到理解再到运用的不同水准。要使学生对所学知识记忆深刻，事半功倍，必须要使知识产生联系。类似串珍珠的学习方法对英语学习和记忆有着明显的效果。

3. 合作互动，积极反馈原则

美国人本主义心理学家马斯洛、罗杰斯指出，当孩子的周围环境与教师、同学和朋友提供的最优支持、同情和选择相联系时，孩子就最有可能健康成长和自我实现。积极心理学非常重视社会背景下的人及其体验的再认，意识到积极团体和社会机构对于个人健康成长的重要意义。因此，IDARE 教学模式中的研讨和反馈等环节都需要学生之间的合作和教师与学生多层面的互动。这样，学生才能在互动中产生认知冲突，从而增强语言思维能力。

二、IDARE 教学模式在高中英语词汇课中的操作实践

下面以高一上学期笔者设计的一节词汇课为例，展示 IDARE 教学模式及其操作流程。这节词汇课的选题是“模块 2”中第 5 单元音乐阅读课前的词汇“教学”课。本节课设计了导入、探究和反馈三个环节。本课要求学生了解生词短语共 16 个，并掌握其词性变换和基本用法。

（一）导入环节

第 5 单元的主题是音乐，在引入部分授课教师没有按常规播几段音乐给学生听并进行介绍，而是请出班上一位平时默默无闻的同学，用电子琴演奏了几种不同风格的音乐来让全体学生进行猜谜游戏，并邀请了学校话剧社的成员展示了一段具有两种音乐风格的话剧。学生们对平时不起眼的同伴的钦佩之情油然而生，对这节课的兴趣也在瞬间被点燃了。这是 IDARE 教学模式中“导入”和“赏析”的充分体现。

（二）探究环节

根据 IDARE 教学模式，本环节分为三个步骤，让学生逐渐熟悉本课要掌握的中心词汇，然后从基本词形到句型再到篇章不断再现，让学生体验从认知到理解再到运用的过程。

1. 步骤一： 增大单词量

在热身后，教师要求学生根据学案上的提示，用小组合作的方式查字典，找出 8 个单词的相应词形变换和 8 个短语的意义。并请最先完成的小组在黑板上展示其合作成果，如下所示。

Work in groups and look up the words in the dictionary.

1. form *v.*	*n.*	5. earn *v.*	*n.*
2. attractive *adj.*	*v.*	6. devotion *n.*	*v.*
3. perform *v.*	*n.*	7. invitation *n.*	*v.*
4. confident *adj.*	*n.*	8. musician *n.*	*n.*

Phrases(Match the phrases with correct meanings)

dream of	认为有(重要性,意义)
attach ... to	最重要,首先
rely on	说实在地
get/be familiar with	梦见;梦想
break up	依赖;依靠
to be honest	另外;此外
in addition	与……熟悉起来
above all	分裂;解体

学生通过自己动手去体验学习的乐趣,查字典学习策略的使用既创造了学生亲身体验的环节,又让学生通过合作研讨的方式增强互动。查字典的环节也是一个开放性的环节,很多学生在学案的提示下会找到不同的答案,教师首先给予肯定,鼓励学生有自己的新发现,继而引导他们把握常用的词形变换,紧扣本课词汇学习主题。

2. 步骤二: 单词与表达

在学生对 16 个生词有了基本认知后,教师便引导学生进行词汇的进一步熟悉和运用。在同桌合作完成填空练习后,请学生来朗读,其余学生边欣赏同伴优美的朗诵边总结词汇的用法,最后请学生根据梦想(dream)与成名(fame)两个关键词来划分词块,如下所示。

(1) Use the above words and phrases to fill in the blanks.

Dream

Most young people want to be famous singers or ________ (音乐家). They have ________ (梦想) playing in front of the audience. <u>Honestly speaking</u> (   ), many people ________ (连接) great importance to becoming rich and famous.

Many of them meet and f ________ a band. They may start as a group of high school students. At first, they play in the street to e ________ their living. Later, they p ________ in pubs or clubs. The songs they play and sing ________ (依赖) the popular ones.

Fame

As the audience ________ (与……熟悉) the bands, they begin to be ________ (自信) about their own music. If their songs can ________ (吸引) people's attention and make a hit, they will be i ________ to give p ________ in many concerts. ________ (此外), they may spend their ________ (报酬) in making records in a studio. Soon they sell millions of records and become millionaires!

Being famous, most of the bands can't d ________ themselves totally to their music. Finally, they may ________ (解体) and disappear in the public. Fame can be a two-edged sword. ________ (最重要), keep going with dreams.

(2) Read the passage and highlight the usage of the vocabulary.

(3) Word grouping.

Put the above words and phrases into two groups with the core words "dream" and "fame" according to the passage.

为了让学生不分裂地学习词汇，教师利用"词块"的理念，围绕乐队的"梦想"与"成名"来展开设计。通过一篇融合了16个生词短语的文章向学生介绍了普通乐队的成名之路，旨在让学生通过语篇的环境进一步熟悉生词及其运用。朗读让学生掌握了生词的正确发音并学会欣赏英语的语言美和同伴的出色才艺。而词块归纳则是研讨的重要体现，为了更好地记忆生词，学生展开了研讨，当然答案也不是唯一的，教师要鼓励学生有自己创造性的发现。

3. 步骤三：句子

本环节教师先是用 PPT 向学生简单介绍著名乐队 WESTLIFE 的背景，然后要求学生根据中文提示用本节所学的词汇造句，完成 WESTLIFE 成名之路的篇章写作。由于课堂时间有限，教师要求四人小组里两人负责 Dream 部分，其余两人负责 Fame 部分，完成后交换讨论并修改。

The Story of Westlife

Part 1 Dream

The story begins in a town named Sligo in the West of Ireland. Three boys named Kian, Mark and Shane ________ (一起在学校音乐剧里演出)。After their success on stage, ________ (他们决定成立一支乐队), called I. O. YOU. ________ (他们一直梦想着成为明星) since they love singing so much. ________ (但他们没有把名利看得很重). Byran and Nicky joined the band in 1998. And they changed their name to "Westlife". At first, they didn't have an easy life since the public ________ (对他们不熟悉). However, they didin't give up. Therefore, ________ (他们付出了大量的时间和精力) their own music.

Part 2 Fame

All is not gold that glitters. The manager of Boyzone helped them to give performances with Boyzone. They finally ________ (赢得了荣誉). ________ (另外，他们也成功地吸引了年轻人的注意). ________ (他们被邀请) to give concerts all around the world. And they became ________ (对他们的音乐更自信了). Westlife remains Ireland's most well-known band and one of the world's biggest pop groups. It is a pity that ________ (他们于 2011 年解散了). No matter where they are, the fans of Westlife will always miss them. ________ .(最重要的是，他们给大家留下了难忘的歌声)

利用所学生词完成句子并在篇章中运用，对学生来说无疑是一个比较大的挑战，因此，这个环节需要同伴的帮助。小组交换批改的过程也是一个研讨的过程，学习基础较好的同学可以帮助基础较差的同学完成任务，也创造了机会让学生碰撞出思维的火花，这也是用积极态度进行英语学习的一种良好体验。

（三）反馈环节

在词汇课的最后，教师创设了一个相关的活动来检验这节课的学习效果。要求学生以小组合作的方式完成两个任务：一是组建一支自己的乐队并作简单介绍；二是用前面所学词汇来写一篇关于自己乐队的文章（要求围绕 dream 和 fame 两个主题）。任务二的反馈是以写作形式呈现的，由于课堂时间的限制，小组讨论并展示结束后，任务二可以延伸为课后的作业。

Group work

Task 1：Form your band!

Discussion and Band show.

* Band name：We are ______________________ band!
* Band members：These are ______, ______, ______, ______.
* The music style：Our band plays ______.
* Who play instruments (or need not)：______.
* Who sing songs：______________.
* Choose an English song for your 'band' to perform.

Task 2：Imagine your future band life!

1. What difficulties will you meet after forming your own band? (Dream)

We form a band called ...

2. When your band becomes a pop group, what's your attitude towards music and future life? (Fame)

We finally become a pop group, surrounded by fans day and night ...

在这个活动中，由于有了前面的多次铺垫，学生已经对本课要掌握的单词相对熟悉，带着对自己乐队的向往投入热烈的讨论中。这个环节既能展示不同小组的讨论成果，也让本课的词汇再一次地重现并运用。而且随着对这个话题讨论的深入，学生有了更多新的看法和认识。可见，IDARE 模式下的词汇课也有利于充分发挥学生的学习积极性，让他们从中体验学习英语的乐趣，探索问题的答案，最后形成自己的观点。

三、IDARE 教学模式在高中英语写作课中的操作实践

在以往的英语写作课中，教师只注重写作结果而不注重写作过程，学生被要求进行英语写作时，要么套用模板写出陈词滥调的文章，要么面对题目思维短路，从而严重阻碍了学生思维能力的发展。受此影响，很大一部分学生对英语写作不感兴趣，甚至有些学生写英语作文时会感到焦虑、缺乏信心。只有合理调整这些负面情绪，才能把它们转化成积极的情感因素。因此，教师需要深入了解学生的心理活动，力图使他们保持积极的心理状态，激发他们的学习动力，使英语学习内化为他们的自身需要。继词汇课后，笔者尝试把 IDARE 教学模式融入英语写作课的教学中，收到了良好的教学效果。

（一）练好书法，立竿见影

高一刚入学的新生英语能力比较低，对于错误的辨别能力也比较差，因此提高其语言能力的时间较长，往往未等到语言能力有所提高，大部分学生已经对写作失去了耐心和兴致。因此，笔者用了一个简单的方法，先吸引学生的写作注意力，这便是练书法。英语书法不仅仅是练字这么简单，在练习书法的过程中既能激发学生对写作的热情（特别是基础差的学生），又能唤起他们对优秀习作的注意。在高一入学伊始，便要求学生把第一单元的习作誊写在作文纸上，然后挑选出两篇水平相当但书写差异较大的文章让学生来评分。结果一如笔者所料，书写好的学生分数高，书写较差的学生分数低。于是，教师抓住这个感性认识创造的机会，教育学生明了书法的重要性，积极的心理建设就在这个时候打下了基础。

每周，教师都要求学生誊写一篇范文，且须练好书法，还要把美文、美句勾画出来。这样做，既使学生注重英语书法的练习，又可以让学生摘抄时学会欣赏并模仿美的语言。誊写美文后还有一个重要的教学活动，就是“猜笔迹”。笔者通常会挑选出成绩较差但是书写较好的学生的作品，让同学们来猜笔迹，最后由大家选出本周“书法之星”。这个活动不仅使全班同学练习书法的热情高涨，更极大地鼓励了后进生们对英语写作的热情。在教室后壁，特意设计专栏展示每周优秀作品，这对学生来说更是极大的鼓励。到期末，还把学生的作文和学期初的作文进行比较。

虽然不能说通过练习书法一定能够提高写作水平，但它对“激发”学生的写作热情具有立竿见影的效果则是毋庸置疑的。誊写美文一方面可以让学生学会“赏

析”并学习美的语言，另一方面也让学生在写作时有意识地创造美的语言，悦纳自己并提升自我成就感。

（二）佳作展示，仿写促进

毫无疑问，动机也是影响语言学习的重要情感因素。动机是为学生提供动力和指引方向的因素。不同的动机，对语言学习的行为和效果产生不同的影响。出自个人兴趣和自我需要的内在动机能使学生保持长久的积极学习状态，能促进学生的自主学习和主动学习，是语言学习取得长远成就的重要前提。如果说练好书法能在开始时激发学生对英语写作的兴趣，那么接下来便要通过实质的语言训练来真正点燃学生对写作的热情了。教师每次批改习作都会挑选出一些学生的佳句，并在讲评时进行佳句赏析（还会特别注明作者）。通常这都是一些优秀学生的作品，他们会因此更努力地提高自己的语言水平，写出更多的佳句，其他同学则会模仿这些同学的写作手法或者句型再次修改自己的文章，并在下一次写作时进行仿写，因为他们也非常渴望有一天自己能有佳句被全班赏析。以下是某节写作课里的“美文佳句”展示：

1. They considered that the Internet can bring lots of convenience to us, such as chatting with friends, getting the new knowledge or information about the world. (By Quimby)

2. They think Internet is convenient for us to communicate with each other so that we can learn more about newest knowledge and latest information. (By Nancy)

3. At the same time, it makes us feel relaxed and makes our life more interesting. (By Melon)

4. However, every coin has two sides. (By Jessica)

……

这项活动大大提高了学生对写作的兴趣，使他们在写作时更注重遣词造句，以减少语法错误。此外，每次习作评讲时，教师都会让学生选出几篇他们喜欢的习作，并刊载于班级报纸上。班上的每个同学都十分珍惜这种被展示的机会，而教师也尽可能从不同角度多方位给学生创造展示自我的空间，使其“体验”英语写作的乐趣。

（三）同伴批改，多层反馈

同伴批改的概念源于小组合作学习，合作学习倡导以学生为中心，学习的过程主要是小组成员之间合作互动，这有利于学生思维能力、自尊心、自信心、学习动机、社交能力的培养。同伴批改的方式是多样化的，教师可以根据习作的特点以及课程的进度来决定。常见的方式有以下几种。

1. 同桌互改

这种方法在写作课堂上运用比较多。同桌互改的要求不会很高，一般要求学生把对方的基本词汇错误和语法错误勾画出来即可，这也算是对初稿作了第一轮的筛选。常常进行同桌互改，可以让学生重视词汇和语法的学习，使其更有动力去背好单词和熟练掌握语法。

2. 小组批改

一般会在同桌互改后，挑选出数篇不同水平的习作分给各个小组(通常 4 人)批改，每个小组只需负责批改一份习作。鉴于各个小组的水平参差不齐，通常优秀生所在的小组一般会分到比较差的习作，这样他们会有比较大的发展空间，而水平稍差的小组会分到中上水平的习作，目的是让他们一边学习一边批改。学生们都非常看重同伴的批改意见，教师只需从旁点评和引导即可，并不要求每个小组把文章改到极致。

3. 点评批改

在全班选出几位优秀生组成一个评审团，课下培训他们如何点评作文和打分。然后，每次写作课都会由一位评委上台点评作文并打分，台下的同学都非常希望自己的习作能被选上作为点评对象，而评委们每次都会很认真地准备点评。应该说，同学之间的鼓励和劝勉在一定程度上比教师的点评更富感染力。

积极心理学认为，应该重视社会背景下的人及其体验的再认识，意识到积极团体和社会机构对于个人健康成长的重要意义。同伴批改是 IDARE 模式中“反馈”和“体验”的有效呈现，既有利于学生在教师的引导下反思自己在课堂上的所学，又让教师检验一节课是否达成教学目标。学生在参与批改的过程中，得到同学的支持和情感肯定，继而在互动中产生认知冲突，从而增强语言思维能力。

四、对 IDARE 教学模式的思考

(一) 培养学生积极的情感体验

学生进行英语学习需要动力，其动力的来源就是学生能获得教师、同学和家长的认可，让他们获得自豪感、充实感、成就感和幸福感。因此，教师要努力创设条件，挖掘学生的“闪光点”，使其能够获得表现的机会和成功的体验。这对于激发学

生学习英语的兴趣能起到至关重要的作用。但不是每个学生都有展示自我的机会，也会有学生因为长期得不到进步而气馁。这时，教师就要发挥心灵导师的作用，既要有耐心，又要帮助学生正确认识自己的学习不足并设法改善。这也是积极情感体验的一种表现。IDARE 模式所倡导的就是让教师走近学生，用肯定的眼光去挖掘他们的潜能，创造机会让学生进行自我展示，激发学习英语的兴趣和动力。

（二）发展和谐的师生关系

古人云："亲其师，信其道。"师生合作是指师生之间通过相互启发、相互借鉴、互相帮助，使学生的学习、研究与体验取得成功，并使师生双方都获得积极的情感体验。教师在课堂中融入积极心理学思想，对学生进行赏识教育，会使学生获得积极的自我认同，产生的积极情感体验可以在日后的学习中强化和迁移，并最终形成积极的人格。而在教学过程中形成良好师生关系的同时，教师也得到积极的回馈，从而提升了教师的教学兴趣和积极性。IDARE 模式所倡导的积极课堂也是一个良好的小型社会，师生双方通过互动完成教学任务，更培养了积极的品德，相互学习，共同进步。

（三）进行积极的教学评价

美国心理学家马斯洛认为，荣誉感和成就感是人的最高层次的需要——尊重的需要。所以，教师要转变评价观念，善于发现学生身上各方面的闪光点。只要学生在英语学习过程中表现出了点滴进步，教师就应该给予肯定和表扬，从而激发他们内在的积极品质，让他们的潜能得到最大限度的发挥。IDARE 模式所倡导的就是通过多元积极评价，让学生得到来自教师和同伴的肯定，从而促发他们内心深刻、积极的心理体验，激发和调动学生学习的自觉性、主动性和积极性。

总之，积极心理学理念指导下的 IDARE 教学模式，强调教师创设"成功的机会"，让学生进行积极的学习体验，从而激发学习英语的兴趣；提倡学生大胆展示自己的才华，并从中得到教师和同伴的肯定；主张学生通过合作的方式与同伴自主研讨课堂的问题；鼓励学生发挥创新思维和批判性思维，寻求更多的学习体验。IDARE 教学模式在高中英语课堂的实施有利于解决目前高中英语课堂枯燥乏味、学生缺乏自主学习动力等问题。

参考文献

[1] SELIGMAN M E P. Authentic Happiness: Using the New Positive Psychology to Realise

Your Potential for Lasting Fulfilment[M]. London：Nicholas Brealey Publishing，2003.

[2] 任俊. 写给教育者的积极心理学[M]. 北京：中国轻工业出版社，2012.

[3] 金忠明，林炊利. 教师，走出职业倦怠的误区[M]. 上海：华东师范大学出版社，2011.

[4] 崔丽娟，张高产. 积极心理学研究综述——心理学研究的一个新思潮[J]. 心理科学，2005，28(2).

[5] 李金钊. 教师成长的环境回应——积极心理学之取向[J]. 新课程(综合版)，2007(7).

[6] 刘金梅. 介入中国学生英语写作的情感因素研究[J]. 湖北师范学院学报，2006(2).

[7] 张省林. 英语写作心理障碍及其调适——过程写作教学中的积极情感因素培养[J]. 外语与外语教学，2005(5).

[8] 聂春燕. 高中英语写作作业的设计和批改策略[J]. 中小学英语教学与研究，2012(8).

教学方法篇

在新课改中，很多教师对教学方法问题给予了关注，并在教学实践中对教学方法进行了研究。《中国教育大百科全书》指出：教学方法是教学过程的重要组成部分，是教学活动的基本要素之一。因此，好的教学方法有助于提高教学活动的有效性。这里收入五篇论文。其中，数学科张萍女的《化归思想方法在高三数学教学中的应用研究》一文指出，在中学数学教学中，最基础的数学思想就是化归思想，它不仅渗透在教学的方方面面，而且对学生的学习具有引导作用；同时具体探讨了化归应遵循的基本原则、方法和应用。英语科齐婷的《以"前设活动"提升高三学生英语基础写作能力——基于广东华侨中学的研究》一文以广东华侨中学为例，以图式理论、信息加工理论和建构主义理论为依据，采用定量和定性相结合的方法，在现状分析、理论探索和行动研究的基础上，探讨写作前设活动有助于提升学生的基础写作能力。化学科秦绍臻的《基于认知负荷理论的有机化学样例学习探究》一文指出，化学样例学习是学生学习化学的主要方式之一，在有机化学教学过程中，运用认知负荷理论科学、合理地设计样例，能有效地减轻学生的认知负荷，促进学习的有效迁移和提高学习的效率。数学科张娜的《不同人性假设视野下初中数学课堂练习题改编方法探析——以七年级为例》一文指出，对教学工作的研究离不开对人性的研究，不同人性假设下的人的行为及结果都会不同；同时以七年级课堂练习题为例，对设置新问题情境法、转换题型法、变换提问方式法、变换题设条件法、重置考查目标法等五种方法进行了探讨。地理科陈传飞的《论高中地理学科师生评价共同体及其实施》一文探讨了高中地理学科师生评价共同体，即一种建立在师生关系重建、对话协商、共同发展基础上的"太极图"综合评价模式，以实现由教师一元评价主体向师生二元评价主体的转变，并最终建立起良好的师生评价文化。

化归思想方法在高三数学教学中的应用研究

数学科　张萍女

［摘　要］中学数学教学中，最基础的数学教学思想就是化归思想。作为基础教学思想，它渗透在学校教学的方方面面。本文具体探讨了化归应遵循的基本原则、方法以及应用时的注意点，指出化归思想的方法对高中生的数学学习具有引导作用，可以激发学生的创新思维，在高三的数学复习中占了主导地位。

［关键词］化归思想方法　应用　高中数学教学

匈牙利数学家罗莎·彼得在他的名著《无穷的玩艺》中，通过一个十分生动而有趣的笑话，来说明数学家是如何用化归的思想方法来解题的。有人提出了这样一个问题："假设在你面前有煤气灶、水龙头、水壶和火柴，你想烧开水，应当怎样去做?"对此，某人回答说："在壶中灌上水，点燃煤气，再把壶放在煤气灶上。"提问者肯定了这一回答，但是，他又追问道："如果其他的条件都没有变化，只是水壶中已经有了足够的水，那么你又应该怎样去做?"这时被提问者一定会大声而有把握地回答说："点燃煤气，再把水壶放上去。"但是更完善的回答应该是这样的："只有物理学家才会按照刚才所说的办法去做，而数学家却会回答，'只须把水壶中的水倒掉，问题就化归为前面所说的问题了'"。

"把水倒掉"，这就是化归，就是数学家常用的方法。翻开数学史，这样的例子不胜枚举。誉其为"万能方法"的法国哲学家和物理学家笛卡儿在《指导思维的法则》一书中指出：第一，将任何种类的问题转化为数学问题；其次，将任何种类的数学问题转化为代数问题；第三，将任何代数问题转化为方程式的求解。

一、化归思想方法在高三数学教学中的应用意义

化归思想方法，一般是指人们将待解决或难以解决的问题通过某种转化过程，归结到一类已经解决或比较容易解决的问题中去，最终求得原问题的解答的一种

手段和方法。而对于转化思想，布鲁姆在《教学目标分类学》中就明确指出，数学转化思想是“把问题元素从一种形式向另一种形式转化的能力”。所谓转化思想，通常是将未知问题转化为已知问题，将抽象的问题转化为具体的问题，将实际问题转化为数学问题。化归与转化思想的实质是揭示联系，实现转化。化归与转化的思想是解决数学问题的根本思想，实质是转化矛盾的思想方法，即遵循“运动——转化——解决”的基本思想。

新时代的数学课改方向着力于培养学生学习数学的思想和方法，尤其是新课程的观念越来越普及，方法的归纳与总结成为中学数学教学研究的重点，因而，中学数学教学有关解题思想的研究日益成为教师关注的焦点。对解题方法有效地归纳、总结，有利于数学思维的形成，对数学学习方法的应用亦颇有助益。

笔者在高中数学教学中经常碰到学生提出这样的问题：“老师，我都做了好多题了，为什么考试老拿不到高分？有时候看到一些题，感觉很熟悉，好像自己曾经做过，但怎么也想不起来是怎么做的，越是想不起来我就越烦躁，越烦躁我就越解不了题，于是解答后面那些题都受影响了。老师，我该怎么办啊？”在日常的教学中，这样的学生恐怕还不是少数，尤其当学生进入高三学习后，这种情况越发明显。这主要是因为：高三时，学生已学过的知识比较多，此时题目的综合性更强。而目前中学数学教学常态仍然是“题海战术”，尤其是在高三的课堂教学中，即使是目前效果比较好的学案教学，其实也建立在大量讲练习题的基础上。它的主要危害在于：只看现象，不看本质；以大量习题记忆的形式代替理解和运用。而目前的高考主要是以能力立意为主题，该类试题没有固定的模式，难有现成的方法和套路可以搬用。这样一来，用题海战术来应对高考，显然是行不通的。在高考中，对化归思想的考查，总是结合对演绎证明、运算推理、模式构建等理性思维能力的考查进行，也可以说，高考中的每一道试题都在考查化归意识和转化能力。化归思想方法统领着众多数学思想方法，它是数学中最基本、最常用的思想方法，着眼于揭示联系、实现转化，在迁移转化中达到问题的规范化。

高三的复习课须直面高考，所以，课堂教学就必须带有任务式或问题式的特征，教师在课堂上对数学思想方法的理解、提炼、掌握、运用始终贯穿于高三教学，只有这样，学生才会兼顾知识、方法、能力等层次要求，以不变应万变。教师应在课堂上采用探究发现式教学法、活动式教学法、类比学习法、多媒体辅助教学法及变式训练教学法等，从数学思想方法与解题策略思路方面看例题，在渗透数形结合的基本数学思想方法的同时，培养学生观察、联想、类比、猜测、归纳的能力；进而通过变式迁移，体会转化思想。这样的课堂教学具有较强的思维性与针对性，数学思想方法在知识的形成、发展和应用的过程中经历提炼。教师引导学生提炼数学思想方法，在应用过程中培养学生的能力，期间渗透着的数学思想方法有：数形结合方法、类比法、转化法、特殊值法等。

数学思想方法作为一种思维工具，可以促进数学理论应用于实践，而化归思想方法统领着众多数学思想方法。化归思想方法是数学中最基本的思想方法，它着眼于揭示联系，实现转化，在迁移转化中达到问题的规范化。其他各种思想方法大多渗透着化归思想。如数形结合的思想——将“形”的问题转化为“数”的问题，反之亦然；函数与方程思想——将不等式问题转化为方程、函数问题，将方程问题转化为函数问题等；分类讨论思想——将整体转化为部分，先求得局部的解决，再进而求得整体的解决。以及各种变换方法、分析法、反证法、待定系数法、构造法等都是转化的手段。化归思想方法无处不在、无处不有，它既是各种思想方法的基础，又是各种思想方法的灵魂，所以化归思想方法又被称为解决问题的“常规方法”。

化归思想在高考中占有十分重要的地位。数学问题的解决总离不开化归思想，如未知向已知的转化、新知识向旧知识的转化、复杂问题向简单问题的转化、不同数学问题之间的互相转化、实际问题向数学问题转化等。各种变换、具体解题方法都是转化的手段，转化的思想方法渗透到所有的数学教学内容和解题过程中。应用化归思想解题需明确三个问题：(1) 明确化归对象，即对什么问题进行转化；化归对象可大可小，可以是对问题的局部进行转化、对问题的某个条件或结论作出转化，如式的恒等变形、三角函数值与角终边满足的条件的转化等，这种转化主要是为了能直接运用一般规律和结论；也可以是对问题整体的转化，诸如代数、三角、几何领域之间的跨越式转化。(2) 认清化归目标，即化归到何处去；化归目标必须要清楚、简单明了，只有这样才符合化归的指导思想。(3) 把握化归方法，即如何进行化归。

二、 化归思想方法在高中数学各知识点的渗透

(一) 化归思想方法在立体几何中的渗透

在立体几何中，主要解决有关平行、垂直的证明以及距离、角度、长度的计算等。在这些问题中，往往渗透着化归思想。

1. 用坐标法实现平行与垂直的转化

如要证明直线与平面平行，可以转化证明直线与平面的法向量垂直。而证明线面垂直时，也可以转化证明直线与平面的法向量平行。

2. 距离问题的转化

在求两个平行平面线与面之间的距离时，通过它们的位置关系，把问题转化成点到面的距离问题，进一步用等体积法求出距离。

3. 立体问题转化成平面几何问题

如在证明直线与平面平行时，根据线面平行的判定定理，我们需要在平面内找到一条直线与平面外面的直线平行，则线面平行问题转化成线线平行，就把立体几何问题转化成平面问题。又如在求直线与平面所成的角或两个半平面所成的二面角时，都需要把对应的平面角找出来，然后解三角形。

例 1　在四面体 P-ABC 中，$PA=PB=PC=2$，$\angle APB=\angle BPC=\angle APC=30°$，一只蚂蚁从 A 点出发沿着四面体的表面绕一周，再回到 A 点。问：蚂蚁沿着怎样的路径爬行时路程最短，最短路程是多少？

解：将四面体沿 PA 剪开，并将其侧面展开平铺在一个平面上，联结 AA' 分别交 PB、PC 于 E、F 两点，则当蚂蚁沿着 $A\to E\to F\to A'$ 路径爬行时，路程最短。

在 $\triangle APA'$ 中，$\angle APA'=90°$，$PA=PA'=2$，所以 $AA'=2\sqrt{2}$，即最短路程 AA' 的长为 $2\sqrt{2}$。

（二）化归思想方法在解析几何中的渗透

解析几何的核心方法是“用代数方法研究几何问题”，核心思想是“数形结合”，通过“形助数”或“以数代形”实现几何条件代数化，代数运算几何化，从而使复杂问题简单化，抽象问题直观化、形象化，从而达到优化问题的目的。而通过图形能迅速地找到解题方法，往往会达到出奇制胜的效果。

1. 几何问题往代数问题转化

例 2　已知椭圆 $\frac{x^2}{16}+\frac{y^2}{4}=1$，过点 $P(0, 4)$ 的直线 l 与椭圆交于 A、B 两点，若 $C(0, -1)$，且 $|AC|=|BC|$，求直线 l 的斜率。

分析：根据给出的几何条件 $|AC|=|BC|$，分析出 $\triangle ABC$ 是等腰三角形，三线合一，即 $CD\perp AB$（其中 D 是线段 AB 的中点）转化成代数条件：两直线斜率存在时，$k_{CD}\cdot k_{AB}=-1$。

解：依题意可知，直线 AB 的斜率显然存在，设 D 是线段 AB 的中点。

不妨设斜率为 k，则直线 AB 的方程可设为：$y = kx + 4(k \neq 0)$，

联立方程 $\begin{cases} \dfrac{x^2}{16} + \dfrac{y^2}{4} = 1, \\ y = kx + 4, \end{cases}$ 消去 y 得：$(4k^2+1)x^2 + 32kx + 48 = 0$。

设 $A(x_1, y_1)$，$B(x_2, y_2)$，则 $x_1 + x_2 = -\dfrac{32k}{4k^2+1}$，$y_1 + y_2 = \dfrac{8}{4k^2+1}$，

因此 $D\left(-\dfrac{16k}{4k^2+1}, \dfrac{4}{4k^2+1}\right)$。

因为 $|AC| = |BC|$，所以 $\triangle ABC$ 是等腰三角形，则 $CD \perp AB$，所以 $k_{CD} \cdot k_{AB} = -1$，

$\dfrac{\dfrac{4}{4k^2+1}+1}{-\dfrac{16k}{4k^2+1}} \cdot k = -1$，解得 $k = \pm\dfrac{\sqrt{11}}{2}$。所以直线 l 的斜率为 $\pm\dfrac{\sqrt{11}}{2}$。

2. 代数问题往几何问题转化

例 3　求 $\int_0^1 \sqrt{1-x^2}dx$。

分析：在高中学习阶段，求定积分主要是运用微积分基本定理或利用定积分的几何意义求解。根据题目给定的被积函数，显然不能用微积分基本定理，所以只能结合被积函数的图像解决问题。

解：设 $y = \sqrt{1-x^2}$，则可变形为：$x^2 + y^2 = 1$，$(y \geqslant 0)$。

该函数表示的图像是以原点为圆心，半径为 1 的上半圆，所以 $\int_0^1 \sqrt{1-x^2}dx = \dfrac{\pi}{4}$。

3. 化归思想在代数中的应用

数与形的转化，即数形结合思想。对函数的单调性、奇偶性、周期性、对称性等的刻画和定义都是利用函数的图像。在不等式方面也可以转化成两函数图像的位置关系，在方程中，往往需要转化成函数零点问题，通过对图像的分析，得到满足条件的式子。

三、化归思想方法在高三数学教学中应用的基本原则

（一）熟悉化原则

将陌生的问题转化为熟悉的问题，以利于我们运用熟知的知识、经验来解决新问题。

例 4　已知 x，y 满足 $\begin{cases} x+y\leqslant 1 \\ x+2y\leqslant 1 \\ x\geqslant 0,\ y\geqslant 0 \end{cases}$，求 $z=\dfrac{y+1}{x+1}$ 的最值。

这是一道非常简单的线性归化。从问题的“形”出发，用到数形结合的思想，把要求的“数”转化成“形”，即从 $\dfrac{y+1}{x+1}$ 联想到非常熟悉的两点求斜率：$z=\dfrac{y+1}{x+1}=\dfrac{y-(-1)}{x-(-1)}$ 表示经过 $(x,\ y)$ 和 $(-1,\ -1)$ 两点的直线的斜率，接下来，只需画出可行域，找出最优解 $(1,\ 0)$ 和 $(0,\ 0.5)$，分别代入目标函数，求出 z 的最大值为 1.5，最小值为 0.5。

（二）简单化原则

将复杂问题化归为简单问题，通过对简单问题的解决达到解决复杂问题的目的，或获得某种解题的启示和依据。

例 5　对于满足 $0\leqslant a\leqslant 4$ 的一切实数，不等式 $x^2+ax>4x+a-3$ 恒成立，求 x 的取值范围。

分析：函数与方程、不等式就像“一胞三兄弟”，解决方程、不等式的问题需要函数帮助，解决函数的问题需要方程、不等式的帮助，因此，借助于函数与方程、不等式进行转化与化归，可以将问题化繁为简。一般可将不等关系化为最值(值域)问题，从而求出参变量的范围。但我们习惯上默认了 x 为自变量，把不等式变形为：$x^2+ax-4x-a+3>0$，构造函数 $f(x)=x^2+(a-4)x-a+3$，于是问题转化为：当 $a\in[0,\ 4]$，$f(x)>0$ 恒成立，求 x 的取值范围。

要解决这个问题，则需要一元二次函数及一元二次方程根的分布原理，采用分类讨论的思想和方法解决，这样问题变得相当复杂了。我们不妨把变量和常量进行转化，反客为主，设 $f(a)=(x-1)a+(x^2-4x+3)$，则当 $a\in[0,\ 4]$ 时，$y=f(a)$ 对应的函数图像是一条线段，所以只需 $f(0)>0$ 和 $f(4)>0$ 同时成立即可，解得 $x\in(-\infty,\ -1)\cup(3,\ +\infty)$。

这道题看上去是一元二次不等式问题，但通过对常量与变量的转化，不等式与函数的转化，变成一元一次函数的最值问题，通过函数的单调性，很容易解决这个问题。

（三）和谐化原则

化归问题的条件或结论使其表现形式更符合数与形内部所表示的和谐的形

式，或者转化命题，使其推演有利于运用某种数学方法或使其方法符合人们的思维规律。

例 6　设 $x_1, x_2, \cdots, x_n$ 都是正数，求证：$\frac{x_1^2}{x_2}+\frac{x_2^2}{x_3}+\cdots+\frac{x_n^2}{x_1}\geqslant x_1+x_2+\cdots+x_3$。

解析：本题是一多元不等式，从整体上考虑一时难以入手，现行教材下学生只学过均值不等式；对于三个以上的式子不等式关系未能把握，能否从学过的不等式入手呢？事实上：

$\frac{x_1^2}{x_2}+x_2\geqslant 2x_1$，$\frac{x_2^2}{x_3}+x_3\geqslant 2x_2$，……，$\frac{x_n^2}{x_1}+x_1\geqslant 2x_n$，各式相加即得

$$\left(\frac{x_1^2}{x_2}+\frac{x_2^2}{x_3}+\cdots+\frac{x_n^2}{x_1}\right)+(x_1+x_2+\cdots+x_n)\geqslant 2x_1+2x_2+\cdots+2x_n$$

即 $\frac{x^2}{x_2}+\frac{x^2}{x_3}+\cdots+\frac{x_n^2}{x_1}\geqslant x_1+x_2+\cdots+x_3$。

于是，问题迎刃而解。

（四）直观化原则

将比较抽象的问题转化为比较直观的问题来解决。

例 7　函数 $f(x)=\sqrt{x^4-3x^2-6x+13}-\sqrt{x^4-x^2+1}$ 的最大值。

解：用待定系数法，配方为 $f(x)=\sqrt{(x-3)^2+(x^2-2)^2}-\sqrt{x^2+(x^2-1)^2}$ 转化为几何问题。$y=x^2$ 的几何意义是抛物线上的动点 $M(x, y)$ 到点 $P(3, 2)$ 和到点 $Q(0, 1)$ 距离之差。由 $|MP|-|MQ|\leqslant|PQ|$ 解得：$f(x)$ 的最大值为 $|PQ|=\sqrt{10}$。

还可以考虑用向量的知识解本题：可考虑 $|\vec{a}|-|\vec{b}|\leqslant|\vec{a}\pm\vec{b}|\leqslant|\vec{a}|+|\vec{b}|$，当且仅当 $\vec{a}$ 与 $\vec{b}$ 共线同向时等号成立，……①

$f(x)=\sqrt{(x-3)^2+(x^2-2)^2}-\sqrt{x^2+(x^2-1)^2}$，

令 $|\vec{a}|=\sqrt{(x-3)^2+(x^2-2)^2}$ 和 $|\vec{b}|=\sqrt{x^2+(x^2-1)^2}$，

设 $y=x^2$，则 $\vec{a}=(x-3, y-2)$ 和 $\vec{b}=(x, y-1)$。

由①式可得：$f(x)\leqslant|\vec{a}-\vec{b}|$

$\vec{a}-\vec{b}=(x-3, y-2)-(x, y-1)=(-3, -1)$，

因此 $|\vec{a}-\vec{b}|=\sqrt{3^2+1^2}=\sqrt{10}$，

所以 $f(x)$ 的最大值是 $\sqrt{10}$。

（五）正难则反原则

当正面讨论问题遇到困难或者相当繁琐时，不妨考虑问题的反面，设法从问题的反面去探求，使问题获解。

例 8 已知函数 $f(x)=4x^2-ax+1$ 在(0，1)内至少有一个零点，求实数 a 的取值范围。

分析：在(0，1)内至少有一个零点的情况下，正面分析要有五种不同的情况。

(1) 在(0，1)内有两个零点；

(2) 函数在 R 上有两个零点，一个在(0，1)内，一个在 $(-\infty,0)$ 或 $(1,+\infty)$ 内；

(3) 函数在 R 上有两个零点，一个在(0，1)内，一个就是 $x=0$；

(4) 函数在 R 上有两个零点，一个在(0，1)内，一个就是 $x=1$；

(5) 函数在 R 上只有一个零点，且刚好在(0，1)内。

显然，这样一来就把问题复杂化了，而问题的反面为没有零点，比较容易处理。

解：(法一) 函数 $f(x)=4x^2-ax+1$ 在(0，1)内没有零点 $\Leftrightarrow 4x^2-ax+1=0$ 在(0，1)内没有实数根，即在(0，1)内，$4x^2-ax+1\neq 0$，有 $a\neq 4x+\dfrac{1}{x}$。

而当 $x\in(0,1)$ 时，$4x+\dfrac{1}{x}\geqslant 2\sqrt{4x\cdot\dfrac{1}{x}}=4$，得 $4x+\dfrac{1}{x}\in[4,+\infty)$。

要使 $a\neq 4x+\dfrac{1}{x}$，必有 $a<4$，故满足题设的实数的取值范围是 $[4,+\infty)$。

(法二) 设 $f(x)=4x^2-ax+1$，对称轴为 $x=\dfrac{a}{8}$，注意到 $f(0)=1>0$，故对称轴必须在 y 轴的右侧。

(1) 当 $0<\dfrac{a}{8}<1$ 时，即 $0<a<8$，

有 $\begin{cases}\Delta=a^2-16\geqslant 0\\ f(0)>0\end{cases}\Rightarrow\begin{cases}a\leqslant -4 \text{ 或 } a\geqslant 4\\ a\in\mathbf{R}\end{cases}\Rightarrow a\leqslant -4$ 或 $a\geqslant 4$，此时 $4\leqslant a\leqslant 8$；

(2) 当 $\dfrac{a}{8}\geqslant 1$ 时，有 $f(1)<0\Rightarrow 5-a<0\Rightarrow a>5$，此时有 $a\geqslant 8$。

综合(1)、(2)得实数的取值范围是 $[4,+\infty)$。

运用法二直接求解时，要有较强的数形结合能力、分类讨论能力和较强的洞察力[注意到 $f(0)=1>0$]，有一定的难度；若转为先考虑它的反面情形（法一），则解题目标与思路会变得更集中与明确。“正难则反”有时会给解题带来意想不到的妙处。

“正难则反”这种转化思想除了在函数中体现之外，在概率题中也经常出现。

例 9　有 9 张卡片分别写着数字 1，2，3，4，5，6，7，8，9，甲、乙二人依次从中抽取一张卡片（不放回），试求：

(1) 甲抽到写有奇数数字卡片，且乙抽到写有偶数数字卡片的概率。

(2) 甲、乙二人至少抽到一张奇数数字卡片的概率。

分析思路：(1) 甲、乙二人依次各抽一张的可能结果→甲抽到含奇数，乙抽到含偶数数字卡片的结果→求概率。

(2) 找对立事件→求对立事件概率→求出原事件概率。

解：(1) 甲、乙二人依次从九张卡片中各抽取一张的可能结果有 $C_9^1\cdot C_8^1$ 种，甲抽到写有奇数数字卡片，且乙抽到写有偶数数字卡片的结果有 $C_5^1\cdot C_4^1$ 种，设甲抽到写有奇数数字卡片，且乙抽到写有偶数数字卡片的概率为 p_1，则：

$$P_1=\frac{C_5^1\cdot C_4^1}{C_9^1\cdot C_8^1}=\frac{20}{72}=\frac{5}{18}$$

(2) 设甲、乙二人至少抽到一张奇数数字的概率为 p_2，甲、乙二人至少抽到一张奇数数字卡片的对立事件为两人均抽到写有偶数数字卡片，设为 $\overline{p_2}$，则：

$$P_2=1-\overline{P_2}=1-\frac{C_4^1C_3^1}{C_9^1C_8^1}=\frac{5}{6}$$

一般地，一个题目若出现多种成立的情况，则不成立的情况一般较少，宜从反面考虑，可多使用于“至多”、“至少”这种情形。

四、常见的化归思想方法以及在高三数学教学中应用的注意点

（一）常见的化归思想方法

化归思想方法用于研究、解决数学问题思维受阻时，或寻求简单方法，或从一种状况转化到另一种情境，使问题得到解决，这种转化是解决问题的有效策略，同

时也是成功的思维方式。常见的转化方法有：

(1) 直接转化法。把原问题直接转化为基本定理、基本公式或基本图形问题。

(2) 换元法。运用“换元”把式子转化为有理式或使整式降幂等，把较复杂的函数、方程、不等式问题转化为易于解决的基本问题。

例 10　求函数 $f(x)=2-4a\sin x-\cos 2x$ 的最大值和最小值。

分析：令 $\sin x=t$，转化为关于 t 的二次函数在闭区间上的最值问题，结合二次函数图像讨论可得。

解：$y=f(x)=2-4a\sin x-(1-2\sin^2 x)=2\sin^2 x-4a\sin x+1=2(\sin x-a)^2+1-2a^2$。

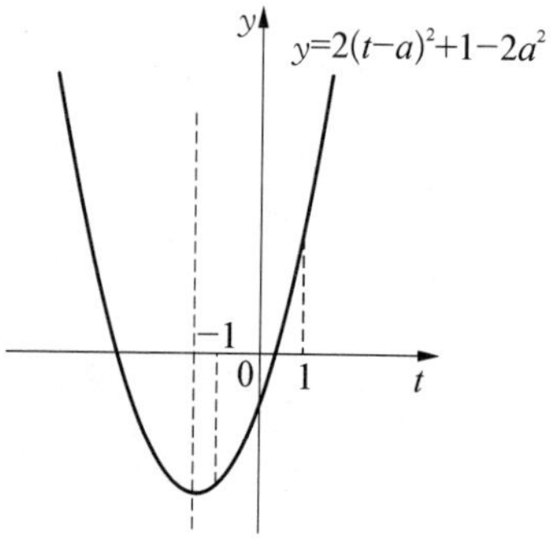

设 $\sin x=t$，则 $-1\leqslant t\leqslant 1$，

并且 $y=g(t)=2(t-a)^2+1-2a^2$。

当 $a<-1$ 时，如图，有 $y_{\max}=g(1)=3-4a$，$y_{\min}=g(-1)=3+4a$；

当 $-1\leqslant a\leqslant 1$ 时，$y_{\max}$ 为 $g(-1)$ 和 $g(1)$ 中的较大者，即 $y_{\max}=3-4a(-1\leqslant a\leqslant 0)$ 或 $y_{\max}=3+4a(0\leqslant a\leqslant 1)$；

当 $a>1$ 时，有 $y_{\max}=g(-1)=3+4a$，$y_{\min}=g(1)=3-4a$。

(3) 数形结合法。研究原问题中数量关系(解析式)与空间形式(图形)关系，通过互相变换获得转化途径。

例 11　若 $x, y\in\mathbf{R}$，集合 $A=\{(x, y)\mid x^2+y^2=1\}$，$B=\{(x, y)\mid x+y=a\}$，当 $A\cap B$ 有且只有一个元素时，求实数 a 的值。

分析：根据集合 A 和 B 的描述，可知集合 A 和 B 分别表示圆和直线，这样就把两集合的关系转化为圆与直线的位置关系。因为交集元素只有一个，此时直线与圆相切，

(法一) 则圆心到直线的距离等于半径：$d=\dfrac{|a|}{\sqrt{2}}=1$，求出 $a=\pm\sqrt{2}$。

(法二) 联立 $\begin{cases}x^2+y^2=1\\x+y-a=0\end{cases}$，消去 y 得 $2x^2-2ax+a^2-1=0$，因为方程解只有一个，所以 $\Delta=0$，求出 $a=\pm\sqrt{2}$。

比较两种方法，显然方法一比较快捷。数形结合法在高中函数、不等式、向量、解析几何中都可充分利用。

(4) 等价转化法。把原问题转化为一个易于解决的等价命题，达到化归的目的。

例 12　已知 x_0 为方程 $e^x - x - 2 = 0$ 的一个根，且 x_0 所在的区间为 $(k, k+1)(k \in \mathbf{Z})$，则 k 的一个值为________。

分析："x_0 为方程 $e^x - x - 2 = 0$ 的一个根"等价于"x_0 为函数 $f(x) = e^x - x - 2$ 的一个零点"，因此可用函数零点存在判定定理来解决这题。

解：$\because f(1) = e - 3 < 0,\ f(2) = e^2 - 4 > 0$。

即 $f(1)f(2) < 0$。

$\therefore \exists x_0 \in (1, 2)$，使得 $f(x_0) = 0$。

$\therefore k = 1$。

(5) 特殊化方法。把原问题的形式向特殊化形式转化，并证明特殊化后的问题、结论适合原问题，这种方法在数学归纳法中有很好的体现。

例 13　在数列 $\{a_n\}$ 中，$a_1 = 2$，$a_{n+1} = \lambda a_n + \lambda^{n+1} + (2-\lambda)2^n$，$n \in \mathbf{N}^*$，$\lambda > 0$，求数列 $\{a_n\}$ 的通项公式。

解：$a_2 = 2\lambda + \lambda^2 + (2-\lambda)2^1 = \lambda^2 + 2^2$；$a_3 = 2\lambda^3 + 2^3$；$a_4 = 3\lambda^4 + 2^4$；

由此猜想数列 $\{a_n\}$ 的通项公式为：$a_n = (n-1)\lambda^n + 2^n$，$n \in \mathbf{N}^*$。

下面用数学归纳法证明：

① 当 $n = 1$ 时，$a_1 = 2$，等式成立。

② 假设当 $n = k(k \geqslant 2$，且 $k \in \mathbf{N}^*)$ 时等式成立，即

$$a_k = (k-1)\lambda^k + 2^k,$$

那么：
$$\begin{aligned} a_{k+1} &= \lambda a_k + \lambda^{k+1} + (2-\lambda)2^k \\ &= \lambda((k-1)\lambda^k + 2^k) + \lambda^{k+1} + (2-\lambda)2^k \\ &= [(k-1)+1]\lambda^{k+1} + 2^{k+1} \end{aligned}$$

这也是说，当 $n = k+1$ 时也成立。

由①②可知，$a_n = (n-1)\lambda^n + 2^n$，对任意 $n \in \mathbf{N}^*$ 都成立。

本题求 a_n 时采用了特殊化的方法，这是归纳—猜想—证明的思路，当问题难以入手时，应先对特殊情况或简单情形进行观察、分析，发现问题中特殊的数量或关系结构或部分元素，然后推广到一般情形，以完成从特殊情形的研究到一般问题的解答的过渡，这就是特殊化的化归策略。

数学题目有的具有一般性，有的具有特殊性，解题时，有时需要把一般问题化

归为特殊问题，有时需要把特殊问题化归为一般问题。

(6) 构造法。"构造"一个合适的数学模型，把难题变为易于解决的问题。在不等式处理恒成立问题或者证明不等式时经常要运用构造函数法。

例 14　若不等式 $x^2-ax+1>0$ 在 $x\in[1, 2]$ 恒成立，求 a 的取值范围。

分析：一般恒成立问题，大多数都有分离参数法，把原不等式变形为：$a<x+\frac{1}{x}$，在 $x\in[1, 2]$ 恒成立，此时构造函数 $f(x)=x+\frac{1}{x}$，要使命题成立，则要求 $f(x)=x+\frac{1}{x}$，在 $x\in[1, 2]$ 的最小值，由"对勾函数"的图像可知，$y=f(x)$ 在 $x\in[1, 2]$ 是单调递增，所以 $f_{\min}(x)=2$，解得 $a<2$。

(7) 坐标法。以坐标系为工具，用计算方法解决几何问题是转化方法的一个重要途径。

例 15　已知 $\triangle ABC$ 是边长为 2 的等边三角形，E 为边 BC 的中点，D 为边 AE 的中点，求 $\overrightarrow{BD}\cdot\overrightarrow{BE}$ 的值。

解：以 BC 所在的边为 x 轴，线段 BC 的垂直平分线为 y 轴，建立平面直角坐标系。

$\because$ $\triangle ABC$ 为等边三角形，E 为边 BC 的中点。

$\therefore$ $AE\perp BC$。

$\because$ $AB=BC=AC=2$，易得 $B(-1, 0)$，$C(1, 0)$，$A(0, \sqrt{3})$，$E(0, 0)$。

$\therefore$ $D\left(\frac{\sqrt{3}}{2}, 0\right)$。

$\therefore$ $\overrightarrow{BD}\cdot\overrightarrow{BE}=\left(\frac{\sqrt{3}}{2}+1, 0\right)\cdot(1, 0)=\frac{\sqrt{3}}{2}+1$。

(8) 参数法。引进参数，使原问题转化为熟悉的形式便于解决。

例 16　已知椭圆的方程为 $\frac{x^2}{16}+\frac{y^2}{9}=1$，点 p 为椭圆上的一点，直线 l：$x-y-10=0$，求点 p 到直线 l 距离的最大值。

解：$\because$ $\frac{x^2}{4^2}+\frac{y^2}{3^2}=1$。

$\therefore$ 设点 $p(4\cos\theta, 3\sin\theta)$，$\theta\in[0, 2\pi]$。

则点 p 到直线 l：$x-y-10=0$ 的距离为 $d=\frac{|4\cos\theta-3\sin\theta-10|}{\sqrt{1+1}}=$

$$\frac{|5\cos(\theta+\varphi)-10|}{\sqrt{2}}。$$

$\therefore$ 当 $\cos(\theta+\varphi)=-1$ 时，$d_{\max}=\dfrac{15\sqrt{2}}{2}$。

本题在解答过程中引入参数，将要解决的问题转化为三角函数中常见的“合二为一”题型，从而使问题得到快速解决。

(9) 补集法。如果正面解决原问题有困难，可把原问题的结果看做集合 A，而把包含该问题的整体问题的结果类比为全集 U，通过解决全集 U 及补集 C_uA 获得原问题的解决，体现了正难则反的原则。

例 17 若不等式 $|x-1|-|x+3|\geqslant a$ 有解，则实数 a 的取值范围为________。

分析：不等式解的存在性问题，往往可以从对立角度分析，通过解决对立的问题，从而得到原命题成立的解答。

解：考虑 $\forall x\in\mathbf{R}$，$|x-1|-|x+3|<a$ 恒成立时，a 的取值范围。

$\because |x-1|-|x+3|\leqslant|(x-1)-(x+3)|\leqslant 4$。

$\therefore a>4$。

$\therefore$ 不等式 $|x-1|-|x+3|\geqslant a$ 有解，则 $a\leqslant 4$。

（二）高三数学教学中应用化归思想方法的注意点

1. 紧盯化归目标，保证化归的有效性、规范性

化归作为一种思想方法，应包括化归的对象、化归的目标以及化归的方法三个要素。而设计目标是问题的关键。设计化归目标时，总是以课本中那些基础知识、基本方法在应用上已形成固定的问题（通常称为规范性问题）为依据，而把要解决的问题化归为成规律的问题（即问题的规范化）。因此，在解题过程中，始终必须紧紧盯住化归的目标，即始终应该考虑这样的问题：怎样才能达到解原问题的目的。在这个大前提下，实施的化归才是卓有成效的，盲目地选择化归的方向与方法必将走入死胡同。

例 18 已知 $\alpha,\beta\in\left(0,\dfrac{\pi}{2}\right)$，且 $\sin\beta=\sin\alpha\cos(\alpha+\beta)\left(\alpha+\beta\neq\dfrac{\pi}{2}\right)$，当 $\tan\beta$ 取最大值，求 $\tan(\alpha+\beta)$ 的值。

解析：我们不妨将解题目标分解为：

用 α 表示 $\tan\beta$；求 $\tan(\alpha+\beta)$ 的值。

$\because$ $\sin\beta=\sin[(\alpha+\beta)-\alpha]=\sin(\alpha+\beta)\cos\alpha-\cos(\alpha+\beta)\sin\alpha=\sin\beta=\sin\alpha\cos(\alpha+\beta)$。

$\therefore$ $\sin(\alpha+\beta)\cos\alpha=2\sin\alpha\cos(\alpha+\beta)$。

$\because$ $\cos(\alpha+\beta)\neq 0$。

$\therefore$ $\tan(\alpha+\beta)=2\tan\alpha$（在这里就产生了我们想要的目标函数——正切函数）。

$\therefore$ $\dfrac{\tan\alpha+\tan\beta}{1-\tan\alpha\tan\beta}=2\tan\alpha$。

$\therefore$ $\tan\alpha+\tan\beta=2\tan\alpha(1-\tan\alpha\tan\beta)$。

$\therefore$ $\tan\beta=\dfrac{\tan\alpha}{1+2\tan^2\alpha}$（到这一步已完成我们的第一个目标，整个问题的解决方向变得非常的明朗）。

即 $\tan\beta=\dfrac{\tan\alpha}{1+2\tan^2\alpha}=\dfrac{1}{2\tan\alpha+\dfrac{1}{\tan\alpha}}\leqslant\dfrac{1}{2\sqrt{2}}=\dfrac{\sqrt{2}}{4}$，

当且仅当 $2\tan\alpha=\dfrac{1}{\tan\alpha}$ 时，即 $\tan\alpha=\dfrac{\sqrt{2}}{2}$ 时，$\tan\beta$ 取得最大值 $\dfrac{\sqrt{2}}{4}$，

而此时 $\tan(\alpha+\beta)=2\tan\alpha=\sqrt{2}$（此时实现第二个目标，同时也解决了该题）。

解题犹如打仗，需要冲破道道难关，盯住目标，求什么就解什么，把题目当中的条件都往所求方向靠拢，有助于最终形成解题思维链。

2. 注意转化的等价性，保证逻辑正确

化归包括等价化归和非等价化归，在中学数学中的化归多为等价化归，等价化归要求转化过程中的前因后果既是充分的，又是必要的，以保证转化后的结果为原题的结果。

例 19　已知 $f(x)=ax^2+c$，$-4\leqslant f(1)\leqslant -1$，$-1\leqslant f(2)\leqslant 5$，求 $f(4)$ 的取值范围。

分析：在解决本题时主要的错误解法是：从 $-4\leqslant a+c\leqslant -1$，$-1\leqslant 4a+c\leqslant 5$ 中，类似于解方程那样解出 a，c 的范围，然后再用不等式的运算性质求 $f(4)=16a+c$ 的范围。错误的原因是多次运用不等式的运算性质时，不等式之间出现了不等价变形。

这题从条件和结论相互化归的角度看，要实现等价转化可用 $f(1)$，$f(2)$

的线性组合来表示 $f(4)$，再利用不等式的性质求解。

解：设 $f(4)=mf(1)+nf(2)$，则 $16a+c=m(a+c)+n(4a+c)$。

$\therefore 16a+c=(m+4n)a+(m+n)c$。

$\therefore \begin{cases} m+4n=16, \\ m+n=1, \end{cases}$ 解得 $\begin{cases} m=-4, \\ n=5。 \end{cases}$

$\therefore f(4)=-4f(1)+5f(2)$。

$\because -4\leqslant f(1)\leqslant -1, -1\leqslant f(2)\leqslant 5$。

$\therefore 4\leqslant -4f(1)\leqslant 16, -5\leqslant 5f(2)\leqslant 25$。

$\therefore -1\leqslant -4f(1)+5f(2)\leqslant 41$。

$\therefore -1\leqslant f(4)\leqslant 41$。

在多次应用不等式时，必须注意转化过程中要等价。

3. 注意转化的多样性，设计合理的转化方案

在转化过程中，同一转化目标的达到往往可能采取多种转化途径和方法。因此研究设计合理、简捷的转化途径是十分必要的，必须避免什么问题都死搬硬套，以至繁难不堪。

例 20　设 P 是边长为 1 的正方形 $ABCD$ 所在平面上的动点，求 P 在什么位置时，$f(P)=PA+PB+PC+PD$ 取得最小值。

分析：这是较复杂的几何问题，先考虑用解析法把问题转化为代数问题。

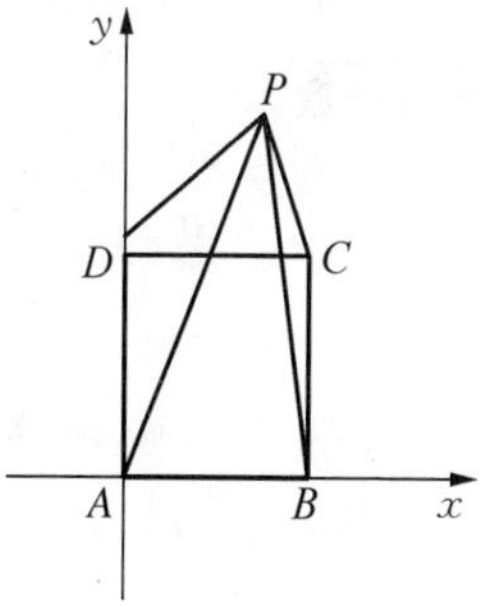

如图所示，建立直角坐标系，设

$A(0, 0)$, $B(1, 0)$, $C(1, 1)$, $D(0, 1)$, $P(x, y)$,

则 $f(p)=\sqrt{x^2+y^2}+\sqrt{(x-1)^2+y^2}+\sqrt{(x-1)^2+(y-1)^2}+\sqrt{x^2+(y-1)^2}$。

求的最小值仍较复杂，再考虑用复数法把问题转化为复数模的问题。

设 $z_1=x+yi$, $z_2=(1-x)+yi$, $z_3=(1-x)+(1-y)i$, $z_4=x+(1-y)i$,

则 $f(p)=|z_1|+|z_2|+|z_3|+|z_4|\geqslant |z_1+z_2+z_3+z_4|=|2+2i|=2\sqrt{2}$，上式当且仅当 $x=y=\dfrac{1}{2}$ 时取等号。

因此，当且仅当 P 为正方形 $ABCD$ 的中心时，$f(P)$ 取最小值 $2\sqrt{2}$。

由此题可见运用化归与转化思想去解题的能力强弱在于：有敏锐的洞察能力，才能找准目标模型；有较强的化归能力，才能有效地把问题转化为目标模型，至于运用模型的内部规律求解就比较容易了。

利用化归思想解题时，转化的途径和方法不一定相同，但有一个共同的规律，就是在待解决的问题和已解问题之间架起一个联系的桥梁，这就是知识之间的“关系键”。这就要求学生在学习数学的过程中，要不断地构建知识结构，形成知识网络，要领悟蕴含在数学内容之中的数学思想方法，这些都是提高数学解题能力的条件和基础。

总之，在新课改中，教师应该重视应用数学思想方法指导学生解决数学问题。教师在数学教学中应以具体数学知识为载体，重视数学思想方法的渗透，通过精心设计的学习情境与教学过程，引导学生学会蕴含在其中的数学思想方法，特别强调化归思想方法的应用，充分挖掘教材及其数学问题中的化归思维，从而提高学生的解题能力。由于笔者在高中数学教学中重视化归思想的渗透和应用，因而提高了学生的数学成绩，于 2008 年获得“广州市数学学科高考突出贡献奖”。但是，由于数学思想只表现为一种意识，没有外在的固定形式，因此，教师在数学教学中必须不懈地渗透，才能使学生在潜移默化中理解和掌握数学思想方法。当然，教师要对学生渗透任何数学思想方法，最基本的工作就是了解学情和了解教材。

参考文献

[1] 金忠明，张彦杰．和谐教育：文化意蕴与学校实践[M]．上海：上海教育出版社，2010.

[2] 胡东方．教育研究方法哲理故事与研究智慧[M]．上海：华东师范大学出版社，2009.

[3] 王雪燕，钟建斌．中学数学思想方法教学应遵循的原则[J]．广西教育学院学报，2005(1).

[4] 杨文华．化归思想方法在高中数学教学中的渗透[D]．武汉：华中师范大学，2012.

[5] 佩玲，邵光华．数学思想方法与中学数学[M]．北京：北京师范大学出版社，2000.

以“前设活动”提升高三学生英语基础写作能力

——基于广东华侨中学的研究

英语科　齐　婷

[摘　要]高中生英语写作是综合语言运用能力之一，而写作教学决定着学生写作水平的高低。近20年来，国内外对英语写作教学法的研究颇多。然而，中国学生的英语写作水平仍普遍较为低下。本文以图式理论、信息加工理论和建构主义理论为依据，采用定量和定性相结合的方法，在现状分析、理论探索和行动研究的基础上提出：写前准备不足是高中生写作困难的症结所在。本文重点研究：(1)写作前设活动能在多大程度上提升中学生的基础写作能力？(2)教师如何有效地组织针对基础写作的写作前设活动？作者以广东华侨中学2013届高三(4)班的46名学生作为研究对象，开展了为期三个月的写作前设活动培训。基于分析访谈、课堂观察及测试结果，证明学生写作水平取得较明显的进步。

[关键词]高中英语　基础写作能力　前设活动

一、研究背景及意义

(一)研究背景

写作对英语学习者来说是非常重要的，反映其综合语言能力。它强化了语法结构、短语和词汇，不仅使学生具备沟通和思维能力，也是一种必要的工作技能。掌握写作能力可使个人充分有效地组织思维，不仅体现于日常事务的管理中，也表现在思考和表达方面(特里布尔，1996)。然而，正如许多中国的英语教师所指出的，掌握写作技巧比获得听、说、读三种技能要费力得多。

广东高考英语基础写作在150分的总分中占15分，是一个重要的组成部分。它最早出现于2007年，至今一直在高考中出现。在基础写作这一题型中，题目将呈现一些信息，并要求学生在10分钟内用5句话来表达所有的信息。通常，基础写作的主题是中学生的学习和生活。体裁包括记叙文、议论文、应用文等，信息由文字、图表或图片来呈现。评分标准包括：语言（满分 8 分）、内容（满分 5 分）和连贯（满分 2 分）。其中，良好的语言运用是指文章恰当地使用词汇和语法，拼写和标点符号正确，可以准确、流畅地传递信息；良好的内容是指文章有意义、有趣，所有给出的信息都包含在五个句子里；连贯是指文章前后一致，所有句子的安排符合逻辑，有恰当的过渡词，思路清晰。基础写作着重测试的是学生的理解能力、信息处理能力和表达能力。

然而，对于学生来说，英语写作是很困难的，因为他们每周接触英语只有短短的几个小时。在英语写作教学中，教师往往在很大程度上把重点放在语法和语言结构上，对学生写作的评估标准也比较单一。英语教师主要致力于纠正学生的语法和拼写错误，认为只有经过教师鉴别并纠正这些错误，学生才可以取得进展（王文宇、王立非，2004）。然而，葛云秀指出，以教师为中心的评估，不仅费时，而且也是一种低效的手段，不足以提高学生的写作能力，学生缺乏独立性的最终结果是其创造力和积极性受到阻碍，写作的动机和能力仍然很低。

（二）研究目标与意义

英语教育的目的是教会学生阅读和培养学生在社会生活中有效沟通的能力。它将帮助学生成为积极参与的学习者，并全面掌握英语，提升听说读写的能力。

本研究的意义是：(1) 有助于改变“事倍功半”的英语写作教学现状；(2) 有利于提高教师的工作效率；(3) 有利于激发学生的写作兴趣，并使学生在广东英语高考中得到更高的分数。

本研究旨在通过基于图式理论、信息处理理论和建构主义理论的写作前设活动来提高学生的英语写作能力。同时使英语教师反思写作教学，改进教学方式。

二、文献综述及研究现状

（一）英语写作的相关方法

1. 成果教学法

根据于飞和张慧芳（1996）的研究，成果教学法的重点是结果（Nunam，1991）。基于成果教学法的英语写作包括四个步骤：文本分析，英语写作，模仿写作，纠正和评价。

2. 过程写作法

根据特里布尔（1996）的研究，英语写作的四个阶段是：(1) 写前阶段。此阶段作家应激活知识，收集相关信息，写出大纲，为下一阶段作准备。(2) 打草稿。在教师帮助下，学生写出初稿。(3) 修改。先是同伴之间互相修改，然后教师纠正并指导。(4) 写后阶段。学生再次阅读文章，并在词汇和内容方面继续提升。

3. 体裁法

出现在20世纪80年代中期，并在几年前被引入中国。认为交际目的决定文章体裁。体裁法把英语写作分为三个阶段：建模阶段，联合探讨和独立写作，教师通过范文引入一种特定的体裁，呈现其社交功能、文章结构、语言功能，以此为学生提供写作指导。联合探讨阶段，教师和学生基于沟通过程，彼此一起构造同类体裁的新文章，即教师根据学生的观察、调查和讨论的结果，写出一篇同类体裁的文章，让学生了解写作的全过程。独立写作阶段，则由学生独立创作一篇同类体裁的文章(田朝侠，2005)。

4. 过程体裁法

出现于2000年，它结合了过程写作法和体裁法，分为四个阶段：建模，模仿写作，自主创作和修改。即首先给出一种特定的体裁，然后根据在具体情况下的交际目的确定文章的风格、大意等。在此基础上，参考范文并在教师、同学的帮助下，根据自己的需要来进行写作(田朝侠，2005)。

(二) 写作前设活动及其设计原则

1. 写作前设活动

默里(Murray)提出了写作过程的三个阶段：写前阶段、写作阶段和文章修改阶段。写前阶段是写作的准备阶段，包括输入语言、确定内容、收集和处理信息、构思文章和拟定提纲等(张燕，2008)。写作前设活动指的是作者在开始写作之前参与的一系列活动。在这一过程中，教师要通过多样化的写作前设活动，引发学生思考，使他们对写作内容产生好奇心和兴趣。写作前设活动可以拓展学生的思维，帮助他们进行词语准备，同时营造支持性的、和谐的写作氛围，提高学生的写作兴趣。教师要通过各种手段，引导学生从记忆库中提取有用的素材，再经过进一步的处理与加工，与新学知识相结合，在写作实践中获取写作的技巧。

2. 写作前设活动的设计原则

(1) 明确的目的性。作为写作的初始阶段，写作前设活动是为写作过程服务的。因此，写作前设活动的每一个步骤都应该成为学生通往成功写作之路的阶梯，为学生扫除写作过程中的障碍。

(2) 在活动过程中使用英语。调查发现，61%的学生在写作时要经过从汉语到英语的心译过程。但由于两种语言所反映的文化和思维方式不同，经过互译后写就的文章往往缺乏整体感和流畅性。为了避免这种现象，使更多的学生能够使用地道的英语进行交流和写作，教师在设计和实施写作前设活动的过程中要注意引导学生用英语交流、理解和表达，逐渐培养他们用英语思维的习惯。

(3) 足够的英语语言输入量。为了在词汇、表达上给学生更多的帮助，教师可以从听、读两个语言输入途径入手，尽可能多地让学生接触与写作内容相关的材料，同时提高他们获取信息和处理信息的能力。

(4) 搭建合适的支架。即为学习者建构对知识的理解而提供的一种概念框架，它是为学习者进一步学习提供帮助、通往更高认知水平的阶梯。使用支架式教学的目的是把复杂的学习任务加以分解，使整个学习任务变得相对容易。在支架式教学中，教师要了解哪些是学生已有的知识，哪些是将要获得的知识，从而搭建合适的支架，帮助其更好地获得知识，形成技能。

(5) 以学生为中心。建构主义理论的核心思想是以学生为中心，即在学习过程中充分发挥学生的主动性，激发其创造力，让学生在探索中实现对新知识的主动建构，教师起组织、指导、帮助和促进的作用。写作前设活动要为学生的思维活动留出充足的空间，使学生在交流、探讨、解决问题的过程中积极参与，树立信心，逐渐达到“独立地获取信息和资料，并能加以整理、分析、归纳和总结”(教育部，2003)的目标。

(6) 发挥教师的指导和促进作用。以学生为中心并不意味着削弱教师的作用。教师作为组织者、指导者以及意义建构的帮助者和促进者，其作用贯穿于整个教学过程之中。在写作前设活动的过程中，从讨论主题的确定、问题的设置、背景材料的提供、小组活动的监控到小组展示人员的确定等，每一个环节都离不开教师的指导。

(三) 国内外对作为第二语言英语写作的研究

1. 国外对作为第二语言英语写作的研究

肖内西、格拉夫、海耶斯等研究人员做了许多相关的工作来引导人们观念的转变，从写作的视图线性过程到认可写作前设活动等。

受苏联心理学家维果斯基最近发展区理论及其相关的脚手架理论的影响，研究人员认为，作家在写作时要经常策划、修改。写作与语言是密切相关的，教英语写作的方式包括下面的步骤。

(1) 写作前设活动，收集想法—选择目的和观众—把想法排序；

（2）起草，把想法写在纸上一修改；

（3）编辑，思考和组织；

（4）校对，纠正错误，包括句子结构、语法、拼写、标点和大小写等；

（5）呈现，分享写作。

随着图式理论与学习之间关系的研究层次加深，不少研究人员开始在教学中使用这个理论来推动语言教学，尤其是阅读和听力。然而，对在写作中应用图式理论的研究却很少。

2. 国内对作为第二语言英语写作的研究

英语写作在中国的研究与国外相比约滞后20年。初始的研究仅限于作者单独的活动。研究者以“3P”手段——呈现（presentation）、训练（practice）、产出（production）来教授学生，只关注学生的写作问题，例如拼写错误、语法错误及句子的不连贯等。

20世纪90年代初以来，中国的一些英语语言学家开始研究任务型语言教学。后来，研究者的注意力转移到第一语言认知过程对第二语言产出的影响上。郭春杰和刘方等研究者（1997）指出，母语对第二语言最大的影响不在其形式上的变化，而在其认知处理阶段，如逻辑判断、分析和演绎。其后，文秋芳和郭春杰（1998）总结了英语作为二语写作的五大功能：转型，确认，产生的想法，检索第二语言的形式和控制写作程序。他们还研究了第二语言思维和学生作文成绩之间的关系，发现那些得分高的学生较少地依赖母语来思考。

丰国信分析了在英语输出中中文的作用，认为母语的影响使作者习惯于心理翻译。王和温进一步研究母语能力对中国的英语学习者的影响。数据分析表明，中文的词汇和中文的写作对学习者的英语写作有直接和间接的影响。

（四）既有研究的不足及本研究的探索取向

1. 前人研究的局限性

在前人的研究中，很少有关于图式理论或信息加工理论在高中英语写作中的应用。随着国外实证研究的开展，图式理论自20世纪80年代以来已经影响了我国的大学英语阅读。然而，很少有运用图式理论指导高中英语写作教学的研究出现。

另外，中国的研究更多关注写作过程中母语和英语的差异，以及中文思维对英语写作的影响。但是，研究者对写前阶段的构思和指导的研究很少，尤其是高中英语写作的写前阶段研究，更是相当缺乏。

2. 本研究的重点取向

本研究试图将图式理论、信息加工理论和建构主义理论运用于中学英语写作教学中，尤其是写作前的构思阶段，冀望在中学英语教师的写作指导方面找到一种更加全面、具体、易操作的写作教学方法，以便切实提高中学英语写作的教学水平，帮助学生克服畏惧写作的情绪，并在写作时养成正确的思维方式。

三、研究的理论框架及方法

（一）研究依据之一：图式理论

图式理论是认知心理学家用以解释、理解心理过程的一种理论。最早是由哲学家康德于18世纪后期提出来的一种理论。后来心理学家巴特利特发展了这一理论。图式理论认为：人们在理解新事物的时候，需要将新事物与已知的概念、过去的经历联系起来，对新事物的理解和解释取决于头脑中已经存在的图式，输入的信息必须与这些图式相吻合。

图式理论是一种认知结构，建立完善的有关写作知识的具有等级层次的图式，并能用各种方法激活相关图式，有助于信息的连锁反应。写作的过程就是要构建学生的写作知识结构，并用种种方法来刺激、激活其知识图式，调动与写作主题有关的内容图式，以此来刺激学生写作的欲望，使学生主动参与写作过程。

（二）研究依据之二：信息加工理论

信息加工理论是随着信息论和现代通讯技术，特别是计算机技术的发展而产生并发展起来的。依据该理论，教师在进行教学设计时，必须考虑如何激发学生的学习动机及在课堂教学中如何进行信息加工、如何获得反馈信息等问题。首先，学生的学习是在一定的动机驱使下进行的活动，形成动机或期望是整个学习过程的预备阶段。教师在进行教学设计时，要分析学习者的特征，设计合理的教案和学案，激发学生的学习积极性和主动性。同时，在教学过程中增加学生主动参加教学活动的时间，突出学生学习的主体性地位。其次，课堂信息加工过程可分为四个阶段：提供刺激、信息编码、信息储存、信息提取。教师应充分利用不同阶段的特点，提供有效的学习策略，帮助学生把获取的信息转入长时记忆系统，并适当提供情境或线索，帮助学生实现知识技能迁移，甚至举一反三。再次，信息的利用及反馈阶段能使学生显示出学习的效果，并为下阶段的学习做好准备。教师要对学生的作业情况给予及时反馈，让学生尽快知道自己的作业是否正确。及时反馈在学习过程中之所以起重要作用，是因为学生在动机阶段形成的期望在反馈阶段得到了肯定。学生关心的是他的作业与其预期标准相符到何种程度。如果学生能得到证实预期的反馈信息，则能获得一种满足和激励，这对强化学习过程将有很大的影响（苗玉辉，王燕，2005）。

（三）研究依据之三：建构主义理论

建构主义理论是认知心理学派的一个分支，最早提出建构主义理论的是瑞士心理学家皮亚杰。他认为人的发展是通过人与环境的不断相互作用才建构完成的。

建构主义理论认为，知识不是通过传授得到的，而是学习者在一定社会文化背景下借助学习获取的。知识是通过其他人的帮助，利用必要的学习资料，通过意义构建的方式而获得的。因此，建构主义理论认为“情境”、“协作”、“会话”和“意义建构”是学习情境中的四大要素和四大属性。建构主义提倡在教师的指导下，以学习者为中心的学习，也就是说强调学习者的认知主体作用，又不忽视教师的指导作用。教师是意义构建的帮助者和促进者，而不是知识的传授者和灌输者。

（四）研究问题、对象及研究工具、方法

1. 研究问题

本研究探讨的问题是：

（1）写作前设活动能在多大程度上提升高中学生的英语基础写作能力？

（2）教师如何有效地组织写作前设活动？

2. 研究对象和时间

本文研究对象是广东华侨中学2013届高三（4）班学生，共46人，其中男生12人，女生34人。广东华侨中学是广州市区的一所普通高中，该班学生的英语水平处于中等水平。作者从高二开始任教该班。本项研究从2013年1月开始，其时学生刚完成高考的第一轮复习，整个研究持续四个月，至2013年4月底结束。

3. 研究工具

（1）访谈。在研究过程中，挑选了12名学生分别进行了两次访谈，一次是在实验之前，另一次是在实验之后。两次访谈问相同的六个问题，目的是了解在实验前后，学生对于英语写作及写作前设活动的态度是否有差异，同时，也使教师明确该如何设计并开展写作前设活动。

（2）写作测试。在研究过程中，学生参加了三次写作测试。三次测试都是由广州市教育局专家命题的统一考试，并且依据高考评分标准进行统一改卷。写作测

试的目的是考查学生的写作水平在实验前后是否有变化。

(3) 课堂观察。为了发现在写作前设活动训练中，学生的写作动机和写作能力是否有变化，作者设计了写作课堂观察量表，以便在课堂上记录学生的表现、主要事件等。

四、研究过程

(一) 问题聚焦

在实验开始前，研究者进行了一次前测，以了解学生的英语写作水平和他们在基础写作的三个方面(即语言、内容、连贯)的表现及面临的障碍。这次前测是在2013年1月19日进行的，考试时间和要求与广东高考的标准一致。学生必须独立完成考试，在考试过程中，不能使用任何参考资料或字典。为保证公平与客观，学生的个人信息也不能出现在答卷上。

第一次测试试题如下：

基础写作(共1小题，满分15分)

为迎接2010年广州亚运会，广州市举办了一场英语才艺展示活动(English talent show)。以下是活动的海报：

[写作内容] 假设你参加了此次活动，请你用英语写一篇短文，回顾本次活动的点滴。内容包括：

1. 活动的情况介绍；
2. 你所参加的活动内容：短剧表演，担任主角；
3. 你的感受：……

[写作要求] 只能使用五个句子表达全部内容。

[评分标准] 句子结构准确，信息内容完整，篇章结构连贯。

这次测试结果表明学生在基础写作这方面做得并不好，甚至没有达到9分的及格线，尤其是在语言和连贯方面。由此可见，英语写作的主要障碍是学生缺乏词汇量和高级、复杂的句式，语法混淆，忽略文章的衔接和连贯。

(二) 策划及行动

1. 第一阶段

在第一阶段，研究者开展了为期两个月的三种写作前设活动的训练。

(1) 头脑风暴。“头脑风暴法”又称智力激励法，是由现代创造学的创始人、美国学者阿历克斯·奥斯本于1938年提出的。“头脑风暴”原指精神病患者头脑中短时间出现的思想紊乱现象，病人产生大量胡思乱想。奥斯本借用这个概念来比喻高度活跃、打破常规的思维方式产生大量创造性设想的状况。头脑风暴法的特点是让学生通过无拘无束、自由奔放的发散思维进行信息催化、思维共振，从而使学生互相启发、互相激励，是训练发散思维的有效方法。

写作是语言输出的过程，前设活动即准备所写的内容，打初稿即诉诸文字阶段及修订初稿阶段。其中，写作前设活动决定想说、想写的内容及写作方法，属于写作过程中“万事开头难”的阶段。在此阶段运用“头脑风暴法”，主要是通过课堂小组活动，创设自由愉快、畅所欲言的交流氛围，激发学生的创作灵感，鼓励不同观点在学生相互的交流中激起大脑的创造性“风暴”。

头脑风暴的内容可以是具体事实、感觉、个人经历等。在具体实施头脑风暴的时候，可以是整个班的学生一起做，而教师负责把学生的想法写在黑板上；也可以是在小组里开展，学生自己把想到的东西写下来。头脑风暴法可以轻易地激活学习者已有的知识和体验，他们首先想出尽可能多的想法，然后写下来，并进行分类、筛选。例如，围绕节日的主题，可以联想到以下内容：

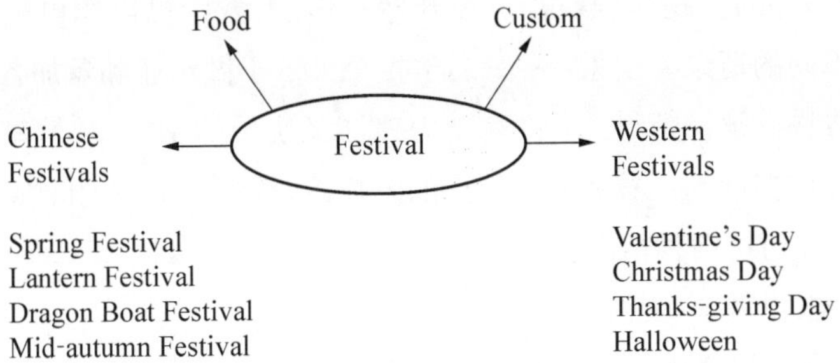

在英语写作教学中，运用“头脑风暴法”应该注意以下几个问题：一是教师要转变教学观念，改变教学手段。要通过发挥自身的主导作用和学生的主动性，充分利用现代网络和多媒体技术，多渠道地培养学生的创造性思维。二是教师要创设和谐的课堂氛围，鼓励学生大胆地提出自己独特的设想，引导学生在辩论中提高逻辑思维能力。即使学生的观点存在偏颇，也要保持对学生的尊重，等待学生完成发言后再启发学生一起思考，最后再让学生纠正自己的观点。三是教师要灵活调整学习小组成员的结构，使学生彼此之间尽可能地在性别、性格、水平、学习的主动性等方面互补，使学生的思想火花多重碰撞。四是在进行汉语、英语双语夹杂进行的“头脑风暴法”写作过程中，要通过采用汉译英、比照英汉思维模式之差异等方法，使学生的汉语写作能力在英文写作中实现最大程度的正迁移。

(2) 经典发明。经典发明能让写作者与已有的知识联系起来。即通过这种方法，写作者可以产生新的想法。在这种活动中，学生要简要地回答关于某个主题的一些问题，并把答案写下来。这些问题能有效地帮助学生形成、发展并整理他们的思路。常见的问题包括：who，what，when，where，why and how。例如：

基础写作：假如你是李华，你在澳大利亚的朋友 Dick，写信向你询问中国的中学生是否有很重的学习负担，如何能减负。请根据以下表格的内容给他回信，谈一谈减负后你在学习和生活方面的变化。

周末活动(减负前)	周末活动(减负后)
白天：上课，做作业	白天：参观博物馆、玩电脑、画画等
晚上：做作业	晚上：看电视、看书
睡觉：11:30	睡觉：10:00

[写作要求] 只能使用五个句子表达全部内容。

[评分标准] 句子结构准确，信息内容完整，篇章结构连贯。

这篇基础写作的主题是“减负”。在开始写作前，教师可以用电脑展示一些图片，呈现两种不同的情景。情景一：一名学生每天忙于做作业和参加各类课外补习班，整天感到昏昏欲睡。情景二：一名精力充沛又快乐的学生，尽情享受他的课余时间，积极参加许多活动。看完两种情景的图片后，教师提出下列问题：

① 你是否经历这两种情况？

② 上个周末你做了些什么？

③ 你觉得你的同学的周末是否过得愉快？

④ 他们周末都做些什么？

⑤ 学生是否有必要做大量的作业？

⑥ 你认为要解决这个问题，应该采取什么措施？

学生就以各自的周末生活进行小组讨论，并思考如何用英语表达。小组讨论后依次汇报讨论结果，然后学生开始独立写作。

(3) 句式变换。句子是表达一个完整思想的最小单位，也是影响写作语言质量的关键。很多学生认为英语写作很困难，得不到好成绩，这是因为他们缺乏变换句式的能力，往往容易犯句子结构单调的毛病。在写作中，他们总是使用简单句，而不尝试使用从句或复杂的句式。究其原因，主要是对英文句子的结构和特点不熟悉，没有掌握各种句子结构之间的转换方法，缺乏使用多种句子形式来表达同一思想内容的技能。为了帮助学生掌握句式多样化的基本方法，丰富文章内容的表达形式，增强表达效果，作者在写前阶段经常对学生进行句式变换的训练。

句式变化有以下几种方式。

首先，变换句子的开头。一般英语写作中句子往往以主语开头，但一连串全是以主语开头的句子连在一起，难免呆板、单调、乏味。如果打破常规，变换一下句子的开头，则可以收到较好的表达效果。例如：

① When they heard the news, they all jumped for joy.

→Hearing the news, they all jumped for joy.（使用现在分词）

② When they viewed from a distance, the island looked like a cloud.

→Viewed from a distance, the island looked like a cloud.（使用过去分词）

其次，变换句型和句子种类。从不同角度划分，句子有不同种类和结构，可将简单句、并列句和复合句等各类句子融合在一起，从而使文章生动有趣、引人入胜。例如：

③ I succeeded in the final examination because of the guidance of my teacher.

→I couldn't have succeeded in the final examination, but for the guidance of my teacher.（使用虚拟语气）

④ People suggest that the ceremony be held in the town hall.

→It is suggested that the ceremony be held in the town hall.（使用被动语态）

⑤ I didn't do it for myself.

→It wasn't for myself that I did it.（使用强调句型）

⑥ He uttered these words and there was a dead silence.

→When he uttered these words, there was a dead silence.（使用状语从句）

⑦ I was struck that they had all suffered a lot.

→What struck me was that they have all suffered a lot.（使用主语从句）

⑧ The necklace wasn't valuable at all. You borrowed it from me ten years ago.

→The necklace that you borrowed from me ten years ago wasn't valuable at all.（使用定语从句）

⑨ If you study hard，you will make rapid progress.

→Study hard and you'll make rapid progress.（使用并列句）

⑩ The technology had never made such spectacular advances in history.

→Never in history had technology made such spectacular advances.（使用倒装句）

再次，变换句子长度。长句容量大，节奏缓慢，描述细腻、准确，而短句则简单、紧凑，直截了当，能产生紧张强烈的气氛。写作中若使句子长短相间，有机结合，必能相映成趣，使文章节奏和谐，朗朗上口。

（4）写作测试二。为了了解学生在参加了为期两个月的写作前设活动训练后，在基础写作水平上是否有进步，2013 年 3 月 19 日，受试学生参加了第二次写作测试。这次测试的时间长度和要求与第一次测试相同，而且评分标准也一样。试题如下。

基础写作（共 1 小题，满分 15 分）

你校进行题为“是否应该考查英语口语”的英语辩论赛。以下是正方的主要观点：

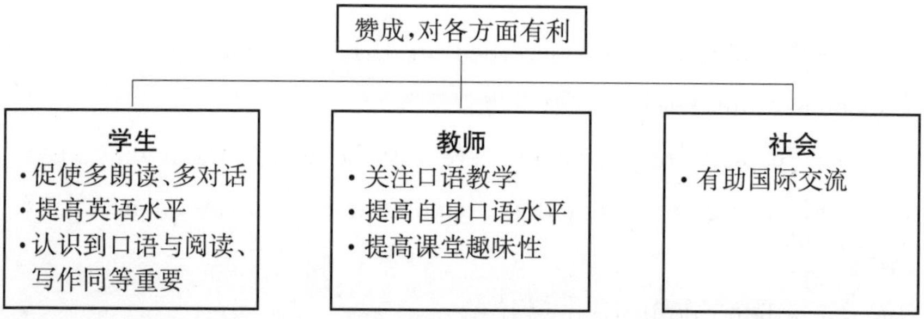
赞成，对各方面有利
学生
·促使多朗读、多对话
·提高英语水平
·认识到口语与阅读、写作同等重要
教师
·关注口语教学
·提高自身口语水平
·提高课堂趣味性
社会
·有助国际交流

［写作内容］

请你根据以上内容写一篇短文，代表正方作最后的总结陈词。

1. 阐述考查英语口语对各方面的积极影响；

2. 呼吁各界重视英语口语教学。

［写作要求］

只能使用五个句子表达全部内容。（首句已给出，不计入句子总数。）

［评分标准］

句子结构准确，信息内容完整，篇章结构连贯。

（5）反思。绝大部分学生都积极主动地参与写作前设活动训练，因为他们觉得这些活动有效也很有趣。通过写作前设活动，学生轻松地掌握了高级的词汇和丰富的句式。然而，他们在文章的连贯性方面却没有多大进步。

另外，对于英语基础较弱的学生来说，这些训练的难度较大，他们无法在限定时间内独立完成。因此，研究者认为，应该让受试学生以小组合作方式完成练习。通过小组合作，学生可以分享彼此的想法，也可以接触更多的表达方式。

2. 第二阶段

实验第二阶段为期一个月，在此阶段，研究者开展了两项写作前设活动训练。

（1）模仿写作。运用典型英语范文，指导学生进行模仿写作，是学习语言的必经之路，也是提高英语写作的重要手段之一。模仿的内容包括学生所听到、所看到的好词语、好句子、好段落、好篇章。

在写前阶段，教师发给学生一篇 80 字的范文，要求学生在限定时间内看完，并注意文章的主旨大意、每一段的主题句、文章的体裁、篇章结构、连接词等。学生通过小组讨论互相交流，为写作做准备。通过阅读范文，学生不仅可以获得词汇、句法、篇章结构等方面的知识，还可以确定文章的体裁，并分析其写作技巧。小组讨论后，学生要在 10 分钟内独立写完一篇同类的文章。通过模仿范文，学生把学到的知识应用于自己的写作中。

我国美学家朱光潜说：“文艺止于创造，却必始于模仿，模仿就是学习。”教师引导学生利用模仿来提高写作水平，是在理解的基础上学习、模仿、借鉴和发挥，并不是简单地照搬或抄袭他人作品。

运用范文指导学生进行模仿写作，需注意：首先，范文阅读不同于一般阅读，是阅读与写作教学相结合的最好途径，更具针对性、指导性。因此，教师应教会学生把范文当作一种资源而不是目标，使他们能彼此并与教师一同探讨范文，发现范文的优点，仿照并练习写作，在此基础上得到提升。其次，采用什么样的范文，也是教师应考虑的重要因素。教师可根据学生的英语水平及认知水平，精心挑选适合学生的范文，其中可以包括部分课文、段落，也可以包括名家名作，同时也可以采用以英语为本族语的学生的作品，甚至可以包括中国学生的佳作。范文要结构规范、观点明确、主题句清晰、表达简练流畅，这样学生才能最大限度地理解和模仿。让学生通过各式各样类型、题材的范文来了解英文写作，仿照范文的用词、句式、文章结构等，尽量避免中国式英语的出现。再次，应对范文进行分析，比如修辞、主题思想、衔接、结构、论证方法、写作技巧等。教师应根据教学目的，帮助学生通过分析范文明确应掌握什么、模仿什么、如何提高自己的写作水平等。这样，范文就成了源泉，学生挖掘范文优点并形成自己的观点，从中汲取营养并借鉴其技巧和章法，找到表达的最佳途径。

(2) 撰写写作提纲。很多学生的英语作文条理不清，内容混乱，得分率低，究其原因，多半是无提纲指引所致。因此，在写英语作文时，要培养学生列提纲的习惯。列提纲有助于构思内容，理清思路。虽然耗了些时间，但“磨刀不误砍柴工”。有了提纲，就能收到事半功倍的效果。编列提纲时首先要理解题目和主题，列出与主题相关的关键词，掌握一段的主题，据此确定有哪几个论点来阐述本段主题，然后构思全段内容。

(3) 写作测试三。为了检测不同类型的写作前设活动对学生的基础写作能力是否有不同影响，在 2013 年 4 月 23 日，受试学生参加了第三次写作测试。这次测试的时间长度和要求与之前的两次测试相同，而且评分标准也一样。试题如下：

基础写作(共 1 小题，满分 15 分)

假设你叫李华，最近在某英文购物网站上购买了一双鞋子，但出现了一些问题。

[写作内容] 请给网站写一封投诉信，包括以下内容：

① 写信的目的：

	申购情况	实际情况
颜　色	黑　色	白　色
号　数	9	8.5
到货日期	4 月 10 日	4 月 20 日

② 投诉内容：

③ 要求：重新邮寄或退款；

④ 询问：若寄回，谁承担寄费？

[写作要求] 只能使用五个句子表达全部内容(信的开头和结尾已给出，不计入句子总数)。

[评分标准] 句子结构准确，信息内容完整，篇章结构连贯。

(4) 反思。要写出一篇优秀的英语作文，不能仅仅关注词汇和语法，还要注意文章的衔接与连贯。然而，学生却往往忽略这一点。通过模仿写作和撰写大纲，学生对文章的篇章结构有了清晰的了解。另外，在进行阅读教学时，除了教授词汇和语法，教师还要引导学生分析文章的体裁及篇章结构，帮助学生意识到衔接与连贯的重要性，并想方设法提升他们的写作技巧。

五、数据收集及分析

（一）访谈

在实验开始之际，研究者利用课余时间对相关受访者进行了访谈。访谈是在舒适、平和的氛围中进行的，受访者诚实地表达了他们的想法。每次访谈大约持续15分钟。为了减少受访者的焦虑不安，研究者没有进行录音，而是在访谈的同时做笔记。

（二）写作测试

在这次研究过程中，研究者进行了三次写作测试。在实验开始前，为了解受试学生的英语写作水平，在2013年1月进行了第一次测试。在两个月后，即2013年3月，研究者进行了第二次测试，以检测写作前设活动对学生的英语写作水平是否有积极的影响。在2013年4月底，实验结束后，研究者进行了第三次写作测试，以考查不同类型的写作前设活动对学生的英语写作水平是否有不同的影响。

这三次考试都是由广州市教育局的专家统一命题，统一设置评分标准，统一改卷。评分结果是客观、公正的。

1. 基础写作的评分标准

基础写作在高考中占15分，评分标准包括三个方面：语言（满分8分）、内容（满分5分）、连贯（满分2分）。

（1）语言。① 每个T单位的单词量。T单位从语法而言是句子中最短的意义单位。它可以显示文章句法的复杂程度。在一个T单位内的单词量越多，这个句子含有的从属部分就越多，句法也越复杂。这一检测方式已经得到了英语写作研究人员的广泛认同。② 准确性。每个T单位内的拼写错误、词法错误和语法错误的数量体现了文章的准确与否。

（2）内容。文章的字数：每篇作文的字数都要统计，并计算出平均值。

（3）连贯。连接词的数量：作文中所使用的连接词显示了文章的衔接和连贯程度，例如 in addition, moreover, however, in other words firstly, secondly, thirdly，等等。

2. 第一次测试学生成绩

表 1　第一次测试各项的平均分和标准差

项　目	语　言	内　容	连　贯	总　分
平均分	3.41	3.20	1.01	7.62
标准差	1.222	1.046	0.563	2.127

3. 第二次测试学生成绩

表 2　第二次测试各项的平均分和标准差

项　目	语　言	内　容	连　贯	总　分
平均分	3.98	3.85	1.09	8.92
标准差	1.202	0.868	0.399	1.962

4. 第三次测试学生成绩

表 3　第三次测试各项的平均分和标准差

项　目	语　言	内　容	连　贯	总　分
平均分	4.11	3.80	1.26	9.17
标准差	1.282	0.769	0.329	1.951

（三）课堂观察

在整个研究过程中，笔者通过课堂观察，对英语写作课堂上的主要情况、学生表现等做记录。这一方法有助于作者揭示在实验过程中学生写作动机和能力的变化。课堂观察量表详见表 5。

（四）数据分析

1. 访谈结果分析

为了了解受试对象对写作前设活动的态度变化，在实验开始的前后，研究者从受试学生中挑选了 12 人，利用课余时间对他们分别进行了两次访谈。这 12 名受访者的英语水平分别属于三个不同层次，其中 4 人英语写作能力较高，4 人是中等水平，另外 4 人的写作能力较差。这两次访谈都是课余时间在课堂或教师办公室进行的。在访谈中，教师和受访者都是以中文交流，以便他们能流畅自如地表达自己的想法。访谈的具体内容如下：

(1) 你是否喜欢英语写作？

(2) 你写作的目的是什么?

(3) 在写作中你遇到的主要困难是什么?

(4) 你是否愿意采取一种新的写作方法?

(5) 你认为写作前设活动是否有效?

(6) 哪一项写作前设活动是最有效的?

两次访谈所收集的数据分析如下:

表4 关于写作与写作前设活动的访谈

问题＼选项						
		是	否	不清楚		
(1)	前测	4(33%)	6(50%)	2(17%)		
	后测	8(67%)	3(25%)	1(8%)		
(2)		提高写作水平	完成作业	避免受罚		
	前测	2(17%)	7(58%)	3(25%)		
	后测	6(50%)	4(33%)	2(17%)		
(3)		语法错误	用词不当	中文思维影响	篇章结构不当	
	前测	5(42%)	3(25%)	3(25%)	1(8%)	
	后测	3(25%)	4(33%)	2(17%)	3(25%)	
(4)		是	否	不清楚		
	前测	7(58%)	3(25%)	2(17%)		
	后测	10(83%)	1(8%)	1(8%)		
(5)		是	否	不清楚		
	前测	3(25%)	7(58%)	2(17%)		
	后测	9(75%)	2(17%)	1(8%)		
(6)		头脑风暴	经典发明	模仿写作	撰写提纲	其他
	前测	7(58%)	3(25%)	0(0%)	2(17%)	0(0%)
	后测	4(33%)	2(17%)	3(25%)	2(17%)	1(8%)

2. 课堂观察结果分析

为了了解写作前设活动对受试者的态度和表现的影响,研究者选定了三名目标学生,在英语写作课堂上对他们进行观察。这三名目标学生的英语写作水平各异,学生甲写作水平高,学生乙写作水平一般,还有一名学生丙写作水平较差。作者根据自己设计的课堂观察量表，对这三名学生在写作课堂上的行为和表现做记录，并针对每项进行评分。课堂观察分别在实验前后各开展了一次，结果如下（见表5）。每项得分越高，表明该名学生在这项上的动机越强或表现越好。

表5 英语写作课课堂观察

内容＼学生		学生甲	学生乙	学生丙
1	前测	5	3	2
	后测	5	4	2
2	前测	4	3	2
	后测	4	5	3
3	前测	3	2	1
	后测	3	3	2
4	前测	4	2	1
	后测	5	3	2
5	前测	3	2	1
	后测	3	4	3
6	前测	5	3	1
	后测	5	4	2
7	前测	4	2	1
	后测	5	4	3
8	前测	5	3	1
	后测	5	5	3
9	前测	4	3	1
	后测	4	3	2
10	前测	3	2	1
	后测	4	3	2
总分	前测	40	25	12
	后测	43	38	24
提升		3	13	12

3. 学生基础写作的总分分析

(1) 对比测试一与测试二的成绩。

表 6　测试一与测试二各项目的平均分

平均分	语　言	内　容	连　贯	总　分
测试一	3.41	3.20	1.01	7.62
测试二	3.98	3.85	1.09	8.92
差　异	0.57	0.65	0.08	1.3

表 7　测试一与测试二各项目的标准差与双侧 T 检验结果

标准差	语　言	内　容	连　贯	总　分
测试一	1.222	1.046	0.563	2.127
测试二	1.202	0.868	0.399	1.962
双侧 T 检验	0.042	0.002	0.464	0.005

从表 6 和表 7,可以看出测试二的总分增加了 1.3 分。另外,T 检验的结果显示,在测试二中,受试在语言和内容方面取得了明显的进步,而在连贯方面的得分却没有什么变化。

(2) 对比测试二与测试三的成绩。

表 8　测试二与测试三各项目的平均分

平均分	语　言	内　容	连　贯	总　分
测试二	3.98	3.85	1.09	8.92
测试三	4.11	3.80	1.26	9.17
差　异	0.13	−0.05	0.17	0.25

表 9　测试二与测试三各项目的标准差与双侧 T 检验结果

标准差	语　言	内　容	连　贯	总　分
测试二	1.202	0.868	0.399	1.962
测试三	1.282	0.769	0.329	1.951
双侧 T 检验	0.434	0.881	0.027	0.345

据表 8 和表 9 显示,在测试三中,语言和内容的得分没什么变化。相反,受试者

在连贯方面取得了较大的进步。因此，测试三的总分也比测试二提升了 0.25。

4. 评分标准三个项目的成绩分析

(1) 语言运用项目的成绩比较。

表 10　三次测试语言运用项目的成绩比较

平均分	语　言	每个 T 单位的单词量	每个 T 单位的错误量
测试一	3.41	12.32	0.54
测试二	3.98	12.85	0.48
测试三	4.11	12.94	0.49

表 10 显示，在三次测试中，受试者的文章在每个 T 单位内的单词量有所增加，而每个 T 单位内的错误量减少了。由此可见，受试者在写作中的语言运用能力越来越好，成绩也越来越高。

(2) 内容项目的成绩比较。

表 11　三次测试内容项目的成绩比较

平均分	内　容	字　数
测试一	3.20	61.6
测试二	3.85	64.25
测试三	3.80	64.70

从表 11，可以发现每篇作文在内容这一项目的得分是与文章字数相关联的。如果受试者的作文字数越多，他们在内容方面的得分就越高。

(3) 连贯项目的成绩比较。

表 12　三次测试连贯项目的成绩比较

平均分	连　贯	连接词的字数
测试一	1.01	2.87
测试二	1.09	3.06
测试三	1.26	3.69

据表 12 显示，使用连接词对文章的篇章连贯来说非常重要。文章中的连接词越多，它的篇章连贯性就越好，因为这有助于句子和语篇上下文的衔接。

六、研究结果与讨论

（一）研究结果

研究表明，写作前设活动可以激励并促使学生积累写作材料。它要求教师为学生提供系统的指导和训练，使他们能够通过写作前设活动培养自主写作的能力。把时间花在写前阶段是值得的，因为它能指引学生写出更完整、更好的作文。然而，不同的写作前设活动的效果如何还有待进一步研究。

1. 访谈结果

表 4 表明，在实验前，一半的受试者对英语写作没有兴趣，他们(58%)写作只是为了完成作业，他们中有些人(25%)只是为了避免被处罚或被教师责骂。基本上，他们对英语写作持消极态度。当被问及主要困难是什么，其中近半数的学生(42%)认为是语法错误，这属于表层的问题，而只有 8%的学生担心更深层次的问题，那就是文章的篇章结构。超过一半的学生(58%)愿意采取一种新的教学方式，但他们对写作前设活动知之甚少。因此，大多数受试者(58%)认为头脑风暴作为课堂教学中最广泛使用的活动，是最有效的写作前设活动。

实验结束后，越来越多的受试者(67%)表示对英语写作感兴趣，超过一半的受试者积极参加写作活动。更多的人(25%)开始关心更高层次的问题——文章的篇章结构，而不仅仅注重语法错误。实验结束后，越来越多的受试者(83%)都渴望尝试另一种新的教学方法，而且大多数受试者(75%)喜欢上了写作前设活动，因为他们可以从中获益良多。随着了解更多类型的写作前设活动，受试者也有了更多选择。

在第一次访谈中，大多数受试者认为有必要提高自己的写作能力，但是他们没有自信，也不清楚什么是写作前设活动。实验结束后，他们渴望提升自己的写作能力，也更有信心了。

从实验前后进行的两次访谈可见，写作前设活动促使受试者对写作感兴趣，并积极参与写作。他们获得了自信，并愿意多加训练，以提高自己的写作质量。

2. 课堂观察结果

表 5 表明，在前测和后测中，具有良好写作能力的学生甲得分最高，而写作能力一般的学生乙则获得第二名，写作能力较差的学生丙得分最低。然而，就提高而言，学生乙取得最大进步，学生丙第二，学生甲的进步最少。

学生甲在参加写作前设活动培训后没有取得多大进展，尤其是在第 2、第 3 和第 5 项上。

学生乙在大部分项目上取得了进步，主要表现在第 2、第 5、第 7 和第 8 项上。

学生丙在整体表现上也取得了很大进展，尤其是在第 5、第 7 和第 8 项上。

从两次课堂观察得知，擅长英语写作的学生甲宁愿独自完成写作任务，而不愿意听教师或其他同学的想法。他在写作前的构思阶段不喜欢合作学习。相反，写作水平一般的学生乙往往愿意听从教师的意见，并给予了积极的响应。在写作前设活动中，学生乙和学生丙都喜欢与小组成员合作学习。通过三个月的写作前设活动训练，这两类学生的基础写作能力都得到了提升，多能在限定时间内完成写作任务。

3. 写作测试结果

在分析对比了三次测试的成绩后，研究者发现，适当的写作前设活动可以在一定程度上提高基础写作的得分。此外，不同的写作前设活动会使受试者在写作的不同方面取得进步。头脑风暴或句式转换方法可以使受试者掌握更多高级的词汇和句式。经典发明则会激发学生更多的想法，使他们在内容开发方面做得更好。与此同时，研究者还发现，模仿写作和撰写提纲能提升作文的衔接和连贯性。

（二）讨论

从上述研究结果可以发现，学生对各种写作前设活动的反应是不一样的。与此同时，作文主题的选择和学生的英语水平也影响这些方法的使用。在研究中，研究者发现，并不是所有的启发式教学都行之有效，有一些没有达到预期的目标。所有这些因素都影响写前策略的成功应用。因此，教师在开展写作前设活动时，必须充分考虑学生和文章具体情景的因素。同时，这些活动不应该局限学生的思维，而应该使学生自由地表达自己的想法。

七、结论

（一）研究的答案

本研究探讨的问题是：① 写作前设活动能在多大程度上提升高中学生的英语基础写作能力？② 教师如何能有效地组织写作前设活动？

1. 研究问题一的答案

通过研究者对为期四个月的写作前设活动训练的研究，包括访谈、课堂观察和写作测试，我们发现写作前设活动是非常有效的，有助于唤起学生的英语写作的兴趣，不同的写作前设活动可以提升学生不同方面的写作能力。因此，教师应该在写作教学中积极开展写作前设活动。由此，可以得出结论：写作前设活动有助于提高高中生的英语基础写作能力。

2. 研究问题二的答案

当教师组织基础写作前设活动时，他们应该特别注意以下几个方面。

(1) 重塑学生的写作观念。教师要使学生意识到写作的本质是交际，而且在充当评估者的同时，还要充当一名真正的观众。作为读者，教师应该对作文内容展示其个人兴趣，并在评论时关注与意义相关的问题。这将有助于让学生意识到自己是作家，他们的写作是为了与他人交流思想。只有当他们意识到写作的本质时，他们才能喜欢上写作前设活动。

(2) 指导学生参与写作前设活动。贝穆德斯说，英语学得不好的学习者面临的一个主要挑战是"缺乏对良好写作的内在认知过程的意识，他们难以集中相关的想法并自主地进行记忆搜索"(1990)。因此，有必要在写前阶段，使用认知策略指导学生，培养他们的写作技巧。学生通过参与写作前设活动训练，能够意识到该活动的价值所在。为了适应不同学生的写作习惯和不同的任务要求，教师要展示各种不同的写作技巧，这样就能使学生逐渐掌握写作方法，并独立自如地使用这些写作技巧。

(3) 提供相应的写作前设活动。由于学生的能力和偏好是不同的，教师应察觉其差异，然后评估每个人的具体需求。此外，因为写作任务是不同的，成功的作家经常使用各种不同的写作策略。写作课的目的是培养学生自主使用这些技巧，因此，教师应该根据不同学生的独特需求提供相应的策略。这样，学生就能够熟悉这些技巧，并且根据自己的喜好和具体情况，独立地选用各种写作技巧。

(4) 提供相关的语言输入。教师的教学方法应该依据学生状况来确定。教师应该为学生提供相关的语言输入。通过阅读材料中的例子，学生可以在具体语境中学到有关的词汇表达方式及如何遣词造句，这样就能在写作中恰当地使用。此外，阅读文章中的相关信息也为写作活动提供了有价值的参考，它有助于拓宽学生的视野。范文是一个很好的输入信息来源，因为它们简单易懂，也与写作紧密关联，可以满足学生的迫切需要。

(二) 对语言教学的启示

1. 教师应重视写前阶段的指导

写作不仅是一个结果，也是一个过程。在学生英语写作的过程中，教师应该关心学生的写作能力，而不仅仅是考试分数。因此，教师一定要重视在写前阶段对学生的指导，提供更多的机会让学习者体验成功的感觉。如果学生都能够获得积极的情感，他们可能会更积极地参与英语写作。教师也应该为学生提供多种写作策略，以满足他们不同的喜好。此外，还要帮助学生积累原材料和惯用语，以获得更多的语言素材。

2. 布置与学生实际相关的写作任务

通常在英语写作课上，教师布置的写作任务都缺乏可操作性，因为这些任务与学生的日常学习、生活、个人兴趣等无关。所以，学生不愿意写英语作文。因此，为了激发学生的写作动力，教师应该努力布置一些有意义的、现实的、与学生实际生活相关的写作任务。

（三）研究的局限性

首先，由于研究时间和条件的限制，本研究的样本量不够大 ——仅有来自同一所中学的46名学生。在未来的研究中，应该选择更多学生作为受试者，这样研究的结果可能更有效。由于时间所限，研究只持续了近四个月，因此，研究的结果可能不是很明显。

其次，笔者所设计的课堂观察量表仍然需要加以改进。笔者在课堂观察量表中只是设计了一些与课堂相关的问题，还不够全面，不足以反映全体高中生在英语写作学习中的表现。

再次，在写作前设活动训练中，笔者控制了其他的影响因素，从而使学生写作的进步主要是由于写作前设活动培训。然而实际上，在研究期间，由于受试者可能使用其他的方法来练习写作，测试的结果不一定仅是由写前训练引起的。

最后，写作前设活动的训练方式应该因人而异，不同的学生需要不同的训练方式。

（四）对进一步研究的建议

这项研究仅仅是开始。笔者希望有更多的教师加入这项研究，将其精力和知识投入到教学改革中，去找出问题、分析问题，并寻求解决问题的方法。

教育行业有别于其他职业，教师的工作对象是人而不是物。为了对学生负责，教师需要更多的行动研究和实证研究，使学校教育和教学的效果益趋良好。

参考文献

[1] BERMUDEZ A B, PRATER D L. Using Brainstorming and Clustering with LEP Writers to

Develop Elaboration Skills[J]. Tesol Quarterly, 1990(24): 523 - 528.

[2] GUO C J, LIU F. A Dynamic Research into L1 Influence on L2 Writing[J]. Modern Foreign Languages, 1997(04).

[3] NUNAM. Language Teaching Methodology[M]. New York: Prentice Hall, 1991.

[4] TRIBBLE C. Writing[M]. Oxford: Oxford University Press, 1996.

[5] WEN Q F, GUO C J. The Relationship between Thinking in L1 and L2 Writing Ability: A Study of the Process of English Picture Composition by Senior Middle School Students[J]. Modern Foreign Languages, 1998(04).

[6] 苗玉辉,王燕. 论信息加工理论在教学设计中的应用[J]. 黑龙江科技,2008(2).

[7] 王文宇,王立非. 二语写作研究:十年回顾与展望[J]. 外语,2004(3).

[8] 于飞,张慧芳. 写作教学中的"成果教学法"、"过程教学法"和"内容教学法"浅析[J]. 外语,1996(3).

[9] 张燕. 高中英语写作前设活动的设计[J]. 中小学外语教学(中学篇),2008(1).

[10] 田朝侠. 英语写作教学过程体裁法研究[D]. 长春:东北师范大学,2005.

基于认知负荷理论的有机化学样例学习探究

化学科　秦绍臻

[摘　要] 化学样例学习是学生学习化学的主要方式之一，认知负荷理论强调工作记忆容量的有限性，它提出三种基本类型的认知负荷，认为工作记忆的认知负荷与样例的内在本质、样例的数量、样例的组织形式和学生参与样例学习的活动都有关。在有机化学教学过程中，运用认知负荷理论科学合理地设计样例，能有效地减轻学生的认知负荷，促进有机化学学习的有效迁移，提高学习效率。

[关键词] 样例设计　认知负荷理论　有机化学　高中化学教学

在我国，基础教育阶段学生学业负担过重是一个不容忽视的事实，“减负”的口号已经喊了许多年，但成效并不大，沉重的学业负担甚至影响了许多学生的生理健康和心理健康，带来不可忽视的社会问题。理论界学者往往只是从教育学、管理学和社会学等角度探讨了原因，提出了教育实践领域的相应对策，却并没有揭示学业负担的内在本质和现状。

为了使知识得到更好的融会贯通，教师在教学过程中，往往会以例题作为原理或规则的载体。例题对于问题解决的重要性远胜于其他因素，因为当学习者遇到一个新的问题时，他考虑的往往是类似的例题，例题就像一座桥梁，填补了原理和规则的学习与新应用之间的隔阂。但单纯的例题教学往往指向性不强，只是师生自发使用的一种学习工具。随着认知研究逐步深入学科教学的领域，人们发现，以例题为基础的一种新的教学处理方式——样例学习更能提高学习效率和问题解决能力，并在自然科学的教学领域开辟了样例学习研究与应用的先河。与常规教学手段相比，样例学习能有效减轻学习者的认知负荷，易化了知识技能的获得，提高了解题效率，更有利于学生对原理和规则的正确归纳和分类，并极大地调动了学习者的学习积极性等。

一、认知负荷理论与样例学习的基本观点

样例学习研究最早见于20世纪50年代中期，与传统的问题解决练习相比，基于样例所进行的学习需要的时间更少，有更好的迁移效果。认知负荷作为其理论依据，可以解释学习过程中学生心理资源的分配与学习效果的关系。

(一) 认知负荷理论的基本观点

1988年，著名认知心理学家斯韦尔（Swell）等人首先提出了“认知负荷理论”，主要从资源分配的角度来考察学习和问题解决，认知负荷理论认为：问题解决或学习过程中的各种认知活动均需消耗认知资源，若所有活动所需要的资源总量超过了个体所具有的资源总量，则存在资源分配不足的问题，从而影响学习或问题解决的效率，此时称为认知负荷过重。

认知负荷可分为三种类型：一是外部认知负荷，是由学习材料的组织和呈现形式所引起的不利于信息加工与获得的认知负荷；二是内部认知负荷，是由学习材料本身的复杂性所引起的认知负荷，内在认知负荷的高低取决于学习材料的复杂性和学习者已有的知识经验；三是相关认知负荷，是由学习材料的组织和呈现形式所引起的有利于信息加工与获得的认知负荷，这种负荷也称为有效认知负荷。

本研究以高二“选修5”《有机化学基础》为例，简单将其关系图示如下：

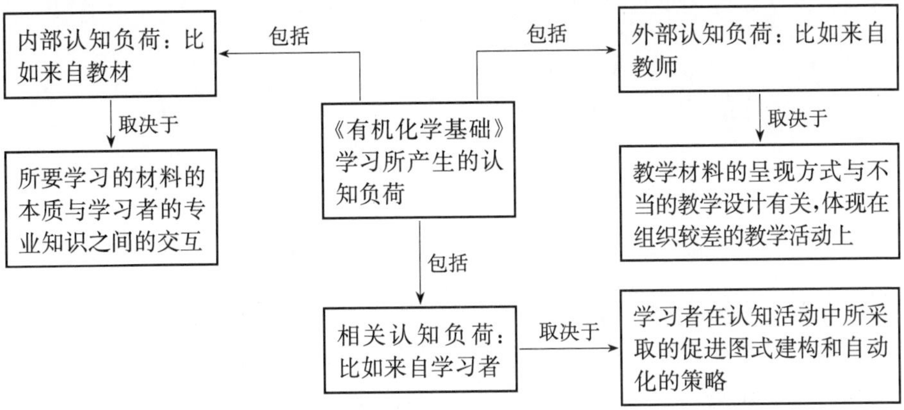

图1　三类认知负荷关系图

认知负荷是建立在认知资源有限和容量有限的基础之上，三种认知负荷之间是一种此消彼长的关系。样例设计研究的主要目的就是在教学过程中控制内部认知负荷，最大限度地降低阻碍学习的外在认知负荷，优化促进学习的相关认知负荷，使学习者合理地利用有限的认知资源，达到最好的学习效果。

(二) 样例学习的基本思想

先秦孔子《论语·述而》曾说“举一隅，不以三隅反，则不复也”。这就是举一反三成语的由来，其中便含有样例学习的思想成分。俗语中的“熟读唐诗三百首，不会写诗也会吟”，也蕴含了对样例学习功能的肯定。样例学习指的是从具有详细解答步骤的事例中归纳出隐含的抽象知识来解决问题的学习。样例是一种问题解决技能的教学工具，常常出现于结构良好的领域，如数学、物理、电脑编程等。它主要包括问题呈现、解题步骤和最终结果。通过这样逐步呈现解题步骤的方式，样例提供了一个具体问题的专家解决模型，供学习者仿效进而指导自己的问题解决。样例学习就是学习者通过对样例的观察和思考习得知识的一种学习过程。尤其对新手而言，这种学习模式更为有效，更易为新手所认可和接受。

例如，在第一章第一节我们简单地以苯酚（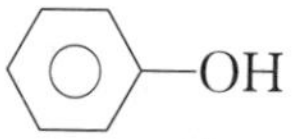）为例，对有机物分类中酚的定义和结构进行以下的描述：凡是苯环（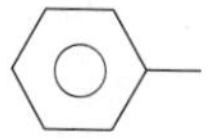）和羟基(—OH)直接相连的就是酚类。即学生需要掌握的规则 1 就是找到苯环和羟基，规则 2 就是这两个结构必须直接相连。然后，我们再展示以下一个新的问题，(A)、(B)、(C)何者为酚类：

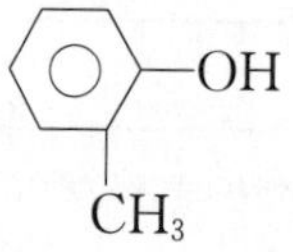

(A)

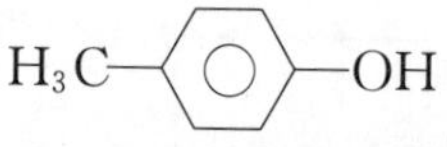

(B)

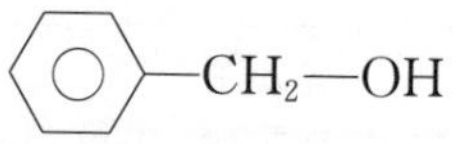

(C)

应用规则，我们不难发现(A)、(B)符合规则，而(C)不符合。因此，我们可以看到，例题就像一座桥梁，填补了原理和规则的学习与新应用之间的隔阂。

近年来，广东高考有机大题的考查中，多次出现利用样例解决目标问题的试题，现统计如下：

表 1　近年来广东高考化学题中的样例学习

年份	样　　例	规则及拟解决问题
2010年	第 30 题： 反应② 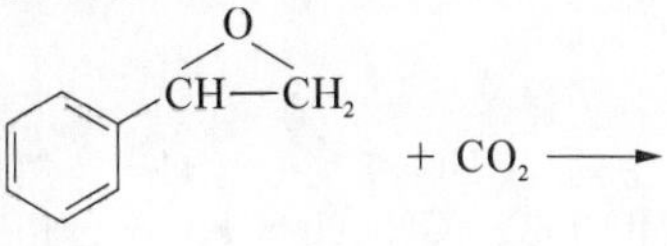 Ⅲ 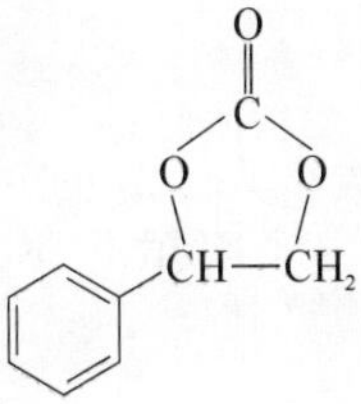 Ⅳ 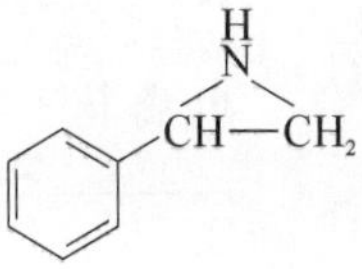 Ⅴ	规则： 反应物 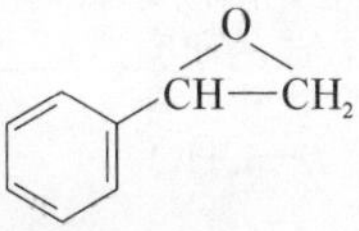 与 CO_2 反应，有两种断键、成键方式： 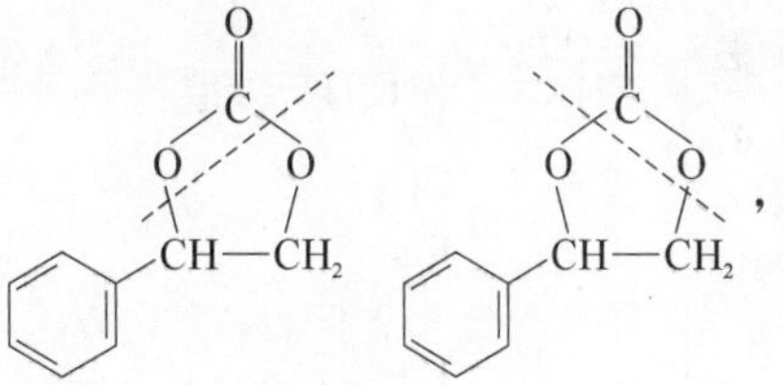 产物均为 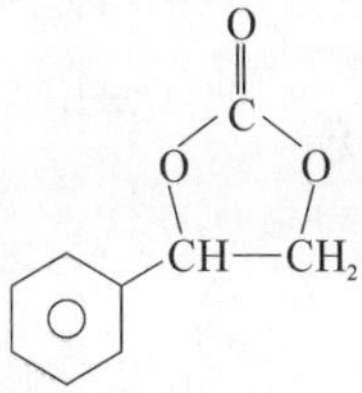 拟解决问题： (4) 在一定条件下，化合物Ⅴ能与 CO_2 发生类似反应②的反应，生成两种化合物(互为同分异构体)，请写出其中任意一种化合物的结构简式：________。
2011年	第 30 题： 直接生成碳-碳键的反应是实现高效、绿色有机合成的重要途径。交叉脱氢偶联反应是近年备受关注的一类直接生成碳-碳单键的新反应。例如： 反应①：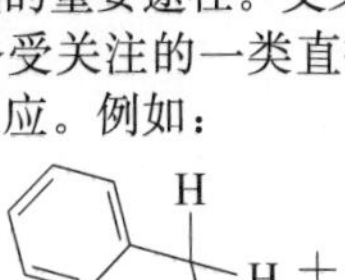 + 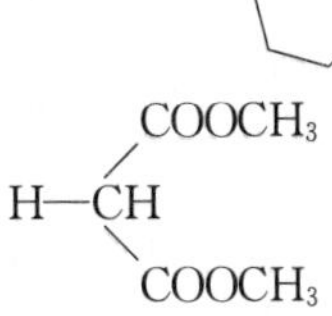 Ⅰ 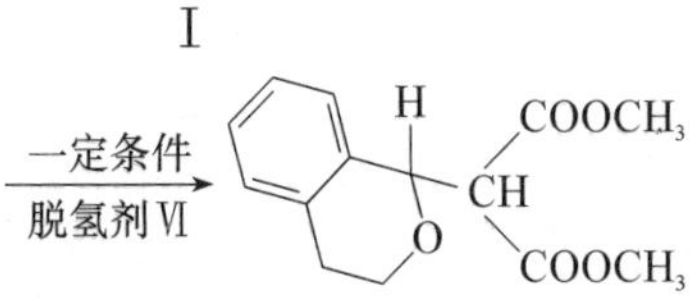	规则： 断键位置分别为 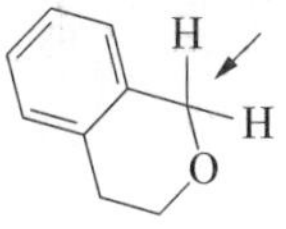 和 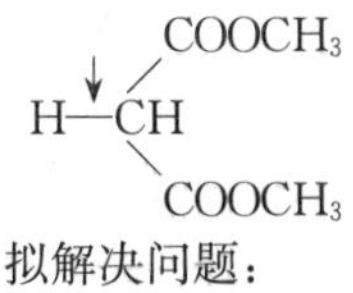 的箭头所指处。 拟解决问题： (5) 1 分子 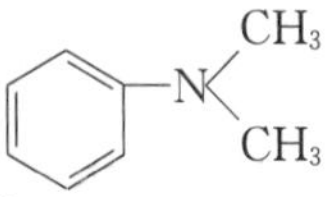 与 1 分子 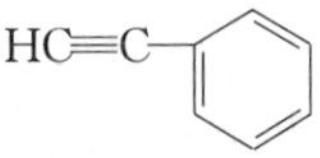 在一定条件下可发生类似① 的反应，其产物分子的结构简式为________。

续　表

年份	样　　例	规则及拟解决问题
2012年	第30题： 过渡金属催化的新型碳-碳偶联反应是近年来有机合成的研究热点之一，如： 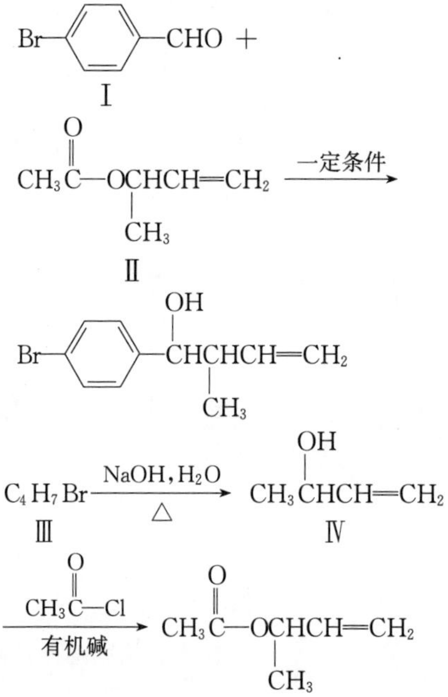	规则： Ⅰ中的—CHO变为 —CH(OH)— ，然后直接与Ⅱ中的 —CH(CH$_3$)CH═CH$_2$ 部分相连。 拟解决问题： (5) Ⅳ的一种同分异构体Ⅴ能发生银镜反应。Ⅴ与Ⅱ也可发生类似反应①的反应，生成化合物Ⅵ，Ⅵ的结构简式为：________（写出其中一种）。
2013年	第30题： 脱水偶联反应是一种新型的直接烷基化反应，例如： 反应①： 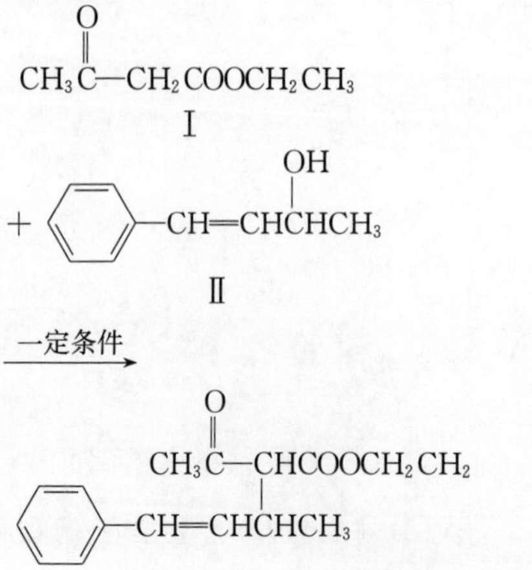	规则： Ⅰ中 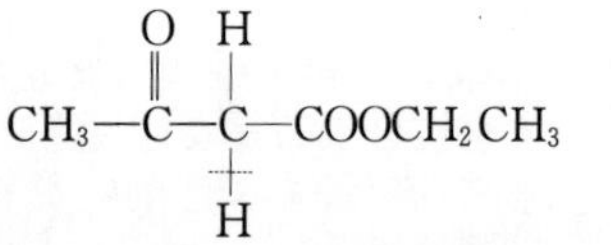 C—H键断开， Ⅱ中 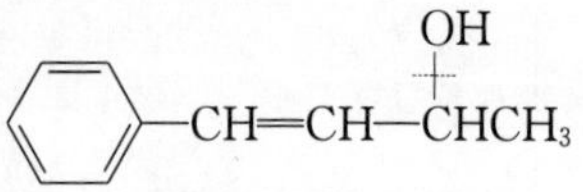 C—O键断开，断键处碳原子相连。 拟解决问题： (5) 一定条件下，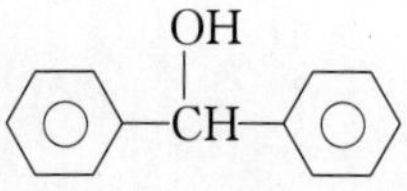 与 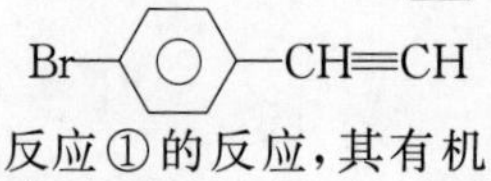 也可以发生类似反应①的反应，其有机产物的结构简式为________。

（三）不同类型认知负荷与样例设计策略之间的关系

三种不同类型的认知负荷之间是一种此消彼长的关系，样例学习研究的主要目的就是要在教学过程中控制内在认知负荷，最大限度降低阻碍学习的外在认知负荷，优化促进学习相关认知负荷，使学习者合理利用有限的认知资源，达到最好的学习效果。

表 2　三大认知负荷所对应的样例设计策略

<table>
<tr><th>类型</th><th>来源及影响因素</th><th>样例设计策略</th></tr>
<tr><td>内在认知负荷</td><td>由工作记忆的承受度产生，取决于学习任务的复杂性和难度以及受学习者原有知识水平的影响。</td><td>1. 控制问题元素的交互程度，选择合适的学习内容；
2. 呈现模块化的样例；
3. 使用不完整样例，用渐省的方式呈现解答步骤，最后完成问题解决。</td></tr>
<tr><td>外在认知负荷</td><td>由工作记忆中出现的不必要认知或不当图式产生，取决于学习材料的组织呈现方式和教学活动、学习任务设计的合理性。</td><td>1. 关注教学中信息传递渠道是否畅通；
2. 关注教学材料的设计质量及组织的教学活动是否过于复杂和低效；
3. 关注学习材料中的多重信息是否分散了学生的注意力，阻碍学生的图式获得；
4. 关注文本信息和图示信息、材料视觉和听觉信息之间的整合。</td></tr>
<tr><td colspan="3">以上两种负荷的关系：
1. 内在认知负荷是工作记忆对学习任务的加工能力与程度，在学习过程中是固定存在的；
2. 外在认知负荷是教学组织者及所使用材料错误地作用于工作记忆，使其偏离认知的正常轨道，生成无效的认知活动，又称无效负荷或无关负荷。</td></tr>
<tr><td>相关认知负荷</td><td>由学习者本身在学习过程中进行有意义的图式建取或图式自动化产生。取决于对原理和规则有效的归纳和分类，能进行积极的自我解释，是有效负荷。</td><td>1. 样例变异设计：一方面促进学习者对相似或相关特征与无关特征进行区分，从而有利于问题图式的建构，另一方面，为学习者提供了辨认相似特征的机会，扩展样例的适用范围，促进图式的发展和迁移；
2. 在样例设计中嵌入支架设计：一方面为样例设立子目标，引导学习者将解答步骤与子目标进行整合，并完成自我解释，建构图式；另一方面，在样例设计中体现一系列反思性问题或暗示信息，引发学习者对解答样例的过程进行自我解释，填补样例文本与学习者心理模型的空缺。</td></tr>
<tr><td colspan="3">相关认知负荷与前两种认知负荷之间的关系：
1. 三种负荷具有加和性，即降低的外在负荷和内在负荷以及增加的有效负荷，三者之和处于工作记忆承受负荷的最近发展区内；
2. 有时前两种认知负荷很高，但如果能通过样例学习增加相关认知负荷，同样能促进高质量、有意义的图式建构；
3. 即使前两种认知负荷很低，但由于学习者没有将富余的认知资源投放在学习任务中，同样不能改善学习效果；
4. 总认知负荷不要超过认知资源。</td></tr>
</table>

二、认知负荷理论下有机化学教学样例设计的类型

样例学习在有机化学的学习中具有巨大的优势，能有效促进学习者问题图式的建构和认知技能的获得，尤其对新手和知识相对薄弱的学生，样例学习的优势更为突出。

（一）高中有机化学样例教学设计的内容解读

操作中需要考虑到有效样例的建构和内容的选择，教材中有许多样例的背景材料。

表3 《有机化学模块》中可进行样例教学设计的内容

<table>
<tr><th colspan="2">章　　节</th><th>内　　容</th></tr>
<tr><td rowspan="3">第一章认识有机化合物</td><td>第一节　有机化合物的分类</td><td>按官能团的不同，对有机物进行分类</td></tr>
<tr><td>第二节　有机化合物的结构特点</td><td>按碳链骨架和官能团的不同，书写某有机化合物的同分异构体</td></tr>
<tr><td>第三节　有机化合物的命名</td><td>根据碳链和支链的不同，对烷烃进行命名</td></tr>
<tr><td rowspan="3">第二章烃和卤代烃</td><td>第一节　脂肪烃</td><td rowspan="3">利用官能团的性质，推导有机物的性质</td></tr>
<tr><td>第二节　芳香烃</td></tr>
<tr><td>第三节　卤代烃</td></tr>
<tr><td>第三章烃的含氧衍生物</td><td>第四节　有机合成</td><td>设计有机合成路线</td></tr>
</table>

（二）认知负荷理论下有机化学样例教学设计的类型分析

从认知负荷理论的角度来说，有效的教学设计就是要充分考虑学生有限的认知负荷，使学生用满负荷而不是超负荷的心理资源获取最多的知识。外在认知负荷与相关性认知负荷都受教学设计的影响，但外部认知负荷对学习起干扰作用，而相关性认知负荷能够对学习起促进作用。

1. 控制内在认知负荷：充分考虑教材特点与学生认知水平及其交互作用

在实际的有机教学中，可强化官能团的教学，突出“结构决定性质”这一有机化学的主干知识，实行打包学习，降低内在认知负荷。因此，在化学学习中，教师的主要作用就是帮助学生获取自动化的图式和产生式系统。而零碎的图式、产生式的存储和提取会占用较多的认知资源，若形成容量大的图式或自动化的产生式系统，

以“组块”、“模块化”或“包”的形式来加工，则会节省大量的认知资源，从而减轻认知负荷，加快认知速度，提高学习的效率。

然而，在有机化学教学中，有些官能团或反应的出现频率是很高的，不妨把这类官能团或常见反应称为“以……为中心的有机物”，这些“以……为中心的有机物”往往包含了一系列的信息，可以说是包含了很多个“如果……，那么……”的产生式系统。如果学生以“打包”的方式来学习，形成模块，通过充分的理解和练习，达到自动化的程度，就会降低认知负荷，增强学习效果。

在实际教学中，不妨以“乙烯”为起点，建立概念图式转换结构，形成“基本结构及性质”的模块，包含有机化学考查中的最基本、最常见的信息与转化关系，方便学生进行“打包”学习。学生可以从中寻找“乙烯”的起始位置，利用官能团性质，补充完整相关的转化关系和对应物质，并在此基础上将“乙烯”换成带有相同官能团的其他物质，重新进行转化关系的建立。

样例：以乙烯为起点的转化。

乳酸是一种重要的体内代谢产物，分子中既有羟基又有羧基，可发生分子间的酯化反应，生成环状交酯

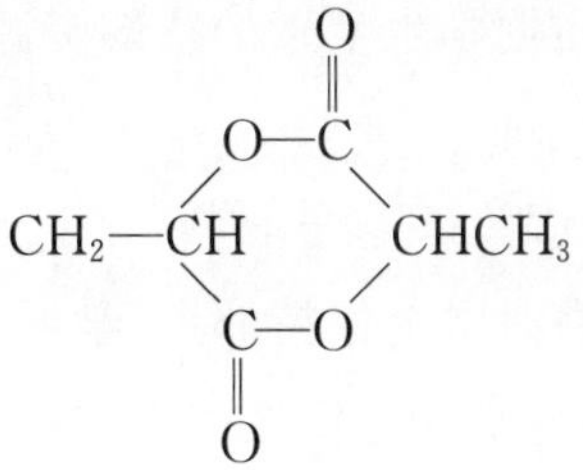

或链状酯，如

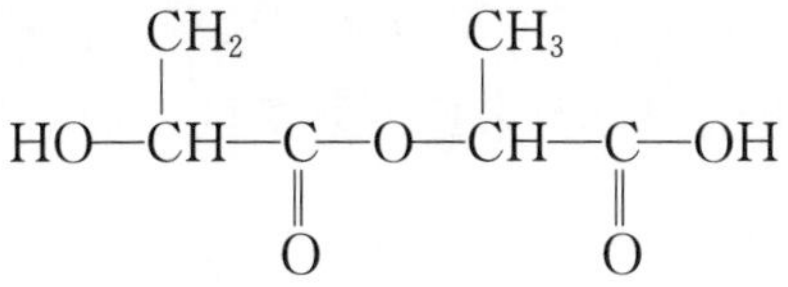

，适当大小聚合度(n)的链状酯近年来开始被用作外科手术缝合线和骨科手术固定膜(相当于夹板)，术后能在一定时期内被人体分解吸收，不需要拆线或再行手术。它可以用下列方法合成(已知：$R—CN\xrightarrow[H^+]{H_2O}R—COOH$)。

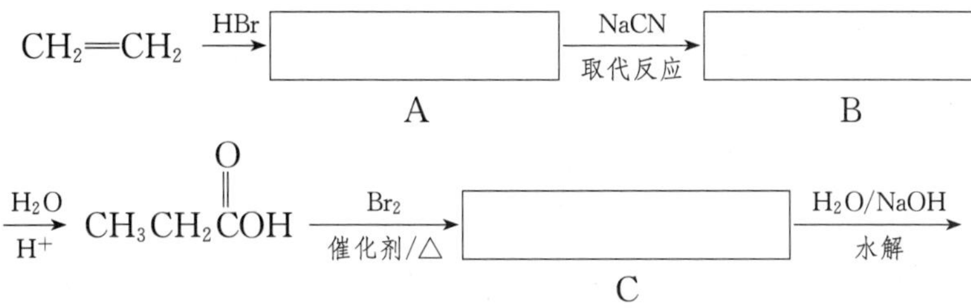

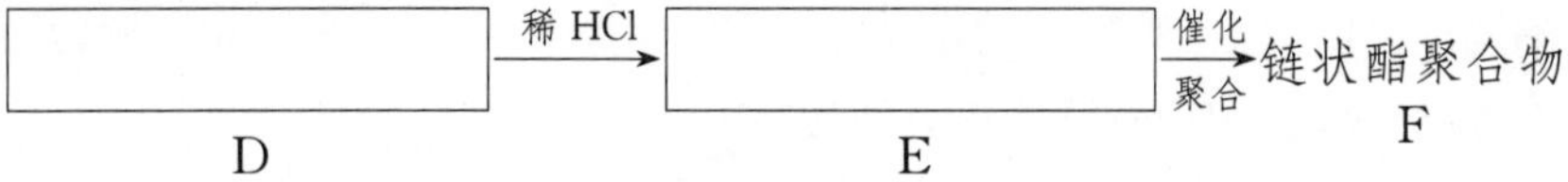

要求：推断出以上A～F的结构简式。

在样例设计中，教师可以将此解题模型总结为“如果乙烯发生……，那么……”的产生式系统。学生觉得有机化学难学，无非难在从复杂的图形中选择适当的信息进行组合。我们引导学生采用模块化的“打包”方式去理解“以乙烯为起点的转化关系”，能帮助学生很快从各种有机合成题中迅速组合解题信息，减轻内在认知负荷，提高学习效率。

2. 降低外在认知负荷：优化教学样例的组织形式和呈现方式

降低外在认知负荷知识的学习必须遵循循序渐进的原则，对教学材料进行杂乱无章的随意编排会加重学生的认知负荷，影响知识的获得和迁移。在样例教学中，教师要为学生搭建问题解决的“脚手架”，实行“小步走”的原则，把大问题逐层分解成多个对解决大问题起决定性作用的小问题，从而减轻外在认知负荷，避免与图式无关的信息占据学生宝贵的认知资源，让学生把认知资源更多地用在知识本质的学习过程中。

(1) 按邻近原则呈现教学材料，减少注意分散和表征保存。即教学中的教学材料呈现应尽可能在时空上保持邻近，学习者就可以以最短的视觉搜索找到相应的视觉与语词信息，容易在它们之间建立联系，从而促进信息整合。否则，图像和解释性文本分离呈现，学习者在看完文本后，一方面需要一部分认知资源来保存文本表征，形成表征保存；另一方面还要耗费一定认知资源来搜寻对应的图像信息，形成注意分散，从而带来额外的认知负荷。

样例：

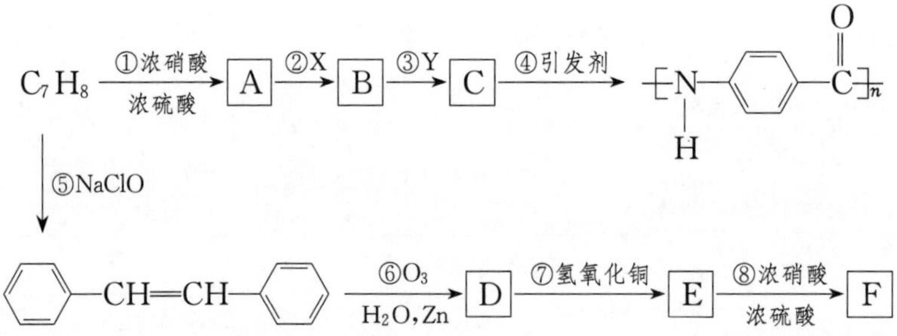

已知：

Ⅰ. 当一取代苯进行取代反应时，新引进的取代基由于受原取代基的影响而取代邻、对位或间位。使新取代基进入它的邻、对位的取代基：—CH_3、—NH_2。使新取代基进入它的间位的取代基：—COOH、—NO_2；

Ⅱ. $R—CH=CH—R' \xrightarrow{O_3;Zn/H_2O} R—CHO+R'—CHO$；

Ⅲ. —NH_2 易被氧化，—NO_2 可被 Fe和 HCl还原成—NH_2。

在编排样例的时候，教师一定要注意教学材料的附属说明或相关的解题规则要和材料的图文保持在最紧密的相对位置上，不要在编排上导致翻页或进行其他无关操作。

(2) 清除多余信息，避免冗余效应发生。把需要学习的信息以简洁的、精确的形式呈现给学习者，单独来源的教学能比整合的形式(把文字整合到图片)或双重形式(平行使用文字和图片)获得更高的学习水平。从认知负荷理论角度来看，处理非有用信息会耗尽珍贵的认知资源，从而不利于学习。当然，信息是必要的还是冗余的，取决于材料的特征和学习者专门知识的水平。在实际的设计中，当使用者的知识水平是未知的时，最好假定使用者是低知识水平的，同时在物理上整合相关的材料(而不是省略它们)。

样例：

酚醛树脂是应用广泛的高分子材料，可用酚类与醛类在酸或碱的催化下相互缩合而成，类似的合成过程如：

已知反应①：

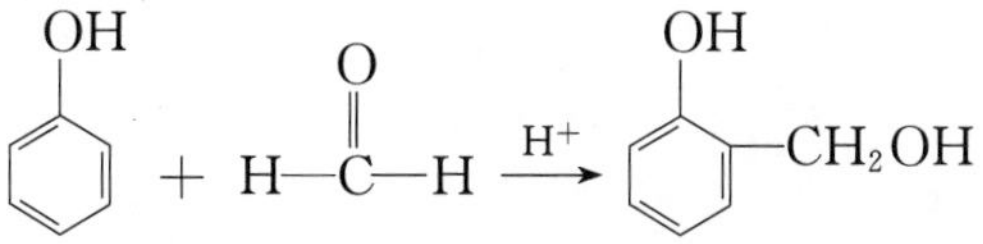

反应②：

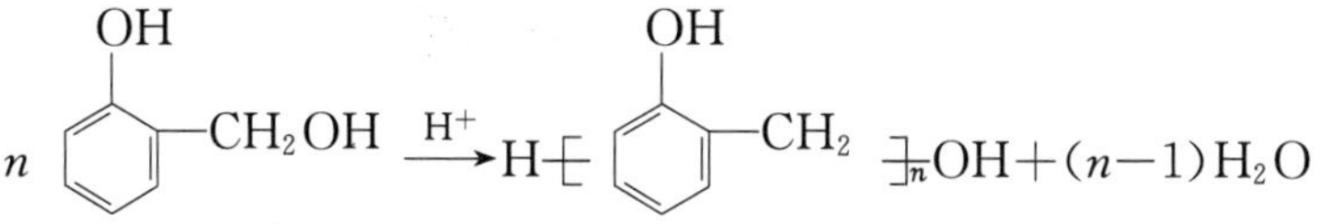

a. 化合物Ⅰ的分子式________。

b. 苯酚与浓溴水反应的化学方程式为________________。

c. 化合物Ⅱ________也能与 CH_3CHO 发生类似反应①的反应，生成有机物Ⅲ，该反应化学方程式为____________________________；有机物Ⅲ发生类似反应②的反应，生成高分子化合物Ⅳ的结构简式为________________。

d. 化合物Ⅱ的一种同分异构体Ⅴ能发生银镜反应，1 mol 的Ⅴ能与 2 mol 的 NaOH 完全反应，且苯环上的核磁共振氢谱有 2 个峰，Ⅴ的结构简式为________。

e. 有关化合物Ⅱ和Ⅲ的说法正确的有______（填字母）

A. 都属于芳香烃。

B. 都能与 $FeCl_3$ 溶液发生显色反应。

C. 都能与 $NaHCO_3$ 溶液反应放出 CO_2。

D. 1 mol 的Ⅱ或Ⅲ都能与 2 mol 的 NaOH 完全反应。

近年来，广东高考化学有机大题考查基本以上述模式进行，即展示一个样例，但后续问题中并非均围绕样例进行思考，此时样例相对于题中的 a、b、d、e 题来说，便属于冗余信息，应引导学生熟练掌握这种问题，可以不看样例，直接解答相应题目。

(3) 运用先行组织者（advance organizer）策略，改变学生的认知准备状态。如果原有认知结构中的相关知识未被激活，人们对新知识的理解将变得相对困难。教师应在新的学习任务开始之前，呈现给学生比当前学习任务更高一层的具有抽象性和包摄性的引导性材料，从而激活其认知结构中与新知识相关的知识内容，为学习新知识做好认知准备，避免学生需要到长时记忆中去搜索相关知识的认知负担，从而减轻外在认知负荷。

样例：

含有 C═C—C═C 键的化合物与含有 C═C 双键的化合物很容易发生加成反应，生成六元环化合物，例如

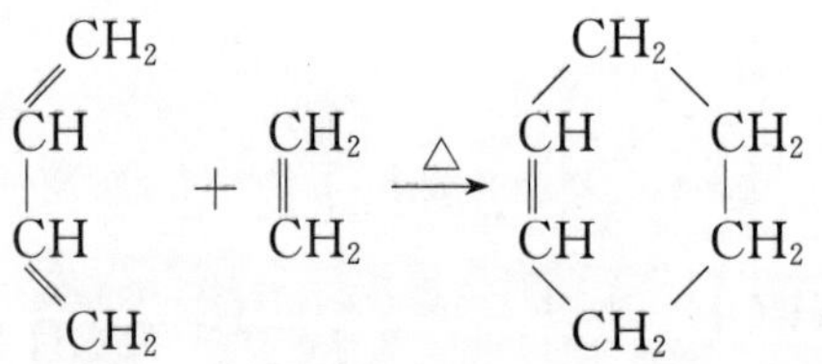

完成下列反应的化学方程式（写出适当的反应物或生成物的结构简式）。

① 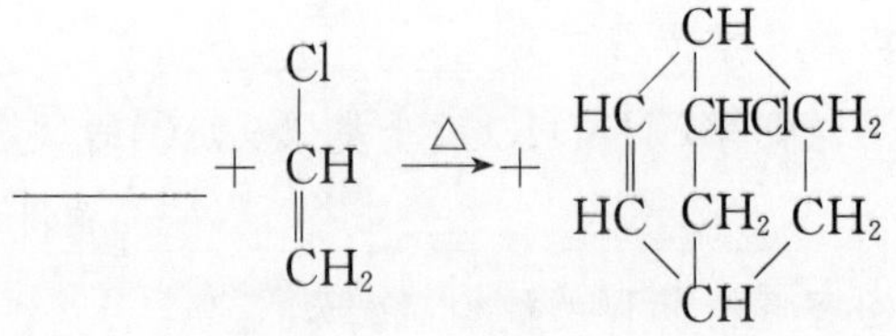

② 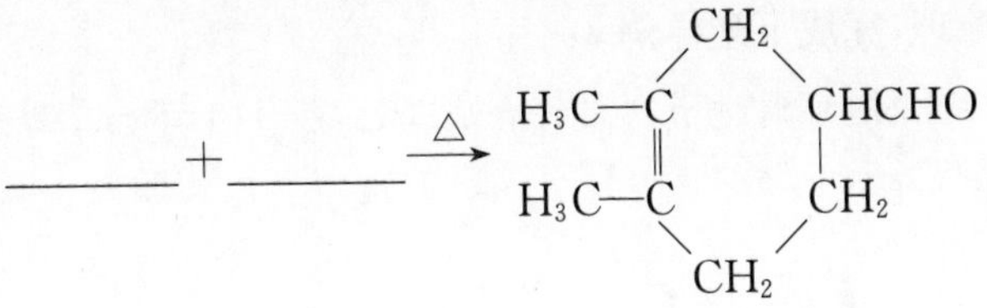

③ 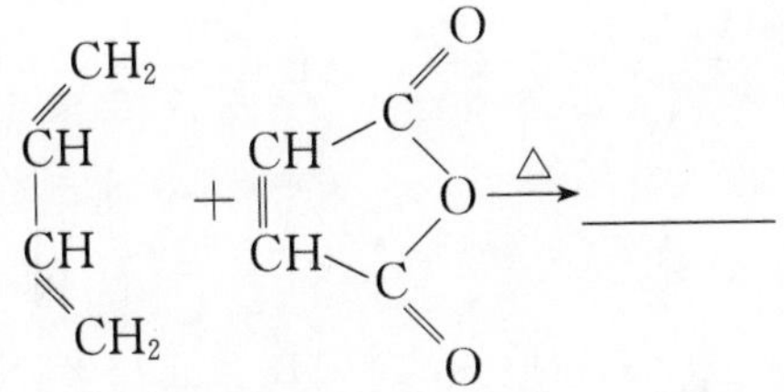

题中的样例便来自教材中的“1,3-丁二烯”与Br_2的“1,4-加成反应”,可让学生分别回顾“1,3-丁二烯”与Br_2、乙烯与Br_2的加成反应,找出断键的规律,从而理解样例的规则和原理,激活学生头脑中的认知结构,并解决新的问题。

3. 增加相关认知负荷：激发学生学习动机，引导其增加认知努力

相关认知负荷是指学习者在图式建构和自动化过程中意欲投入的认知资源的数量,它有利于把大量复杂、无序的信息组合成简单、有序的知识体系,有效降低了工作记忆的认知负荷,从而节省有限的工作记忆资源。

(1) 深化样例的变式教学,促进学习的有效迁移。问题情境的变式可以鼓励学习者发展图式,因为它使学习者更能把相似特征、相关特征与无关特征区分开来,从而利于问题图式的建构,并能扩展样例适用范围,从而促进或增强图式发展和迁移,在变化的条件下把握问题所要体现的知识点和思想方法,而促进学生的有意义学习。

仍以“乙烯为起点的转化关系”为案例,对原转化关系图的次级进行延伸。

样例1:

以 $CH_3—CH_2—Br$ 和必要的无机物为原料,设计路线,合成乙二醇

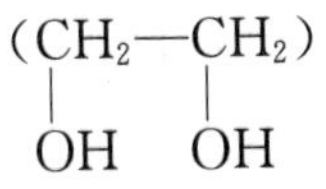

将乙烯换成2-丁烯,设计以下样例2。

样例2:

以2-丁烯为原料,设计路线,合成下列物质:

① 2,3-丁二醇　　② 1,3-丁二烯

将次级进行延伸,将乙烷变成环己烷,利用由“乙烷”出发制备乙酸乙酯的路线

图作为基本规则和原理，完成下列样例 3：

以环已烷为原料，可通过下列路线合成二乙酸-1,4 环已二醇酯(推断各步中间产物或条件)：

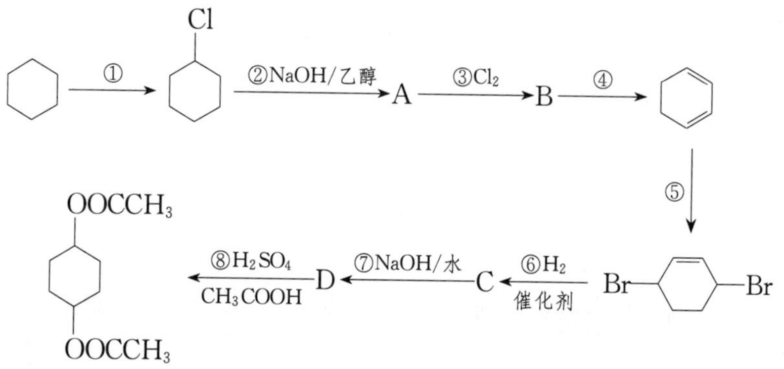

要求：写出各步反应的化学方程式。

从认知负荷理论的角度来说，变式教学是增加所学材料间相关认知负荷的有效手段。通过设计合理的样例来进行变式教学，能增大课堂教学容量，提高学习效率，起到减负增效的作用。

(2) 设计不完整样例。在样例设计中，尝试引导学生去预测解题步骤，并在过程中由学生对自己的解题步骤进行自我监控，防止经常出现的理解假象，为了“强迫”预测，笔者在解题规则中删去关键部分，学生的任务就是尝试去填补被删除的部分，并在完成填空之后，获得其回答正确性的反馈，这种学习任务只呈现样例的起始状态、目标状态和部分解题步骤，学习者需要自己解答省略的步骤，可以减少学习者的注意力分散，从而提高样例学习的效果。

样例：

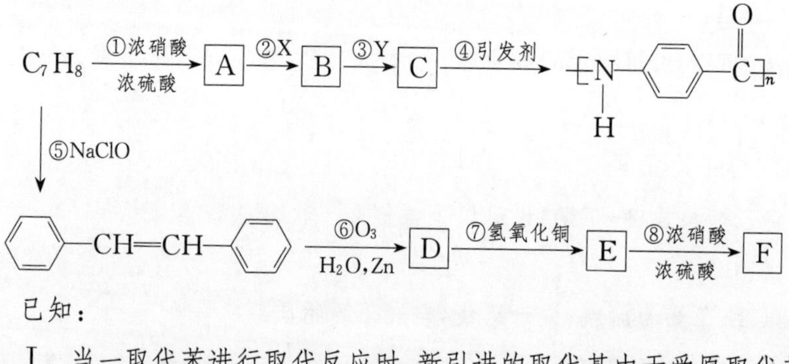

已知：

Ⅰ. 当一取代苯进行取代反应时，新引进的取代基由于受原取代基的影响而取代邻、对位或间位。使新取代基进入它的邻、对位的取代基：$—CH_3$、

—NH_2；使新取代基进入它的间位的取代基：—COOH、—NO_2；

Ⅱ. $R—CH=CH—R' \xrightarrow{O_3;Zn/H_2O} R—CHO+R'—CHO$；

Ⅲ. —NH_2 易被氧化，—NO_2 可被 Fe 和 HCl 还原成—NH_2。

解读：

① 读明白题目所给信息：

苯环上如果是—CH_3、—NH_2，新取代基将进入它们的______位。

苯环上如果是—COOH、—NO_2，新取代基将进入它们的______位。

② 读明白题目所给信息：

$R—CH=CH—R' \xrightarrow{O_3;Zn/H_2O} R—CHO+R'—CHO$；

断键位置在______，由此，我们可以顺推出 D 的结构为______，而 E 为______，F 为______。

反应⑦的化学方程式为：______________________。

③ 由流程图中 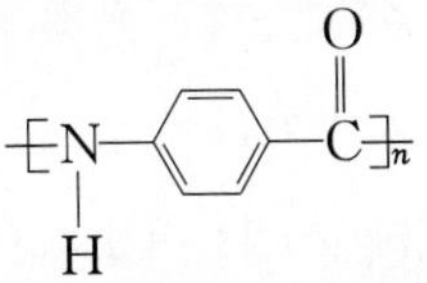 ，可逆推 C 为______。

④ 反应原料是 C_7H_8 出发，条件是(浓硫酸、浓硝酸)，根据信息点可知，A 为______。

⑤ 这时要判断，苯环上的—CH_3 应该变为______，—NO_2 应该变为______，那到底是发生先哪一个变化呢？

从题目中得到信息：—NH_2 易被氧化；—NO_2 可被 Fe 和 HCl 还原成—NH_2，从而判断 B 为______。X 应为______，Y 应为______。

学习者进入学习情境都带着各不相同的心理模型，而题中所现的“空缺”能引导学习者自觉通过“自我解释”进行填补，不但能修补文本上的空缺，更能修补心理模型。学习者边学习样例边作自我解释，会促使相关认知负荷的产生，而相关认知负荷的产生有助于学习者将认知资源用于关注问题的情境以及成功解题的相关运作历程。

(3) 设计渐省样例。所谓渐省样例，是从不完整样例发展起来的样例呈现方式，即先呈现一个完整样例，再呈现缺少一个步骤的样例，然后呈现带有越来越多空白的样例，直至只剩下问题本身，也就是需要解决的问题。在此过程中，引导学生对样例作出自我解释，通过不断探索，修正自己的理解，达到对问题本质的认识。

样例1：请对有机物 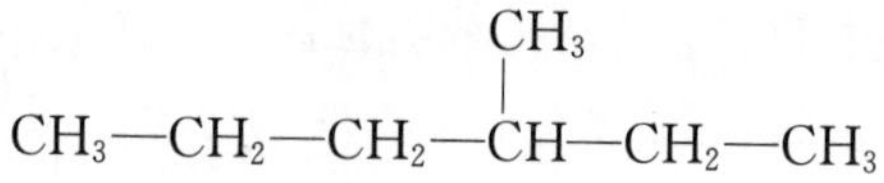 进行命名。

第一步：定主链，为“某烷”（规则：选取含碳原子数最多的碳链为主链，即“就长不就短”）。

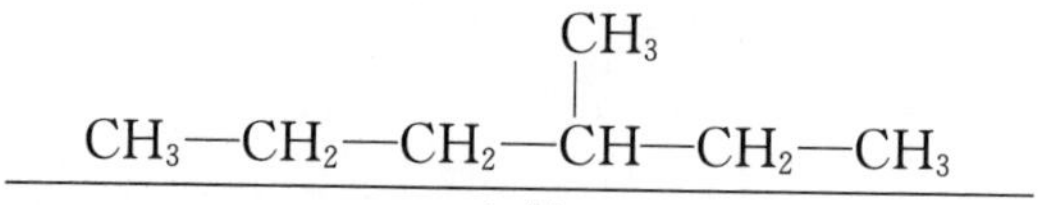

主链

第二步：定编号（规则：从离支链最近的一端开始编号，即“就近不就远”）。

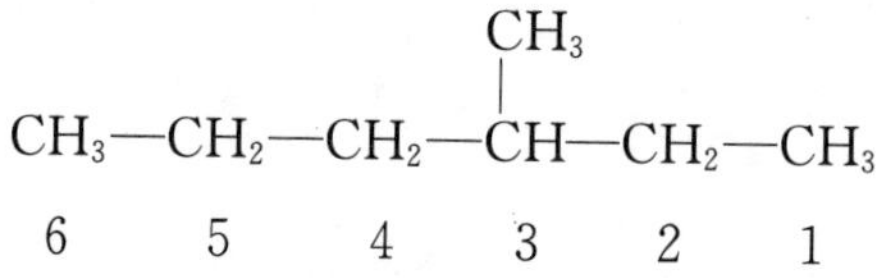

第三步：命名（规则：支链位置＋“—”＋烃基名＋某烷）。

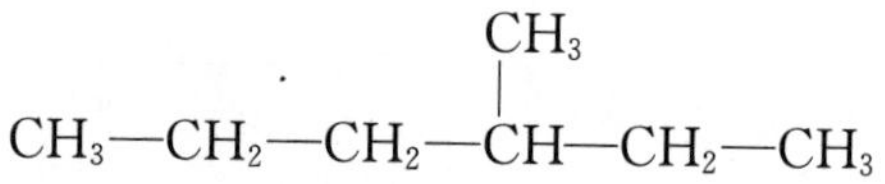

主链有6个碳原子，为“己烷”，从第三个碳原子上开始出现支链，且支链名称为“甲基”，故该机物命名为“3-甲基己烷”。

样例2：对比样例1，省略最后一个步骤，请命名 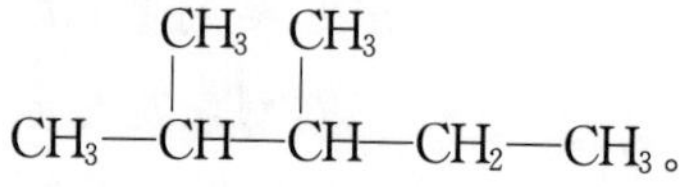。

第一步：定主链，为“某烷”（规则：选取含碳原子数最多的碳链为主链，即“就长不就短”）。

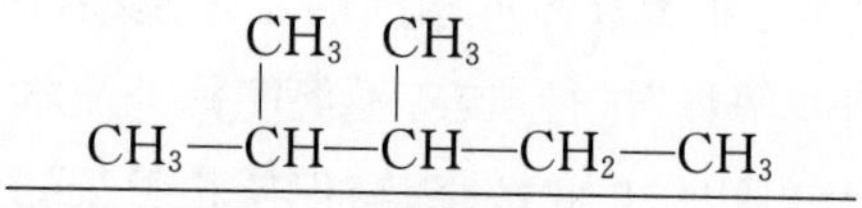

主链

第二步：定编号（规则：从离支链最近的一端开始编号，即“就近不就远”）。

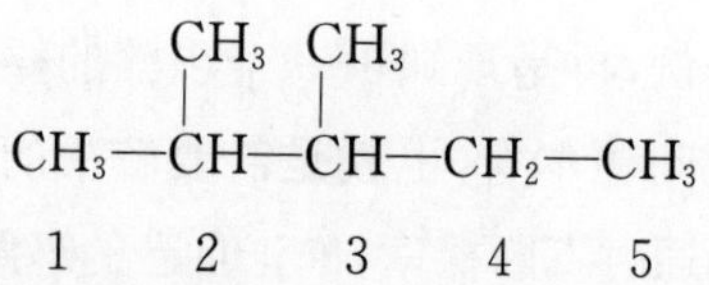

第三步：命名(规则：支链位置+“—”+烃基名+某烷)。

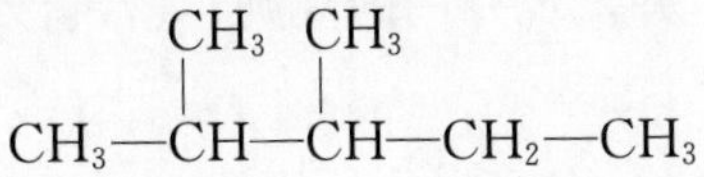

主链有________个碳原子，为“________烷”，从第________个碳原子上开始出现支链，且支链名称为“________”，故该机物命名为________。

样例 3：对比样例 1，省略最后两个步骤，请命名 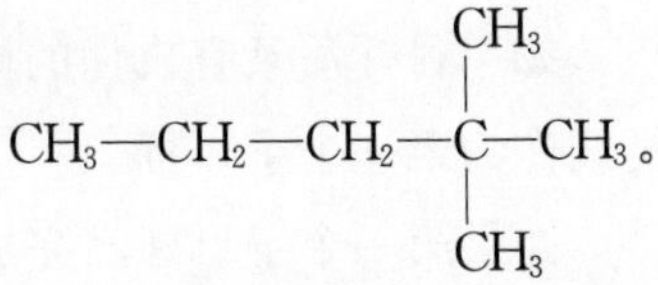。

第一步：定主链，为“某烷”(规则：选取含碳原子数最多的碳链为主链，即“就长不就短”)。

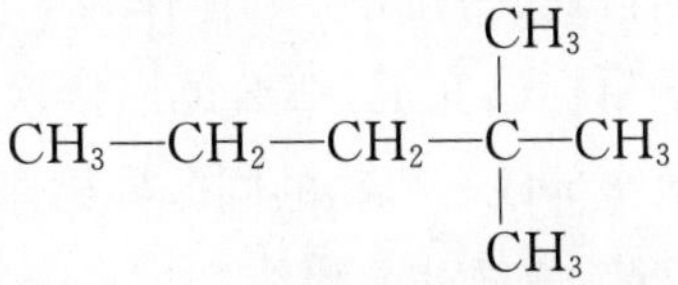

第二步：定编号(规则：从离支链最近的一端开始编号，即“就近不就远”)。

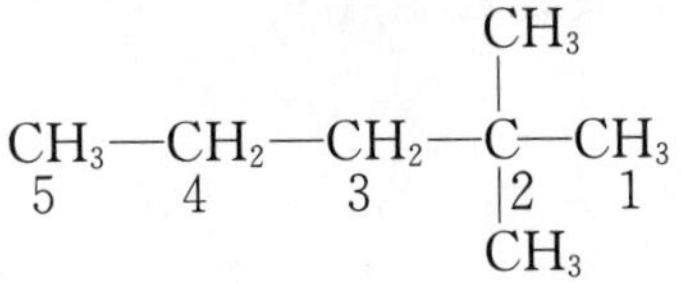

第三步：命名(规则：支链位置+“—”+烃基名+某烷)。

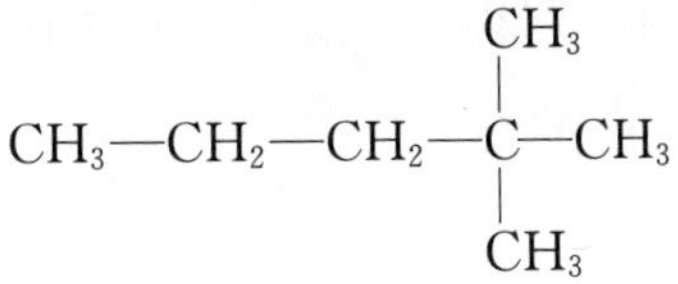

主链有________个碳原子，为“________烷”，从第________个碳原子上开始出现支链，且支链名称为“________”，故该机物命名为________。

练习：请命名有机物

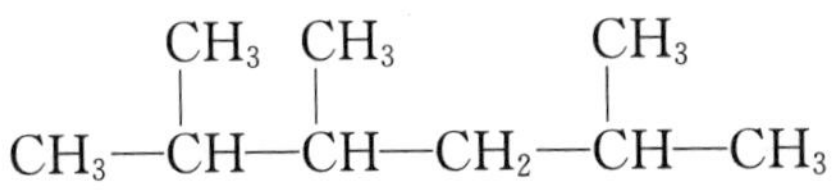 和 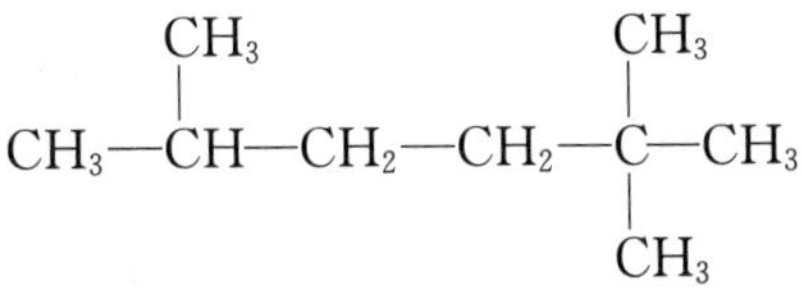。

(4) 整合解题规则与子目标系统。通过样例的子目标系统，帮助学习者积极归纳样例的基本目标结构，并发现有用的规则，进行有效的自我解释，增加相关认知负荷。

题 1：如根据碳链异构，书写同分异构体，一般遵循这样的思路：主链由长到短，支链由整到散，位置由心到边，排列由对到邻到间。

确立解题规则：

如果目标写某有机物的同分异构体，那么写出此有机物主链最长的碳链结构简式作为第一个子目标。

如果第一个子目标已完成，那么减少主链上一个甲基，移为支链，位置由中心到边，写出该有机物的同分异构体作为第二个子目标。

如果第二个子目标已完成，那么减少主链上两个甲基或一个乙基，移为支链，位置由中心到边，写出该有机物的同分异构体作为第三个子目标。

如果第一、二、三个子目标已完成，那么可以依次减少主链上的甲基数或小基团的烷基，作为支链，写出全部该有机物的同分异构体。

样例 1：写出 C_5H_{12} 的同分异构体。

解：根据上述的解题规则，如果最终是写出 C_5H_{12} 的同分异构体，那么写出 C_5H_{12} 主链最长的碳链结构简式作为第一目标，即 $CH_3—CH_2—CH_2—CH_2—CH_3$。

如果第一个子目标已经完成，那么在主链上减少一个甲基，作为支链，写出 C_5H_{12} 同分异构作为第二个子目标，即

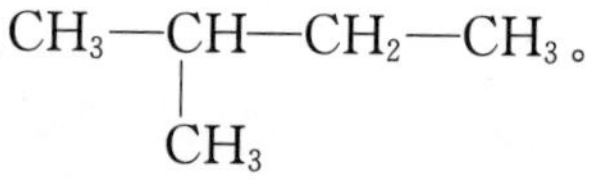

如果第二个子目标已完成，那么在减少两个甲基作为支链写出 C_5H_{12} 同分异构体作为第三个子目标，即

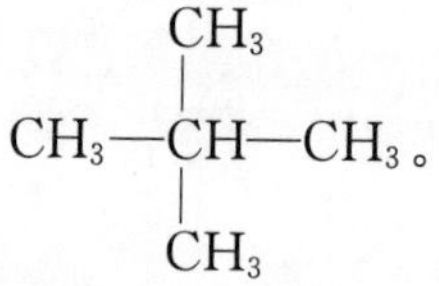

如果三个子目标都已完成，那么 C_5H_{12} 的同分异构体为三种，分别为：

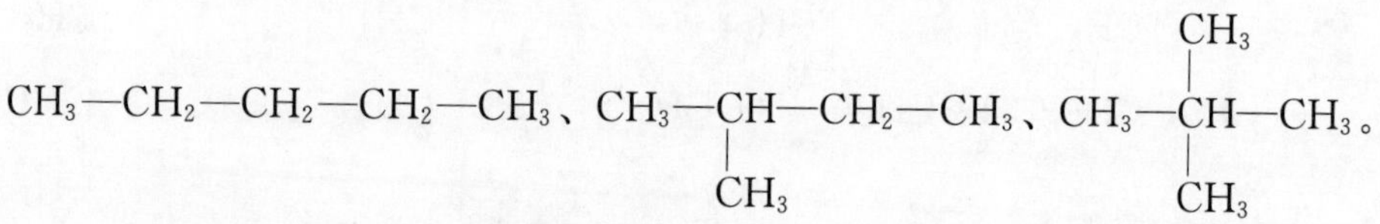

练习：写出 C_6H_{14} 的同分异构体。

题 2：根据官能团异构，书写同分异构体，一般思路为：官能团异构→碳链异构→位置异构。

解题规则：

第一步，如果目标是写出所给分子式的有机物的同分异构体，那么将该目标分解成一系列的子目标。

第二步，如果分子式已给，那么确定可能的官能团异构的种类。

第三步，如果官能团异构的种类已经确定，那么写出主链最长的碳链的每类异构。

第四步，如果主链最长的碳链的每类异构已经写出，那么逐一减少主链上碳原子数，写出其同分异构体。

第五步，如果每类异构的碳链异构也写出了，那么在同一官能团、同一碳链的基础上再确定官能团位置异构数量。

第六步，如果此有机物的同分异构体已经写出，那么解题完成。

样例 2：写出分子式为 $C_4H_8O_2$ 的同分异构体（不含有羟基醛）。

解：本题的最终目标是写出分子式为 $C_4H_8O_2$ 的同分异构体（不含有羟基醛）。

第一步，如果分子式为 $C_4H_8O_2$，那么官能团异构体种类有两种：饱和一元羧酸、酯。

第二步，如果分子式为 $C_4H_8O_2$ 的官能团异构体种类已确定为饱和一元羧酸、酯，那么其碳链最长的官能团异构为 $CH_3—CH_2—CH_2—COOH$ 和 $HCOO—CH_2—CH_2—CH_3$。

第三步，如果是羧酸，最长碳链的同分异构体为 $CH_3—CH_2—CH_2—COOH$，那么减少主链上的碳原子数，可以写出同分异构体为 $CH_3—CH—COOH$。
|
CH_3

如果是酯，最长碳链的异构为 $HCOO—CH_2—CH_2—CH_3$，那么减少主链上的一个碳原子数，可以写出同分异构体为 $HCOO—CH—CH_3$。
|
CH_3

第四步，如果酯的碳链异构已经写出，那么在同一官能团、同一碳链的基础上再确定官能团异构为 $CH_3—COO—CH_2—CH_3$ 和 $CH_3—CH_2—COO—CH_3$。

第五步，整理以上$C_4H_8O_2$的饱和一元羧酸、酯的同分异构体，写出答案。$C_4H_8O_2$的同分异构体为

① 饱和一元羧酸有2种：$CH_3—CH_2—CH_2—COOH$、$CH_3—\underset{\displaystyle CH_3}{\underset{|}{CH}}—COOH$。

② 酯有4种：$CH_3—CH_2—COO—CH_3$、$CH_3—COO—CH_2—CH_3$、$HCOO—CH_2—CH_2—CH_3$、$HCOO—\underset{\displaystyle CH_3}{\underset{|}{CH}}—CH_3$。

练习：写出分子式为$C_4H_{10}O$的同分异构体。

三、认知负荷理论下有机化学样例学习的效果及注意事项

（一）有机化学样例学习的效果

相较于传统的高中有机化学教学而言，样例学习实践表现出良好的教学效果。

1. 有效减轻学习者的认知负荷

化学样例学习促进学习者的图式建构和认知技能的获得，并能有效提高学习者学习的积极性和主动性，受到学生的喜欢。

通过对样例设置形式的探讨可以发现，交互式无疑比中学教辅中常用的分块式更能促进学习，这也提醒我们有必要对教参中常规的例题设置形式进行适当调整和优化。

2. 大大提高了师生的教学效率

教学效率分析则从另一方面向我们展示了样例和常规教学方式的教学效率的差异：被试的知识水平是影响化学样例学习效果的一个重要因素，知识水平相对较低的学习者更适合样例学习，而对于知识基础相对较好的学生而言，常规教学方式可能更适合他。

（二）有机化学样例学习的注意事项

虽然样例学习是形成问题图式的一种有效途径，样例学习中被试的问题图式水平与常规教学方式相比存在显著差异。为此提出以下几点建议，仅供参考。

1. 注意化学样例学习的适用对象和不同知识水平的过渡和衔接

样例学习的优势在新手或成绩和基础比较差的学习者身上体现得更明显，所以教师在采用样例学习教学方式组织教学的时候，不能一味地使用样例学习这种

方式，而应该考虑它与常规教学方式的过渡和衔接。尤其是在学习比较难的知识内容之初，教师可以采用样例学习方式组织教学，从而有效地缓解学习之初的认知负荷，但是当学生具备了该章节一定的知识储备的时候，教师可以考虑应用常规教学方式进行转换，从而使学习者始终能以最佳的状态和最大的产出进行学习。

2. 建构有效的化学样例

化学样例学习虽然是一种较好的教学处理方式，但是我们也应该明白，并非所有的样例都能够促进学习者的认知技能获得。

如果样例中包含文本、图表等多重信息时，学习者的注意力会在这些多重信息、资源之间发生分离，并且需要对这些信息进行心理整合，加重学习者的认知负荷，样例的作用这时就很难体现出来了。这就要求我们在设计样例时，要对图表、文本等多重信息首先进行物理整合，从而避免无谓消耗学习者的认知资源。

图、表、化学方程式在中学化学教学中有举足轻重的地位，所占比例明显高于其他学科。所以，化学样例学习效果能否得到切实体现，很大程度上取决于是否对这些外部信息进行了有效的物理整合。

3. 注意化学样例学习教学形式的多样化、趣味化

样例的数量的确是教学操作中教师所必须注意的一个问题。有些教师生怕学生“吃不饱”，认为题目做得越多成绩必然越好，样例学习中自然也应该如此。习题过多这是目前样例学习研究中存在的普遍问题。样例学习正因为是将学习的主动权真正地交由学生自己把握，所以能够有效地调动学习者学习的积极性和主动性。但是过多、过于频繁的做题只会挫伤学习者的学习积极性，也容易陷入“题海战术”这一误区。

4. 注意化学样例学习内容的选择和设计

虽然化学样例学习和常规学习存在本质上的差异，但是样例学习中并不排除实验、讲解等手段的使用，在知识准备传授阶段，教师完全可以应用这些手段组织教学，同时在教学中教师也可以根据实际需要，有针对性地进行多种手段的应用，这些也需要教师在教学实践中不断摸索和改进。

此外，化学样例学习内容的设计也需要作进一步说明。本研究中，所选的习题和样例保持了最大的相似性。但对于比较抽象或难懂的知识来说，如果仅仅呈现相同或相似的样例，被试并不能很快地形成问题图式，难以形成迁移，这就需要采用具有变式的样例和习题，这样才能产生特定的问题图式。

参考文献

[1] 邵光华.样例学习的理论与实践[M].杭州：浙江大学出版社,2013.

[2] 赵俊峰.解密学业负担：学习过程中的认知负荷研究[M].北京：科学出版社,2011.

[3] 邢强.基于编码特征的样例心理学习研究[M].兰州：甘肃教育出版社,2005.

[4] 何穗,王祖浩.渐省样例与自我解释对化学问题解决的影响研究[J],上海教育科研,2008(2).

[5] 蒋晓莉.样例学习对化学平衡观点建立的影响研究[D].上海：华东师范大学,2011.

[6] 王升利.不同类型样例对化学学习的影响研究[D].上海：华东师范大学,2008.

[7] 徐燕平.产生式理论在高中有机化学教学中的应用研究[D].上海：华东师范大学,2007.

不同人性假设视野下初中数学课堂练习题改编方法探析

——以七年级为例

数学科　张　娜

[摘　要]对教学工作的研究离不开对人性的研究，不同人性假设下人的行为及结果都会不同。“X理论”下的数学习题改编，基于人性本恶的假设，假定学生都厌恶数学，对待数学学习能偷懒就偷懒；“Y理论”下的数学习题改编，基于人性本善的假设，认为学生本身不厌恶数学，但是学习能力大有不同，在做课堂练习时需要教师通过习题的呈现方式来吸引他们的注意力，激发学生的学习兴趣，使学生能够完成既定目标。从题目的呈现方式和考察功能上，分为设置新问题情境、转换题型、变换提问方式、变换题设条件、重置考查目标等五种方法，以对课堂练习题进行案例研究。

[关键词]课堂练习题　人性假设　X理论　Y理论　初中数学

教师教学的工作，是要将自己的思想、意念传递给孩子，从而让他们去接收、去思考、去理解、去运用，最终达到我们理想的目标。在教学的过程中，最终目的是人与人的一种信息的传递。作为教育工作者的我们，对教学工作的研究其实就是研究我们的教学行为，也就是研究用怎样的方法才能将我们的目标准确、有效地传递给不同的学生。有鉴于此，美国社会心理学家麦格雷戈于1957年提出了两种完全不同的人性假设：一种假定人性本恶，即“X理论”；另一种假定人性本善，即“Y理论”。X理论假定人们基本上都厌恶工作，对工作没有热诚，如非必要就会加以逃避；人类只喜欢享乐，凡事得过且过，尽量逃避责任。Y理论假设一般人在本质上并不厌恶工作，只要循循善诱，雇员就会热诚工作，在没有严密的监管下，也会努力完成生产任务。而且在适当的条件下，一般的人不仅愿意承担责任而且会主动寻求责任感。麦格雷戈认为，管理者应根据这些假设来塑造激励下属的行为方式。“X－Y理论”对人性的认识具有很强的穿透力，它解释了各种管理手段和策略可能产生的结果，“X－Y理论”的管理模式被广泛地应用于企业、政府管理中。一些学生在小学六年的学习后上了初中，对学习的热情骤减，对于容量一下子变大的初中科目的学习更加无措，从而开始厌恶学习，能偷懒就偷懒，没有目标，没有动力，得过且过；还有一些初中生在本质上不厌恶学习，但能主动学习的也凤毛麟角，大多数还需要老师的“循循善诱”，激发起他们的学习热情，养成规范，从而“比学赶帮”。

课堂练习是数学课堂教学的重要组成部分，是学生学习过程中不可缺少的重要环节，是学生掌握知识、形成技能、挖掘潜能的有效手段，是提高学生运用所学知识解决问题能力的重要途径，高质量的练习是高质量课堂的基础。但是许多教师在备课时不重视课堂练习的设计，习惯于把书上的题目做完了事；有的教师设计的课堂练习过多地模仿例题，练习内容枯燥乏味，严重地挫伤了学生的学习积极性；也有的教师对于很多问题的设计都很平淡，学生在掌握基础知识和基本技能的前提下，不需要太多的动脑筋思考，做题只需要照搬、照套，无法激起学生学习的热情，不能使其产生内驱力。另外，所有学生都做同一种练习题，显得没有层次性，学习水平较高的学生感觉没有挑战性，淡而无味，“吃不饱”；学习水平较差的学生则会感觉难度较大，力不从心，“消化不良”。久而久之，学习水平较高的学生学习数学的劲头就会慢慢减小，不能最大限度地发展自己，而学习水平较差的学生就会对数学畏而却步。

“X－Y 理论”将教师放在管理者、“雇主”的身份角色上，学生放在了被管理者、“员工”的地位。为了让不同的学生在数学上得到不同的发展，数学教学必须因人制宜、因材施教。以往我们是通过在课堂上设置难题或附加题，或更有奥数性质的题目，来增加区分度，这样便导致了数学教学中题海战术的泛滥和对难题、偏题的执着。基于“X－Y 理论”下的习题改编，实际上就是为了消除“题海战术”这样的弊病，为了对学生的学习进行更好的管理。根据“X 理论”中对人性的假设——假设学生刚进入初中时，厌恶数学的学习，能偷懒就偷懒，没有学习的热情，除非必要就逃避数学的学习；根据“Y 理论”中对人性的假设——假设学生在刚进入初中时，不厌恶数学的学习，只要教师“循循善诱”，学生就会热诚学习，在没有父母、老师的严密监管下，也会努力完成学习任务。那么针对学生面对题目所反映出来的不同的心理，尝试在日常教学中将课本上已有的例题或课后习题进行改编，以此来塑造、激励学生的某种行为。从题目的呈现方式和考查功能上，分为设置新问题情境、转换题型、变换提问方式、变换题设条件、重置考查目标等五种方法。

一、基于“X理论”的课堂练习题的改编方式

基于“X理论”，人天生厌恶学习，缺乏学习的热情，对待不感兴趣的事情得过且过。过去的数学教学强调知识点是什么以及知识的逻辑性、系统性，所对应的练习题也是纯数学知识点的考查，这些问题往往理性，但未免“陌生”、“冰冷”。哲学家休谟曾言：“一切科学对于人性总是或多或少地有些关系，任何学科不论似乎与人性离得多远，它们总是会通过这样或那样的途径回到人性。”人是有感情的动物，在认识世界、探索世界的过程中往往带有个人主观因素在其中，在初中时代学习数学时更是如此。陌生的、冰冷的数学问题和情境不会激发人的太多感情，同样也不会提起人的太多兴趣，从而降低了人的主观能动性。而贴合生活的、实际的问题和情境往往更能激发人的共鸣，从而使其更主动地参与其中，去发现、去解决。

1. 设置新问题情境法

基于“X理论”的设置新问题情境，即考查的数学知识点不变，而给这个数学问题赋予了一个实际生活背景，意在加强数学与生活实际的联系，学生用数学的眼光来观察、分析、解决问题，使数学问题生活化、生活问题数学化。新问题情境的背景材料往往取材于国内外的热点时事、热点问题，让学生觉得数学离他们的生活很近，从而激发学生解决问题的兴趣和动力。

【案例1】 原题：14 600 000 000用科学计数法可表示为________。

改编题：2012年8月6日，国务院下发了《节能减排“十二五”规划》，其中肯定了中国为应对全球气候变化作出的重要贡献。在过去的“十一五”期间，我国通过节能降耗减少二氧化碳排放14 600 000 000吨，得到国际社会的广泛赞誉，展示了我负责任大国的良好形象。14 600 000 000吨用科学计数法可表示为__________吨。

【案例2】 原题：如果向东走80 m记为80 m，那么向西走60 m记为________。

改编题：表1列出了几个国外城市与北京的时差(带正号的数表示同一时刻比北京时间晚的时数)，例如在卡塔尔首都多哈举行的第15届亚运会开幕式是在北京时间17:00开始进行的，而此时东京时间是18:00。

① 如果现在是北京时间9:00，那么纽约时间是多少？

② 如果现在小东在北京想给远在巴黎的姨妈打电话，你认为是否合适，为

什么？

③ 2001 年 9 月 11 日上午 9 时许(纽约时间)，美国纽约世贸中心姊妹楼先后遭到恐怖分子劫持的两架飞机的袭击，此时北京是什么时间？

表 1　不同城市时差表

城　市	时差(时)
纽约	－13
巴黎	－7
东京	＋1

“大多数人具有想象力和创造力，在低级需求得到满足后又不断向高一级需求前进，有自我实现、发挥自己潜能的愿望”。这两个案例中的原题都是纯粹的数学知识点直接作答，而两个案例中的改编题都将数学知识点跟实际生活更鲜活、生动地联系在了一起，真正把学生的学习引向生活、引向社会，使得学生的视野更加开阔，更加有“人情味”，不再“冷冰冰”，学生也会乐于解答，有效地培养了学生解决问题的能力。

2. 转换题型法

“X 理论”认为，人天生懒惰，“尽量逃避责任和工作”，雇主“大多需要用强迫、控制的手段进行管理”，雇员“情愿受人指导”，“缺乏进取心”。所以管理者应“计划、组织、经营”，利用“严密的组织和工作制度”，“通过收买与刺激”，迫使“其为组织目标努力”。

在数学——这个学生心目中的“老大难”科目上，一部分学生不愿意动笔，怕动笔写复杂的、长串的数字和字符。作为教师，应认识到这部分学生的心理，为了“使数学面向全体学生”，通过数学题型间的转换，让数学“内容的呈现采用不同的表达方式”，刺激这部分学生将其所掌握的情况呈现出来。

数学题型的设置以选择题、填空题、解答题为主。数学试题的选择题一般都是单选题，即每道题都给出四个选项，其中只有一个是正确的。四个备选项或多或少具有“提示”与“迷惑”的双重作用。填空题的一般形式是给出若干个条件，要求推断出一个结论，或者计算出一个结果。也有的是给出一个命题，要求补充条件或结论，使之成为正确的、完整的命题。填空题的特点是只考查结果，不需考查获得结果的过程。解答题是要求完整地写出解题过程的题目，它的特点是容量较大，每一道题都能考查多个知识点，可以综合考查多种数学思想方法和数学能力，可以更好地考查学生的解题思路和解题的思维过程。填空题由于没有备选项的参照，试题提供的信息没有选择题那样丰富，解答起来难度往往略高于选择题。与解答题比较，由于题目考查的内容相对集中，容量较小，且由题设到所求的跨度一般说来要小得多，故其难度略低于解答题。填空题位于选择题与解答题之间，有一定的过渡作用。

麦格雷戈提出的“X 理论”实际上是“胡萝卜加大棒”的管理方法。初中数学课本上的大部分知识点是课程标准要求学生一定要了解、掌握的，这个是“大棒”。而针对学生的畏难心理和懒惰心理，对于同一知识点，我们可以通过不同题型之间的转换，降低试题的难度，这就是给学生的“胡萝卜”。

有时，为了降低试题难度，可以将填空题或解答题改编为选择题；也可以将较难的解答题的第一问压缩、升华或改变设问角度，改编为一道新颖的选择题或填空题。

【案例 3】 原题：在数轴上，到原点的距离为 2 的点为________。

改编题：在数轴上，到原点的距离为 2 的点为（　　）。

A. 2　　　　B. -2　　　　C. 2 或 -2　　　　D. 以上都错

绝对值的概念是学生应掌握的基本概念，如果设置为填空题，很多学生没有很好地理解在数轴上，与原点距离相差 2 的点应在原点的左右两边各有一个，就可能丢掉一个解。基于“X 理论”，为了让学生掌握这个知识点，也让学生尝到点“甜头”，将其设置为选择题，其中一个选项就会显示有 2 或 -2 两个答案，起到了一定的提醒作用，从而使此题的难度大大降低了。

【案例 4】 原题：某校整理一批图书，由一个人做要 48 小时完成，现在计划由一部分人先做 4 小时，再增加 3 人和他们一起做 6 小时，完成这项工作，假设这些人的工作效率相同，具体应怎样安排人手，才能完成工作？

改编为填空题：某校整理一批图书，由一个人做要 48 小时完成，现在计划由一部分人先做 4 小时，再增加 3 人和他们一起做 6 小时，完成这项工作。假设这些人的工作效率相同，具体应怎样安排人手，才能完成工作？假设计划由 x 人先做 4 小时，则有________人一起做 6 小时，根据题意列方程为________。

或者改编为选择题：某校整理一批图书，由一个人做要 48 小时完成，现在计划由一部分人先做 4 小时，再增加 3 人和他们一起做 6 小时，完成这项工作。假设这些人的工作效率相同，具体应怎样安排人手，才能完成工作？假设计划由 x 人先做 4 小时，则根据题意列方程，下列正确的为（　　）。

A. $4x+6(x+3)=48$　　　　B. $4x+6\times 3=48$

C. $\frac{x}{48}\times 4+\frac{3}{48}\times 6=1$　　　　D. $\frac{x}{48}\times 4+\frac{x+3}{48}\times 6=1$

一元一次方程中的实际问题属于学生学习时的难点，尤其原题中的问题是“应怎样安排人手，才能完成工作”。这样的问法，对于成绩一般、缺乏生活经验的学生而言，会让他们不知如何下手，不知道该如何设未知数，从而导致很多学生交白卷。基于“X 理论”，教师可以采取“温和的做法”，“坚定而温和”地“软硬兼施”，题干不变，但改编为填空题时预先给定假设，“由 x 人先做 4 小时”，就把学生的思路拉到“正道儿”上了。有了这个前提，再看后面的提示，“则有________人一起做 6 小时”，学生就会根据“再增加 3 人和他们一起做 6 小时”较容易地推断出在 x 人的基础上增加 3 人，则此时有$(x+3)$人。题目的难度就会下降。而选择题的改编可以在选项上动脑筋，把学生易错点列出来，在 A、B 以及 C、D 两大类情况中，提醒学生用到的可能是工程量“单位 1”和工作效率；学生也可通过比较选择项，思考在 6 小时过程中是 x 人参与，还是$(x+3)$人参与。从而可从选择项上看出学生的思维发展，为了“组织目标”的实现做出“指引和督导”。

二、基于“Y 理论”的课堂练习题的改编方式

“Y 理论”认为：“一般人并不是天性就不喜欢工作的，工作中体力和脑力的消耗就像游戏和休息一样自然。工作可能是一种满足，因而自愿去执行；也可能是一种处罚，因而只要可能就想逃避。到底怎样，要看环境而定。人们愿意实行自我管理和自我控制来完成应当完成的目标，人的自我实现的要求和组织要求的行为之间是没有矛盾的。如果给人提供适当的机会，就能将个人目标和组织目标统一起来。根据以上假设，相应的管理措施为：创造一个使人得以发挥才能的工作环境，发挥出职工的潜力。”

基于“Y 理论”，一般的学生也不是天生就不喜欢学数学的，只要我们帮他们创设一个能施展的平台，就能发挥出学生的潜力。学生在日常的数学学习中最怕的就是解答题，120 分的卷面解答题占了 72 分，150 分的卷面解答题占 102 分。在七年级数学中，解答题大部分是方程的实际问题，而很多学生在学习了一段时间的实际问题后就失去了做题的动力，厌恶做解答题。基于“Y 理论”，课堂做解答题练习时，在题目原意和主旨不变的情况下，可以变换题目，通过“变换提问方式”或者“变

换题设条件"的方法，让其成为学生通向解答题成功的"脚手架"。

1. 变换提问方式

变换提问方式即可以在原来的提问方式下，增加中间的设问，或改变提问的角度，或将结论隐蔽起来等。

【案例 5】 原题：一列火车匀速行驶，经过一条长 300 米的隧道需要 20 s 的时间。隧道的顶上有一盏灯，垂直向下发光，灯光照在火车上的时间是 10 s。根据以上数据，你能否求出火车的长度？若能，火车的长度是多少？若不能，请说明理由。

这道题是 2012 学年第一学期七年级数学上册人教版教材中的一道课后习题，也在广州市越秀区 2012 学年第一学期的期末区统考试题中原题呈现，当时这道题的正确率非常低，满分 10 分，而作为广州市教育强区的越秀区，当时的全区平均分仅 2.1 分左右。学生普遍存在的问题就是题目理解得不够清晰。"一列火车匀速行驶，经过一条长 300 米的隧道需要 20 s"，这句话学生容易理解成火车的速度就是 $300\div20=15$ 米/秒，再根据"隧道的顶上有一盏灯，垂直向下发光，灯光照在火车上的时间是 10 s"，从而计算出火车的长度为 $15\times10=150$ 米。

基于"Y 理论"，如果我们在课堂练习时能够给学生"搭把手"，通过变换提问的方式——增加中间设问的环节，把单问改为分步设问，就能帮助学生正确认识题干所反映出来的信息。如为了更好地理解火车"经过一条长 300 米的隧道需要 20 s"，我们可增加第一个设问"设火车长度为 x 米，用含有 x 的式子表示：从车头进入隧道到车尾离开隧道火车所走的路程和这段时间内火车的平均速度"，就无疑给出了提示，引导学生去画图并思考，这 20 s 的时间实际上是火车从火车头进入隧道到车尾离开隧道这段路程所用的时间，那么在计算火车速度的时候，10 s 所对应的路程为隧道长 300 米＋火车长度 x 米。为了清晰地理解垂直"灯光照在火车上的时间是 10 s"，可增加第二个设问"设火车长度为 x 米，用含有 x 的式子表示：从火车头经过灯下到车尾经过灯下火车所走的路程和这段时间内火车的平均速度"，这也无异于给出提示，10 s 的时间实际上是火车从火车头经过灯下到车尾经过灯下这段路程所用的时间，即 10 s 所对应的路程为整个火车的长度 x 米。为了提醒学生火车是在匀速行驶，可增加第三个设问："上述问题中火车的平均速度发生变化了吗？"速度不变，所以前两个设问当中的时间、路程关系分别求出的速度是相等的，从而列等式。最后是第四个设问，求解火车长度 x。变换提问方式后的题目为：

一列火车匀速行驶，经过一条长 300 米的隧道需要 20 s，隧道的顶上有一盏灯，垂直向下发光，灯光照在火车上的时间是10 s。(1) 设火车长度为 x 米，用含有 x 的式子表示：从车头进入隧道到车尾离开隧道火车所走的路程和这段时间内火车的平均速度。(2) 设火车长度为 x 米，用含有 x 的式子表示：从火车头经过灯下到车尾经过灯下火车所走的路程和这段时间内火车的平均速度。(3) 上述问题中火车的平均速度发生变化了吗？(4) 求火车的长度。

在求火车的长度前通过三个设问，让学生更加清晰地理解了题目的意思，而且设问层层递进，在这样的调整之后，学生可以画图，可以想象整列火车穿过隧道的过程，那么对这道题的理解就会加深，学生也会体验到学习数学的乐趣。

2. 变换题设条件

变换题设条件，例如，适当增删已知条件，隐蔽条件明朗化，明显条件隐蔽化，直接条件间接化，间接条件直接化，抽象条件具体化，具体条件抽象化，等等，都可使试题的难度发生变化。

【案例 6】 原题：现对某商品降价 10%促销，为了使销售金额不变，销售量要比按原价销售时增加百分之几？

这道题目的题干除了 10%这个数据外，没有其他明确的数量，学生会觉得茫然，不知如何下手。如果将这道题孤立来做，学生感到困难很大。基于“Y 理论”，碰到困难时，管理者只要从旁给予支持和鼓励，就能促使员工做出成绩。所以在解决这种比较抽象化的题目时，我们可以将其具体化。

改编为：某商品标价 100 元，9 月份按标价出售共卖出 270 件。10 月份对该商品促销，降价 10%出售，为了使销售金额与 9 月份保持一致，销售量要比按原价销售时增加百分之几？

解析：销售金额＝售价×销售量，9 月份：销售金额＝100×270＝27 000 元。10 月份：售价＝100×(1－10%)＝90 元。销售量未知，可通过销售金额与 9 月份一致，得出 10 月份的销售量为 300 件，比按原价销售时增加 30 件，增加的百分数为 30÷270≈11.1%。

也可直接设 10 月份销售量比原价销售时增加的百分数为 x，则列方程为 $100\times(1-10\%)\times270\times(1+x)=270\times100$，从而解得 $x\approx11.1\%$。

这样的题目有具体金额、数量，贴近实际生活，学生容易解决。当完成这道题目以后，再让学生反观原题，没有原价，没有原销售量，那怎么办呢？改编题目后在求 x 时，观察方程的左右两边的原价 100 元和原销售量 270 件，对于我们求解的百

分数 x 有无关系？通过学生的观察和思考，引导学生从中抽象出单位“1”，将原价看作单位“1”，将原销售量也看作单位“1”。降价 10%后，现价为 $1\times(1-10\%)$，销售量增加的百分数为 x 后，现在的销售量就应该为 $1\times(1+x)$。根据销售金额=售价×销售量，列方程为 $1\times(1-10\%)\times1\times(1+x)=1\times1$，即 $(1-10\%)(1+x)=1$，从而解得 x。

“大多数人，而不是少数人，在解决组织的困难问题时，都能发挥较高的想象力、聪明才智和创造性。在现代工业生活的条件下，一般人的智慧潜能只是部分地得到了发挥。”所以“管理者”应起到辅助者的作用，促使“员工”实现自我价值。

【案例 7】 原题：某电视台组织知识竞赛，共设 20 道选择题，各题分值相同，满分 100 分。答对一题得 5 分，答错或不答扣 1 分。小明在这次知识竞赛中共获得 90 分，问小明答对了多少道题？

改编题：某电视台组织知识竞赛，共设 20 道选择题，各题分值相同。其中四位参赛者的答题情况如下。小明在这次知识竞赛中，共获得 90 分，问小明答对了多少道题？

表 2　参赛选手得分表

选　手	答对题数	答错或不答题数	总得分
A	20	0	100
B	19	1	94
C	18	2	88
D	14	6	64

根据 Y 理论，对人的激励主要是给予来自工作本身的内在激励，让他担当具有挑战性的工作，激发“员工”的潜能。原题的题设条件直接告诉学生共 20 道题，答对 1 题得 5 分，答错或不答扣 1 分，满分 100 分。而改编题的题设条件主要以一个表格的形式呈现，将“明显条件隐蔽化”，需要学生学会看表格，挖掘数据信息。

3. 重置考查目标

解答题一直是学生失分最严重的点，其中实际问题一直是学生的“老大难”。在一元一次方程这一章节的内容中，平时考试和测验，实际问题的背景文字信息量已经让很多学生有畏惧心理，有相当一部分学生交“白卷”，但这些题目往往在生活中都是很有用的。为了培养学生的数学素养，提高学生对数学的自信心，基于“Y 理论”，“人们愿意实行自我管理和自我控制来完成应当完成的目标”，我们在课堂练习时，通过对所求问题达到的要求、问题的设问等加以改变，使得对不同层次的学生的要求改变，即考查目标重置，让学生都能在自己的最近发展区获得成就感。

【案例 8】 以七年级上册 3.4《实际问题与一元一次方程》探究三为例，课本原题如下：

探究 3：电话计费问题。

表 3 中有两种移动电话计费方式。

表 3 移动电话计费方式表

	月使用费/元	主叫限定时间/min	主叫超时费/(元/min)	被叫
方式一	58	150	0.25	免费
方式二	88	350	0.19	免费

注：月使用费固定收；主叫不超限定时间不再收费，主叫超时部分加收超时费；被叫免费。

考虑下列问题：

(1) 设一个月内用移动电话主叫为 t min(t 是正整数)。根据上表，列表说明：当 t 在不同时间范围内取值时，按方式一和方式二如何计费。

(2) 观察你的列表，你能从中发现如何根据主叫时间选择省钱的计费方式吗？通过计算验证你的看法。

手机话费问题贴近生活，学生有兴趣动手做，但看到这两个问题时一下子就懵了。题目要求学生能自主分情况讨论，写出计费情况关于 t 的表达式并能比较哪种计费方式更合算。这样的两个目标对于大部分学生而言，很模糊，有点儿感兴趣，但却又抓不着。

改编如下：信息社会，人们沟通交流的方式多样化，移动电话也很普及，选择经济实惠的收费方式很有现实意义。表 3 是两种移动电话的计费方式。

改编 1：(1) 现有甲、乙、丙、丁四人到营业厅办理电话计费业务，营业员向他们出示了如上表所示的两种电话计费方式。若他们四人每月的平均主叫通话时间分别为 80 分钟、200 分钟、280 分钟和 360 分钟，他们选择何种计费方式会更省钱？

解：甲：每月平均主叫通话时间为 80 分钟，

若选择方式一，则需每月交纳电话费________元；

若选择方式二，则需每月交纳电话费________元。

所以甲选择方式________更省钱。每月所交电话费用为________元。

乙：每月平均主叫通话时间为200分钟，

若选择方式一，则需每月交纳电话费________元；

若选择方式二，则需每月交纳电话费________元。

所以乙选择方式________更省钱。每月所交电话费用为________元。

丙：每月平均主叫通话时间为280分钟，

若选择方式一，则需每月交纳电话费________元；

若选择方式二，则需每月交纳电话费________元。

所以丙选择方式________更省钱。每月所交电话费用为________元。

丁：每月平均主叫通话时间为360分钟，

若选择方式一，则需每月交纳电话费________元；

若选择方式二，则需每月交纳电话费________元。

所以丁选择方式________更省钱。每月所交电话费用为________元。

(2) 小明一个月内用移动电话主叫为 t min(t 是正整数)。根据表4，列表说明：当 t 在不同时间范围内取值时，按方式一和方式二如何计费。

表4　移动电话计费方式表

主叫时间 t/min	方式一计费/元	方式二计费/元
t 小于150	58	
$t=150$		
t 大于150，且小于350时	$58+0.25(t-150)$	
$t=350$ 时		
t 大于350时		

(3) 当 t 取何值时，方式一和方式二收费相同？当 t 取何值时，选择方式一合算？当 t 取何值时，选择方式二合算？

这种改编的第(1)小问，面向的是全体学生，要求学生读懂表3，会根据具体通话时间求出应缴话费，并比较计费方式的优劣。第(2)小问，能根据表4中的提示，在不同的时间段内，用关于 t 的表达式写出方式一和方式二的计费情况。有了表4做参考，第(3)小问还是有部分同学做得出的。这样的目标设置使学生“看得见”、“抓得着”，能满足我们日常的基本教学和生活的需要。

改编2：(1) 现有甲、乙、丙、丁四人到营业厅办理电话计费业务，营业员向他们出示了如表3所示的两种电话计费方式。若他们四人每月的平均主叫通话时间分别为80分钟、200分钟、280分钟和360分钟，他们选择何种计费方式会更省钱？

解：甲：每月平均主叫通话时间为80分钟，

他若选择方式一，则需每月交纳电话费________元；

若选择方式二，则需每月交纳电话费________元。

所以甲选择方式________更省钱。每月所交电话费用为________元。

参考甲的通话费用的计算方式，计算乙、丙、丁应选择哪种计费方式更为省钱？

(2) 小明一个月内用移动电话主叫为 t min(t 是正整数)。根据表5，列表说明：当 t 在不同时间范围内取值时，按方式一和方式二如何计费。

表5　移动电话计费方式表

主叫时间 t/min	方式一计费/元	方式二计费/元
t 小于150		
$t=150$		
	$58+0.25(t-150)$	88
	$58+0.25(350-150)=108$	

(3) 当 t 取何值时，方式一和方式二收费相同？当 t 取何值时，选择方式一合算？当 t 取何值时，选择方式二合算？

改编2对学生提出了更高的要求，第(1)小问要求学生参考甲的情况，根据乙、丙、丁的通话时间选择省钱的计费方式。在第(2)问中，要求学生能根据第(1)小问及表5的部分提示，找出通话时间的分段区间及相应的通话费用关于 t 的表达式。第(3)小问中，要求学生根据前两问的提醒，能够得出 t 和计费方式之间的关系。总体而言，这个改编对学生的要求较“改编1”有了提高，但较原题而言，还是有梯度、有“脚手架”的，相对容易一些。

三、不同人性假设下课堂练习题改编的效果比较分析

在教师根据不同的人性假设，将课堂练习题进行改编之后，学生学习数学变得

"没那么困难了",积极性提高了。以案例 8 为例,将 2012 级 2 班、4 班两个普通班进行对照实验(两个班入学测试和期中考试水平相当,平均分相差不到 1 分)。在课堂上,一开始,两个班都统一将原题目以 PPT 形式投影,给学生五分钟时间思考,学生两分钟时间左右还在认真思考,两分钟后大部分学生已经开始有讲话、发呆的现象,仅剩五位同学还在努力思考。五分钟后将改编题发放给学生,2 班做改编 1,4 班做改编 2。情况对比如下:

表 6　2 班、4 班案例 8 的做题情况对比分析

学 生 数	2 班(49 人)	4 班(49 人)
空白卷	1 人(随班就读生)	0 人
答对第(1)小问	41 人	38 人
答对第(2)小问	29 人	20 人
答对第(3)小问	8 人	11 人

从整体来看,没改编题目前,学生不知如何下手,有改编题目后,学生有了具体数据的指导,参与热情高。第(1)小问整体正确率比较高,2 班为 83.7%,4 班为 77.6%,4 班正确率稍低也是源于改编 2 中第(1)小问乙、丙、丁的话费情况需要学生动笔写出来,而非直接填空,学生懒得动笔所致;第(2)小问 2 班正确率为 59.2%,4 班为 40.8%,改编 1 中很多学生在 t 大于 350 时,两种计费方式还不太会用关于 t 的式子来表达,而改编 2 是由计费方式来找出通话时间区间,采用逆向思维,对学生提出了更高要求;两个班都能有一定数量的学生将第(3)小问解答出来,相比较一开始的一头雾水,他们对这道题目有了更清晰的理解,对于一些同学而言,他们可以根据前两问的提示,自主地将这道题目给完成。这使学生的自信心有了很大的提升,学生脸上自信的笑容也多了起来。学生做完之后教师再进行讲解,有了前面的工作,学生也会更乐于听讲,课堂上认真听讲的学生人数也明显增加。

将学生初一刚入学和学年期末区统考成绩对比来看,两个班的成绩都有了较明显的进步。作为普通班的初一 4 班优秀率占了全级优秀率的 22.6%,初一 2 班良好率占了全级良好率的 27.5%,学生学习数学兴趣浓厚,课间讨论问题氛围良好。

将企业管理的思路和方法应用到日常的教学工作中,对教师的教学观也有了一定程度的影响。持有人性假设"X 理论"的教师,会更加注意从生活中挖掘素材,联系生活实际,想方设法增加题目的趣味性;在知识点相同的情况下,分解知识点,降低试题的难度，来激发学生学习的动力和兴趣。持有“Y 理论”观点的教师，会认为学生学习就像游戏和休息一样不需要监督和控制，学生在学习和生活中会主动地承担责任，但前提是你要给学生创设一个才能得以施展的平台。持有“Y 理论”的教师，在以后的教学过程中更加注重给学生“巧搭脚手架”，会更加尊重学生的差异性，客观地对待学生的差错和成绩，并将其转化为自己的教学资源。

参考文献

[1] 胡东芳.教育新思维——东西方教育对话录[M].桂林：广西师范大学出版社，2003.
[2] 李成彦，刘建荣.人性假设的理论与教学观[J].东北农业大学学报(社科版)，2005(1).
[3] 孟祥林.分层教学与教学过程最优化：从中日美对比论我国的策略选择[J].湖南师范大学教育科学学报，2008(7).
[4] 梁威.运用数学分层测试卡构建分层评价的课堂教学模式[J].教育科学研究，1998(6).
[5] 刘淑杰.对新课程实施中学生评价方法的哲学思考[J].东北师范大学学报，2002(1).

论高中地理学科师生评价共同体及其实施

地理科　陈传飞

［摘　要］教学评价是学校教育工作的重心之一，在教学过程中具有强烈的导向作用和广泛的应用价值，其根本目的是促进教师的教和学生的学，是成功教学的保障。但传统教学评价偏重于依赖教师的主导作用，过分强调甄别与选拔的功能，忽视了学生参与评价的能动性和创造性。师生评价共同体是一种建立在师生关系重建、对话协商、共同发展基础之上的“太极图”综合评价模式，实现了由教师一元评价主体向师生二元评价主体的转变，它使教师与学生的彼此身份发生了转换和挪移，达到师生关系的平衡，并最终建立良好的师生评价文化，共同创造教学过程和教育生活。师生评价共同体的构建为教学评价的回归搭建了一座桥梁。

［关键词］共同体　教学评价　“太极图”模式　高中地理

教学评价是学校教育工作的重心之一，在教学过程中具有强烈的导向作用和广泛的应用价值，在本质上有助于教学活动的检点与修正，借以推动学生的学习与发展，其根本目的是促进教师的教和学生的学。但传统教学评价过于依赖教师作为一元评价主体的主导作用，忽视了学生参与评价的能动性和创造性；甚至出现轻重失衡、乱象丛生的课堂评价“新八股”现象。

2001年，教育部发布《基础教育课程改革纲要（试行）》，指出：“建立促进学生全面发展的评价体系。了解学生发展中的需要，帮助学生认识自我，建立自信。要改变课程评价过分强调甄别与选拔的功能，发挥评价促进学生发展、教师提高和改进教学实践的功能。”《国家教育事业发展第十二个五年规划》也明确提出，“建立教育质量评价体系，形成科学的教育质量评价方法。要充分发挥教师、学生在教育质量评估中的重要作用，探索多种形式相结合的教育教学质量评价方法。”

地理学科兼跨人文科学和自然科学两大领域，具有很强的综合性，对培养中学生的综合素养与健全人格有积极意义。师生评价共同体正是基于高中地理课程评价标准的特殊性建立起来的一种“太极图”式的综合评价模式，实现了由教师一元评价主体向师生二元评价主体的转变，它使教师与学生的彼此身份发生了转换和挪移，达到师生关系的平衡，为教学评价的回归搭建了桥梁。

一、师生评价共同体的提出

师生评价共同体的提出是在对相关学习及评价理论的回应以及对教学评价实践的反思的基础上，结合对太极图模式的演绎而形成的一套针对高中地理学科评价的理念与做法。

（一）对相关学习及评价理论的回应

从皮亚杰时代的学习被看作是学习者个体认知结构的改变，转向学习是个体作为共同体参与的学习观，并最终促使了学习观从个体时代走向共同体时代。学习共同体实现了对话性的教育生活方式，实现了以学习者为主体共享生活实践的学习方式，体现了从认知成长走向人格发展的教育目标。评价作为一种价值判断活动，是客体满足主体需要程度的判断。教育评价是对教育活动满足社会与个体需要的程度作出判断的活动，是对教育活动现实（已经取得的）或潜在的（还未取得，但有可能取得的）价值作出判断，以期达到教育价值增值的过程。

共同体与教育评价的结合便是评价共同体的诞生。共同体的本质特征是经过协商的共识，共同体的成员结构为异质性，有两个及以上主体构成。师生评价共同体即是由教师与学生团体（或个体）组成的综合性交互式共同体，其成员为教师和学生，评价组成要素主要包括：评价策略、评价方案、评价的一般步骤和评价反馈等。在师生评价共同体中，教师和学生虽为师徒关系，但互为评价的主客体，双方既是被评价者、评价者，又是评价体系的共同构建者，均发挥着重要作用。具体表现在教师作为评价者，应该同时注重学生的系列学习成果评价，包括认知、情感和心理活动等方面。教师作为评价体系的主要构建者，应该积极参与整体性课程评价模式的构建。当学生作为被评价者角色时，是整个评价系统的受益者；反之，学生作为评价者角色时，应主动参与评价过程的各个环节，发挥能动性和创造性。师生通过搜集各种有用信息，共同参与评价设计与实践，促进评价共同体内部各要素的平衡及相关人员的分工合作，建立评价体系。

（二）对教学评价实践的反思

由于教学评价在实践中具有强烈的导向作用，并且受“应试教育”思想的影响，传统的地理教学大纲虽均强调发挥地理课程评价的功能，但评价内容主要是学生地理知识的掌握与地理能力的发展；多数评价滞留在传统的测验与考试上，评价指标单一、方式单调，仅突出“知识”的甄别与选拔功能，忽视学生的发展性需要。在这种评价模式下，评价主体是一元的，即教师是评价主体和评价者。一元评价主体强调教师是学生评价的唯一评价者，由教师决定学生评价的结果。作为评价对象，学生只能被动地接受评价，无法获得自我评价和自我反思的机会，也不允许干预或改变评价结果。一元评价主体导致评价信息片面、评价过程不够细致、评价方法缺乏民主化和人性化、评价结果主观等一系列缺陷。学生的主观能动性处于被抑制状态，得不到发挥，偏离了课程改革的方向和课程标准的基本要求。

2003年教育部颁发《普通高中地理课程标准(实验)》，提出地理新课程改革的宗旨是“全面推进素质教育，建立以全面提高学生素质为核心的地理新课程体系；改变课程内容过分强调学科体系、脱离社会发展以及学生实际的状况；面向生活，培养未来公民必备的地理素养；突出地理的有用性、基础性、时代性、均衡性和选择性”；同时，在“评价建议”中指出“地理学习评价，要在知识与技能评价的基础上，关注对学生价值判断能力、批判性思考能力、社会责任感、人生规划能力形成状况的评价”。新课程标准在教材内容安排上设计主体性单元知识模块，允许学生有选择性地进行学习；既有预设性的“学习内容”，开放性的“资料集锦”，还有指导性的“问题探究”和“实践活动”等，教材的表达方式也多样化，这些都对地理学科评价提出了新的要求。

(三) 对“太极图”模式的演绎

教育的价值由教育活动满足主体需要的程度来决定，不同的主体由于其需要不同，对教育活动就有可能产生不同的价值判断，这就是教育评价的特殊性。师生双方在教与学的过程中有着共同的“利益”和“目标”，因此构建起师生相互协作、互动的评价模式是双方共同的追求。

师生评价共同体从评价主体构成上区别于传统的教师主导的一元评价主体，为二元评价主体，可以充分发挥教师和学生群体(或个体)的主体性，鼓励学生积极参与评价，共同担任评价者。二元评价主体具有多种优势：一是促进不同评价主体的优势互补、相互配合，建立相互对话与民主协商机制，使学生评价更加民主；二是实现多把尺子评价学生；三是通过多渠道搜集学生信息，多视角观察学生表现，获得更加全面、客观、公正的评价结果。需要强调的是，在二元评价主体模式下，尽管教师不再是唯一的评价主体，但他们仍然是最重要的评价主体，因为他们最了解学生的实际情况。

师生评价共同体基于师生既对立又统一，是互补和共赢的合作评价关系，也是发展进步共同体。以此期待实现师生关系的重建、师生对话和协商、教师评价权威的消除、尊重学习者认知的差异、尊重教师的评价工作，达到教育关系的平衡。师生评价共同体可以促使学生由主动学习转向主动评价，实现主动发展。使学生从被评价者转变为评价者，实现身份的转换；教师实现评价者向被评价者身份的挪移。教师由一元评价主体转变为师生二元评价主体，向真实情境的学习与评价方向发展，激发了学生创新思维能力和实践能力的培养，建立良好的评价文化和师生关系。评价是为了促进教学过程的改进，从而提高教育质量，而教学改进的成果需要通过评价来体现，因此教学改进和评价是一个循环往复和不断提升的过程。

根据师生评价共同体的内涵，选取“太极图”作为师生评价共同体的模式加以演绎。“太极图”中的黑白区域分别代表“教师”和“学生”。其中的S形曲线，一是表示师生双方相辅相成；二是师生双方在评价过程中彼此消长互动；三是师生双方互为评价的主、客体，各自均以对方为存在条件；四是师生评价是渐进的过程，即由量变到质变。“太极图”形象地展示出师生在评价过程中不是单一的对立关系，而是一体结构下的二元互动模式的“大一统”。只有双方相互配合才能达到平衡各方关系，实现教育评价的回归。

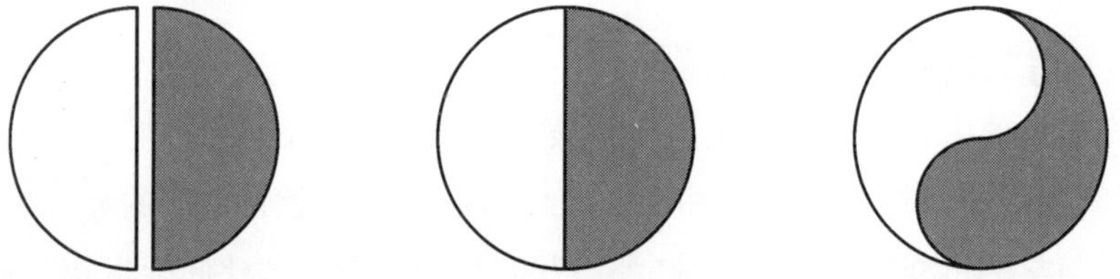

图1　师生双方在评价过程中不同阶段的关系

二、师生评价共同体的构成

师生评价共同体组成要素主要包括：评价原则、评价方案、评价的一般步骤和评价反馈等。

（一）评价原则

师生评价共同体需遵循以下基本原则。

1. 同行评议

在教学过程中教师不应当是独立的，应充分利用学科教研组或备课组的集体力量，引入同行评议机制。因为在评价教师的教学能力方面，同行处在最有利的地位，是对课堂教学活动、教材以及对教师的要求比较熟悉的评价者，最能对教师改进他们的教学工作提出具体的建议。

2. 学生参与

学生是教学过程的主体，对教学目标是否达成、师生关系是否良好，都有深刻的了解，对学习环境的描述与界定也较客观；学生评价在统计意义上具有较大的稳定性。学生直接受到教师教学效能因素的影响，他们的观察比其他突然出现的评价人员更为细致、周全，学生参与评教有利于师生沟通。

3. 一致性

评价信息收集活动在空间上一致，被评元素所存在空间应与评价者所观察空间一致。评价活动所涵盖的时间应与评价人观察的时间相一致。

4. 全面性

全面性保证了评价活动的可靠性。评价应尽可能全面，并尽可能全面地收集影响某一方面因素的各种信息。

5. 简单性

评价活动应尽可能地简单，最好的方法往往是最简单的方法，可以促使评价方案的价值得到体现。

6. 结合校园文化

评价活动与校园文化相结合，师生双方都能从心理上接受评价方案，更加积极地参与评价工作。

7. 有效课堂观察

通过录像等有效的课堂观察途径，教师收集必要信息进行自我诊断，是教师自我激励与自我提高的过程。

（二）评价方案

评价方案是评价活动的先行组织者，它是根据一定的评价目的，根据教育活动和评价活动的一般规律，对评价的内容、方法、手段和程序等方面加以规范的基本文件。评价方案包括以下几个方面的内容。(1) 评价的目的，即依据本方案进行评价预期可以达到何种结果。(2) 评价的准则，规定评价的方面和内容。(3) 权重，权重表示各条准则的相对重要性。(4) 量表和标准，提供必要的测量尺度和评价依据。

评价方案具有以下几个特性。一是目的性，在评价活动之前，预期它所要达到的结果是评价活动的目的，评价方案须体现评价目的，并从各个方面努力保证评价目的的实现。二是规范性。规范性是评价方案具有一定程度的统一性和指导性。要求评价人员严格按照它所规定的程序、准则、标准，对所有的评价队形进行评价。三是可操作性，评价方案作为对评价活动的一种具体的指导文件，它必然要求可以实施。评价方案不能也不应该只有抽象的、原则性的意见。只有抽象的、原则性的意见，评价人员就无法据以实施评价。为使评价活动能顺利开展，评价方案必须是具体的。

（三）评价程序

首先是表述评价目的，评价目的准确无误的表述有助于科学地规范评价方案和规定评价方案的适用范围。其次是设计评价准则，这是评价方案的核心部分。再次是赋予各评价准则相应的权重。最后是确定评价标准，为测量和评价提供作为参考系统的制度。

（四）评价反馈

评价反馈是评价活动的最后一个阶段，它的质量关系到评价的作用能否充分发挥，通过反馈形成综合判断，作出定量或定性的综合意见。在此基础上，对评价过程得到的信息进行细致地分析，找出评价共同体存在的问题和症结所在。向被评价对象反馈有助于其有针对性地改进工作。同时，根据需要在一定范围内公开评价结果，使同行相互借鉴、相互监督。

（五）评价效应

评价往往产生若干不同的效应，有积极效应，如发挥导向作用、反馈作用、诊断作用、促进作用、激励作用等。也会产生消极效应，如学生滋生失败、气馁、厌学等情绪。在评价过程中，必须采取措施，最大限度地发挥和促进积极效应，控制和消除消极效应导致的不良后果。

三、师生评价共同体的应用

《普通高中地理课程标准（实验）》提出地理新课程改革的宗旨是“全面推进素质教育，建立以全面提高学生素质为核心的地理新课程体系；改变课程内容过分强调学科体系、脱离社会发展以及学生实际的状况；面向生活，培养未来公民必备的地理素养；突出地理的有用性、基础性、时代性、均衡性和选择性”；同时，在“评价建议”中指出，“地理学习评价要在知识与技能评价的基础上，关注对学生价值判断能力、批判性思考能力、社会责任感、人生规划能力形成状况的评价”。地理新课程改革把地理素养置于地理课程目标的核心地位。因此，统一认识和准确把握地理素养与特质，对于促进学生的全面发展具有十分重要的意义，也是高中地理学科教学评价的关键。

（一）高中素质教育评价的重心

素质教育是全面发展的教育。一方面要夯实学生的“双基”（基础知识和基本技能），另一方面要培养学生的能力（创新能力和实践能力）。素质教育的评价重心包括基础知识和基本技能、创新能力和实践能力等四个方面。

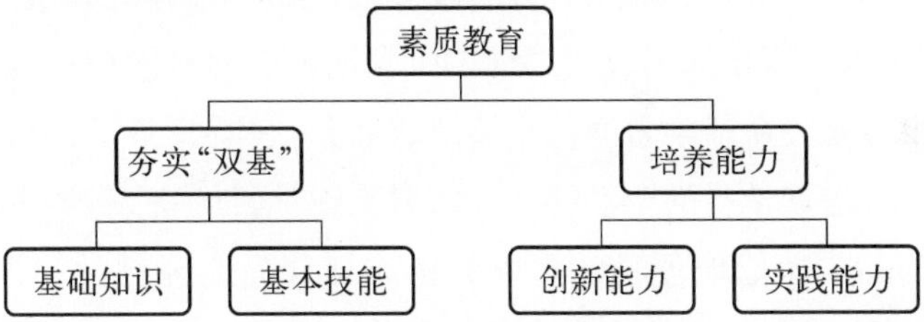

图 2　素质教育的评价重心

实践证明，基础知识和基本技能与创新能力和实践能力之间呈相互促进、互为因果的关系。夯实基础知识和基本技能是培养创新能力和实践能力的前提条件，而创新能力和实践能力的提升又进一步促进了基础知识和基本技能的提高。素质教育背景下的学生评价有别于“双基”教育，更不同于应试教育。

表 1　“双基”教育、应试教育与素质教育的评价重心比较

	评价重心	特　征	优　势	弊　端
“双基”教育	基础知识和基本技能。	加强基础知识和基本技能的培养和考查。	掌握扎实的基础知识和基本技能。	忽视培养创新能力和实践能力。
应试教育	应试科目和应试技巧。	一切围绕考试要求，以应付考试作为单一的价值取向。	强化升学考试科目的教学，培养解题、猜题、押题等应试技巧。	片面追求升学率，忽视创新能力和实践能力的培养和考查。
素质教育	基础知识和基本技能，创新能力和实践能力。	面向全体学生，全面提高学生的基本素质。	提高学生的创新能力和实践能力。	所谓“素质教育轰轰烈烈，应试教育扎扎实实”。

（二）高中地理学科素养评价目标

地理素养是指学习者经过地理学习后所养成的比较稳定的心理品格，包括地理知识、地理观点、地理方法、地理能力、地理态度、地理情感等构成要素。一般来说，地理素养表现在三个层面上：物质层面，指地理学习者在地理学习中表现出来的学习行为；精神层面，指地理学习者的个性特征和心理品质，包括地理学习动机、地理学习意志、地理学习态度等；社会层面，指地理学习者带有的一定社会属性，表现为社会倾向、文化水准、品德素养等。

1. 地理科学素养

地理学是一门旨在解释地区特征以及人类和事物在地球上出现、发展和分布情况的科学。它不仅包括以人地关系地域系统为核心的特有知识体系，也蕴含有区域比较、区域综合与分析、观察、野外实践等独特的思维方法和研究方法，此外它还包含了地理学家在探索地球表层过程中所表现出来的科学精神和科学态度。因此，地理科学素养是公众科学素养的重要组成部分，它既具备了公众科学素养的共性特征，也融合了地理学科的个性特征。依据地理学科的特点、学生的心理发展水平和未来社会的需求，把地理科学素养的构成划分为地理科学知识、地理科学能力、地理科学方法、地理科学品质和地理科学意识等五个组成部分。

表 2 地理科学素养构成

构成	主 要 内 容
地理科学知识	地理科学知识是地理科学素养的基础，是养成地理科学能力、地理科学方法和地理科学品质的载体。地理科学知识指以人地关系为核心的地理基础知识，如地理术语、地理概念、地理现象、地理空间分布、地理过程、地理因果关系、地理特征、地理规律、地理科学史等内容。
地理科学能力	地理科学能力是学生智力、能力与地理学科的有机结合，是地理科学素养的核心。地理科学能力既应该包括一般科学能力，也应该包括地理学科特有的科学能力。美国《国家地理标准》将地理能力目标确定为培养五项核心地理技能：(1) 提出地理问题的技能；(2) 收集地理问题的技能；(3) 整理地理问题的技能；(4) 分析地理问题的技能；(5) 回答地理问题的技能。虽然这五项地理技能与地理学家的科学研究过程基本吻合，但应该说突出反映了一般科学能力，并没有真正体现地理学科特色。尽管地理思维、想象、观察等能力的培养要求已蕴含在五项核心技能当中，但仍不利于突出地理科学能力的培养重点。我们试图依据《地理教育国际宪章》提到的地理学的几个核心问题，对应给出具有地理学科特色的相应能力：(1) 空间定位能力；(2) 区域差异的比较与概括能力；(3) 空间相互作用的分析概括能力；(4) 空间分布格局的觉察能力；(5) 地理过程的简单预测与合理想象能力。

续表

构成	主要内容
地理科学方法	地理科学方法是人们在认识地理科学对象，以及作用于地理科学对象过程中所采用的方法、途径和手段，地理科学思想方法是其核心。科学方法教育已经逐渐成为各国基础教育的重要支撑。地理科学方法教育是学生学习地理科学知识的必要条件，也是学生自我发展和自我完善的必然需要，更是地理科学素养养成的重要基础。地理科学方法中包含了科学研究的一般方法，如比较、分类、归纳、演绎、分析、综合等，但在地理科学素养的养成中，更要侧重培养具有地理学科特色的科学方法，如地理观察、地理实地考察或野外调查、区域综合分析、区位比较、地理实验等方法。
地理科学品质	地理科学品质包括地理科学精神、地理科学态度以及对地理科学的兴趣、情感和动机等。其中地理科学精神是地理科学素养的重要表现形式，它对学生从事地理科学认识活动起着指导和制约的作用，力图让学生领悟与感受地理学家在科学探索和科学研究过程中所表现出来的思想品质和崇高精神。地理科学精神是指在地理科学研究和交流过程中逐渐地、自然地形成的约束科学家行为的价值规范或准则，即实事求是，崇尚理性，尊重实践，不固守传统，不迷信权威，勇于探索，勇于创新，敢于坚持真理，谦虚、谨慎，不怕困难和挫折，善于团结合作，乐于思想交流，遵守科学的职业道德等。归纳起来，地理科学精神包括地理科学研究中的理性精神、求实精神、合作精神、批判精神、奉献精神和创新精神。地理科学态度是指个体对地理科学现象和本质作出的反应，它具有理智、情感和行为倾向三种成分。
地理科学意识	地理科学意识指社会群体或个人对地理科学的思想认识和觉悟程度。它包括正确的地理科学观、地理科学技术观以及正确理解和应用地理科学与技术、社会的相互关系等内容。地理科学意识是正确认识地理科学价值、合理运用地理科学技术的关键，因此是地理科学素养中不可或缺的重要内容。地理科学素养的上述组成之间并不是孤立的、分离的，各种构成彼此互相渗透、互相作用、互相联系，构成了地理科学素养的主体。其中地理科学知识和地理科学能力属于智力因素，而地理科学方法、地理科学品质、地理科学意识属于非智力因素。地理科学知识是地理科学素养的基础，也是地理科学能力发展、地理科学方法运用、地理科学品质养成的载体，地理科学知识的质和量决定着地理科学能力、地理科学方法、地理科学品质发展的深度和广度。

地理科学能力是地理科学素养的核心，也是沟通和联系地理科学知识、地理科学方法、地理科学品质、地理科学意识的桥梁和纽带。地理科学方法、地理科学品质和地理科学意识是地理科学素养的重要表现形式，对地理科学知识的学习、地理科学技能的培养起“解放思想”、导引方向的作用。

2. 地理人文素养

地理人文素养主要包括人文地理知识和地理学科中的人文精神两部分。

表 3　地理人文素养构成

构　成	主　要　内　容
人文地理知识	包括人口、聚落、文化、宗教、经济、旅游、人地关系等。
人文精神	有关“人对自然的基本态度”方面的内容，主要包括全球意识、“尊重自然、人要与自然和谐相处的意识”、“资源”意识、“环境道德”意识等。

3. 地理技术素养

地理技术素养指对地理技术的正确辨别、全面理解与综合应用的能力，它包括地理技术知识、地理技术能力和地理技术观点三个部分。

表 4　地理技术素养构成

构　成	主　要　内　容
地理技术知识	地理信息系统、全球定位系统、遥感；景观生态设计、城乡规划、旅游规划；水土流失、沙尘暴等环境问题的防治技术；地震、火山、台风等灾害的预测、防治技术；地理多媒体教学技术。
地理技术能力	运用3S技术进行地理信息处理的能力；运用区域规划知识进行城乡规划、旅游规划的能力；运用景观生态设计知识对不同类型景观进行设计的能力；对水土流失、沙尘暴等环境问题进行防治的能力；对地震、火山、台风等灾害进行预测与防治的能力；利用地理多媒体技术制作地理课件的能力；正确选择并运用地理技术的能力。
地理技术观点	知晓地理技术的正面和负面的影响；明晰地理技术与地理科学、社会的关系。

地理学是研究地理环境以及人类活动与地理环境相互关系的一门科学。它的特点在于具有广泛的研究范围、丰富的研究方法、综合性的研究内容。因此，从开始它便以其独特的研究视角赢得了广泛的生存空间。受地理学科性质的影响，地理素养与其他学科素养相比有共性也有差异。归纳起来，地理素养具有综合性、空间性、动态性、终身性、现实性和实践性等特点。

（三）高中地理学科能力评价目标

高中地理新课程教学应在地理基础知识教学的基础上，高度关注地理科学核心能力和地理观点的培养。例如，地理空间格局的敏锐觉察力，对地理过程的分析、想象与简单预测能力，地理信息加工能力。运用地理解决实际问题的能力是构成地理学科“核心能力”的主要要素。《全日制普通高中地理课程标准（实验）》中关于地理学科能力有四项具体规定，其中包含以下四个层级。第一个层级为独立或合作进行地理观测、地理实验、地理调查;掌握阅读、分析、运用地理图表和地理数据的能力。第二个层级为地理信息加工能力,包括搜集、整理、分析地理信息和把地理信息运用于地理学习过程的能力。第三个层级为"研究"能力,包括提出地理问题的能力及设计探究方案的能力、解决地理问题的能力、实践能力。第四个层级为表达及交流能力。

学生地理学科思维能力具体表现为学生学习和掌握地理知识的心理过程,是认识过程的一种特殊形式,一般分为以下几个阶段:感知新材料,形成地理表象;理解新材料,形成地理概念;以概念为基础,形成地理规律性的认识;对新知识的巩固,形成技能、技巧;运用地理知识和技能,分析、解释、阐明地理问题。若根据地理学习认知过程中地理思维劳动量的大小确定地理思维能力的价值,那么从低到高的排列顺序如下表。

表 5　地理思维能力价值排序

等级	思维能力	主　要　内　容
低 ↓ 高	记忆力	指记忆重要地理事物的名称和分布;记忆重要的地理数据;记住涉及地理的重大事件等。虽然记忆能力价值较低,但它却是学习一切内容的基础。
	理解力	指理解地理概念及其含义;理解地理基本规律和原理;理解各地理事物(包括自然地理各要素、人文地理各要素),以及人类活动与环境之间的关系等各方面的空间结构和联系;理解各种地理图表的含义等。
	综合分析能力	指对地理事象(包括自然地理各要素、人文地理各要素,以及人类活动与环境之间的关系等各方面)的空间结构和联系及其发展、变化过程的描述、概括、阐释、分析、判断等的能力。
	综合应用能力	指能够运用所学的地理及相关学科的知识和观点,运用地理事实材料,推导或定性说明地理规律和原理;能够运用比较、归纳、综合等分析方法,评价、推论地理事物和现象,能够使用地理术语及工具,论述或论证地理问题等。

(四) 师生评价共同体实施策略

地理学科兼跨人文科学和自然科学两大领域,具有很强的综合性,对培养中学生的综合素养与健全人格有积极意义。师生评价共同体正是基于高中地理学科的特殊性建立起来的一种综合评价模式。实现了高中地理学科评价主、客体在师生之间的转换,即互为主、客体,两者共同参与评价指标、内容、方式和结果的执行过程。

高中地理学科的教学评价过程遵循师生评价共同体模式的评价路径。在评价策略上采用同行评议、学生参与，保持一致性、全面性、简单性，结合校园文化和有效的课堂观察等策略。教学评价活动的组织者根据一定的评价目的，根据教育活动和评价活动的一般规律，对评价的内容、方法、手段和程序等方面加以规范，进而制定评价方案。评价方案应包含评价目的、评价的准则、权重、量表和标准等内容，方案要体现目的性、规范性和可操作性。在这一过程中要体现学生参与评价的能动性，以达成师生双方更好地合作和交流，促进被评价者的成长与发展。

根据地理新课程标准对学习目标的要求和素质教育背景下的教育评价重心，结合地理学科素养和学科能力的系统分类，充分发挥师生双方作为二元评价主体的地位和作用，制定评价流程。最终通过反馈形成综合判断，作出定量或定性的综合意见。在此基础上，对评价过程得到的信息进行细致的分析，找出评价共同体双方存在的问题和问题症结所在。向被评价对象反馈有助于其有针对性地改进工作。同时，根据需要在一定范围内公开评价结果，使同行相互借鉴、相互监督。

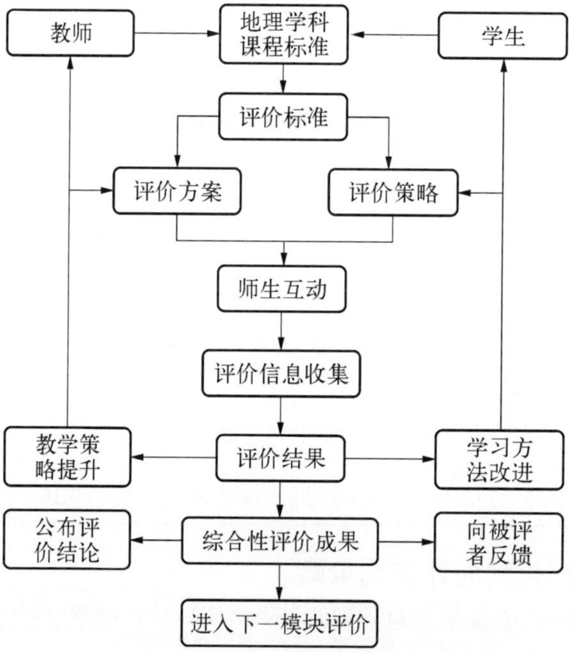

图 3　地理学科师生评价共同体模式评价流程图

总之，“教育是个人自我实现的过程，用统一的模式去统一个人的自由发展，去评价教育、教学的结果，从根本上说是不可接受的”。提倡“新”教育理念、“新”教育实践的“新基础教育”观也强调师生通过互动共同创造教学过程和教育生活。建立在师生关系重建、对话协商和共同发展基础上的师生评价共同体“太极图”评价模式，实现了教育评价由教师一元评价主体向师生二元评价主体的转变，它使教师与学生的身份发生了转换和挪移，达到师生关系的平衡，并最终建立良好的师生评价文化。师生评价共同体的构建为教学评价的回归搭建了一座桥梁。

参考文献

[1] 王斌华. 学生评价：夯实双基与培养能力[M]. 上海：上海教育出版社，2011.

[2] 陈玉琨. 教育评价学[M]. 北京：人民教育出版社，1999.

[3] 赵健. 学习共同体的构建[M]. 上海：上海教育出版社，2008.

[4] 钟启泉. 课堂评价的挑战[J]. 全球教育展望，2012(1).

[5] 刘小龙，冯雪娟. 学习共同体：缘起及特性浅述[J]. 教育研究与评论·小学教育教学，2011(7).

[6] 陈树声，徐楠，刘莹. 论高中评价共同体的建立与教师角色定位[J]. 西华师范大学学报(社科版)，2011(2).

[7] 王向东，袁孝亭. 地理素养的核心构成和主要特点[J]. 课程·教材·教法，2004(12).

[8] 张亚南. 高考地理学科思维能力价值评价[J]. 课程·教材·教法，2010(4).

学生发展篇

在新课改中，学生发展是一个核心理念。它既包括学生身体的发展，又包括学生心理的发展。值得高兴的是，学生发展不仅成为教师所推崇的理念，而且成为教师所躬行的实践。在现代西方教育界，学生发展是很多教育学者所关注和研究的一个重要问题。早在20世纪初，西方教育大师、美国教育家杜威就明确指出：教育目标就是学生发展。这里收入了四篇论文。其中，语文科徐凌娟的《高中生议论文写作的思维层次探究》一文基于对广东省高中生议论文写作现状的认识和对原因的分析，提出在阅读、范文、习惯、练习、评改等方面，教师应该尝试制定提升高中生思维层次的对策，以提高学生议论文写作水平。数学科利启明的《初中数学“菜单式”错题集设计——基于反思思维能力培养研究》一文指出，在初中数学教学中，必须重视培养学生的反思思维能力，运用“菜单式”错题集的设计模式，进行不断的自我监控、自我评价、自我改进的学习行为，将“自主学习”与“自我教育”结合起来，这样做可以提高学生学习数学的兴趣，促使他们养成良好的纠错习惯，并进一步促进他们的逻辑思维发展。数学科云静的《失败学视野下学生代数类错题的管理策略探析》一文以失败学的视角，要求学生从过去的失败中总结经验并在以后努力不犯同样的错误，指出初中学生代数类错题的产生可以分为心理障碍型、知识缺陷型、策略错误型、逻辑错误型等四种类型，并从教师层面探讨具有一定创新性及可操作性的初中学生代数类错题的管理策略体系。体育科陈国荣的《广东华侨中学20名肥胖学生实施运动处方的实例分析》一文对广东华侨中学20名肥胖学生进行六个月运动处方锻炼进行了研究，证明运动处方锻炼能够改善肥胖学生的体形，增加机体能量消耗，减轻体重，提高身体素质，增强心肺功能。实例的分析进一步丰富了运动处方的理论内涵，使其在实践中更具可操作性和实践价值。

高中生议论文写作的思维层次探究

语文科　徐凌娟

［摘　要］广东省高中生议论文写作的现状是很令人不满和担忧的，其原因是教师在进行议论文教学时思维过于僵化，目标过于功利，定位过低。这使得学生在写议论文时思维层次不高，仅仅满足于感性的好坏、对错的价值判断。基于对现状的认识和对原因的分析，教师应该尝试制定提升高中生思维层次的对策，以提高学生议论文写作水平。

［关键词］议论文写作　思维层次　高中生

思维是指人类的认知活动，但同时也是极为复杂的人类活动。恩格斯曾这样说过："思维着的精神"是"地球上最美的花朵"。在高中阶段，高中生的思维与议论文写作之间存在着相关性。简单而言，对于高中生来说，其思维大体分成三个层次：第一是感性思维层次，指对一件事情或某种现象进行对错、好坏的感性判断；第二是理性与科学思维层次，指除了价值判断之外，对其背后的原因等有一定的判断与认识；第三是逆向与批判思维层次，指不仅仅就事论事，而是有由此及彼的意识，在更广泛的范围与更高层次上进行某种批判或探求解决问题的方式和途径，这是最高层次的作文思维。从教学实践来看，高中生议论文写作水平不高的现状与高中生思维层次较浅有着极大的关系，因此，教师需要寻找提升高中生议论文写作思维层次的对策。

一、高中生议论文写作的现状

《全日制普通高中语文新课程标准》指出：在语文教学中，高中生应该"养成独立思考、质疑探究的习惯，发展思维的严密性、深刻性和批判性"。这表明，高中生的写作文体主要是能够表达自己明确观点、有效与他人进行思想交流的议论文。但是，现阶段高中生的议论文写作水平总体不高。其主要表现为：思想肤浅，形式规整、单一，内容重复率极高，体现阅读范围和思考深度的论据更是千篇一律。

（一）思想肤浅

思想肤浅，指仅仅满足于对某件事情或某种现象进行简单的对错、好坏的价值判断。例如，一个学生仅仅就无锡市政府花大价钱来申请一项“吉尼斯世界纪录”这件事情展开议论，得出的观点满足于“这种行为是极大的浪费”，就事论事，思想肤浅。其实，关于“吉尼斯世界纪录”的议论文话题对于高中生来说难度并不大，完全可以在视野上进一步拓宽，联系到有些人喜欢任何“第一”的东西，有点好大喜功的表现，需要改正。同时，也可以正面立意，这反映出我们中国人一向以来不甘人后的心理，是大国崛起的一种反映，等等。上面所举例的这位同学的文章论证过程是没有问题的，但思想比较肤浅，思维层次仅仅停留在“感性思维”阶段。

（二）注重形式

注重形式，指满足于结构的规整，表面看起来结构规范、思路清晰、举例充分、论证有力，但缺乏个性化思考，更缺乏个性化语言的表达。有些学生的议论文审题准确，观点鲜明，条理清晰，举例恰当，如果再加上论证时能够多样化论证，得分似乎还过得去，属于中等偏上。但是，当这样的作文被批量生产，都是写得差不多的所谓“考场作文”的时候，学生的写作兴趣以及写作能力就被扼杀了。这种议论文貌似具有科学性思维，但逻辑上不够严密。但是，在现实教学中，这样的议论文被教师定位为“可以训练”的作文，可以通过规范的训练来达到这样的效果，而学生也将拿到 42—45 分作为作文成功的标准，所以，这种形式规整但内容、思想极度贫乏的议论文在每次统考中出现的频率极高。

（三）论证雷同

由于高考时学生写议论文都有一定的限制，或者是标题，或者是话题，或者是材料，是典型的“戴着镣铐跳舞”。因此，作文在观点、论据、论证上雷同率高，千篇一律，读来乏味。当然，也有一些出得非常好的题目，例如，2010 年广东省高考作文题目为《与你为邻》，这是一道非常好的作文题。因为这个“你”是代词，可以将很多东西代入进去，只要是我们身边的符合“相互依存、无法回避却可有所选择”条件的一切有形、无形的东西都可以代入进去，可以选择的东西很多。但是，即使是这样的题目，仍然有很多学生的论点很雷同，其中出现较多的是与“诚信”为邻、与“善良”为邻、与“真诚”为邻、与“心灵美”为邻等。究其原因，是由于学生在平时的作文训练中根本没有提升思维的层次，仅仅满足于感性的好坏、对错的价值判断。另外，在论据上，按照“古”、“今”、“外”的思路，论据雷同率很高。例如，古——司马迁、秦始皇、屈原、杜甫、辛弃疾、李时珍、唐太宗与魏征、苏武牧羊……今——袁隆平、杨振宁、李嘉诚、毛泽东；蒙牛“三聚氰胺”事件以及类似的食品安全事件；小悦悦事件……外——贝多芬、比尔·盖茨、海伦·凯勒、奥巴马、爱迪生、华盛顿……一般讲，文科生爱从历史书、政治书上找论据，而理科生爱从物理书、化学书、生物书中找论据，论据重复率高，令改卷老师读来痛苦异常，产生严重的“审美疲劳”。在学生看来，所谓“例后分析”就是在事实论据后面贴上一个说理的尾巴即可，而没有考虑这个尾巴是否与事实论据有关联，也没有考虑逻辑的严密性和科学性，更谈不上有逆向和批判的思维。

（四）畏难情绪

高中生对议论文写作有畏难情绪，缺乏议论文写作的兴趣。在教学实践中，可以看到学生怕作文、讨厌作文，当教师宣布“明天我们写作文”的时候，学生几乎都是愁眉苦脸的。学生之所以没有写作的热情，其原因就在于作文是“作”出来的，不是“写”出来的。所谓“写”，就是“我手写我心”，是心中有所感而流露于笔端，将文章当作自己倾诉的媒介、与人交流的通道。从心理学上来讲，每个心理正常的人都有倾诉的欲望，也有交流的需要，所以，当文章是用来倾诉内心、与人交流的时候，它应该是人们的基本需要，根本不存在害怕或者讨厌。作文之所以变成害怕或讨厌，那是因为写作已经失去了倾诉和交流的功能，而变成了手不应心的得分“工具”。因此，学生在写议论文的时候，享受不到思维的乐趣，更感受不到与别人进行思维碰撞的快感，也就没有任何写作的需要，而只是将其当作一个不得不完成的具有功利作用的任务。

二、高中议论文写作教学现状的原因分析

造成当前高中生议论文写作如此现状的原因，最主要的是由于评价标准的单一，使教师的教与学生的学都过于功利化，走上以得分为唯一目的的道路，从而使高中生议论文写作陷入尴尬、两难的境地。集中表现为：高分作文极少，低分作文也不多，绝大部分是中庸式的作文，缺乏独立的思考，没有思维的火花。当然，这种情况与教师现今的“议论文写作训练”有很大的关系。

（一）议论文写作的评价标准过于单一

对于高中生议论文写作来说，其最特殊的一点就在于它的最终评价的唯一性——高考作文得分。这一点就决定了高中生议论文存在于一个特定的时空——

考场，所以，我们可以将高中生议论文写作称为“考场作文”。另一个不可忽视的事实就是高考作文的评改情况。作文需要人工阅卷，它无法用机器阅卷来代替；既然是人工阅卷，那就会不可避免地具有主观性，加上高考作文评卷时间紧、任务重、老师压力大，所以“写出不让阅卷老师思考的作文”，也就成功了一大半。这往往会造成前面所说的模式化作文——审题准确、观点鲜明、条理清晰、举例恰当、论证充分，致使议论文写作的评价标准单一。这样的作文阅卷老师不喜欢看，却喜欢评改。之所以不喜欢看，那是因为乏味，没思想、没深度、没个性；之所以喜欢评改，那是因为很容易抓住中心，对应评分标准，最容易打分。因此，实际情况表明，高中生议论文写作的评价标准过于单一，正是造成高中生议论文写作现状堪忧的根本原因，并对高中生议论文写作训练产生了很大的负面影响。

（二）议论文写作抹杀学生个性化写作

在议论文写作训练中，教师大多走“保险路线”，教学生满足于写“中庸”作文，而抹杀学生个性化写作。所谓的“保险路线”，就是不要标新立异、与众不同，不要偏题、离题，于是，审题的时候基本上以感性思维的价值判断为主。

例如，“有婚介所打出广告‘找个老外嫁出去’，请谈谈你的看法”，这一议论文题属优秀作文题，可以从多角度去思考，可褒可贬，可深可浅，学生也有较多的东西写。但是，走“保险路线”的学生则会将论点定在“这是崇洋媚外的表现，我们中国人是有骨气、有自尊的”。因为这个观点肯定不会错，是切合题意的，且符合主流价值观，更重要的是可以有很多例子写。而且，可以达到在最短的时间内写出一篇保证能拿到 42 分上下的作文。面对这则作文题，有些学生能写出一些较有深度的观点，如探究不少中国姑娘想嫁外国人的原因，对某些现象或问题进行深入思考，探究背后的原因，思维就能更进一步。还有些学生进而反思当今中国社会存在的很多问题，如道德滑坡、文化荒漠等，导致一些人向往外国生活，这就更有深度了，这属于批判性思维，在深度和广度上都比简单的、感性的价值判断更加有力，闪动着个性化的思考，表达着作者的内心想法。

但是，教师往往会觉得，中学生的写作素材还不够丰富，写这样的文章容易陷入单纯说理，内容不够充实，论据不够充分；而且，中学生写这样沉重而有深度的话题，有点冒险。因此，教师大多还是走“保险路线”来训练学生的议论文写作，从而扼杀了学生的批判性思维，受到“打击”的学生也就失去了深度思考的机会，没有了个性化的表达。

（三）议论文写作的内容十分贫乏

高中生议论文的内容往往十分贫乏，因为学生处于论据贫乏的困境，写出的议论文往往是干巴巴的，没有深刻的思想。教师教学生“充实”文章内容，实际上就是“凑字数”，常常让学生把一个例子翻过来倒过去地说，这样就不必举很多事例来，论证的部分也显得“充实、饱满”。如果再加上一些技巧的运用，整个议论文的段落就会显得华丽、精致，从而掩盖了没有思想的缺点，但却显现出逻辑上的不合理和思维的肤浅。

（四）议论文写作过于注重写作技巧

在议论文写作训练中，教师往往过于注重写作技巧，例如，结构的模式化、论证的规范化，使用论据时一例多用、排比句的运用，以引用名人名言、课本上的古诗文等来增添所谓的“亮色”。例如，“诚信”是小朋友将拾到的一分钱放在警察叔叔手里时脸上的笑容，是少先队员宣誓时眼中的闪光；“诚信”是焦裕禄推开乡亲柴门送去的那一阵春风，是孔繁森将藏族老妈妈冻伤的双脚捂进怀中的那种深情。例中的“诚信”也可以换成“无私”、“和谐”等，几乎就是万能公式。这样的排比句除了让阅读的人感到无语，实在没有任何意义，更谈不上科学性思维或逆向和批判性思维。

其实，一篇议论文真正的闪光之处就在于它的思想的深度、思维的高度、视野的开阔，恩格斯在《自然辩证法》中写道：“地球上的最美的花朵——思维着的精神。”一篇没有思维深度、思想空洞的议论文，即使再美，也是空有美丽而无精神。所谓“一例多用”，其实是教师迫不得已的做法，因为学生素材积累不够丰富，翻来覆去就是那么十来个写作素材，要去应付千变万化的作文题，只好采用“一例多用”的做法。例如，司马迁遭受宫刑却坚忍不屈，写出了《史记》这部不朽著作的例子，可以用作“坚持”、“忍耐”、“为了长远利益而放弃眼前利益”、“多走一步”、“尝试生活中的味道”等多个议论文题目的论据，具体写法则根据论点不同而进行不同的论证。

当然，从广东省高考作文的评价体系看，大多数教师已经认识到高中生议论文写作水平令人担忧的现状，并且有意识地在制定评价标准时突出思维的重要性。从这些年广东省高考作文评卷情况来看，高中生议论文写作出现以下的趋势与导向：第一，坚决打击空有形式，思想内容肤浅、俗套的“套作”文章；第二，思想内容高于文章结构形式与文辞优美；第三，满分、高分作文的共同特点是思想深刻、情感真挚。

三、 提升高中生议论文写作的思维层次的对策

基于以上对高中生议论文写作现状及原因的分析，可以看出学生思维层次的高低对学生作文水平高低起着极为关键的作用。如果能有效提高学生思维的层次，那么学生的作文水平不但会提高，在整体层次上都会有一个质的飞跃。当然，内因是事物发展的根本动力，外因只是条件。从根本上讲，如果想要提高高中生议论文写作的水平，就必须让学生发自内心地想要表达自己的观点，并与别人交流和碰撞，感受到思维的乐趣，真正爱上议论文写作。

（一）多阅读课外书籍，多看同龄人的优秀议论文

感性认识是一切认识的基础，只有在感性认识的基础上才能产生理性认识。作为认识的一部分，思维层次的基础也是感性思维，也就是是非、对错、好坏的感性认识，在此基础上，才能谈得上对思维的训练。如果一个学生连判断好文章的标准都没有正确的认识，那怎么可能写出优秀的议论文。教师应该认识到，学生阅读量的大小、阅读面的宽窄都决定着他们议论文水平的高低，所以要有意识地引导学生多阅读课外书籍。

对于提高高中生议论文写作水平来说，初学议论文写作的学生必须多看同龄人所写的优秀议论文。首先，这可以帮助学生消除对议论文写作的陌生感和畏惧感。高中生进入议论文写作的时间一般是在高二上学期，在此之前学生写的都是记叙文或说明文，接触的议论文也多是著名作家写的，他们会感觉议论文离自己非常遥远，写起来非常困难。此时，给学生多看同龄人写的优秀议论文，他们就会觉得，原来高中生写的议论文是这个样子的，原来自己的同龄人也可以写出思想深刻、语言隽永、论点犀利、风格多样的议论文，议论文也可以通过学习写好。同样道理，让学生看高考满分、高分议论文，也是为了减轻他们的畏难、恐惧的心理，并使学生具有更强的学习动力。因此，这个对策的目的是，让学生形成优秀高中生议论文的评价标准，同时减轻进而消除学生对议论文写作的畏难、恐惧心理，进而增强学生学习写作议论文的动力。

（二）多在学生自己的议论文中寻找范文

想认真学习的学生，在写议论文时的确很痛苦；但是，在绞尽脑汁写好议论文之后，心底又都期盼着教师能给予肯定。如果教师在讲评的时候总是拿着现成的、别的同学写的议论文作范文，那么，学生虽然认为这些范文很优秀，但总觉得这些

范文有距离感，心里总是想着："这位同学真厉害，我肯定写不出！"因此，尽管这些优秀议论文可以作为讲评的范文，甚至让学生仰望这样优秀的范文，激起他们心中的向往与崇拜，但是，学生更需要可以直接学习的、身边同学自己所写的议论文。

其实，虽然班级学生总体作文水平比较差，但总还是可以在其中发现一些比较优秀的文章，有的是在文采上有出色之处，有的是在思想上有闪光之处，此时，教师就要发挥主动性，在这些作文的基础上进行修改、添加、润色等，然后再将教师加工过的作文印发给学生，让他们阅读、学习。笔者几乎每次批改作文时都会做这样的工作，或许这种工作很费时也很费脑子，但是，学生拿到这样的范文后所表现出的欣喜、期待和热情，都是拿到现成的范文所不能相比的。学生会觉得，这是我身边的同学写的议论文，他能写得出，我也一定能够写得出，自然在心理上对写作就没有那么畏难，也不会再觉得写好作文是遥不可及的目标。

当然，在修改比较优秀的作文时，教师必须注意每次挑选不同的学生的作文。并不是每次都有优秀的文章可以加工为范文，但是，只要某个学生的作文有那么一点点的闪光之处、与众不同之处或者进步之处，教师就可以用来"加工"，凸显这篇作文的优秀之处，让学生感觉到，只要自己认真写了，教师就能看见，教师就会欣赏，从而不断提高学生写作的积极性。在班级所有学生的议论文水平提高到了一定程度之后，教师在选择范文时就可以有意识地选择那些思想深刻的、有独到之处的或语言有个性的文章，并让学生领悟到那些见解独到、思想深刻、语言流畅并独具风格的议论文才是优秀的范文，引导学生的写作趋向这个方向发展，逐步养成思考的习惯，写出有思维深度和思想高度的议论文。

（三）培养学生理性思考和科学思维的习惯

为了使高中生写好议论文，教师必须注意培养他们的理性思考和科学思维的习惯。首先，要多读报刊杂志上的时事评论或杂文等思想深刻、文辞犀利的文章。现今很多报刊杂志都会有时事评论的栏目，甚至有专门的评论性报纸，如《杂文报》、《广州日报》、《羊城晚报》等，每天的第二版基本上都是时事大家谈的栏目，《羊城晚报》的"大城小事"栏目就是其中的代表。有同一件社会热点或新近出现的社会焦点，由不同的人从不同的角度去评论；也有不同的事件，从同一角度进行评论的看法和结论，语言时而辛辣讽刺、时而深刻沉重、时而忧国忧民。应该说，这些评论都是很好的时评阅读材料。例如，2011 年清华大学第四教学楼被命名为"真维斯楼"，引起了极大的争议，清华大学声称为校园建筑物命名是国内外学校筹集资金的通行做法。对于这件事情，各大报纸评论有所不同，有人认为清华教学楼冠名

"真维斯"之做法应该缓行，也有人认为不必反对但须有原则，更有人认为"真维斯楼"有何不可，各方都有自己的理由，角度不同，但都能自圆其说。对这样的时事，学生也有自己的判断，但往往简单、武断，角度也比较单一。大多数学生都会持否定态度，认为这样的商业冠名是不对的，但不对的理由是极为简单的，即认为这种行为是对教育这片净土的污染，但是在具体论述时却无法展开。只有极少数拥有科学和批判思维的学生才会深入思考，从教育的本质、教育的困境、教育与商业的共赢等角度去评论这件事情，得出思维层次较高的结论和判断。因此，阅读优秀的评论性文章可以开拓高中生的视野，训练他们从多角度思考问题，这样思路自然打开了，思维的层次也会提升，思维的深度也会增加，阅读是写好议论文的条件。

其次，教师要引导学生多体会平常生活事件中蕴含的道理，多关注贴近自己生活经历的事件，善于思考与发现，将"时评"写作日常化，鼓励他们发表自己的看法。同时，定期定主题组织学生进行"时评"讨论，碰撞出思维的火花，使他们感受理性思考和科学思维带来的快乐，提升思考的积极性和兴趣。但是，学生平时生活较为单纯，经常是学校、家庭两点一线，尤其是高中生，课业负担较重；而且，有限的生活阅历决定了他们对有些问题的看法是无法深入的。所以，想要激起学生的思考乐趣和培养理性思考和科学思维的习惯，就必须选择一些离他们生活较近、他们感兴趣同时能够激起思考欲望的事情。例如，上海浦东机场发生留日学生刺母事件，当时国人默然，只有老外救人，引起一片哗然。这件事也引发了学生的讨论，学生几乎一面倒地大骂这个刺母的儿子，但等到群情激昂过后，教师可以引导学生进一步去探究刺母的儿子之所以这样做的原因，从母亲的角度、教育的角度、社会的角度去分析原因，思考家庭教育、亲子关系、教育理念和制度、社会责任等方面存在的问题，反思一些传统和习惯存在的不合理性，这样就能够使学生获得思维上的训练。应该说，当学生习惯多角度思考问题，那么在审题时就会自然地进行发散性思考和深层次思考，从而能够写出有一定深度的议论文。

（四）运用议论文片段练习

实际上，议论文的观点就是通过摆事实、讲道理来让别人信服，所以，其中的因果逻辑、选择逻辑要十分清晰才行。但是，由于各种原因，学生对于逻辑思维缺乏基本的认识，论证的时候往往"简单化"。例如，论述"抓住机会才能成功"这个论点的时候，有学生这样写："汉主刘邦，如果不是抓住机会，他能击败实力雄厚的项羽吗？秦王若没有采取谋士的策略，秦国怎能成为强国呢？"似乎将举例论证变成了一个公式——"汉主刘邦，如果不是×××，他能击败实力雄厚的项羽吗？"其中的变量可以填入“坚持到底”、“知人善任”、“目光远大”等，这种简单化、“贴标签”式的论证，在初学议论文的学生中是十分常见的。产生这个问题的根本原因是学生的逻辑思维能力不强。学生根本没有逻辑思维的概念和习惯，在论证因果关系的时候，不会去考虑因与果之间的联系，只是将二者生硬地用“因为……所以……”造句而已。因此，这就要求教师加强学生的议论文片段练习，来训练他们的逻辑思维，并雕琢他们论证的语言。

例如，笔者曾对学生进行了这样的议论文片段练习。论点：要勇于正视自己过去的错误。论据：高晓松“酒驾”事件。

学生习作：“著名音乐人高晓松因醉驾，被判入狱并罚款，面对判决，高晓松表示接受惩罚，并告诫人们酒令智昏，以我为戒。在这个八卦遍天下、绯闻满天飞的时代，高晓松对自己所犯下的错误持坦诚态度，这是难能可贵的。他被判刑 6 个月，罚款 4 000 元，他没有一丝一毫的怨言，因为这是他为自己所犯的错误必须付出的代价，而他接受惩罚也表明他不仅正视自己的错误，而且也想要改正错误。不难想象，人们对于这样的人总是乐于宽容的，在高晓松服刑完毕之后，东方卫视的《中国达人秀》没有抛弃他，继续让他参加节目。而现在的高晓松，也成了‘醉驾’公益广告的代言人，使自己曾经的错误成为人们的前车之鉴。而高晓松本人，也正如那位德国留学生一样，事业成功，为人也得到了人们的肯定。”

该学生的习作先对高晓松的行为进行了正面评价，并与当今娱乐界一些不良习气作对比，从高晓松错在哪儿、如何面对错误、如何改正错误、改正错误之后的收获这几个角度去论证“要勇于正视自己过去的错误”的论点，有理有据，能够站得住脚，应该说是较为优秀的议论文片段。

在日常的教学中，如果能使学生坚持每周进行一次这样的议论文片段练习，那么经过一段时间的积累之后，学生的逻辑思维能力肯定会有质的飞跃，这对提升学生议论文写作的思维层次会有极大的帮助，同时能使学生自如地表达自己的思想。

（五）在评改中引导学生进行逆向思维与批判性思维

无论是看优秀的同龄人范文或者优秀的报刊杂志上的时评文章，还是积极进行时事讨论以激发学生积极思考，最终还是为了使学生写好议论文。因此，在日常议论文写作中，教师应该在评改中引导学生进行逆向与批判性思维。

首先，在议论文的首次评分和评语中，对学生写作进行思维层次定位。有的学生写议论文时思考得很浅。例如，材料作文：“2008 年奥运会上，参加举重比赛的张湘祥夺冠后跪地答谢观众，亲吻杠铃。这一举动引来热议，网上流传‘嫁人要嫁张湘祥’的话。据此你有何评价。”有些学生在写作时，很简单地认为这种行为是肤浅的，是名人效应，是崇尚名利的表现，对想嫁张湘祥的女子进行激烈的批判，过于主观武断，在论证时理由不充分，分析的态度不够冷静客观。这样的文章在第一次评分时只能拿到38分左右。但是，应该看到，作文评分不是教师给一个分数就完了，而是要在评语中指出学生作文的问题所在，为什么他的作文不能拿到一个理想分数？要让学生明白思维层次过浅是他的作文的最大问题。只有这样，学生以后在写议论文时才会有所提高。

其次，在“面批”时，教师应该引导学生自己提升作文的思维层次，进行二次创作。很多教师都知道，好作文不是写出来的，是改出来的。在改之前，要找学生针对他的作文进行“面批”，使他明白自己作文的问题所在，怎样可以使作文更加深刻。例如，上面所说的那篇议论文，学生的作文水平很明显只停留在感性思维层面，在“面批”时教师可以与他一起讨论他的作文，其实他的论述角度是没有问题的，可以批评想嫁张湘祥的女子，但要写清楚为什么要批评；同时可以谈论这样做的危害，如在社会上形成不良的风气、不利于形成健康的婚恋观等；还可以联系类似的社会事件，如买衣服时追求名牌等，批评社会上虚荣浮躁的风气。这样，学生写作议论文才有一定的深度，才有批判性思维，才能写出好文章。在第一次“面批”之后，学生可以根据与教师的讨论结果，对自己的议论文进行修改和再创作，完成之后还可以找老师进行二次“面批”，争取进一步深化文章思想和主题，提高自己写议论文的水平。

总之，高中生写作主要以议论文为主。议论文以阐述自己对某个问题的看法并让别人接受自己的看法为目的，是表达自己的思想以及与别人交流思想的重要形式。对于学生来说，议论文是他们参加工作之后接触最多、使用最多的一种应用文体，也是高考作文的重要方式。所以，无论是从个人的长远发展来看，还是从眼前的高考作文成绩来看，议论文写作都是作文教学的重点之一。但是，应该看到，在决定议论文水平高低的因素中，最重要的一点就是文章体现的思维深度和高度。所以，提升学生议论文写作的思维层次是一件很重要的事情，惟有这样才能提高他们写议论文的水平。

参考文献

[1] 颜泽贤.复杂系统演化论[M].北京：人民出版社，1993.

[2] 王志康. 突变和进化[M]. 广州：广东高等教育出版社，1993.
[3] 李福灼. 语文课程教学论[M]. 桂林：广西师范大学教育出版社，2004.
[4] 王志康. 论思维系统的层次结构和复杂性[J]. 自然辩证法研究，2003(10).
[5] 覃可霖. 论写作教学思维训练的层次性[J]. 南宁师范高等专科学校学报，1993(3).
[6] 韩民青. 思维层次论[J]. 云南社会科学，1986(2).
[7] 杜丽萍. 从高考作文评卷反观高中作文教学[J]. 文学教育(下)，2007(12).
[8] 赵正毅. 作文教学的几点思考[J]. 文学教育(上)，2009(11).

初中数学“菜单式”错题集设计

——基于反思思维能力培养研究

数学科　利启明

[摘　要]反思思维的培养就是学生对自身学习的对象、过程、方法与结果进行不断的自我监控、自我评价、自我改进的学习行为。将“自主学习”与“自我教育”结合起来，是学生对学习活动的再思考、再审视，是学生自主学习的最重要表现。因此，在初中数学教学中必须重视培养学生的反思思维能力。为此，笔者在初中数学教学的过程中，开始尝试研究错题集，“菜单式”错题集的设计模式有利于提高学生学习数学的兴趣，促使学生养成良好的纠错习惯，进一步促进学生的逻辑思维发展。

[关键词]菜单式　错题集　反思思维能力　培养　初中数学

初中数学教学中如何实现轻负高质，一直是教师追求的目标，其中科学作业是教师轻负高质教学过程中的一个重要环节。有效地处理好科学作业，除了教师的科学选题、认真批改等之外，还有一个至关重要的环节就是学生的纠错。因此，在教学实践中，教师可以提出建立初中数学“菜单式”错题集的操作模式，并通过它加强对学生逻辑思维的培养，更好地提高学生的独立解题能力。实践证明这是行之有效的，为初中数学教学轻负高质作了一些探索。

一、建立初中数学“菜单式”错题集的原因

当前初中生在学习数学的过程中，普遍存在着学习习惯不佳、学习方法不科学、不善于自主学习等情况，尤其存在着为做题而做题、对错题不重视的不良习惯，没有发挥好错题的“价值”，导致学习效率不高。

(一) 学生的学习现状

1. 学生的反思意识薄弱

从问卷结果中我们发现，60%学生喜欢在一节课中由教师来讲学习方法，18%

的学生会独立学习，22%的学生会与人合作学习。在课堂学习中，学生逐渐形成了一种固定的学习模式：吸收→储存→再现。这种单一的、被动的学习方式，使学生缺乏自主探索、合作学习、独立获取知识的机会。从问卷结果还可以看到：79%的学生在学习中仅以解题练习为主要形式，只在乎一道题目的对错，而忽视了掌握解题方法这一最重要环节，这样的学习抑制了学生创造性思维能力的发展。学生已适应了“听课式”的接受学习方式，大部分学生不愿意主动去尝试，去寻求更多、更好的解题方法，而只是静等答案。这可能与教师的教学方法有关，但更主要的原因是学生反思意识薄弱，未意识到自己的学习方式不正确，不去寻求更好的学习方式——反思性学习方式。

2. 学生的反思能力低下

从调查结果来看，只有21%的学生会对所学的知识进行方法总结，24%的学生会寻求不同的方法来解题。这表明，学生的反思学习能力较差。学生在数学学习中不知道如何去反思自己的学习过程，也无法对自己的学习过程和结果作出判断，从而无法意识到问题的存在，也就不可能以批判的眼光反观自身，包括自己的学习目标、学习方法、学习过程等。在教学中从观察学生的作业以及他们课堂学习等情况也可以看出：大部分学生作业中的解题方法都是教师课堂上所列举的方法，回答问题也是平时教师讲过的内容，一旦出现形式变化但实际内容一致的题目就傻眼了。出现这种问题的关键是学生不善于进行自我反思，来主动调节和改变自己的学习方法。

3. 学生的反思学习习惯较差

调查结果显示：16%的学生有预习的习惯，13%的学生会主动复习数学知识，34%的学生平时回家后先独立完成作业后再做其他事情，28%的学生平时都是在家长的提醒下才能独立完成作业，16%的学生在做完作业后能逐题认真进行检查、发现错误立即纠正。这表明学生的反思学习习惯较差，大都急于知道答案，而不再去寻求解题方法。

4. 学生的反思毅力不强

从调查结果看，对于一道久未解出的题目，只有14%的学生会继续解下去，大部分学生选择放弃，这表明学生的反思毅力不强。从一定程度上讲，反思就是“自我揭短”，这对一般人来讲是痛苦的行为。因此，缺乏毅力者即使反思能力再强，也难以顺利进行反思。

（二）影响学生反思性学习的因素

产生上述现象的原因是多方面的，例如，学生的学习动机、学习基础、学习习惯、家庭教育，以及教师的教学方法等。但以下原因应该引起教师的关注。

1. 对学生反思能力培养的忽视

教学反思重教师而轻学生，这是当前教学反思所表现出的一种明显倾向。反思的着眼点多集中在教学内容、教学方法、教学组织形式、教学效果等方面，即“教师怎么样教”这一层面，对“学生的学”进行反思的并不多见。这种做法是很有局限性的，毕竟教师的教最终应以学生的学习发展为归宿。教学作为一种动态的活动过程，其实质是以课程为中介，教师和学生相互作用和交往的共同发展的过程，其中“教”与“学”是统一的，是相辅相成、缺一不可的有机整体。因此，教学反思应该包括“教师的教”和“学生的学”两个方面。

2. 教学过程过分重视活动和合作，而忽视学生的自我反思

随着新课程的深入，学生的学习方式出现了明显的转变。当今的数学课堂，由于采用了小组学习，制作了形象逼真、生动活泼的多媒体课件，采用了大量的故事、比赛、游戏，学生在数学课堂上往往情绪高涨。乍看上去，学生在课堂上表现非常积极，甚至有些亢奋，场面气氛也十分热闹，动静结合高潮迭起；但细细回味后就会发现，这种活动大多只是表面上的“繁荣”，只是少数学生参与，而多数学生是“旁观者”，只是看得起劲，只是外在形式上的活跃，数学思维深度不够。

3. 学生作业纠错习惯差

目前的家庭结构基本上是核心家庭，学生的学习习惯普遍比较差，特别是作业订正的习惯更差。主要是：(1) 不见错题式。教师作业批改好发下之后，学生眼里看不到错题，也根本不会把错题订正好，哪管它错与对。(2) 随便应付式。教师要求学生对错题必须要订正，于是学生只好硬着头皮去应付，简单堆积错题，没有纠错思想，纯属完成任务。(3) 错题休眠式。学生错误地认为，错题整理出来了，任务也就完成了，于是就把错题集丢到一边让它“休眠”了，根本没有体现错题集的价值。

4. 学生的惯性思维影响

所谓惯性思维，是指人们习惯性地循着以前的、固有的思维思考问题，如同物体在无外力作用下惯性运动一样，由于这种惯性，人们在思考问题的过程中产生了“盲点”。因此，尽管教师对一些题目、知识点讲过、做过很多次了，一道题反

复讲了很多遍，练了很多遍，又考了很多遍，但学生最后考试还是出错了。问题就出在惯性思维上，学生还是遵循着以前错误的思维方向去思考，其结果只能是出错。

5. 教师对后续纠错不太重视

“师者，传道，授业，解惑也。”受传统观念的影响，教师的主导作用发挥太过，话语霸权色彩比较浓厚，教师比较注重课堂上的讲授，而不注重学生课后作业的纠错；教师非常重视布置作业、批改作业，但不重视学生作业的后续纠错。实际上，教师课后作业教学这一流程操作到作业布置、批改阶段后，才完成了一半，还有很重要的一半就是指导和督促学生做好作业后续纠错工作。

从上述的学生错题原因分析可以看到，对于学生反思思维能力的培养来说，建立初中数学“菜单式”错题集是十分必要的。

二、初中数学“菜单式”错题集的操作模式

教师面对学生已出现的错题应该进行换位思考，不要斥责和挖苦学生，而要更多地关注学生的实际情况，善于捕捉、反思和利用错题资源，将学生的学习错误当作一种教育的契机，让学生在纠错和改错中感悟道理、领悟方法、发展思维，让错题变成宝贵的教学资源。

（一）前提——提高纠错的思想认识

1. 教师的思想影响着学生的思想

教师的思想对学生产生的影响力，有时不是教师自己所能想象到的。教师必须高度重视建立“错题集”，不光要有思想上纠错，而且还要有行动上的纠错，特别要对学生如何建立科学的“菜单式”错题集进行指导，对一些细节诸如纠错本的要求、统一纠错的规范格式等提出细致的要求，以使学生树立纠错思想，养成纠错习惯。

2. 学生的思想决定着学生的行为

有道是，思想决定行为。在学生进入初中后，就向他们讲清错题集的重要性，让他们思想上高度重视。当然，除了思想上重视之外，还需要做好材料上的准备，要求每一位学生准备一本较好的本子，黑色笔、红色笔各一支。成立四人学习小组，并指定一位小组长。

（二）关键——建立“菜单式”目录

为了建立科学、规范、有效的错题集，使数学错题集更好发挥作用，更便捷地查询复习，就应该建立“菜单式”目录。数学“菜单式”错题集就是教师在指导学生纠错时，通过建目录、选错题、布空白、明错因、析错题、联想题等而建立。

建立“菜单”，主要包括首页菜单和错题菜单两个方面的内容：（1）首页菜单。首页菜单就是在错题集首页顶格写上“错题集菜单目录”几个字，然后换行顶格写第几章、第几节的标题或者综合类的标题，标明错题所在的页码。建立首页菜单的好处，就是学生在使用和查找错题集的时候一目了然，快速方便。（2）错题菜单。错题菜单就是在建立每一道错题的时候，包含所选的错题案例、错因分析、错题解析、联想归类等菜单项目，同时标注页码，便于查找。

（三）根本——选错题、析错因

1. 选错题原则及途径

（1）选错题的原则。一是典型性原则。所谓典型性原则，就是学生在选择错题的时候，要学会从诸多错题中选择有价值的、典型的错题。遵循典型性原则，会使错题集越来越“经典”。二是适合性原则。所谓适合性原则，就是学生在选择错题的时候，遵循自己的“最近发展区”，选择适合自己的错题，切不可人云亦云，使得错题集越来越“精美”。三是发展性原则。所谓发展性原则，就是一时的错题并不是一世的错题，是随着时间的推移慢慢发生变化的，一段时间后原来的错题不再是错题了，又可能产生新的错题了，使得错题集越来越“精致”。

（2）选错题的途径。一剪。为了提高纠错的效率，避免浪费不必要的时间，对选定的错题采用“剪”的形式，剪好之后直接将错题贴在错题集上，从而完成对错题的采集。这样做省时、省力。二抄。对于不方便剪的错题，可以采用“抄”的办法，直接将错题抄在错题集上。三补。一个错题通过“剪”、“抄”完成错题收集、分析之后，需要“补”上其他的与此类错题相关的错题，从一题到一类，体现系统的纠错思想，以达到触类旁通。

2. 所选错题旁预留空白

指导学生在纠错的时候，要在所选的错题旁预留一块较大的空白。预留空白的主要功能是为下一步分析预留位置。错题分析的内容主要包括错题原因、答案书写、提醒今后注意事项以及联想相关题。有些内容是经过事后的复习有新的启发需要补充添加的。事先预留空白使得错题集更加整洁，错题菜单清晰，有助于更好地发挥错题集的作用。

3. 所选错题要明错因

学生对自己的错题进行望闻问切，查明的错因要求用红色笔特别注明，以提醒自己在今后的复习中特别注意。

（四）保证——勤检查、重督促

1. 学生检查

学生良好的纠错习惯的养成需要学生间的相互检查和督促。这既能促进学生间相互检查，从而规范建“菜单式”错题集的目的，又能促进学生间相互借鉴，从而达到提高纠错能力的目的。通常以四人或六人小组为单位，先把“菜单式”纠错集在小组成员间相互检查和交流，对于发现的理解、分析上的错误或不科学的问题，通过小组成员的讨论和交流解决。同时，各成员需要认真了解别人所犯的错误，提醒自己不要犯相同的错误。

2. 教师点评

教师的检查和点评是建立好“菜单式”错题集的重要保证。在纠错集刚开始建立的时候，教师最好一日一查，及时进行指导，因为这个时候学生的纠错习惯还没养成，而且对如何建立“菜单式”错题集还不是很熟练。一段时间（基本上要两个月）后，学生的错题纠错习惯慢慢养成了，可以每隔 3—5 天再批改检查，及时进行点评反馈，强化学生的纠错习惯。接下去，就是定期或不定期地举行评比交流，巩固纠错习惯，相互借鉴和完善。通过教师的检查和点评反馈，使学生养成良好的纠错习惯，不断地完善纠错行为。

三、 利用错题集培养学生的反思思维能力

反思思维能力的培养要求学生不断地反思自己，研究自己学习中遇到的问题，勇于反思，善于反思，从而完善自己的知识结构。实际上，学生在做题的过程中出现错误是难免的，教师通过收集学生的数学“错题”，明确每个教学内容在教学中有缺憾的地方，从而检查自己的教学行为。因此，在教学时要充分利用错题集这一资源，让错题成为学生“开启智慧的宝贝”。

（一）利用错题集培养学生的反思意识

新课程改革突出数学思维能力的培养，增进对数学的理解和应用数学的信心。荷兰著名数学家弗赖登塔尔说：“反思是数学思维活动的核心和动力。”因此，要想在数学活动中培养学生的反思性学习习惯，必须强化学生的反思意识。由于初中

生的认知能力正在逐步增强，具有了一定的辨别能力，教师需根据学生的年龄特点和认知水平，从以下几方面培养学生的反思意识。

1. 充分利用典型错题的功能设置情境

“学起于思，思源于疑。”质疑是反思的基础，反思是质疑的深化和目的，两者相互作用。在教学中，经常会发现因学生思维的片面性而导致学生对一些习题回答不完整。例如，已知直角三角形两边长为3和4，求第三边的长，学生往往会只有一个答案5；再如用配方法求函数 $y=x^2+\frac{1}{x^2}$ 的最小值，学生最后的答案往往会是负值；一元二次方程中忽视 $\Delta<0$ 时会无实根的检验等，举不胜举。教师就可以抓住例题的教学对这类问题多练习、多指导，培养学生的反思意识。

2. 利用错题集资源创设合作探究的情境

自主探究、合作交流学习是新课程提倡的学习方式。应该让学生经历主动参与、合作探究、自觉建构的过程，在合作探究的情境中树立反思意识。例如，在教学“展开与折叠”时，正方体表面展开图有几种情形？需要剪开几条棱？原相互平行的面展开后有哪几种位置关系？不可能有哪几种情形？等等。如果让学生个体回答完整比较困难，那就可以让学生以小组为单位合作探究。又如，在练习开放性题目时，答案不唯一，更要让学生合作交流完成。由于学生存在个体差异，对问题理解不同，这种不同的结果就会刺激其他学生思考，引起反思，这样学生在享受别人的解题方法时，也无意识地形成了自己的反思意识。

3. 以小组讨论形式创设民主开放的情境

在教学中要改变只有教师的满堂灌或者只有几名优等生参与的学习形式，要让每个学生都积极思考、敢于表达。在课堂上教师应留有一定的时间、空间给学生反思，鼓励他们大胆地推测，从而培养他们的反思意识。在教学难点时，这显得尤其重要。例如，在学习七年级上册第三章“字母表示数”时，对于 a 是负数的问题，可以让每个学生自己举例讨论，即使错了也无妨，通过讨论得出正确结论，这使得学生在记忆深刻的同时也培养了反思意识。再如，2^{30} 最后一位数字是什么？大部分学生会逐一计算，耗时较多，但让学生做完后再与用找规律方法求解相比较，可谓事倍功半。

4. 通过点评错题集强化学生反思意识

要求学生做完一道题后就开始进行反思，反思解题结果是否正确、合理，解题过程有没有漏洞，此题应用了哪种解题方法，等等。这样，学生不仅能巩固知识、减少解题的错误，更能意识到反思的好处，强化了反思意识。在教学中，教师应该要求学生对学习各环节进行反思，做到课前预习，课堂上对新知识进行自我探索、寻找规律，课后进行复习检查。

（二）数学“菜单式”错题集的格式

错题集的格式大体上经历了两个阶段。

第一阶段：自由格式阶段。教师提出错题集必须包括的内容项目，如原题、错解、正解及其原因分析，然后由学生按规定把错题写在本子上。一段时间后发现，有些学生会用不同颜色的笔将不同的项目要求区分开来，有些学生会以表格的形式整理整齐。但是，这样的学生是个别的，大部分学生书写得很凌乱、规范性差，本子的样式也是千差万别。

第二阶段：特定格式阶段。针对前面的问题，调整做法。错题集由原来的学生自由选择本子改为由教师来制定本子，上面规定有必要的格式，要求学生按照上面的格式进行填写（见下表）。其中，设置“来源”一栏的目的是要让学生知道错误来自那里，也让他知道这一类作业已经做了收集。同时，也方便进行检查和教师错题库的建立。设置“时间”一栏是为了提醒学生要及时地完成，并让其了解自己那段时间学得较好、错误较少，也有利于教师对自身教学的分析。

初三(3)班错题集

姓名：________ 来源：________________ 时间：________

原　　题	错解与正解	原因分析	今后对策

上述错题集格式实施一段时间后，发现其中的“今后对策”一栏基本上是无效的，因为学生往往是根据原因分析的另一面写今后对策，根本没有经过自己的思考。同时，考虑到它偏向于理论上要怎么做，对学生的实际意义不大。于是去除了“今后对策” 一栏，而扩大原题的空间。

初三(3)班错题集

姓名：________ 来源：________________ 时间：________

原　　题	错解与正解	原因分析

在实际应用中发现，相对比来说，“原题”一栏空间不够，而“错解与正解”一栏的空间又往往有多余。例如，选择题的题干加选项相对于答案而言占空间较多，“原因分析”一栏空间稍少。同时，往往会感觉到“原因分析”与“原题”有分离感。因此，针对上面两个因素，对表格又进行了改进。

初三(3)班错题集

姓名：________ 来源：________________ 时间：________

<table>
<tr><td rowspan="2">原　　题</td><td rowspan="2"></td><td>错解与正解</td></tr>
<tr><td></td></tr>
<tr><td>原因分析</td><td colspan="2"></td></tr>
</table>

在实际操作中，学生在“错解与正解”一栏都要写上错解是什么、正解是什么，因此在接下来的错题集格式中为减少不必要的书写而改为两项。在粘贴操作时（如试卷和作业本），其格式（长度）不符合，“原题”一栏剪下来的长度比订正本上的要长，处理起来非常麻烦。基于以上的原因，将错题集格式又进行了更改。

初三(3)班错题集

姓名：________ 来源：________________ 时间：________

<table>
<tr><td>原题</td><td colspan="3"></td></tr>
<tr><td>错解</td><td></td><td rowspan="2">原因分析</td><td rowspan="2"></td></tr>
<tr><td>正解</td><td></td></tr>
</table>

这个错题集格式较为合理，在操作层面上得到了肯定，学生也较为适应。在后期的应用中，发觉学生对于知识点的复习整理不足，而想在错题的收集过程中对于题目所应用的知识点作些回顾，因此将格式作了一些调整。

(三) 教师错题集的建立

教师错题集的建立是针对全体学生而言的，因而其收集的错误必须具有代表性、典型性和共同性等特点，这是教师收集错题的基本原则。

1. 错题的收集来源

(1) 来自作业批改。在平时作业批改中教师发现大量学生犯错误的题目，这些错误题目就是学生未能掌握的、共性的内容，是需要重新分析和梳理的内容。

(2) 来自错题记录。教师汇总学生的错题，并进行分章节扫描和记录，因错题相对集中，较容易发现学生典型性的错误。

(3) 来自错题批改。教师对学生上交的错题集进行批改，发现其中的问题，特别留意学生对于错误原因的分析，从中更易发现具有收集价值的错题。

(4) 来自错题整理。在有目的地整理章节的错题时，教师能发现具有代表性的错误。此时往往能发现学生因某一知识点掌握不好而犯的错误，它在各种题目中都表现出来，在综合运用类的题目中尤其明显。

(5) 来自平时测试。在学生平时测试卷中，教师做适当的统计，发现得分低的题目。这些题目是在前面对错题进行分析和整理后依然出现的问题，说明学生分析的不足或教师讲解有问题，要引起反思。

2. 错题的处理

(1) 操作步骤。

第一步：教师将错题摘录于表格中，完成表格中涉及知识点的空格，如果原因分析学生书写恰当，也可摘录。

第二步：将收集的错题集中，思考原因分析和解决途径。

第三步：寻找或编写诊治题目，尤其是能体现出解决途径的有效题目。

第四步：诊治题目的实施，并评价效果和进行反思。

(2) 事项说明。

一是形式上，都采用电子文档的形式，这样做更有利于调阅和保存，方便以后的利用。

二是题目的呈现上，大多采用文字打印的形式，典型错误最好是以学生的原样扫描，这样更有真实感，能体现学生的错误过程。

三是统计上，错误人数也可以是错误的百分比，在测试卷中可以通过分值的计算得出。若是选择题，尽可能采用机器阅卷，数据准确又简便，平时可以采用抽样，或在题目讲解时采用学生举手计算的方式来达到。

四是原因分析上，在学生自我分析的基础上，根据题目的特点，结合自己的推断进行书写。个别原因难以确定的，可以通过与学生的交流得出。

五是诊治题目上，进行实际检验的主要目的是检验对原因的分析和对解决途径有效性的验证，学生知识的再掌握情况不是重点。

六是教学反思上，包括对学生的学和教师的教两个方面进行评价和反思。

教师错题集样式

教学内容		题目出处	
题目原型		错误人数	
典型错误		正确答案	
涉及知识			
原因分析			
解决途径			
诊治题目			
效果评价			
教学反思			

四、建立初中数学“菜单式”错题集的效果

新课标指出：“数学教学活动必须建立在学生的认知发展水平和已有的知识经验基础之上。”“人人都能获得必需的数学，不同的人在数学上得到不同的发展。”在设计作业时，数学“菜单式”错题集可以照顾到学生的个体差异，从实际出发因材施教；同时，确保作业有典型性、启发性和系统性，从而达到举一反三、事半功倍的效果。

1. 有利于培养学生良好的学习习惯

教师应该认识培养学生良好的学习习惯的重要性，根据不同阶段的学生的特点进行专门训练。良好的学习习惯会使学生受益终身，正如世界级心理学家威廉·詹姆士说的：“播下一个行动，收获一种习惯；播下一种习惯，收获一种性格；播下一种性格，收获一种命运。”学习习惯包括多方面的内容，例如课前预习，上课认真听讲，独立完成作业，及时复习巩固，善于自主学习，等等。其中，非常重要的一个习惯就是作业的纠错习惯。在培养学生纠错习惯的时候，应该采取多种形式，如教师检查、批改、纠错集展览、纠错竞赛等，通过初中三年的学习持之以恒地培养学生的纠错习惯，促使学生养成良好的学习习惯。

2. 有利于培养学生的自主学习的能力

在建立数学“菜单式”错题集之后，学生自主学习的能力和以往相比有了明显的提升。主要表现在：一是学生学习的主动性增强了。学生的学习态度发生了变化，学习科学的主动性增强了，学生学习主体的地位越来越明显了，原先都是教师逼着学，现在是主动纠错。二是学生的自主能力提升了。除了完成错题纠错外，学生还慢慢学会归纳整理，把错题归类并衍生相关知识点，提升纠错能力。三是学生学习的兴趣增强了。在纠错的同时，学生理解了知识，下次类似的问题变得不再是问题，能够获得成功感，促使他们的情绪体验朝着积极的方向转变，有助于提高学习的效率，从而使他们增强学习数学的兴趣。

3. 有利于培养学生知识再建构的能力

学生精心建立的“菜单式”错题集是一本学生自己开发的适合自己学情的作业。学生对于错题集的再学习、再认识、再总结、再提高的过程，也就是学生知识重新建构的过程。它有利于增强学生的纠错能力，使学生真正的理解和掌握知识，从而提高作业或考试的正确率。

4. 有利于成为教师反思成长的新途径

学生的错题集是教师反思自己教学的一本活教材，是教师反思成长的新途径，可以促使教师养成反思的习惯，促使教师提高自己的专业素质。对于学生错题集中的错题，教师可以通过错题集的分析研究，直接深入了解错题的内因和规律，这样就可以促使教师反思自己的教学理念、备课思路、课堂教学、学法设计、师生沟通、作业设计等，使之成为以后优化和改进教学过程的经验教训，从而有助于提高教学实效，促进学生的发展。

总之，在初中数学教学实践中，发现不少学生是为了"纠错"而"纠错"，为了"错题"而"错题"，因而没有达到预期的效果。实际上，纠错，纠的是一种思想；纠错，纠的是一种习惯；纠错，纠的是一种行为。教师在指导学生纠错的时候，应该使学生树立科学的纠错思想，养成良好的纠错习惯。播种一种行为，收获一份成绩。一本好的"错题集"是弥补学生知识漏洞的题库，也是学生最重要的学习资料之一。通过建立初中数学"菜单式"错题集，学生学习数学的兴趣越来越浓，数学的成绩也有了很大的提高。

参考文献

[1] 单中惠.外国中小学教育问题史[M].济南：山东教育出版社，2005.
[2] 单中惠.现代教育的探索：杜威与实用主义教育思想[M].北京：人民教育出版社，2002.
[3] 田运.思维科学[M].杭州：浙江教育出版社，1988.
[4] 任樟辉.数学思维论[M].南宁：广西教育出版社，1990.
[5] 章建跃.数学思维能力的培养[M].北京：人民教育出版社，1998.
[6] 曹才翰，章建跃.数学教育心理学[M].北京：北京师范大学出版社，1999.
[7] 李裕达.数学思维能力及其培养之我见[J].数学教学论文专辑，2003(6).
[8] 胡华.错题集上延伸出成功之路[J].河北理科教学研究，2006(4).

附录：学生对待错题的做法调查

表1 你如何对待作业中的错误

项 目	积极订正	偶尔订正	根据老师的要求来	放任不管
你如何对待作业中的错误	67.50%	10.00%	22.50%	0.00%

从表1中可以看出，学生在实际操作中对于错题的做法还是积极的，没有出现

放任不管的情况，都会去积极订正。这得益于平时对于错题订正要求的严格执行，学生也形成一种习惯性的认可。

表 2　与你目前收集错题的状态最符合的是

项　目	自觉自愿、积极在做	应老师要求在做	很不想做，但仍在做	不愿做，就没做
与你目前收集错题的状态最符合的是	40.00%	50.00%	10.00%	0.00%

从表 2 中可以看出，学生中不想做和不愿做的比例不高，也就是说收集错题的做法得到学生的认可并在学生中较为顺利地进行。学生是自愿或半自愿地在做，这样的状态能较好地发挥错题集的作用。

表 3　你认为哪种方式的订正对学习最有利

项　目	在原作业本或试卷中订正	专门收集在错题本上	两种方式一样
你认为哪种方式的订正对学习最有利	32.50%	40.00%	27.50%

从表 3 中可以看出，学生对于错题本的作用的看法是积极的。但与愿意做错题收集的 90%相比较，部分学生虽在做但没有真正认识到其作用所在，或是因为麻烦而不认可这一做法。

表 4　你的错题一般在什么时候处理

项　目	一有错题，立即处理	完成学习任务后处理	在最后期限前处理	要在同学、老师来催后才处理
你的错题一般在什么时候处理	7.50%	62.50%	30.00%	0.00%

从表 4 中可以看出，学生对错题的处理总体上还是较积极的，没有出现不收集的情况，会将错题的收集当作一项学习任务来完成，提升了错题收集在学习中的地位，大部分学生将收集任务放在学习任务完成后也是合理的。

从上面的调查可以看出，学生能较为积极主动地去做错题收集，能及时地完成，也能充分认识到做的必要性。但是，错题收集与一般的错题订正相比，其作用上的优势学生不太理解，对于自身能力的提高感受不深。

失败学视野下学生代数类错题的管理策略探析

数学科　云　静

［摘　要］失败学是一种从过去的失败中总结经验、积累知识，用以指导现在的行动并预测将来，努力不犯同样的错误的理论。相对于小学而言，初中处于从单纯的知识获取到掌握认知学习方法的过渡阶段，而在数学学习过程中，通过错题的管理来进行再学习是很有必要的。基于失败学的视野，初中学生代数类错题的产生可以分为心理障碍型、知识缺陷型、策略错误型、逻辑错误型四种类型，据此从教师层面上探索出具有一定创新性及可操作性的初中学生代数类错题的管理策略体系。

［关键词］错题管理　失败学视野　代数类错题　初中数学

在初中代数内容的日常学习中，很多学生都会或多或少地出现一些做错的题目，学生做错题要么是因代数知识理解不完善造成的，要么是因思维过程不严密或方法、技能没有完全掌握等原因造成的，而这些错误的解题过程往往展现了学生在解决代数类问题时的真实想法，暗含着学生的思考痕迹。如果教师对这些有价值的信息进行有效的管理，在教学中能准确地针对学生的错题的类型，正确分析错误产生的原因，并且又能及时地加以纠正和补救，那么学生就可以完善自己对代数知识的理解，提高解决代数问题的思维能力，他的学习就会不断地进步；相反，如果教师对学生的错题听之任之，不作任何具体的统计和分析，那么就无法了解错误的严重程度，错题得不到及时纠正便会积压起来，甚至形成错误的习惯，其结果必将阻碍学生继续顺利地学习高中的代数内容。有鉴于此，从失败学的视野来看，“现实生活中的事务往往相互关联，牵一发而动全身，这种复杂性决定了失败的多重性，要立体地把握失败和事故的真相，才能从失败中认真总结经验，开拓人类未知的新领域。”因此，教师要认真分析，深刻反思，正视学生的错误，针对不同的学生、不同的错误，应开出不同的处方，然后对症下药。本文针对初中学生数学代数类的错题，从教师的层面上针对心理障碍型、知识缺陷型、策略错误型、逻辑错误型等四种类型的错题，探索出具有一定创新性及可操作性的初中学生代数类错题的管理策略体系。

一、心理障碍型错题的管理策略

心理障碍型错题主要由学生数学学习心理上的缺陷所造成的错题。在初中代数内容的学习中,心理障碍主要表现为缺乏坚强的意志和信心,具有依赖心理,缺乏主动钻研精神,急功近利,盲目下笔,导致解题出错。产生的错误有以下几类:对概念、法则认知不清晰,感知数据和符号组成的算式不准确;注意分散,产生注意不稳定现象;由于“先入为主”形成思维定势,表现为老、旧方法干扰新方法,产生负迁移,造成错误。

初中学生在代数类问题的学习中出现的错误虽然多种多样,但就出错的心理原因来说,一是基础知识不扎实,缺乏数感;二是学生虽然具备了解决问题所必需的代数知识和技能,教师事先也刻意对学生反复强调,但是由于存在缺乏正确的心理状态和心理能力不足等问题,解题还是失败了,也就是“粗心”造成的。因此,对于学生的“粗心”,对代数类问题的错误进行心理分析,帮助学生消除心理性失误对解题的影响,不仅可以使教师了解学生产生错误的原因,有针对性地预防和纠正错误,而且还可以使教师掌握代数类错题的心理规律,为教师制定防止错误的具体措施,从而提高教学水平。

1. 以错激趣

失败学提出:“要避免失败,要树立人人思考的习惯,即发挥每个人的主观能动性。”初中学生进行代数类的运算时,急于求成,都希望能很快算出结果,要么当数目少、代数式简单时,产生“轻敌”思想;要么当数目大、代数式复杂时,又表现出不耐心,产生厌烦情绪。因而,他们常常会出现莫名其妙的错误。

案例1:计算:$-2+3=?$

错解:$-2+3=-(2+3)=-5$。

教师:规定右为正,向左为负,一个人从原点出发向左走了2米,记为-2米,又向右走了3米,记为$+3$米,问离原点多少米?

学生:在离原点右侧的1米处,即$-2+3=+1$。

教师采用数轴拟人化的教学,启发学生思考,把人站的位置看作数轴的原点,把右边规定为正方向,左边规定为负方向,加强了学生对数的概念的认识,克服麻痹心理并加以正确的引导,既提高了学生的学习兴趣,又锻炼了他们有理数的运算能力。

对于一些代数的概念的认识错误，如果教师一味反复强调，学生会感到单调、乏味，达不到纠错的效果，如果我们换一种形式，用错解来要求学生判断和辨明真伪、阐明道理，这样学生就会感到新奇，会积极去思考错误所在，从而激起学生的学习兴趣。

2. 针对遗忘

失败学提出："要察觉潜在的隐患，才能少走弯路，把事故消灭在萌芽状态。"在代数类问题的运算中，学生首先必须通过感觉器官来感知数据和符号组成的代数式，然而他们感知事物的特点是比较笼统、粗糙，对相似、相近的数据或符号容易产生感知失真，造成错误。特别是当一些概念和条件扩展了，但学生的思维却产生惰性，停留在原来的地方时，解答就会产生失误。

案例 2：在有理数学会用正数、负数和零表示实际问题中的数量的内容时，教师可设置问题：在－2，＋2.5，＋0，－0，－3.5，11，－13%中，正数是________，负数是________。

错解：正数是＋2.5，＋0，11；负数是－2，－0，－3.5，－13%。

学生没有正确理解0表示的意义。因此，教师引入了一个问题：有没有一种既不是正数又不是负数的数呢？能举例说明吗？

学生讨论后举例：如某一天某地的最高温度是零上7℃，最低温度是零下5℃，应该表示为＋7℃和－5℃，这里的＋7和－5就分别称为正数和负数。当温度为零摄氏度时，我们表示为0℃。由于零摄氏度既不是零上温度，又不是零下温度，所以，0既不是正数也不是负数。

教师在教学中通过对0的意义探讨，进一步强化正负数的理解，对0的分界和基准进行必要的分析，为以后有理数的加减做好了准备。

学生首次感知新材料时，感知材料所呈现的程序、结构及刺激物信息程度会给大脑皮层留下深深的印迹。因此，抓好代数内容的新知的教学，强化首次感知，在教学中，遇到代数概念外延变化时，要让学生深刻体会其内涵的相应变化。

3. 打破定势

失败学提出："经多次尝试后，会剩下能提高作业效率与利润的'最好方法'，并为了维持质量稳定，因而把作业流程'手册化'。但必须留意的是，在提高效率的同时，人往往变得只会照本宣科，创造力与观察力都逐渐下降，人的视野都变得狭窄起来！"学生如果多次重复练习某一类型代数类题目，会形成一个比较稳固的习惯性思考和解答数学代数类问题的程序化、规律化的思维模式和思维惯性，这种思维定势一方面有利于学生按照一定的程序思考代数问题，比较顺利地解出同类代数问题，而另一方面，学生易被表面现象所迷惑，会对题目的条件发生变化的代数问题的解答带来负面影响。

案例 3：计算：$4^{2m} \div 2^{2m}$

错解：$4^{2m} \div 2^{2m} = (4 \div 2)^{2m-2m} = 2^0 = 1$

此题学生把同底数幂相除和单项式除以单项式的运算法则在使用中混淆了，进行了不恰当的类比。

因此，教师展示错解后提出大家回头看看计算过程，回答两个问题：

① 4^{2m} 和 2^{2m} 是同底数幂吗?

② 4^{2m} 和 2^{2m} 属于单项式除以单项式的计算吗? 如果是，要先算哪一步?

同学们进行了热烈的讨论，得出结果。

在代数教学中，常常有一些学生有思维定势，被头脑中固有的顺序束缚，这时教师就要打破定势，让学生回头重新审视自己的思维，看辨析题目的条件、性质、运算应用可否类比，找出不足，继而思考解决新问题的顺序。

因此，教师不仅应注意培养学生的求异能力，还要引导学生从不同的角度、不同的方位、不同的观点去分析思考同一问题，扩充思考的领域，应注意培养学生养成细心观察、认真审题、规范书写、及时检查演算、及时纠正错误的良好的代数学习习惯。

4. 主动展错

失败学提出："对于'不好的失败'(不该失败的失败，如不负责任、玩忽职守所导致的失败)，要善意对待当事人，帮助他鼓足勇气战胜失败，不再重犯。"注意的稳定与分配能力是影响学生代数类运算的一个重要心理因素。在代数运算过程中，需要经常把注意同时分配到不同的对象上。由于初中学生注意不稳定、不持久，注意的范围不广，在局部满足感的驱使下，易被无关因素吸引而出现"分心"现象，常常会顾此失彼，丢三落四，忽视隐含条件而致错。

案例 4：如在有理数的运算学习中：

(1) 计算$(-5)-(-5)\times\frac{1}{5}\times(-4)$；

(2) 计算 $1-(-1)\times(-1)-(-1)\times0\times(-1)$。

错解：(1) $(-5)-(-5)\times\frac{1}{5}\times(-4)=0\times\frac{1}{5}\times(-4)=0$

(2) $2\times(-1)-(-1)\times[0\times(-1)]=(-2+1)\times 0=-1\times 0=0$

学生因运算顺序错误而出错。教师设计“陷阱”让学生“展错”，通过训练激活学生的思维，激起他们的注意，让他们主动对题目再次“解读”，减少负迁移，减少盲目解题的出现。

此外，还有潜在假设、错觉、形似干扰、暗示误导等，都是让初中学生产生代数类问题的心理性失误，这里就不一一详述了。

二、知识缺陷型错题的管理策略

知识缺陷型错题主要指由数学知识上的缺陷所造成的错题。在初中代数内容的学习中，代数类知识缺陷型错题主要表现为对代数概念及性质的认识模糊不清而导致的错题；忽视代数公式、定理、法则的使用条件而导致的错题；忽视隐含条件导致的错题；遗漏或随意添加条件导致的错题。

失败学提到，“‘好的失败’是指在遭遇未知之事时，即使充分注意也难以避免的失败，如果能从这种失败中认真总结经验，往往能开拓人类未知的新领域”。错题和知识点是现象和本质的关系。代数类错题产生的其中一个重要原因就是知识缺陷，错题暴露出学生在掌握相关代数知识及其运用所需的条件化知识上的不足，反映了学生在代数知识学习中的薄弱环节。而针对代数内容的显性知识和隐性知识的转化与共享，将学生代数类知识缺陷型错误视为教学资源，进行再学习，可以加深学生对代数知识点的理解，梳理知识点的脉络结构，使学生获得被切实理解的、真正可用的系统化代数知识。

1. 以错制题

失败学法则提到，“一件重大失败，有 300 个微小征兆。若枉顾或隐瞒看来无关紧要的小失败或抱怨，甚至假装不存在，重大惨剧迟早会降临”。在此理论下，我们看初中数学代数教学中出现的各种知识缺陷型错题，有的错题不失为检测学生对某些代数知识点掌握程度高低的一块“试金石”。由于认知能力的特殊性，如果学生存在代数知识盲点，往往会在考试或做题时出现普遍性的错误。

案例 5：在数的开方和二次根式的教学中，将学生平时练习和作业以及考卷中常出现的错误编制了一些错解题，要求学生指出错处，说明错因。

下列说法对吗？如果不对，请说明理由。

(1) $\sqrt[3]{-8}$，0，$\dfrac{7}{3}$，$\sqrt{4}$，π，3.14，0.123 123……，0.101 001 000 1……，$\sqrt{3}$，这些数中属于无理数的是$\sqrt[3]{-8}$，$\dfrac{7}{3}$，$\sqrt{4}$，0.123 123……，0.101 001 000 1……；属于有理数的是 0，π，3.14，$\sqrt{3}$。

(2) $-a$ 没有平方根。

(3) $\sqrt{(-4)^2}=-4$。

(4) -3^2 的平方根是±3。

问题一提出，学生通过积极的思考得出不同的答案，教师趁机因势利导，将他们分为两派，要两派各选一名代表并要求代表阐述各派的观点。然后，进一步指导他们逐个去对照课本的相关代数知识，认真辨析，从中寻求正确的解答，纠正了学生“有根号就是无理数”；“无限小数是无理数”；“π=3.141 592 6”；“$-a$ 就是负数”；“$-3^2=(-3)^2$”等这些错误的认识，学生对数的开方和二次根式的内容也了解得更全面、更深刻。

让学生感知错误、认识错误、证实错误实际上是为了纠正和减少错误，促进学生对所学代数知识有一个全面的理解。因此，在日常代数教学过程中，根据学生在代数学习中易犯的错误、容易忽视的问题，加以总结和归纳并有针对性地编制成一组错解题，把它们放在课堂上让学生辨析，可以加深学生对代数知识的理解，跳出原有的认识误区。

2. 解决困惑

失败学的法则提到，“三不管地带是失败温床。绝对不能轻视成熟期或利润高峰期出现的‘质变’”。在代数教学中，对于某些代数知识点，如某些代数概念和计算法则，学生学习起来总是难以理解、不易掌握，一涉及这类代数知识的相关问题，就感到束手无策，即使解答了，答案也未必完全正确。

案例 6：化简计算：$|a-b|+\sqrt{(a+b)^2}$

错解：$|a-b|+\sqrt{(a+b)^2}=a-b+a+b=2a$

学生的错解就是因为不能结合数轴上 a、b 的位置去掉绝对值符号和根号。

教师因此设计了两道针对性的实战演练：

(1) 已知实数 a 在数轴上的位置如图所示，则化简 $|1-a|+\sqrt{a^2}$ 的结果是＿＿＿＿。

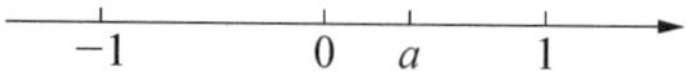

(2) 若 $\sqrt{x-1}-\sqrt{1-x}=(x-y)^2$，则 $x-y$ 的值为＿＿＿＿。

对初中学生来说，从具体的数过渡到字母就是由具体到抽象的过程，而对于这类实质性错误的代数类错题，教师仅指出错误是不够的，需对错误之处详细解释和说明，必要时设计针对性练习，提供充分、全面的变式训练，帮助学生从事物的各种表现形式和事物所在的不同情境认识事物的本质属性，使学生对代数概念、法则等的理解更精确、更概括，更易于迁移。

3. 知识构建

失败学提出，“全面分析失败，有助于建立防止失败的预警机制”。由于初中代数知识具有一定的结构关系，所以在代数学习中，学习者必须清楚哪些是已有的概念，哪些是新概念，以及这些概念之间是什么关系，等等。如果没有掌握代数知识体系，忽视代数知识间的内在联系，孤立、凌乱的代数知识体系会影响代数知识的有效掌握。

案例 7：因式分解：$9a^2-4b^2$

错解：$9a^2-4b^2=(9a)^2-(4b)^2=(9a+4b)(9a-4b)$

这道题由于学生对积的乘方运算不熟悉和对平方差公式的整体化不理解，导致他们只注重字母的平方，而忽略系数。以后讲到分式运算时还会利用因式分解简化运算的作用，如计算 $\frac{12}{m^2-9}+\frac{2}{3-m}=\frac{12}{(m+3)(m-3)}-\frac{2(m+3)}{(m+3)(m-3)}=\frac{-2m+6}{(m+3)(m-3)}=-\frac{2}{m+3}$，等等。这类知识会一直延伸到学习解方程(组)时用因式分解的方法降次，学习三角函数时用因式分解的方法恒等变形等。

因此，学习因式分解应逐步让学生认识因式分解是简化运算和恒等变形的有力工具，形成代数知识的构建。教师在平时的代数教学中加强梳理代数知识点的脉络结构，挖掘有关代数类知识缺陷型错题产生的相关知识以改善认知结构，有助于学生理解代数各个知识点之间的内在联系，建构起与代数知识结构相适应的认知结构，从而提高问题解决的能力。

4. 还原纰漏

失败学的法则提到，“逆向推演，找出失败关键”。学生在解答单一的代数问题时，需要提取、运用的代数知识少，因而受到代数知识间的干扰小，产生错误的可能性也小。但在解答代数的综合问题时，需要多角度思考问题的能力，由于需要提取、运用的代数知识多，这时若综合能力不够，学生则会在代数知识的选取、运用上受到较大干扰，出现答案错误或不全面。

案例 8：在测验不等式组的应用中，笔者将学生在测验中的各种错解归纳整理后作为教学案例展示。

已知关于 x 的不等式组 $\begin{cases} x-a\geqslant 0 \\ 5-2x>1 \end{cases}$，只有四个整数解，求实数 a 的取值范围。

错解一：解不等式 $x-a\geqslant 0$ 得 $x\geqslant a$，解不等式 $5-2x>1$ 得 $x<-3$。所以原不等式组的解集为 $a\leqslant x<-3$。

错解二：解不等式 $x-a\geqslant 0$ 得 $x\geqslant a$，解不等式 $5-2x>1$ 得 $x<\frac{1}{2}$。所以原不等式组的解集为 $a\leqslant x<\frac{1}{2}$。

错解三：解不等式 $x-a\geqslant 0$ 得 $x\geqslant a$，解不等式 $5-2x>1$ 得 $x<2$。所以原不等式组的解集为 $a\leqslant x<2$。由于原不等式组只有四个整数解，可得实数 a 的取值范围是 $-3<a<-2$。

错解四：解不等式 $x-a\geqslant 0$ 得 $x\geqslant a$，解不等式 $5-2x>1$ 得 $x<2$。所以原不等式组的解集为 $a\leqslant x<2$。由于原不等式组只有四个整数解，可得实数 a 的取值范围是 $-2\leqslant a<-1$。

错解五：解不等式 $x-a\geqslant 0$ 得 $x\geqslant a$，解不等式 $5-2x>1$ 得 $x<2$。所以原不等式组的解集为 $a\leqslant x<2$。由于原不等式组只有四个整数解，可得实数 a 的取值范围是 $-2<a\leqslant -1$。

错解六：解不等式 $x-a\geqslant 0$ 得 $x\geqslant a$，解不等式 $5-2x>1$ 得 $x<2$。所以原不等式组的解集为 $a\leqslant x<2$。由于原不等式组只有四个整数解，可得实数 a 的取值范围是 $-2\leqslant a\leqslant -1$。

错解七：解不等式 $x-a\geqslant 0$ 得 $x\geqslant a$，解不等式 $5-2x>1$ 得 $x<2$。所以原不等式组的解集为 $a\leqslant x<2$。由于原不等式组只有四个整数解，可得实数

a 的取值范围是 $-3\leqslant a\leqslant -2$。

错解八：解不等式 $x-a\geqslant 0$ 得 $x\geqslant a$，解不等式 $5-2x>1$ 得 $x<2$。所以原不等式组的解集为 $a\leqslant x<2$。由于原不等式组只有四个整数解，可得实数 a 的取值范围是 $-3\leqslant a<-2$。

针对以上情况，笔者在讲评时或由学生自述想法，或是投影原始的解题过程，然后由其他学生进行审查，通过交流讨论，找出错误的思维环节并分析致错的原因，加强思维的深刻性，最后由小组给出正确的解答。通过错解一和二，学生总结解不等式要注意移项和化系数为 1；对于错解三至八，学生总结不等式解集要注意实心与空心的取值。

因此，在初中代数教学中，教师要善于发现并利用学生的生成性资源，关注学生对已有旧知的掌握程度，引导学生通过剖析他人的错解，对解题思路进行认真的回顾和分析，找到失败的关键，使学生在头脑中进一步建构正确的模型，同时还会促使学生全面地、辩证地多角度思考问题，从而提高学生的辨析能力、纠错能力、反思能力。

三、 策略错误型错题的管理策略

在初中代数内容的学习中，策略错误型错题主要表现为在解题方法上出现偏差，造成思路阻塞，或是一种策略产生错误导向，或是一种策略过于曲折、存在多余的思维回路，明显增加了过程的难度和复杂性，由于时间的限制，问题最终得不到解决。

失败学提出，“由于组织上的懈怠、政治判断失误、组织构造不良、计划不良、经营不良、管理不良等原因导致的失败是应该尽力避免的”。代数类错题产生的其中一个重要原因就是解题策略错误。而初中学生在解代数类题目时最容易出现的策略性错误，包括对隐含条件关注不够或不知道如何挖掘代数类题目中的隐含条件，不能完整地掌握代数定理、公式、法则，以及不善于在解题中整体把握等。因此，代数教学中要培养学生的分析能力，教会学生多角度思考问题，多途径解决问题，培养思维创新，学会“数学的思维”。

1. 问题解剖

失败学提出，“各行各业做事之前一定得想到‘下意识着眼点’，这些着眼点转化成为数据、文字、图像等‘形式暗号’，像咒语般默记于心，未来若发生异常状况，就很容易透过暗号先有所感，并找出究竟是哪儿出了问题”。解初中代数类题目时，许多学生由于对隐含的代数条件(题目的条件中未明确给出但客观存在)关注不够或不知道如何挖掘代数类题目中的隐含条件，而使解题陷入困境，或导致解题失误，或使思路复杂化。

案例 9：已知 $3^m=a$，$9^n=b$，求 $3^{2m-6n+1}$。

错解：因为 $3^m=a$，$9^n=b$，

所以 $3^{2m-6n+1}=3^{3m}\div3^{6n}\times3^1=(3^m)^3\div(3^n)^6\times3^1=(3^m)^3\div(3^n)^6\times3^1$……

计算无法进行下去。

教师提示：能否将 3^{6n} 化成以 9 为底的幂？(教师在这里设置的一个中途站)

$3^2=9$，学生很快解决了原问题。

“解题的价值不在于答案本身，而在于弄清是怎样想到这个解法的。”代数教学中忌讳就题论题地给出解答并演练，要展现思路尤其是思路的寻找过程。我们通过注重学习过程、内化学习、体验反思的教学，引导学生通过题干中的蛛丝马迹分析出隐含条件，在中间设立中途站，把代数问题分解成若干个代数小问题，通过这些代数小问题的解决，使原代数问题得到解决，这对于从已知条件出发直接解不出来的问题很有帮助。

2. 问题识别

失败学提出，“让失败当事人从背景、经过、原因、处理对策等各层面记述失败内容，并从直接或间接原因、组织人员心理、当事人主观想法与感受等不同角度，做整体总结，思考如何通过简捷的搜寻方式，在最短时间内，从这些案例中找到前人失败的轨迹，并加以避免”。初中学生在解代数类问题时，如果不能深入地钻研与思考问题，不善于从复杂的事物中把握它的本质，而是被一些表面现象所迷惑，如在代数概念学习中，弄不清一些容易混淆的概念；在代数定理、公式、法则的学习中，不能完整地掌握它们(包括条件、结论和使用范围等)，不能领会其精神实质，表现为形式主义、表面化和一知半解等，就会导致解题的策略错误。

案例 10：当 a 为何值时，方程 $ax^2-3x+2=0$，只有一个实数根？

错解：令 $\Delta=(-3)^2-8a>0$，则 $a<\dfrac{8}{9}$ 时，方程只有一个实数根。

学生在解答该题目时，直接令 $\Delta=(-3)^2-8a>0$。在这个过程中，学生对该方程是什么方程没有进行讨论，对于方程的概念、Δ 的认识不到位。

代数概念是代数思维的细胞，若能读懂题干中的每一个代数概念，则对代数问题的分析就迎刃而解了，尤其是一些易错、易混的代数类题目。在平时的代数教学中，教师对代数概念的辨析不能放松：怎么得到这个代数概念的过程？代数概念的内涵是什么？在解代数类题中如何应用？讲解代数类问题时，要捕捉条件中与代数概念有关的“元素”，让学生养成分析代数概念的习惯。

3. 问题加工

失败学提出，“杜绝失败和事故不能仅仅靠加强管理，还必须提高所有当事者的认识水平，让每一个人都了解事物（如产品制造）的全过程，以及每个环节与整体的关系及影响”。对于初中的代数类问题来说，整体考虑是以合制分，着眼于全局的思考，它与分解代数问题的条件或结论以各个击破恰恰相反，是尽量将各个条件集中，将各个结论集中，能够全面地、四通八达地建立条件与结论的有机联系，摆脱局部细节上一时难以弄清的关系的纠缠。

案例 11：化简：$4(a+b)+2(a+b)-(a+b)$

策略错误解法：

$$\begin{aligned}&4(a+b)+2(a+b)-(a+b)\\=&4a+4b+2a+2b-a-b\\=&(4a+2a-a)+(4b+2b-b)\\=&5a+5b\end{aligned}$$

例题中策略错误解法按照整式加减的一般步骤解题，如果把 $(a+b)$ 看成一个整体，按照合并同类项的法则解决问题，解法简洁明快。而整体思想对学生来说比较困难，教师为此整理了一系列变式题目，让学生内化知识。

变式①：$4(x+y)-5(x+y)-6(x+y)$。

变式②：设 $x+y=5$，$xy=-3$，求 $(2x-3y-2xy)-(x-4y+xy)$ 的值。

变式③：已知 $2a^2-3ab=23$，$4ab+b^2=9$，求整式 $8a^2+3b^2$ 的值。

在初中代数教学过程中，有的代数问题从整体看问题，全局把握联系，向着既定目标逐步推进，很容易达到解题目的。这种问题若从各个细小的部分逐一考虑，会使解题陷入繁复计算和恼人的迷津之中。

4. 问题组织

失败学提出，“逆向探究隐藏在背后的要因与关键，从失败中认真总结经验教训，往往能开拓人类未知的新领域”。学生解答代数类问题时习惯于从正面考虑问题，从条件出发，借助于一些具体的代数模式和方法，进行正面的、顺向的思考，这种思考具有定向性、求同性和专注性。然而事物往往是互为因果的，具有双向性和可逆性的特征。

案例 12：已知 $x^2-4x+2=0$，求 $(x-1)^2-2(1+x)-3$ 的值。

这题用整体代换的方法在求代数式的值时很常用。但是很多同学会直接解关于 x 的一元一次方程 $x^2-4x+2=0$，将求得的 x 的值代入 $(x-1)^2-2(1+x)-3$ 进行计算，运算量大，容易出错。

教师提出：可以先化简再求值吗？

“一语惊醒梦中人”，同学们化简得到 x^2-4x-4 后顿时大悟，得到正解。

一些代数类问题，从正向思考不易甚至无法解决，逆向思维便成为合理的解题策略。在这种情况下，如果解题者不善于从正向思考转为逆向思考，不善于将结果处理由直接肯定转为排除否定结果，那么就容易产生策略上的失误。因此，在适当的时候，教师可以创设一种使学生犯错的环境，让学生“体验错误”，引导学生从错误中发现问题，直至解决问题。

总之，对学生解题思维策略能力的培养是提高学生数学素养的重要方面。在初中代数教学中要采取适当的措施，积极地多方面、多途径去避免和消除初中代数类问题的策略性错误，提高学生分析问题、解决问题的能力，从而提高解题的准确度和速度。

四、 逻辑错误型错题的管理策略

逻辑错误型错题主要是因思维混乱、推理不严、表达不清而导致的错题。在初中代数内容的学习中，出现逻辑错误型错题的原因主要是有些学生代数思维发展水平低，思维离不开具体的直观对象的支撑；代数概括能力弱，对具体事物、表象进行提升有障碍；推理能力弱，代数知识、能力、方法准备不足，思路不明；思维品质差，解决代数类问题时往往只作肤浅的思考。

常见的代数类逻辑错误的表现形式有：虚假理由、偷换概念、分类不当、循环论证等。在实际初中代数教学中，教师可归纳典型的逻辑错误并及时给予剖析和指正，通过挖掘题目的条件、目标间的联系，让学生提出不同解法并进行比较，进行适当的说理性训练，培养学生联想、转化、推理、归纳、探索的逻辑思维能力，养成寻找理由、言必有据的习惯。

1. 激活错解

失败学提出，“错误示范和正确示范一样重要，那些只会‘正确方法’的学生，固然可轻易解决过去曾发生过的问题，然而他们在设计领域最重视的创新力上，却显得相对贫乏。因此，透过‘了解失败原因’，让学生更能深入创新的过程”。代数知识本身有着严密的逻辑性，我们应该遵循这一特点，使初中代数知识点纵连成线，横联成面，形成一个联系紧密的代数知识网络体系，弄清哪些知识在网络中起决定性作用，哪些知识是从属关系的。

案例13：在整式加减的教学中，不少学生在计算和化简中混淆了解方程的等式性质，出现了看到式子有分母就去分母的现象，错把计算和化简题当作方程来解。比如，化简：$\frac{x-1}{2}+\frac{2-x}{3}$。

授课时有一位学生解的过程是：

$\frac{x-1}{2}+\frac{2-x}{3}=3(x-1)+2(2-x)=3x-3+4-2x=x+1$。

当教师点评这个学生的解法时，引来一些嘲笑，于是教师立即问：“错在哪儿呢？”

学生回答道：“把方程变形（去分母）搬到解计算题上了，结果丢了分母。”

教师回应：“根据这位同学的解法，将该题去掉分母来解，其‘解法’确实简洁明快，因此能否考虑利用解方程的方法来解它呢？”

由此一个新颖的解法也出来了。

解：设 $\frac{x-1}{2}+\frac{2-x}{3}=A$

$$3(x-1)+2(2-x)=6A$$

$$3x-3+4-2x=6A$$

$$x+1=6A$$

$$A=\frac{x+1}{6}$$

教师通过引导学生提取和激活错解中的合理成分，挖掘题目的条件、目标间的联系，改变解题思路中方法之间的联系与规律，让学生提出不同解法并进行比较，既培养学生联想、转化、推理、归纳、探索的逻辑思维能力，又使学生在心理上认同和接受“纠错”，使产生这种错误的学生在实事求是的激励下接受帮助，让相关、相似知识的规律性内化为学生的知识与能力，从而使学生达到“解一题，带一串，通一类”的理想境界。

2. 开发典例

失败学中提到，“找出代表性案例，将失败过程知识化”。由于代数逻辑认知能力的特殊性，一些代数类型的题目学生经常会错，并且会存在普遍性，因此，在初中代数的日常教学过程中，把典型的逻辑错误错题当作例题在课堂上讲解，往往事半功倍。

案例 14：解方程：$\frac{1}{3}(2x-1)-1=\frac{1}{2}(5-x)$

错解：$2(2x-1)-1=3(5-x)$

$$4x-1-1=15-3x$$

$$4x+3x=15+1+1$$

$$7x=17$$

$$x=\frac{17}{7}$$

教师没有立刻否定，提出：能写出解这个方程的步骤和每一步的依据吗？

解：去分母，$2(2x-1)-6=3(5-x)$（等式性质）；

去括号，$4x-2-6=15-3x$（分配率）；

移项，$4x+3x=15+2+6$（等式性质）；

合并同类项，$7x=23$（分配率）；

两边同除以 x 的系数，$x=\frac{23}{7}$（等式性质）。

教师在初中代数教学中，以学生的典型错例为载体，注意有计划、有步骤地把运算步骤和理论依据结合起来，使学生对代数类问题的运算的类型、运用的定律或性质有了更进一步的理解，不仅知其然，而且知其所以然，这样做既可以达到纠错的目的，又能使学生在说理的过程中养成寻找理由、言必有据的习惯。

3. 暴露思想

失败学提出，“要有看到‘失败’的眼光，光靠找到直接原因和对此加以改善，是不能防止再度失败的，需要搞清事情的本质。也就是说，要清楚直接原因的背后还隐藏着什么”。分类是揭示概念外延的逻辑方法。由于初中学生解代数类问题时分类意识不强、思考问题不周密，因此解初中代数类问题时分类不当(要么重复，要么遗漏)是初中学生解代数类问题时常犯的逻辑性错误，教学中强调分类讨论要依据形式逻辑中关于代数概念相对应划分的规则。

案例15：若a，b，c是有理数，试探究$\frac{|a|}{a}+\frac{|b|}{b}+\frac{|c|}{c}$的值是多少？

大部分学生得答案3。老师没有立刻否定，追问：怎么算？显然学生是考虑a，b，c为正数。肯定了同学们的想法后，借助一部分同学怀疑的眼神，进一步启发、引导同学们思考，a，b，c还可以表示哪些数？同学们通过讨论，引发探究，得出a，b，c的四种情况。这样做既保护学生原来的想法，让他们感受到自己又向成功迈出了一步，又让他们通过深入的考虑得出结果。

在解代数类问题中，如果对于题中所给条件考虑得不够周全或相关知识不能有机结合，无法把满足条件的各种情况考虑出来，就会产生虽然结论不错，但忽略了其他结论存在的可能性(即漏解)的情况。对于学生在代数类问题的运算中常常出现的一些分类不当的逻辑性错误，如以偏概全、忽视特例等。在教学中教师应该引导学生对自己的解题思路进行认真的回顾和分析，让学生明白错在哪里，为何出错，然后有针对性地纠错，这样才能避免学生重蹈覆辙。

4. 修改错题

失败学提出，“研究失败，可以帮助人们分析失败的原因，分清责任，找到问题的症结，避免重蹈覆辙，从而获得成功”。在代数类问题的解题过程中，一些初中学生常常出现在同一个代数问题解答过程中，有意或无意地把原来的代数概念换成另一个不同的代数概念，所考察的对象中途变更，用不同的代数概念表示同一事物，又或者把不同的事物混同起来用同一代数概念表示的情况。

案例16：计算：$-3^2-50\div(-5)^2-3$

错解：$-3^2-50\div(-5)^2-3=9-50\div25-3=9-2-3=4$

教师针对学生的错解，提出了先让学生计算① $-3^2=$________；② $(-3)^2=$________。

学生计算两道小题，教师把问题再次交给学生，发挥学生的主观能动性，让学生认清各种写法的实质，鼓励学生尽可能地发现规律，并会用所得的结论解决问题。

针对学生解答代数类问题时出现的这类思维混乱、偷换论题、不等价转换等错误，教师应善于提出具有针对性和启发性的问题，创设一个自主探究的问题情境，让学生在纠正错题的过程中，自主地发现问题、解决问题，这是培养学生发现意识的有效途径。

总之，代数类的运算是初中数学学习的基础，在教学中，教师要根据学生存在的问题分析原因，找到相应的对策，对症下药才有效。失败学的研究给了我们两方面的启示：其一，“从失败中认真总结经验教训，往往能开拓人类未知的新领域”；其二，“全面分析失败，有助于建立防止失败的预警机制”。

参考文献

[1] 胡东芳.教育研究方法——哲理故事与研究智慧[M].上海：华东师范大学出版社，2009.

[2] 畑村洋太郎.失败学[M].高倩艺，译，上海：上海科学技术出版社.2002.

[3] 刘儒德，江涛，李芳云.高一学生的错题管理行为[J].心理发展与教育，2004(1).

[4] 张祖钧.总结失败教训的实际意义——关于“失败学”的几点思考[J].龙岩师专学报，2005(2).

广东华侨中学20名肥胖学生实施运动处方的实例分析

体育科　陈国荣

［摘　要］运动处方的实施是在教师的指导下，学生进行自我监督和实践，它的反馈比较及时，学生可以不断自我调整和完善，有利于提升体质健康水平。本文运用文献法、实验法、数理统计法等，对20名肥胖学生进行六个月运动处方锻炼研究，证明运动处方锻炼能够改善肥胖学生的体形，增加机体能量消耗，减轻体重，提高身体素质，增强心肺功能。通过本文的实例分析，进一步丰富运动处方的理论内涵，使其在实践中更具可操作性和实用价值。

［关键词］运动处方　肥胖　学生体质健康

一、选题依据和文献综述

（一）选题依据

随着我国国民经济的持续发展，国民的物质文化生活水平整体上有了很大的提高，但新的生产和生活方式也造成了人们体力活动不断减少和心理压力增大，对国民体质健康带来了负面的影响，这种状况在我国青少年中表现尤为突出。目前，全国各省学生的体质健康水平确实不容乐观。教育部公布的2006年学生体质健康检测结果显示，学生体质健康指标中身高、体重、胸围都增加了，这说明营养水平有所提高，但是体能的部分指标呈现下降趋势。一些城市对中小学学生体质健康状况调查的最新数据显示，中小学生不是“豆芽菜”就是“小胖墩”，仅三成中小学生体重正常，近视率居高不下，而且年级越高学生体质健康水平越差，突出表现在肺活量、速度、力量、耐力等方面都难以达标。

根据2010年广州市中小学学生体质健康调研测试结果，与2005年相比，广州学生身高高了、体重重了，乡村学生的“长高”速度明显比城市学生快；学生营养不良的少了，但营养过剩的也多了，超重和肥胖检出率大幅增加，有接近一成男生检出肥胖。

学生体质健康水平下降是不争的事实，高中体育与健康课程改革要求实施必修课程与选项课程，经过几年的教学实践发现，选项教学由于自身运动项目的特点，特别是技能主导类运动项目过多强调学习运动技能，而忽视了学生的体能素质的发展，“重技能教学，轻体能发展”是高中体育选项教学存在的一个较严重的矛盾。尽管分层教学可以在一定程度上解决以上问题，但是仍有许多体质较弱的学生因各种原因成为体育课堂上的“弱势群体”，由于长期无法得到足够的关注和锻炼，造成了这部分学生体质水平日趋下降。面对这样的客观事实，引入运动处方提升学生体质健康水平，显然更具针对性和有效性。

运动处方教学以学校和学生的实际情况为依据，学生可以在教师的帮助下，根据自己的实际情况制订并执行适合自身发展的运动处方，养成体育锻炼的习惯和意识。首先运动处方教学具有较强的科学性。运动处方在实施过程中，将每一位运动参与者的测试数据进行统计处理和分析，并遵循运动处方实施的原则和要求。其次，运动处方教学具有较强的针对性。运动处方的设计和制订是建立在分析和评价不同学生的体质状况基础上的，且根据不同学生的体育兴趣和体育需求来制订和实施。再次，运动处方教学具有较强的实效性。运动处方的实施过程是基于不同学生及不同环境、条件进行的，是对学生身体数据分析后，参照学校具体情况和客观条件而制订的。运动处方的实施是在教师指导下，学生进行自我监督和实践，其反馈比较及时，在实施过程中学生可以不断自我调整和完善，实施的效果更好。

本课题的研究可进一步丰富运动处方的理论内涵，使运动处方理论在指导实践时更加具体化和更具可操作性。

（二）文献综述

1. 国外研究现状

现代运动处方是以健康为目的开始研究的。20世纪50年代，美国生理学家卡波维奇提出了运动处方。1953年，西德的黑延格和拉谬发表了不同运动强度、时间和频率对人体产生不同影响的论文。1954年，德国霍尔曼研究所对运动处方的理论和实践进行了大量的研究工作，制定了各类运动处方，涉及健康人、中老年人、运动员以及高血压、心肌梗塞、糖尿病、肥胖病人等，并对市民进行运动处方的指导和咨询工作。1960年，日本东京大学运动生理教授猪饲道夫提出运动处方的术语，1969年，世界卫生组织使用了运动处方（prescribed exericise）术语，在国际上得到确认。1970年，在猪饲道夫倡导下，成立了“日本体育科学中心”，1971年，该中心成立了运动处方研究委员会，并跨越全国迅速组织了20多个研究小组；20世纪70年代出版了《日本健康运动处方》、《运动处方》以及之后的伊藤郎等人出版的《从运动生化到运动处方》、《从生理学基础到运动训练、运动处方》等书籍。

美国20世纪60年代开始研究运动处方，路易斯安那大学“体育保健系”专门开设运动处方课程。美国的库珀教授用四年的时间研究运动与健康的关系，1968年出版了著名的《有氧代谢运动—通向全面身心健康之路》、《12分钟跑体能测验》等专著。1990年开始，美国政府实施了一个全国性健康计划——《体康公民2000》，该计划包括三个总目标和22个子目标，其中22个子目标中体育目标排在第一位。该目标的引导机构是美国总统体育与健康委员会，该委员会不仅指导大众科学健身，还组织专家制定出《成年人有氧锻炼健身运动处方》，使运动处方的应用成为实施体育健身目标的重要组成部分。80年代，美国体育科学发展逐渐影响了加拿大，该国也十分重视对运动处方的研究和应用。如里德、汤姆森合著《健身运动处方》一书，是具有代表性的应用研究。

2. 国内研究现状

运动处方的研究和应用推广工作，我国起步于20世纪70年代末，经过30多年的研究，取得了很大的进展。1980年，哈尔滨医科大学附属医院的运动医学科开设“运动处方咨询门诊”，较早应用到医疗保健实践中；1987年以来，中国高等教育学会体育研究会主办的学术刊物《体育学通讯》开始连续介绍国外关于运动处方的研究信息，使我国的一些学者对运动处方的理论和研究有了进一步的认识；1988年，北京体育大学出版社出版了杨静宜的《体疗康复》一书，系统阐述了医疗体育的康复原理；1991年，由北京师范大学田继宗教授申请并承担的《增强学生体质的实验研究》课题，开始对运动处方进行较为系统的实验研究工作；1993年，黑龙江科技出版社出版并发行了刘纪清、李国兰编著的《实验运动处方》，详细介绍了制定运动处方的方法和程序；1996年，任建生在《心血管运动生理与运动处方》一书中对相关领域研究作了新的拓展。此外，还有许多学者从多方面对运动处方的应用进行了研究，并发表了多篇论文。近年来，随着相关学科的发展，运动处方的研究和应用逐步深入和完善，其研究广度也趋向多学科、综合性的应用和推广，在深度上趋向多学科交互渗透，对运动处方的各要素（运动种类、强度、时间、频度、周期等）进行更深层次的研究，如采用免疫学、细胞生物学和分子生物学等最新技术和成就，解决运动生理的实际问题。

运动处方研究的内容也逐渐延伸到教学方面，如彭洪涛（2003）在《肇庆学院男生运动处方教学模式实验研究》一文中通过实验研究证明运动处方教学在学校体育课中是可行的；2008年沈艳等在《大学生有氧耐力素质的运动处方实验研究》中阐述了对有氧耐力素质实施运动处方模式锻炼，能有效改善肺活量、体重指数，对大学生的身体形态指标具有积极的效果等。闫领先(2008)在《普通高校基础体育选项课实施运动处方模式教学的实验研究》中分析了该模式对大学生体质健康影响的效果，阐述了高校体育选项课教学中实施处方模式教学的可行性和实效性。

3. 核心概念的界定

(1) 运动处方。综合相关专家、学者的论述，本文对运动处方概念的界定是：康复师或体疗师(本课题指制定运动处方的体育教师)，对从事体育锻炼者或者病人，根据医学检查资料(包括运动试验和体力测验)，按其健康、体力以及心血管功能状况，用处方的形式规定运动种类、运动强度、运动时间、运动频率及运动中的注意事项，是指导人们有目的、有计划和科学地进行锻炼的一种方法。

(2) 运动处方的种类。运动处方是根据参加体育锻炼者的体质和健康状况，以处方的形式确定运动的种类、时间、强度、频率与注意事项，它与临床医生开方取药有相似之处，但不同点有两个，一是用药作为治疗手段，二是用运动作为强身健体的主要措施。运动处方分为三类：一是健身运动处方，体育锻炼者基于运动处方的锻炼，以增强体质、提高健康水平为目的；二是竞技运动处方，专业运动员基于运动处方的训练，以提高专业运动成绩为目的；三是康复运动处方，对患者应用运动处方，以治疗和康复为目的。运动处方包括五个要素：运动形式、运动强度、持续时间、运动频率和注意事项。本课题研究的运动处方的种类是健身运动处方。

(3) 运动负荷。运动负荷是以身体练习为基本手段，对练习者的生理和心理方面施加刺激。运动负荷是由负荷量和负荷强度两个基本因素构成。负荷量是指一次运动练习的总量，反映负荷对机体刺激的量的大小，指标一般为距离、次数、时间、重量等。负荷强度是指单位时间内的运动量，它反映负荷对机体刺激的深度，指标主要通过高度、远度、速度来衡量。

(4) 负荷强度、最大心率、靶心率。负荷强度可通过多种方式来确定。根据中学生的实际情况，可用每分钟的心率次数来表示负荷强度的大小。一般认为学生心率120次/min以下为小强度，120—150次/min为中强度，150—180次/min或180次/min以上为大强度。测量负荷强度的简单方法是：为了准确测量运动时的心率，必须在运动结束后的5秒钟内开始进行测量，测量10秒钟的心率再乘以6，作为运动时1分钟的心率。负荷强度范围也可以用最大心率和靶心率来控制。最大心率是指人体做极限运动时的心搏频率。靶心率(THR)是指通过有氧运动提高心血管循环系统的机能时有效而安全的运动心率。靶心率范围在60%与80%之间。它是判断有氧运动的重要依据。不考虑年龄大小与性别差异，都可以采用下列公式来估计。

最大心率：220－年龄(国际通行计算最大心率方法)。

靶心率：[(220－年龄)－静态心率]×(65%－85%)＋静态心率。

(5) 肥胖。本文中肥胖的定义是根据世界卫生组织(2003年)制定的标准，利用标准体重指数值来确定，即对实验对象采用以下计算方法认定为肥胖，身高值(米)除以体重值(公斤)的平方，得出的数值大于或等于28.5，认定为肥胖。

二、 研究对象及方法

(一) 研究对象

选取广东华侨中学七年级至十二年级共计20名肥胖学生(10名男生，10名女生，体质测试成绩达及格和不及格分数线段)作为单独研究对象(根据2012年国家体质测试数据而定)。

将研究对象男女分组，并在实验前进行国家学生体质健康测试，测试项目包括：800米跑(女)、1 000米跑(男)、立定跳远、坐位体前屈、女生仰卧起坐、男生引体向上、身高、体重、肺活量。采集以上数据作为基础数据。

实验于2012年12月至2013年12月在广东华侨中学进行。每周1个课时按运动处方进行体育锻炼，课外活动2次/周，按制订的运动处方内容进行锻炼。

(二) 研究方法

1. 文献资料法

利用图书馆和中国知网(CNKI)查阅、分析、归纳并整理有关运动处方、学生体质健康、高中选项教学等的资料。

2. 问卷调查法

问卷采用2010年全国国民体质健康调研测试学生问卷，该问卷的效度得到专家、学者的检验。前后两次发放问卷，日期相隔4天，两次填答对象相同。回收后计算两次问卷的相关系数，检验信度。对20名肥胖学生的心理健康状况采用SCL－90症状自评量表施测，该表由上海铁道医学院吴文源引进修订。该量表含90个项目，分5级计分，内容包括感觉、情感、思维、意识、行为直到生活习惯、人际关系、饮食睡眠等多种角度，评定一个人是否有某种心理症状及其严重程度如何。它对有心理症状（即有可能处于心理障碍或心理障碍边缘）的人有良好的区分能力。包括10个因子：躯体化、强迫症状、人际关系敏感、抑郁、焦虑、敌对、恐怖、偏执、精神病性及其他。通过学生体质健康调查表和心理量表进一步得出实施运动处方对肥胖学生的运动习惯、运动态度、运动频率以及心理变化的影响。

3. 实验法

对我校20名肥胖学生各自制订相应的运动处方锻炼方案，并实施运动处方锻炼，实验前后对20名肥胖学生体质测试数据与心理数据进行收集与处理。

4. 数理统计法

利用SPSS软件对获得的数据进行统计分析，实验个体或实验组前后比较用配对t值检验，实验组和对照组之间用不配对t值，显著水平为$p<0.05$或$p<0.01$。

5. 逻辑分析法

在实验研究的基础上，对所得的数据运用归纳、对比等研究方法进行分析，得出科学性结论。

三、实验方案

在整个运动处方的实施过程中，要根据实验对象的实际需求和实际情况，做到经常沟通，及时调整、科学指导，保证运动处方实施的效果，运动处方实施过程由七个部分组成：身体测试（包括医学检查和体质测试）、数据分析比较与分组、制定运动处方、实施运动处方、数据再测、数据分析与处理、调整运动处方。

（一）身体测试

在实验前，对20名肥胖学生进行一次详细的医学体质检查和体质测试，体质检查内容包括机体功能检查和身体基本情况检查，其中机体功能检查包括肺活量、腹部皮脂厚度、心肺功能（台阶试验）；身体基本情况检查包括身高、体重、柔韧性、速度、握力。体质测试则根据2012年全国中学生体质健康测试内容进行测试。

（二）数据分析与分组

对测试数据进行分析，计算得出每位实验对象现阶段身体情况，包括标准体重值、肺活量指数值、靶心率。

（三）制订运动处方

根据每一位实验参与者的实际情况制订相应的运动处方内容。内容包括运动种类、运动时间、运动强度、运动频率和运动注意事项，同时在制订运动处方时，为每一名肥胖学生制订相应的营养建议。运动种类是以有氧运动为主，加入核心力量练习、游戏以及家庭运动方式。每次运动的时间控制在45分钟以上。运动强度根据每一位学生的靶心率制订，运动频率为每周三次。

运动处方制订以科学性、趣味性、可行性为原则，实验组学生在下午课外体育活动、假期体育活动中实施锻炼，锻炼时间为六个月，每周三次，每次60分钟，男女生的运动量有一定的区别。运动处方分为：准备部分5分钟：400米慢跑、各种带有趣味性的游戏(如贴膏药游戏或喊号抱团游戏等)。利用心理学上的“框架效应”(即同样的运动用不同的表达形式产生不一样的运动效果)，充分调动学生的运动兴趣。基本部分：变速有氧耐力跑、快步走或游泳30分钟，静力性力量训练10分钟、核心力量训练10分钟；整理部分5分钟：放松操与静力性拉伸。锻炼时运动强度以基本部分来评定，基本部分中间和结束后即测10秒钟的脉搏，以监测运动强度。

(四) 实施运动处方

根据实验需要，教师每周课外活动时间组织20名学生进行两次不少于45分钟的运动处方练习，学生在此期间在教师的指导下进行运动处方练习。同时配合一次学生假期家庭运动处方练习。

(五) 数据再测

实验以三个月为一个周期，对所有实验对象的基础数据内容进行重测。

(六) 数据分析与处理

对重测数据进行重新整理与分析。分析产生显著变化的数据与影响因素，同时也对没有产生变化的数据进行分析对比。

(七) 调整运动处方

根据数据的分析结果对已制订的运动处方进行适当的调整。以期进行更有针对性、有效性的运动处方练习。

四、结果与分析

(一) 20名肥胖学生运动处方实验分析

1. 肥胖运动处方锻炼对学生身体形态、功能以及身体素质的影响

以广东华侨中学20名肥胖学生为研究对象，男女生各10人，体型的判别参照

世界卫生组织专家小组建议的判断青少年体重级别的BMI数值为依据。本实验研究对象BMI平均值在31.4～32.44，属于重度肥胖Ⅰ、Ⅱ级。

(1) 运动处方对超重、肥胖学生身体形态、身体功能影响的分析。

表1 超重、肥胖学生实施运动处方锻炼前后身体形态、身体成分各指标变化情况表($n=20$)

指标	男生($n=10$)		t值	女生($n=10$)		t值
	实验前	实验后		实验前	实验后	
身高(cm)	169.23±6.62	170.95±6.57	−0.93	164.57±4.93	165.62±4.60	−3.85
体重(kg)	90.35±6.00	86.77±5.47**	5.709	88.26±12.71	85.05±12.56**	2.76
BMI值(kg/m^2)	31.42±2.346	29.75±2.18*	6.837	32.44±2.77	30.88±3.03*	3.351
肺活量体重指数(ml/kg)	39.47±10.53	46.85±8.19*	−7.494	35.28±10.09	41.35±8.42*	−4.539

*代表$p<0.05$；**代表$p<0.01$。

身体形态通常用标准体重指数值(BMI)来表示，心肺功能是反映人体机能状况的重要标志，其功能的好坏会影响一个人的体质健康水平。本实验反映心肺功能的指标是肺活量体重指数，数值越高，表明心肺功能越好。表1结果显示，参与本实验运动处方锻炼后，在身高基本稳定、没有明显变化的情况下，男女生体重都有不同程度的减轻，而体重显著下降($p<0.01$)，反映身体形态的重要指标体重指数值BMI也明显下降($p<0.05$)，说明运动处方锻炼有利于学生在运动中消耗更多的脂肪以达到减轻体重的效果，从而使超重、肥胖学生改善体形。实施锻炼后，男女生肺活量体重指数均有显著提高($p<0.05$)，这可能与参与运动处方锻炼后，内脏器官尤其心肺承受较高的负荷有关，在这种负荷的持续影响下，心肺功能出现适应性改变，使心肌纤维增粗，弹性增加，每搏输出量增加，从而改善心功能，增加机体承受负荷能力，提高学生的心肺功能。

(2) 运动处方对超重、肥胖学生身体素质影响的分析。

表2 超重、肥胖学生实施运动处方锻炼前后身体素质各指标变化情况表($n=20$)

指标	男生($n=10$)		t值	女生($n=10$)		t值
	实验前	实验后		实验前	实验后	
50米跑(秒)	8.59±0.768	8.24±0.66*	5.528	9.479±0.722	9.08±0.67	7.139*
800米跑(秒)	—	—	—	275.5±22.76	262±17.95**	3.86
1 000米跑(秒)	269.47±33.79	247.58±28.01**	5.283	—	—	—

续 表

指 标	男 生(n=10)		t值	女 生(n=10)		t值
	实验前	实验后		实验前	实验后	
立定跳远(米)	1.83±0.235	1.909±0.212	−4.145	1.622±0.123	1.65±0.136	−3.22
引体向上(个)	0.94±1.14	1.41±1.69	−2.704	—	—	—
仰卧起坐(次/1分钟)	—	—	—	29.75±4.03	31.5±5.19	−2.33
坐位体前屈(厘米)	9.82±6.07	10.88±5.90*	−5.245	13.87±2.68	16.47±1.72*	−2.701

*代表 $p<0.05$；**代表 $p<0.01$。

身体素质是力量、速度、耐力、灵敏性和柔韧性等机能能力的总称。立定跳远、引体向上(男)、仰卧起坐(女)、50米跑、1 000米跑(男)、800米跑(女)、坐位体前屈，分别反映下肢爆发力、上肢及肩带肌肉力量、腹肌耐力、速度、有氧耐力能力和柔韧性，也是2013年全国学生体质监测测试中学组规定的测试项目。表2的结果显示，实施运动处方后，以上的指标值均有不同程度的提高，其中50米跑、坐位体前屈均有显著性提高($p<0.05$)，男生1 000米跑、女生800米跑的提高均具有显著性($p<0.01$)，说明本实验运动处方锻炼对提高学生下肢爆发力、柔韧性和有氧耐力有一定的作用，而立定跳远、男生引体向上、女生仰卧起坐的提高均不显著，这可能与处方内容安排下肢爆发力练习、腰腹肌力量练习、上肢力量练习较少有关。

总之，超重、肥胖学生在课外体育活动、假期体育锻炼中实施运动处方锻炼，可以增加机体能量消耗，获得减轻体重、改善体形、提高身体素质及增强心肺功能的作用。

2. 20名肥胖学生实施运动处方对心理健康水平影响的分析

实验后，20名肥胖学生心理健康水平与国内常模比较见表3。各项因子分值均比常模低，总体心理健康水平较常模高($p< 0.05$)。躯体化、强迫症状、忧郁、敌对、恐怖、精神病性等六项因子得分明显低于2004年四省常模因子得分，经T检验且具有显著性。实验反映了实施运动处方后的肥胖学生的心理健康水平高于国内普通人的水平，但是人际关系与偏执因子得分不差异。

表3 SCL-90各因子分值与常模比较

项 目	本研究(n=20)	2004年四省常模(n=2 209)	2014年综合样本(n=3 283)	$t1$	$t2$
躯体化	1.34±0.40	1.58±0.62	1.41±0.42	−3.803**	−1.126
强迫症状	1.83±0.53	2.10±0.72	1.92±0.60	−3.245**	−1.092

续 表

项 目	本研究（$n=20$）	2004年四省常模（$n=2\ 209$）	2014年综合样本（$n=3\ 283$）	$t1$	$t2$
人际关系	1.73±0.57	1.82±0.68	1.88±0.62	−1.010	−1.693*
抑 郁	1.50±0.49	1.77±0.71	1.70±0.59	−3.502**	−2.621**
焦 虑	1.42±0.41	1.75±0.69	1.55±0.52	−5.081**	−2.034**
敌 对	1.62±0.59	1.81±0.74	1.68±0.60	−2.056**	−0.655
恐 怖	1.39±0.45	1.53±0.61	1.47±0.49	−1.982**	−1.143
偏 执	1.67±0.52	1.74±0.68	1.73±0.59	−0.859	−0.742
精神病性	1.53±0.53	1.67±0.62	1.51±0.50	−1.690*	0.243

注：$t1$、$t2$ 分别为本研究样本（$n=20$）与2004年四省常模（$n=2\ 209$）、2014年综合样本（$n=3\ 283$）进行 t 检验的 t 值，** 代表 $p<0.01$，* 代表 $p<0.05$。

表4　20名肥胖学生SCL-90前测后测结果差异比较（x±SD）

SCL-90各项指标	实验组		t
	实验前（$n=20$）	实验后（$n=20$）	
躯体化	1.34±0.40	1.29±0.32	0.573
强迫症状	1.83±0.53	1.60±0.28	1.989**
人际关系	1.73±0.57	1.52±0.47	1.688*
抑 郁	1.50±0.49	1.41±0.36	0.842
焦 虑	1.42±0.41	1.45±0.43	−0.335
敌 对	1.62±0.59	1.62±0.67	0.000
恐 怖	1.39±0.45	1.64±0.66	−2.546**
偏 执	1.67±0.52	1.41±0.46	2.291**
精神病性	1.53±0.53	1.46±0.45	0.605
其 他	1.52±0.48	1.44±0.45	0.764

* 代表 $p<0.05$；** 代表 $p<0.01$。

对表4进行分析，发现经过一年的运动处方实验，实验后六个因子的分值降低了。在强迫症状、偏执方面，有非常显著的差异（$p<0.01$），人际关系敏感也有显著差异（$p<0.05$）。说明20名学生在参与运动处方锻炼后，其身心压力得到一定的释放。由于运动处方锻炼的主要设计目的是提高这20名肥胖学生参与体育的积极性，符合学生的兴趣，并且运动处方锻炼改善了学生的体形，提高了他们的体质

健康水平，加强了学生与教师、家人的沟通，因而学生的强迫症状、人际关系敏感性明显降低。运动处方锻炼要求学生始终保持浓厚的兴趣，既要在学校中团结合作，又需要在家庭中和家人合作。学生在不同的情景中扮演的角色也不同。复杂的人际关系使得学生在困难前努力争取个人荣誉，主动寻求帮助和帮助别人，在自信心与协作上得到多方面的锻炼，人际关系改善，沟通能力得到提高。

五、结论与建议

（一）结论

（1）实施运动处方锻炼，能增加机体能量消耗，减轻体重，改善体形，提高身体素质，增强心肺功能。

（2）运动处方模式可以有效改善现阶段肥胖学生体质状况，是一种可行的锻炼模式。

（二）建议

（1）使用运动处方进行锻炼时，可以适当增加一些适合超重、肥胖学生锻炼下肢爆发力、上肢力量和腰腹肌力量的内容，同时，肥胖者须辅以合理的饮食调控，并持之以恒进行锻炼，这将获得更佳的锻炼效果。

（2）在体育课外锻炼时，引入家庭运动处方，以提高学生的体质健康水平。

（3）实验时要加强实验控制。

（4）运动处方的设计要针对个体差异实施。

参考文献

[1] 金忠明，等. 东海夜话[M]. 上海：华东师范大学出版社，2006.
[2] 胡东芳. 教育研究方法[M]. 上海：华东师范大学出版社，2009.
[3] 广州市学生体质健康调查研究结果报告[M]. 广州：广东省语言音像电子出版社，2006.
[4] 金其贯，刘红珍. 运动处方原理与运用[M]. 北京：人民出版社，2002.
[5] 田继宗. 运动处方教学模式[M]. 广州：广东教育出版社，2002.
[6] 凌月红. 体育健康教育与运动处方[M]. 北京：北京体育大学出版社，2004.
[7] 加贺谷熙彦. 运动处方——生理的基础[M]. 北京：北京人民体育出版社，1999.
[8] 王锐，王宗平. 对《学生体质健康标准（试行方案）》的诠释与探究[J]. 体育学刊，2004(3).
[9] 陈红霞. 全民健身运动处方的实用性[J]. 体育学刊，2003(1).
[10] 张恒亮. 健身运动处方的制定[J]. 中国临床康复，2003(5).

图书在版编目(CIP)数据
教学实践研究中的理论反思: 广东华侨中学经验 / 黄河主编. – 上海 : 上海教育出版社, 2014.7
（四方丛书 / 方文林主编）
ISBN 978-7-5444-5510-7

Ⅰ. ①教… Ⅱ. ①黄… Ⅲ. ①高中 – 教学实践 – 经验 – 广州市 Ⅳ. ①G632.0

中国版本图书馆CIP数据核字(2014)第159033号

责任编辑 金亚静
封面设计 郑 艺

教学实践研究中的理论反思: 广东华侨中学经验
黄 河 主编
陈旭东 黄育英 黄靖彬 副主编

出 版 上海世纪出版股份有限公司
上 海 教 育 出 版 社
易文网 www.ewen.cc
地 址 上海永福路123号
邮 编 200031
发 行 上海世纪出版股份有限公司发行中心
印 刷 太仓市印刷厂有限公司
开 本 700×1000 1/16 印张 20.5 插页 3
版 次 2014年8月第1版
印 次 2014年8月第1次印刷
书 号 ISBN 978-7-5444-5510-7/G·4441
定 价 55.00元